독학사 4단계
교양공통
실용영어

시대에듀

머리말 INTRO

학위를 얻는 데 시간과 장소는 더 이상 제약이 되지 않습니다. 대입 전형을 거치지 않아도 '학점은행제'를 통해 학사학위를 취득할 수 있기 때문입니다. 그중 독학학위제도는 고등학교 졸업자이거나 이와 동등 이상의 학력을 가지고 있는 사람들에게 효율적인 학점 인정 및 학사학위 취득의 기회를 줍니다.

학습을 통한 개인의 자아실현 도구이자 자신의 실력을 인정받을 수 있는 스펙인 독학사는 짧은 기간 안에 학사학위를 취득할 수 있는 가장 빠른 지름길로써 많은 수험생들의 선택을 받고 있습니다.

이 책은 독학사 시험을 준비하는 수험생분들이 단기간에 효과적인 학습을 할 수 있도록 다음과 같이 구성하였습니다.

01 시행처의 평가영역을 바탕으로 시험에 출제될 수 있는 내용을 '핵심이론'으로 구성하였으며, '더 알아두기'를 통해 내용 이해에 부족함이 없도록 하였습니다. 또한 4단계의 주관식 문제를 대비할 수 있도록 '주관식 레벨 UP'을 추가하였습니다.

02 학습한 이론을 확인할 수 있도록 출제 경향을 반영한 '실전예상문제'를 수록하였습니다. 객관식 문제뿐만 아니라 주관식 문제에도 철저히 대비할 수 있도록 다양한 문제로 구성하였습니다.

03 출제 경향을 반영한 '최종모의고사'로 자신의 실력을 점검해 볼 수 있도록 하였습니다.

04 생활영어의 핵심적인 내용을 정리한 '핵심요약집'으로 전반적인 내용을 손쉽게 파악할 수 있도록 하였습니다.

시간 대비 학습의 효율성을 높이기 위해 방대한 학습 분량을 최대한 압축하여 정리하였으며, 출제 유형을 반영한 문제들로 구성하도록 노력하였습니다. 이 책으로 학위취득의 꿈을 이루고자 하는 수험생분들의 합격을 응원합니다.

편저자 드림

독학학위제 소개 BDES

◆ 독학학위제란?

「독학에 의한 학위취득에 관한 법률」에 의거하여 국가에서 시행하는 시험에 합격한 사람에게 학사학위를 수여하는 제도

- 고등학교 졸업 이상의 학력을 가진 사람이면 누구나 응시 가능
- 대학교를 다니지 않아도 스스로 공부해서 학위취득 가능
- 일과 학습의 병행이 가능하여 시간과 비용 최소화
- 언제, 어디서나 학습이 가능한 평생학습시대의 자아실현을 위한 제도
- 학위취득시험은 4개의 과정(교양, 전공기초, 전공심화, 학위취득 종합시험)으로 이루어져 있으며 각 과정별 시험을 모두 거쳐 학위취득 종합시험에 합격하면 학사학위 취득

◆ 독학학위제 전공 분야 (11개 전공)

※ 유아교육학 및 정보통신학 전공 : 3, 4과정만 개설
 (정보통신학의 경우 3과정은 2025년까지, 4과정은 2026년까지만 응시 가능하며, 이후 폐지)
※ 간호학 전공 : 4과정만 개설
※ 중어중문학, 수학, 농학 전공 : 폐지 전공으로, 기존에 해당 전공 학적 보유자에 한하여 2025년까지 응시 가능

※ 시대에듀는 현재 4개 학과(심리학과, 경영학과, 컴퓨터공학과, 간호학과) 개설 완료
※ 2개 학과(국어국문학과, 영어영문학과) 개설 중

독학학위제 시험안내 INFORMATION

◯ 과정별 응시자격

단계	과정	응시자격	과정(과목) 시험 면제 요건
1	교양	고등학교 졸업 이상 학력 소지자	• 대학(교)에서 각 학년 수료 및 일정 학점 취득 • 학점은행제 일정 학점 인정 • 국가기술자격법에 따른 자격 취득 • 교육부령에 따른 각종 시험 합격 • 면제지정기관 이수 등
2	전공기초		
3	전공심화		
4	학위취득	• 1~3과정 합격 및 면제 • 대학에서 동일 전공으로 3년 이상 수료 (3년제의 경우 졸업) 또는 105학점 이상 취득 • 학점은행제 동일 전공 105학점 이상 인정 (전공 28학점 포함) • 외국에서 15년 이상의 학교교육과정 수료	없음(반드시 응시)

◯ 응시방법 및 응시료

- 접수방법 : 온라인으로만 가능
- 제출서류 : 응시자격 증빙서류 등 자세한 내용은 홈페이지 참조
- 응시료 : 20,700원

◯ 독학학위제 시험 범위

- 시험 과목별 평가영역 범위에서 대학 전공자에게 요구되는 수준으로 출제
- 독학학위제 홈페이지(bdes.nile.or.kr) ➔ 학습정보 ➔ 과목별 평가영역에서 확인

◯ 문항 수 및 배점

과정	일반 과목			예외 과목		
	객관식	주관식	합계	객관식	주관식	합계
교양, 전공기초 (1~2과정)	40문항×2.5점 =100점	—	40문항 100점	25문항×4점 =100점	—	25문항 100점
전공심화, 학위취득 (3~4과정)	24문항×2.5점 =60점	4문항×10점 =40점	28문항 100점	15문항×4점 =60점	5문항×8점 =40점	20문항 100점

※ 2017년도부터 교양과정 인정시험 및 전공기초과정 인정시험은 객관식 문항으로만 출제

합격 기준

■ 1~3과정(교양, 전공기초, 전공심화) 시험

단계	과정	합격 기준	유의 사항
1	교양	매 과목 60점 이상 득점을 합격으로 하고, 과목 합격 인정(합격 여부만 결정)	5과목 합격
2	전공기초		6과목 이상 합격
3	전공심화		

■ 4과정(학위취득) 시험 : 총점 합격제 또는 과목별 합격제 선택

구분	합격 기준	유의 사항
총점 합격제	• 총점(600점)의 60% 이상 득점(360점) • 과목 낙제 없음	• 6과목 모두 신규 응시 • 기존 합격 과목 불인정
과목별 합격제	• 매 과목 100점 만점으로 하여 전 과목(교양 2, 전공 4) 60점 이상 득점	• 기존 합격 과목 재응시 불가 • 1과목이라도 60점 미만 득점하면 불합격

시험 일정

■ 4단계 시험 과목 및 시간표

구분(교시별)	시간	시험 과목명
1교시	09:00~10:40 (100분)	국어, 국사, 외국어 중 택2 과목 (외국어를 선택할 경우 실용영어, 실용독일어, 실용프랑스어, 실용중국어, 실용일본어 중 택1 과목)
2교시	11:10~12:50 (100분)	총 11개 학과 (컴퓨터공학, 간호학, 국어국문학, 영어영문학, 심리학, 경영학, 법학, 행정학, 유아교육학, 가정학, 정보통신학 중 택2 전공과목)
중식 12:50~13:40(50분)		
3교시	14:00~15:40 (100분)	총 11개 학과 (컴퓨터공학, 간호학, 국어국문학, 영어영문학, 심리학, 경영학, 법학, 행정학, 유아교육학, 가정학, 정보통신학 중 택2 전공과목)

※ 시험 일정 및 시험 시간표는 반드시 독학학위제 홈페이지(bdes.nile.or.kr)를 통해 확인하시기 바랍니다.

독학학위제 출제방향 GUIDE

국가평생교육진흥원에서 고시한 과목별 평가영역에 준거하여 출제하되, 특정한 영역이나 분야가 지나치게 중시 되거나 경시되지 않도록 한다.

독학자들의 취업 비율이 높은 점을 감안하여, 과목의 특성을 반영하는 범주 내에서 학문적이고 이론적인 문항뿐만 아니라 실무적인 문항도 출제한다.

단편적 지식의 암기로 풀 수 있는 문항의 출제는 지양하고, 이해력·적용력·분석력 등 폭넓고 고차원적인 능력을 측정하는 문항을 위주로 한다.

이설(異說)이 많은 내용의 출제는 지양하고 보편적이고 정설화된 내용에 근거하여 출제하며, 그럴 수 없는 경우에는 해당 학자의 성명이나 학파를 명시한다.

교양과정 인정시험(1과정)은 대학 교양교재에서 공통적으로 다루고 있는 기본적이고 핵심적인 내용을 출제하되, 교양과정 범위를 넘는 전문적이거나 지엽적인 내용의 출제는 지양한다.

전공기초과정 인정시험(2과정)은 각 전공영역의 학문을 연구하기 위하여 각 학문 계열에서 공통적으로 필요한 지식과 기술을 평가한다.

전공심화과정 인정시험(3과정)은 각 전공영역에 관하여 보다 심화된 전문적인 지식과 기술을 평가한다.

학위취득 종합시험(4과정)은 시험의 최종 과정으로서 학위를 취득한 자가 일반적으로 갖추어야 할 소양 및 전문 지식과 기술을 종합적으로 평가한다.

교양과정 인정시험 및 전공기초과정 인정시험의 시험방법은 객관식(4지택1형)으로 한다.

전공심화과정 인정시험 및 학위취득 종합시험의 시험방법은 객관식(4지택1형)과 주관식(80자 내외의 서술형)으로 하되, 과목의 특성에 따라 다소 융통성 있게 출제한다.

# 독학학위제 합격수기 COMMENT

" 저는 학사편입 제도를 이용하기 위해 2~4단계 시험에 순차로 응시했고 한 번에 합격했습니다. 아슬아슬한 점수라서 부끄럽지만 독학사는 자료가 부족해서 부족하나마 후기를 쓰는 것이 도움이 될까 하여 제 합격전략을 정리하여 알려 드립니다.

#1. 교재와 전공서적을 가까이에!

학사학위 취득은 본래 4년을 기본으로 합니다. 독학사는 이를 1년으로 단축하는 것을 목표로 하는 시험이라 실제 시험도 변별력을 높이는 몇 문제를 제외한다면 기본이 되는 중요한 이론 위주로 출제됩니다. 시대에듀의 독학사 시리즈 역시 이에 맞추어 중요한 내용이 일목요연하게 압축·정리되어 있습니다. 빠르게 훑어보기 좋지만 내가 목표로 한 전공에 대해 자세히 알고 싶다면 전공서적과 함께 공부하는 것이 좋습니다. 교재와 전공서적을 함께 보면서 교재에 전공서적 내용을 정리하여 단권화하면 시험이 임박했을 때 교재 한 권으로도 자신 있게 시험을 치를 수 있습니다.

#2. 시간확인은 필수!

쉬운 문제는 금방 넘어가지만 지문이 길거나 어렵고 헷갈리는 문제도 있고, OMR 카드에 마킹까지 해야 하니 실제로 주어진 시간은 더 짧습니다. 앞부분에 어려운 문제가 있다고 해서 시간을 많이 허비하면 쉽게 풀 수 있는 뒷부분 문제들을 놓칠 수 있습니다. 문제 푸는 속도가 느려지면 집중력도 떨어집니다. 그래서 어차피 배점은 같으니 아는 문제를 최대한 많이 맞히는 것을 목표로 했습니다.
① 어려운 문제는 빠르게 넘기면서 문제를 끝까지 다 풀고 ② 확실한 답부터 우선 마킹한 후 ③ 다시 시험지로 돌아가 건너뛴 문제들을 다시 풀었습니다. 확실히 시간을 재고 문제를 많이 풀어봐야 실전에 도움이 되는 것 같습니다.

#3. 문제풀이의 반복!

여느 시험과 마찬가지로 문제는 많이 풀어볼수록 좋습니다. 이론을 공부한 후 예상문제를 풀다보니 부족한 부분이 어딘지 확인할 수 있었고, 공부한 이론이 시험에 어떤 식으로 출제될지 예상할 수 있었습니다. 그렇게 부족한 부분을 보충해가며 문제유형을 파악하면 이론을 복습할 때도 어떤 부분을 중점적으로 암기해야 할지 알 수 있습니다. 이론 공부가 어느 정도 마무리되었을 때 시계를 준비하고 모의고사를 풀었습니다. 실제 시험시간을 생각하면서 예행연습을 하니 시험 당일에는 덜 긴장할 수 있었습니다.

학위취득을 위해 오늘도 열심히 학습하시는 수험생 여러분에게도 합격의 영광이 있길 기원하면서 이만 줄입니다. "

이 책의 구성과 특징 STRUCTURES

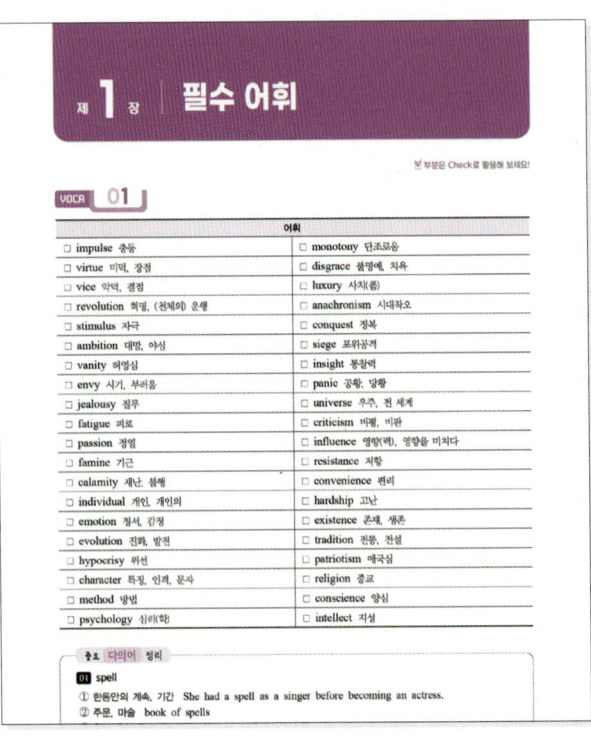

01 핵심이론

평가영역을 바탕으로 꼼꼼하게 정리된 '핵심이론'을 통해 출제될 수 있는 내용을 학습해 보세요.

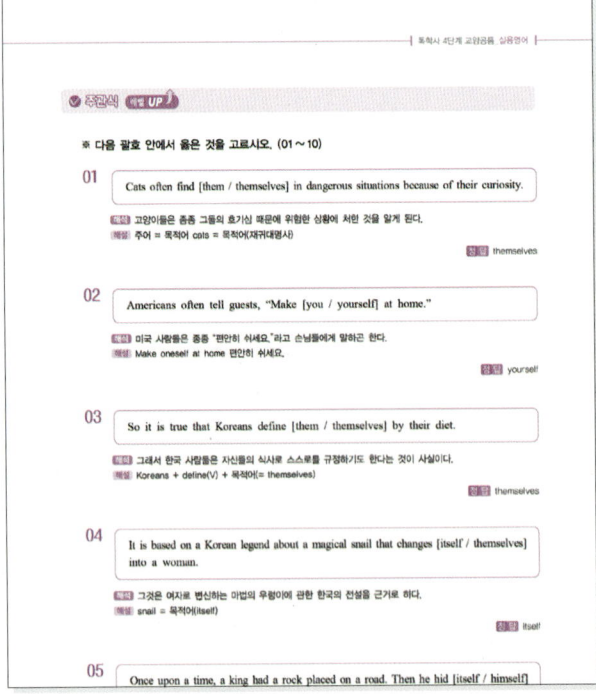

02 주관식 레벨 UP

다양한 문제로 구성된 '주관식 레벨 UP'으로 주관식 시험에 대비해 보세요.

03 실전예상문제

학습한 내용을 바탕으로 '실전예상문제'를 풀어 보며 문제를 해결하는 능력을 길러 보세요.

04 최종모의고사

'최종모의고사'를 실제 시험처럼 풀어 보며 실력을 점검해 보세요.

05 핵심요약집

생활영어를 정리한 '핵심요약집'으로 전반적인 내용을 손쉽게 파악해 보세요.

목차 CONTENTS

PART 1 　핵심이론 & 실전예상문제

제1편 어휘·숙어
- 제1장 필수 어휘 · 003
- 제2장 필수 숙어 · 042
- 실전예상문제 · 063

제2편 문법과 구조
- 제1장 구두점 · 079
- 제2장 동사와 형식 · 097
- 제3장 시제 · 106
- 제4장 가정법 · 115
- 제5장 간접의문문, 부가의문문 · 122
- 제6장 조동사 · 128
- 제7장 수동태 · 134
- 제8장 부정사 · 143
- 제9장 동명사 · 150
- 제10장 분사 · 158
- 제11장 명사, 관사, 대명사 · 170
- 제12장 형용사, 부사 및 비교 · 181
- 제13장 관계사 · 201
- 제14장 접속사, 전치사 · 210
- 제15장 특수 구문 · 219
- 실전예상문제 · 223

제3편 독해
- 제1장 독해 접근 방법 · 279
- 제2장 대의 파악 · 288
- 제3장 주제 파악 · 291

제4장 세부 사항 파악 · 294
제5장 결론 도출 · 298
제6장 논조 이해 · 301
제7장 글의 상호관계 분석 · 304
제8장 영문 국역 · 307
실전예상문제 · 316

제4편 영작문

제1장 영작문 · 337
실전예상문제 · 347

PART 2 최종모의고사

최종모의고사 · 369
정답 및 해설 · 382

PART 3 생활영어 핵심요약집 (책 속의 책)

제5편 생활영어

제1장 인사 표현 · 003
제2장 일상 표현 · 007
제3장 사교 표현 · 042
제4장 업무 표현 · 050
미니모의고사 제1회 · 065
미니모의고사 제2회 · 074

당신이 저지를 수 있는 가장 큰 실수는 실수를 할까 두려워하는 것이다.

– 앨버트 하버드 –

제 1 편

어휘 · 숙어

- **제1장** 필수 어휘
- **제2장** 필수 숙어
- **실전예상문제**

훌륭한 가정만한 학교가 없고, 덕이 있는 부모만한 스승은 없다.

– 마하트마 간디 –

보다 깊이 있는 학습을 원하는 수험생들을 위한
시대에듀의 동영상 강의가 준비되어 있습니다.
www.sdedu.co.kr → 회원가입(로그인) → 강의 살펴보기

제 1 장 | 필수 어휘

☑ 부분은 Check로 활용해 보세요!

VOCA 01

어휘	
☐ impulse 충동	☐ monotony 단조로움
☐ virtue 미덕, 장점	☐ disgrace 불명예, 치욕
☐ vice 악덕, 결점	☐ luxury 사치(품)
☐ revolution 혁명, (천체의) 운행	☐ anachronism 시대착오
☐ stimulus 자극	☐ conquest 정복
☐ ambition 대망, 야심	☐ siege 포위공격
☐ vanity 허영심	☐ insight 통찰력
☐ envy 시기, 부러움	☐ panic 공황, 당황
☐ jealousy 질투	☐ universe 우주, 전 세계
☐ fatigue 피로	☐ criticism 비평, 비판
☐ passion 정열	☐ influence 영향(력), 영향을 미치다
☐ famine 기근	☐ resistance 저항
☐ calamity 재난, 불행	☐ convenience 편리
☐ individual 개인, 개인의	☐ hardship 고난
☐ emotion 정서, 감정	☐ existence 존재, 생존
☐ evolution 진화, 발전	☐ tradition 전통, 전설
☐ hypocrisy 위선	☐ patriotism 애국심
☐ character 특징, 인격, 문자	☐ religion 종교
☐ method 방법	☐ conscience 양심
☐ psychology 심리(학)	☐ intellect 지성

중요 다의어 정리

01 spell
① 한동안의 계속, 기간 She had a spell as a singer before becoming an actress.
② 주문, 마술 book of spells
③ 철자(綴字)를 쓰다 How do you spell the word?

• domestic
① 가정의 growing problem of domestic violence
② 국내의 The domestic market is still depressed.

VOCA 02

어휘	
☐ fortitude 인내, 용기	☐ crisis 위기
☐ compromise 타협(하다)	☐ policy 정책, 방침
☐ prosperity 번영	☐ affection 애정
☐ comfort 위안, 안락, 위로하다	☐ homage 경의
☐ sacrifice 희생, 희생하다	☐ conceit 자부심
☐ superstition 미신	☐ hostility 적의, 적개심
☐ sympathy 동정, 공감	☐ frustration 좌절, 욕구불만
☐ perseverance 인내	☐ victory 승리
☐ disgust 혐오, 불쾌하게 하다	☐ triumph 승리
☐ monopoly 독점	☐ hatred 증오
☐ species 인류, 종(류)	☐ purpose 목적
☐ moisture 습기	☐ fantasy 공상, 환상
☐ solitude 고독	☐ struggle 분투, 노력(하다)
☐ candidate 지원자, 후보자	☐ access 접근
☐ environment 환경	☐ contempt 경멸
☐ destiny 운명	☐ convention 회의, 인습
☐ hindrance 방해	☐ harmony 조화
☐ property 재산, 소유권	☐ scorn 경멸
☐ increase 증가, 증가하다	☐ comment 주석, 논평, 주석을 달다
☐ decrease 감소, 감소하다	☐ dignity 위엄
☐ courtesy 예절	☐ mercy 자비
☐ theory 이론	☐ cowardice 겁, 비겁
☐ medium 매개, 중간의	☐ logic 논리학

중요 다의어 정리

02 wind
① 감기다, (시계태엽을) 감다
　The flower winds around a bamboo pole. / Remember to wind (up) your watch.
② 바람　There isn't much wind today.
③ 숨, 호흡　I need time to get my wind back after that run.

• end
① 끝, 끝내다　How does the story end?
② 목적　They are prepared to use violence in pursuit of their ends.

VOCA 03

어휘	
☐ talent 재능	☐ strategy 전략, 전술
☐ misery 비참	☐ heritage 유산
☐ modesty 겸손	☐ strife 투쟁
☐ circumstance 환경, 사정	☐ pollution 오염
☐ quality 질, 특질, 성질	☐ industry 근면, 산업
☐ quantity 양	☐ defect 결점, 단점
☐ commerce 상업	☐ sincerity 성실
☐ conception 개념	☐ piety 경건, 신앙심
☐ identity 신원, 정체, 동일성	☐ adolescence 청년기, 청춘기
☐ legend 전설	☐ phenomenon 현상
☐ trick 계략, 장난, 속이다	☐ account 계산(하다), 설명(하다)
☐ wealth 부, 재산	☐ emphasis 강조
☐ charity 자비, 자선	☐ proportion 비례, 비율
☐ fate 운명	☐ rumo(u)r 소문, 소문을 내다
☐ evidence 증거	☐ faculty 능력
☐ tension 긴장	☐ worship 숭배(하다)
☐ impression 인상, 감명	☐ doctrine 학설, 주의
☐ elegy 애가, 비가	☐ pity 연민, 유감
☐ strain 긴장, 압박	☐ commodity 상품, 일용품
☐ bribe 뇌물, 뇌물을 주다	☐ distress 고통, 괴롭히다
☐ fame 명성	☐ discourse 이야기, 이야기하다
☐ soul 영혼, 사람	☐ function 기능, 역할, 작용하다
☐ gratitude 감사	☐ fallacy 오류

중요 다의어 정리

03 reflect
① 반사하다 The windows reflected the bright afternoon sunlight.
② 반영하다 The choice reflected Dad's hopes for us.
③ reflect on 숙고하다 I need time to reflect on your offer.

• moment
① 순간 We're busy at the moment.
② 중요성 He emphasized matters of great moment.

VOCA 04

어휘	
□ revival 부활	□ tyranny 전제정치, 포악
□ foundation 기초	□ prospect 기대, 전망
□ behavio(u)r 행위, 태도	□ credit 신용, 명예
□ discipline 훈련, 규율, 훈련하다	□ profit 이익, 이익을 보다
□ poverty 빈곤	□ oblivion 망각
□ threat 협박, 위협	□ constitution 헌법, 체질
□ menace 협박(위협)하다	□ extent 범위, 정도
□ plague 전염병	□ efficiency 능률, 효력
□ capacity 능력, 수용력	□ genius 천재
□ attitude 태도	□ nightmare 악몽
□ merit 장점, 공적	□ benefit 이익, 은혜, 이익이 되다
□ astronomy 천문학	□ reign 통치, 군림(하다)
□ despair 절망	□ ruin 파멸, 파멸시키다, (pl.) 폐허
□ patience 인내	□ factor 요인, 요소
□ confidence 신용, 자신	□ vocation 직업
□ enthusiasm 열광	□ contract 계약, 계약하다
□ peril 위험	□ welfare 복지
□ livelihood 생계, 살림	□ community 사회
□ opportunity 기회	□ faith 신앙, 신용, 성실
□ ridicule 조롱, 조소(하다)	□ propaganda 선전
□ liberty 자유	□ thrift 절약, 검약
□ spirit 정신, 원기	□ melancholy 우울, 우울한
□ traffic 교통(의)	□ temper 기질, 기분, 노여움

중요 다의어 정리

04 respect

① (측)면, 점, 사항 There was one respect, however, in which they differed.
② 존경하다 I respect Jack's opinion on most subjects.
③ 존경, 경의 Children should show respect for the teachers.

• rear
① 뒤(의), 후방(의) A trailer was attached to the rear of the truck.
② 기르다 She reared a family of five on her own.

VOCA 05

어휘	
□ suffrage 참정권, 투표	□ embody 구체화하다
□ rage 격노, 격노하다	□ select 고르다, 선발한
□ thirst 목마름, 갈망, 갈망하다	□ persist 고집하다
□ infancy 유년시대, 초기	□ tremble 떨다, 떨리다
□ adoration 숭배, 동경	□ isolate 격리시키다, 고립시키다
□ insult 모욕, 모욕하다	□ barrier 장애물
□ epidemic 유행병, 전염병	□ barometer 기압계, 지표
□ analogy 유사, 유추	□ glory 영광
□ ethics 윤리학	□ generosity 관대함, 너그러움
□ analysis 분석, 분해	□ technology 과학기술, 공예학
□ labor 노동, 노력, 일하다	□ basis 기초
□ indignation 분개, 분노	□ biography 전기
□ substance 실질, 실체	□ gravity 중력, 인력
□ slang 속어	□ treaty 조약
□ chaos 혼돈, 무질서	□ advantage 유리, 이점
□ vigor 활력, 원기	□ vacuum 진공(의)
□ heaven 하늘, 천국	□ economy 경제, 절약
□ hell 지옥	□ bravery 용기
□ shame 수치, 치욕	□ epoch 신기원, 신시대
□ dialect 방언, 사투리	□ courage 용기
□ cancel 취소하다	□ sphere 구(球), 범위
□ deceive 속이다	□ achievement 성취, 업적
□ combine 결합하다	□ biology 생물학
□ relate 말하다, 관계(관련)시키다	□ recreation 기분전환, 오락

중요 다의어 정리

05 claim
① 주장하다 I don't claim to be an expert.
② 청구하다, 요구하다 I claim the insurance after the accident.
③ (목숨을) 앗아가다 The car crash claimed three lives.

- **tear**
① 눈물 Her eyes were wet with tears.
② 찢다 Why did you tear the letter?

VOCA 06

어휘	
☐ fury 격분	☐ blame 비난하다
☐ behalf 위함, 이익	☐ plow 갈다, 쟁기
☐ generalization 일반화, 보편화	☐ grasp 파악하다, 이해하다, 파악
☐ damage 손해, 손상	☐ stumble 비틀거리다, 비틀거리기
☐ horizon 지평선, 수평선	☐ require 필요로 하다
☐ degree 정도, 학위	☐ desert 버리다, 도망하다, 사막
☐ folly 어리석음, 어리석은 짓	☐ establish 설립하다, 확립하다
☐ heredity 유전	☐ vary 변화하다, 변경하다
☐ describe 묘사하다	☐ investigate 조사하다, 연구하다
☐ declare 선언하다	☐ vanish 사라지다
☐ approve 시인하다	☐ lament 한탄하다, 슬퍼하다
☐ recommend 추천하다	☐ stretch 잡아 늘이다, 퍼지다, 넓이
☐ reconcile 화해시키다	☐ starve 굶어죽다, 갈망하다
☐ contribute 공헌하다	☐ generate 낳다, 발생하다
☐ distribute 분배하다	☐ reform 개혁하다, 개정하다, 개혁
☐ extinguish 끄다	☐ possess 소유하다
☐ survive 살아남다, …보다 오래 살다	☐ devote 바치다
☐ contrast 대조하다, 대조를 이루다	☐ tend …의 경향이 있다, 하기 쉽다
☐ invade 침입하다	☐ pursue 추구하다, 종사하다
☐ upset 뒤엎다, 당황하게 하다, 전복, 혼란	☐ attach 붙이다
☐ accomplish 성취하다	☐ perish 멸망하다, 죽다
☐ violate 위반하다	☐ dispose 처리하다
☐ stride 성큼성큼 걷다, 성큼성큼 걷기	☐ quit 떠나다, 그만두다

중요 다의어 정리

06 room
① 여지, 여유 There is room for improvement in his work.
② 공간, 빈자리 There is enough room for me in the car.
③ 방 She tapped on the window of my room.

• just
① 가까스로, 간신히 He just passed the examination.
② 꼭 "What time is it?" "It is just two o'clock."
③ 정말, 아주 The weather was just fine.

VOCA 07

어휘	
□ persuade 설득하다	□ qualify 자격을 주다
□ gaze 응시하다	□ decorate 장식하다
□ restore 회복시키다	□ accelerate 속도를 더하다, 촉진하다
□ heal 상처를(병을) 낫게 하다, 고치다	□ betray 배반하다, 누설하다
□ acquire 얻다	□ dominate 통치하다, 지배하다
□ halt 서다, 정지	□ preserve 유지하다, 보존하다
□ maintain 유지하다, 주장하다	□ entreat 간청하다
□ mourn 슬퍼하다	□ lack …이 없다, 부족하다, 부족
□ suspect 의심하다	□ interrupt 방해하다, 중단하다
□ grumble 불평하다	□ surpass …보다 뛰어나다, 우월하다
□ entertain 즐겁게 하다, 마음에 품다	□ render …이 되게 하다, 주다
□ utilize 이용하다	□ export 수출하다, 수출(품)
□ convert 바꾸다	□ fulfill 이행하다, 실행하다
□ despise 경멸하다	□ inspect 검사하다
□ commence 시작하다	□ indulge 탐닉하다, 제멋대로 하게하다
□ consume 소비하다, 다 써버리다	□ recover 회복하다
□ assimilate 동화하다	□ urge 몰아대다, 격려하다
□ impose 부과하다, 강요하다	□ command 명령하다, 지휘하다, 명령, 지휘
□ encounter 만나다	□ warn 경고하다
□ release 해방하다, 면제하다, 해방	□ transport 수송하다, 수송
□ specialize 전공하다, 전문화하다	□ ignore 무시하다
□ respond 응답하다	□ conceal 감추다
□ soar 치솟다	□ utter 말하다, 완전한

중요 다의어 정리

07 interest
① 이자 The money was repaid with interest.
② 이익 She was acting entirely in her own interests.
③ 관심, 흥미 National interest is focused on the issue.

• desert
① 버리다, 탈주하다 She was deserted by her husband. / A lot of soldiers the desert army.
② 사막 the Sahara Desert
③ 당연한 보답 He got his desert.

VOCA 08

어휘	
□ prevail 유행하다, 우세하다	□ confuse 혼란시키다
□ adjust 적응시키다, 조정하다	□ improve 개선하다, 진보하다
□ estimate 어림잡다, 평가하다, 견적, 평가	□ diffuse 퍼지게 하다, 보급하다
□ compensate 배상하다, 갚다	□ alter 바꾸다
□ restrain 억제하다, 제한하다	□ speculate 사색하다, 투기하다
□ appreciate 감사하다, 감상하다	□ yield 생산하다, 굴복하다, 생산(고)
□ insist 주장하다, 고집하다	□ meditate 숙고하다, 묵상하다
□ acknowledge 인정하다	□ perform 수행하다, 연기(연주)하다
□ distinguish 구별하다	□ embarrass 난처하게 하다
□ involve 포함하다	□ reproach 비난하다
□ intrude 침입하다	□ bewilder 당황하게 하다
□ torment 고문하다, 괴롭히다, 고문, 고통	□ overcome 이겨내다, 압도하다
□ exhaust 다 써버리다, 지치게 하다	□ assert 주장하다, 단언하다
□ endure 견디다	□ recognize 인정하다
□ hesitate 주저하다	□ admit 들어오게 하다, 인정하다
□ substitute 대리하다, 대용하다, 대리인	□ persecute 박해하다
□ prohibit 금하다	□ launch 진수하다, 발사하다
□ forbid 금하다	□ pretend …인 체하다, 가장하다
□ display 보이다, 진열(전시)하다, 진열	□ circulate 돌다, 유통하다
□ concentrate 집중하다	□ contemplate 깊이 생각하다, 응시하다
□ yearn 그리워하다	□ cope 맞서다, 대처하다
□ forsake 버리다	□ adapt 적응시키다, 개작하다
□ endeavo(u)r 노력(하다)	□ alarm 놀라게 하다, 놀람
□ soothe 위로하다, 진정시키다	□ adopt 채용하다, 양자(양녀)로 삼다
□ congratulate 축하하다	□ submit 복종시키다

중요 다의어 정리

08 light
① 관점, 견지 They saw things in a different light.
② 불을 켜다, 빛, 등불 Their parents lighted the Christmas tree. / All plants need light. / Turn on the light.
③ 밝은, (색이) 연한 The room is light. / She used light green in her picture.
④ 가벼운 This is as light as a feather.

VOCA 09

어휘

□ convince 확신시키다	□ literate 글을 읽고 쓸 줄 아는 (사람)
□ repent 후회하다	□ conservative 보수적인
□ predict 예언하다	□ radical 근본적인, 급진적인
□ avoid 피하다	□ pure 순수한
□ boast 자랑하다	□ queer 별난, 기묘한
□ participate 참가하다	□ sane 제정신의, 온전한
□ abolish 폐지하다	□ genuine 진짜의, 순수한
□ attribute …탓이라고 하다, 속성, 특질	□ vague 막연한
□ survey 둘러보다, 개관(하다), 조사(하다)	□ entire 완전한, 전체의
□ invest 투자하다, 부여하다	□ absurd 터무니없는, 불합리한
□ attain 달성하다	□ lonely 고독한
□ cherish 소중히 하다, 마음에 품다	□ savage 야만스러운, 잔인한
□ suspend 중지하다, 매달다	□ nuclear 핵의
□ inherit 상속하다, 유전하다	□ obscure 무명의, 애매한
□ bestow 주다	□ intricate 뒤얽힌, 복잡한
□ undertake 떠맡다, 착수하다	□ mortal 죽을 운명의
□ include 포함하다	□ vivid 생생한, 발랄한
□ exclude 제외하다, 배척하다	□ arrogant 오만한
□ justify 정당화하다, 변명하다	□ exotic 외국의, 이국풍의
□ annoy 괴롭히다, 성가시게 하다	□ extreme 극단의
□ esteem 존중하다, 간주하다	□ imperative 명령적인, 긴급한
□ cure 치료하다, 고치다	□ mature 성숙한
□ resign 사직하다, 단념하다	□ tight 단단한, 팽팽한
□ accurate 정확한	□ adequate 적당한, 충분
□ rational 합리적인, 이성적인	□ dissolute 방탕한, 타락한

중요 다의어 정리

09 fine
① 벌금, 벌금을 부과하다 There is a fine for driving too fast. / She was fined for speeding.
② 좋은, 훌륭한 We use only the finest materials. / He was a fine man.
③ 날씨가 맑은 I hope it stays fine for the picnic.
④ 미세한, 날카로운 There's a fine line between love and hate.
　　　　　　　　The pencil should have a fine point.

VOCA 10

어휘	
mutual 서로의	vex 초조하게 하다, 괴롭히다
splendid 화려한, 훌륭한	overlook 못보다, 내려다보다
timid 겁 많은	reinforce 보강하다
durable 오래 견디는, 튼튼한	accuse 고발하다, 비난하다
conspicuous 유난히 눈에 띄는, 현저한	restrict 제한하다
brisk 활발한	ultimate 최후의, 궁극적인
primitive 원시의	initial 처음의, 머리문자
superficial 피상적인, 천박한	solemn 엄숙한
brilliant 빛나는, 훌륭한	notorious 소문난, 악명이 높은
conscious 의식적인, 알고 있는	sublime 숭고한
abstract 추상적인	immemorial 태고의
concrete 구체적인	constructive 건설적인
profound 깊이가 있는, 심오한	destructive 파괴적인
supreme 최고의	temporary 임시의, 한때의
trivial 시시한, 하찮은	contemporary 현대의 (사람)
apparent 명백한, 외관상의	aloof 따로 떨어져서
thorough 철저한	indispensable 없어서는 안 되는, 필수의
athletic 운동경기의	juvenile 소년(소녀)의, 나이 어린
absolute 절대적인	abnormal 비정상적인
meager 여윈, 빈약한	external 외부의
seek 찾다, 구하다	rare 드문, 진귀한
communicate 전달하다, 통신하다	main 주요한
perplex 당황하게 하다	complex 복잡한
broadcast 방송(하다)	bold 대담한
reject 거절하다	crude 천연 그대로의, 거친

중요 다의어 정리

10 mind

① 인물 She was one of the greatest minds of her generation.
② 신경을 쓰다 Mind your own business.
③ 싫어하다, 꺼리다 Would you mind if I smoke?
④ 마음, 정신 There was no doubt in his mind that he'd get the job.

VOCA 11

어휘	
☐ polite 예의바른, 공손한	☐ intense 강렬한
☐ current 유행의, 현재의	☐ essential 본질적인, 필수의
☐ severe 엄격한, 격렬한	☐ distinct 명백한, 명확한
☐ remote 먼, 먼 곳의	☐ particular 특수한, 까다로운
☐ deliberate 신중한	☐ subtle 미묘한
☐ separate 분리된	☐ doom 운명, 파멸, 운명 짓다
☐ physical 물리적인, 물질의	☐ utility 유익, 효용
☐ eternal 영원한	☐ slavery 노예제도
☐ unique 유일한, 독특한	☐ antipathy 반감
☐ transparent 투명한	☐ caution 조심, 경고
☐ swift 신속한	☐ reaction 반동, 반응
☐ surplus 과잉(의)	☐ atmosphere 분위기, 대기
☐ obstinate 완고한, 고집 센	☐ satellite 위성, 위성의
☐ stubborn 완고한, 고집 센	☐ sage 현인, 성인, 현명한
☐ dense 짙은, 빽빽한	☐ excess 초과, 과잉
☐ familiar 친한	☐ ordinary 보통의
☐ shrewd 영리한, 빈틈없는	☐ vulgar 천한, 상스러운
☐ remarkable 현저한, 두드러진	☐ preferable 더 마음에 드는, 더 바람직한
☐ punctual 시간을 지키는	☐ strict 엄격한, 엄밀한
☐ terrible 무시무시한, 지독한	☐ naked 나체의, 벌거벗은
☐ rude 무례한	☐ feminine 여성의
☐ earnest 열심인, 진지한	☐ deficient 부족한
☐ typical 전형적인, …을 대표하는	☐ tender 부드러운, 상냥한
☐ sole 유일한	☐ incurable 고칠 수 없는, 불치의
☐ fundamental 근본적인	☐ infinite 무한의

중요 다의어 정리

11 meet
① 충족시키다 The hotel did not meet my expectation.
② 대처하다, 직면하다 He found better ways to meet the situation.
③ (길, 강이) 교차하다 That's where the river meets the sea.
④ 만나다 They meet each other at a party in Seoul.

VOCA 12

어휘	
☐ irresistible 저항할 수 없는, 억제할 수 없는	☐ landscape 풍경, 경치
☐ barren 불모의, 메마른	☐ posterity 자손, 후세 사람들
☐ annual 해마다의	☐ offspring 자손, 소산(所産)
☐ precise 정확한	☐ growth 성장, 발전
☐ native 타고난, 태어난	☐ orbit (천체의) 궤도
☐ constant 불변의, 끊임없는	☐ channel 해협, 경로
☐ concise 간결한	☐ ancestor 선조
☐ moral 도덕적인, 정신적인, 교훈	☐ justice 정의, 공정
☐ delicate 미묘한, 민감한, 허약한	☐ theme 주제, 제목
☐ ambiguous 애매한	☐ routine 일상적인 일, 틀에 박힌
☐ neutral 중립의	☐ protest 항의, 주장, 항의하다, 주장하다
☐ sacred 신성한	☐ tendency 경향
☐ resolute 결심이 굳은, 단호한	☐ prophecy 예언
☐ instructive 교훈적인, 유익한	☐ career 경력, 생애
☐ unanimous 만장일치의	☐ advertisement 광고
☐ decent 고상한, 상당한	☐ role 역할
☐ legal 법률(상)의, 합법적인	☐ origin 기원, 태생
☐ ancient 고대의	☐ process 경과, 과정
☐ precious 귀중한	☐ agriculture 농업
☐ stern 엄한, 엄격한	☐ skyscraper 고층건물
☐ education 교육	☐ nuisance 방해물, 성가신 것
☐ prey 먹이, 희생	☐ vote 투표(하다)
☐ tumult 소동	☐ spur 박차(를 가하다)
☐ surrender 항복, 항복하다	☐ average 평균(의)
☐ reputation 평판, 명성	☐ category 범주

중요 다의어 정리

12 practice
① 실행, 실행하다 She's determined to put her new ideas into practice.
② 관습 It's opposed to the common Korean practice.
③ 개업 The doctor is now in private practice.
④ 연습, 연습하다 It takes a lot of practice to play the violin well.

VOCA 13

어휘	
□ architecture 건축(술)	□ expedition 탐험(대)
□ prose 산문	□ definition 정의
□ temperature 온도	□ issue 문제, 발행하다
□ purchase 구입(물), 획득	□ conflict 투쟁, 싸우다
□ oracle 신탁(神託)	□ disaster 재해, 불행
□ heir 상속인, 후계자	□ focus 초점, 집중하다
□ applause 박수갈채, 칭찬	□ budget 예산(안)
□ anarchy 무정부 상태	□ intercourse 교제
□ scrutiny 면밀한 조사, 응시	□ ceremony 의식, 의례
□ sculpture 조각	□ regret 후회(하다)
□ notion 생각, 개념	□ enterprise 기업, 진취적 기상
□ diplomacy 외교(술)	□ ravage 황폐, 황폐해지다
□ decade 10년	□ tragedy 비극
□ witness 증거, 증인, 목격자	□ miser 구두쇠
□ thermometer 온도계	□ muscle 근육
□ usage 용법, 어법, 습관	□ unemployment 실업
□ institution 제도, 협회	□ arithmetic 산수, 셈
□ exertion 노력	□ skill 숙련
□ feature 특징, 용모	□ instrument 기구, 수단
□ disguise 변장(하다)	□ equator 적도
□ congress 회의	□ structure 구조, 건조물
□ germ 세균	□ mode 방법, 양식
□ algebra 대수(학)	□ aristocracy 귀족정치(사회)
□ geometry 기하학	□ wage 임금
□ sojourn 체류, 묵다	□ zeal 열의, 열성

중요 다의어 정리

13 check

① 억제하다 She couldn't check her anger.
② 검토하다, 확인하다 check the spelling of a word
③ 수표 Where can I go to cash my traveler's check.
④ 계산서 Can I have the check, please?

VOCA 14

어휘	
source 원천, 출처	reward 보답, 상, 보답하다
twilight 황혼, 희미한 빛	peer 귀족, 동료, 응시하다
fever 열	controversy 논쟁
relief 구제, 안심, 제거	material 물질, 재료, 소질, 물질적인
refuge 피난(처)	nationality 국적, 국민성
experiment 실험(하다)	trial 시도, 시련, 재판
expense 비용, 희생	burden 무거운 짐, 부담
reliance 신뢰	tribe 종족
grief 슬픔	realm 영지, 왕국
effect 결과, 효과, 이루다	fright 놀람, 공포
scope 범위, 시야	demand 요구, 수요, 요구하다
habit 습관	supply 공급, 공급하다, (pl.)생활용품
defense 방어, 변호	intelligence 지능, 지성, 정보
aviation 비행(술), 항공(술)	frame 구조, 골격, 틀, 형성하다
navigation 항해(술), 항공(술)	hobby 취미
resource 자원, 지략	majority 대다수, 전공하다
cruelty 잔인	personality 개성, 명사
negligence 태만	region 지방
bliss 더 없는 행복, 환희	clue 단서, 실마리
delay 연기, 지체	parliament 의회
contact 접촉, 접촉하다, 연락하다	government 정치, 정부
poison 독(약)	oath 맹세, 서약
awe 두려움	revenue 세입
nutrition 영양(물)	explanation 설명
obligation 의무, 은혜	minister 장관, 목사

중요 다의어 정리

14 press
① 신문, 정기간행물 The story was reported in the press and on television.
② 간청하다, 강요하다 He pressed me for a loan.
   The teacher pressed policies on the students.
③ 압박하다 The bank is pressing us for repayment of the loan.
④ 누르다 Press this button to start the engine.

VOCA 15

어휘	
obstacle 장애(물)	incident 사건
majesty 존엄, 폐하	disillusion 환멸, 환멸을 느끼게 하다
globe 지구	election 선거
pressure 압력, 압박	gesture 몸짓
standpoint 입장, 견지	warfare 전쟁
monument 기념비, 기념물	adventure 모험
opponent 적, 적수	resort 놀이터, 수단, 호소하다
fiction 소설, 꾸며낸 이야기	situation 위치, 사태
detail 상세, 상세히 말하다	emigrant (타국으로의) 이주자, 이주하는
solution 해결, 용해	historian 역사가
maximum 최대한(의)	creature 창조물, 생물
communism 공산주의	victim 희생(자)
tide 조수, 풍조	delight 즐거움, 즐겁게 하다
honesty 정직	decay 부패(하다), 쇠퇴(하다)
brute 짐승	admiral 해군대장, 제독
beast 짐승, 짐승 같은 인간	area 면적, 지역
inspiration 영감, 고취	symbol 상징, 부호
harm 해, 해치다	assent 동의(하다)
taste 맛, 취미	manuscript 원고
independence 독립(심)	mechanism 기계(장치), 기구
engagement 약속, 약혼, 교전	scent 향기, 냄새 맡다
rank 열, 지휘, 계급, 사병, 자리잡다	donation 기부(금), 기증
glacier 빙하	miracle 기적
prairie 대초원	continent 대륙
cradle 요람, 발상지	horror 공포

중요 다의어 정리

15 yield

① 산출하다 The research has yielded useful information.
② (이익을) 가져오다 His business yields big profits.
③ yield to 굴복하다 We were forced to yield to the enemy.
④ 양보하다 Yield to oncoming traffic.

VOCA 16

어휘

☐ colony 식민지, 거류지	☐ territory 영토
☐ philosophy 철학	☐ imitation 모방
☐ treasure 보물, 소중히 하다	☐ alternative 양자택일, 양자택일의
☐ admiration 감탄, 칭찬	☐ foliage (무성한) 나뭇잎
☐ flesh 살, 육체	☐ preface 머리말
☐ conduct 행위, 지도, 행동하다, 인도하다	☐ review 복습, 재검토, 평론, 복습하다
☐ aspect 양상, 국면, 면	☐ mischief 장난, 손해
☐ anniversary 기념일	☐ departure 출발
☐ laboratory 실험실, 연구소	☐ surface 표면, 표면의
☐ cell 세포	☐ funeral 장례식
☐ essay 수필	☐ ignorance 무지
☐ armament 군비	☐ popularity 인기, 유행
☐ fable 우화	☐ pace 걸음
☐ maxim 격언	☐ merchandise 상품
☐ perspective 가망, 전망	☐ space 공간, 우주
☐ income 수입	☐ predecessor 전임자, 선배, 선조
☐ fortune 운, 행운, 재산	☐ soil 흙, 땅
☐ aid 도움, 도와주다	☐ hospitality 환대
☐ fuel 연료, 연료를 공급하다	☐ trait 특색
☐ sigh 한숨(쉬다)	☐ traitor 배반자, 반역자
☐ furniture 가구	☐ puzzle 수수께끼, 당황하게 하다
☐ shelter 피난(처), 피난하다, 보호하다	☐ riddle 수수께끼
☐ view 경치, 의견, 목적, 보다	☐ solace 위안, 위로(하다)
☐ navy 해군	☐ vision 시력, 통찰력, 환상
☐ inability 무능, 무력	☐ treachery 배신, 반역

중요 다의어 정리

16 hang

① 교수형에 처하다 At that time you could hang for stealing.
② 걸다, 매달다 Hang your coat up on the hook.
③ hang around 어슬렁거리다 What are you hang around here for?
④ hang on ~에 달려있다 It hang on your decision.

VOCA 17

어휘

☐ pasture 목장, 목초지	☐ reverie 환상(幻想)
☐ renown 명성	☐ mixture 혼합(물)
☐ vessel (큰) 배, 그릇	☐ outcome 결과, 성과
☐ specimen 표본, 실례(實例)	☐ expert 익숙한 사람, 전문가
☐ trace 자국, 추적하다	☐ project 계획, 계획하다, 내던지다
☐ slumber 잠, 잠자다	☐ consequence 결과, 중요성
☐ harvest 수확(기), 거두어들이다	☐ rapture 큰 기쁨, 환희
☐ tact 재치, 요령	☐ pioneer 개척자, 선구자
☐ element 요소, 원소	☐ revenge 복수, 원한, 복수하다
☐ pang 심한 고통, 양심의 가책	☐ amount 총계, 총계 …이 되다
☐ flaw 결점, 흠	☐ repose 휴식, 쉬다, 쉬게 하다
☐ riot 폭동(을 일으키다)	☐ author 저자, 창시자
☐ folk 사람들, 가족	☐ audience 청중
☐ temperance 절제, 금주	☐ throne 왕위, 왕좌
☐ garbage 쓰레기, 찌꺼기	☐ outlook 전망, …관(觀)
☐ mob 군중, 폭도	☐ expression 표현, 표정
☐ adult 성인, 성인의	☐ benefactor 은인, 후원자
☐ temperament 기질	☐ suburb 교외, 변두리
☐ expansion 확장	☐ apology 사과, 변명
☐ output 생산량	☐ proposal 제의, 신청
☐ glance 힐끗 봄, 힐끗 보다	☐ phase 국면, 양상
☐ vein 혈관, 광맥	☐ male 남자, 수컷
☐ conclusion 결말, 결론	☐ relish 맛, 흥미
☐ revolt 반역, 혐오, 반역하다, 불쾌감을 느끼다	☐ motive 동기, 동기가 되다
☐ pessimist 비관론자	☐ summary 요약, 요약한

중요 다의어 정리

17 match
① 시합 I'm playing a match against Liverpool.
② 상대 I was no match for him at tennis.
③ 조화되다 The door was painted blue to match the wall.
④ 필적하다 The teams were evenly matched.

VOCA 18

어휘	
□ plot 음모, 계획, 줄거리	□ transition 변천, 과도기
□ relic 유물	□ pause 멈춤, 중지, 멈추다, 쉬다
□ bronze 청동	□ heathen 이교도, 이방인
□ status 지위, 현상	□ worth 가치, …의 가치가 있는
□ mystery 신비, 불가사의	□ activity 활동
□ treason 반역(죄)	□ stage 무대, 시기, 단계
□ trifle 사소한 일, 조금	□ decree 명령, 포고, 명령하다, 포고하다
□ trend 경향, 추세	□ myth 신화
□ spectacle 광경, (pl.)안경	□ hazard 위험, 우연, 위험을 무릅쓰다
□ statue 조각상	□ pattern 모범, 모형
□ cliff 절벽, 낭떠러지	□ fluid 액체, 유동성의
□ trap 덫, 함정, 덫을 놓다	□ union 결합, 일치
□ sermon 설교	□ disciple 제자
□ imagination 상상(력)	□ playwright 극작가
□ omen 전조, 조짐	□ truce 휴전
□ diameter 직경, 지름	□ cave 동굴
□ effort 노력	□ feat 공적
□ adversity 역경	□ forest 숲
□ snare 덫, 유혹, 덫으로 잡다, 유혹하다	□ friction 마찰, 압력
□ satisfaction 만족, 만족시키다	□ digestion 소화, 숙고
□ estate 재산, 지위	□ verse 운문, 시, (성경의) 한 절
□ orator 웅변가	□ counsel 의논, 충고
□ plea 탄원, 구실	□ token 표시, 증거
□ meadow 목초지	□ value 가치, 존중하다
□ shortage 부족	□ flavo(u)r 맛, 향기

중요 다의어 정리

18 scale
① 규모　They entertain on a large scale.
② 저울, 저울의 눈금　How much does it read on the scale?
③ 등급　I evaluate workers on a scale from 1 to 10
④ 비늘　the scale of a snake

VOCA 19

어휘	
□ heretic 이단자, 이교도	□ elegance 우아함
□ fund 자금	□ timber 재목
□ bait 미끼, 유혹, 미끼로 꾀다	□ planet 유성, 혹성
□ range 범위, 산맥, …에 걸치다	□ design 디자인, 계획
□ orientation 방향결정, 안내	□ lung 폐, 허파
□ masterpiece 걸작	□ magic 마술(의), 마력(의)
□ stature 키, 신장	□ aim 목적, 표적
□ retort 말대꾸(하다)	□ sword 검(劍), 무력
□ metropolis 수도, 중심지	□ risk 위험, 위험을 무릅쓰다
□ layer 층	□ tool 도구, 연장
□ volume 책, 권(卷), 다량	□ weapon 무기
□ testimony 증거, 증명	□ vehicle 탈 것, 차량, 매개물, 전달수단
□ haven 항구, 피난처	□ peculiarity 특색, 버릇
□ research 연구(하다), 조사(하다)	□ contest 투쟁, 경쟁, 다투다, 겨루다
□ spot 장소, 지점	□ favo(u)r 호의, 찬성
□ seed 씨, 종자	□ mankind 인간, 인류
□ drudgery 고된 일, 고역(苦役)	□ draft 설계도, 초안, 설계하다, 기초하다
□ reverence 존경, 존경하다	□ bomb 폭탄, 폭격하다
□ summit 정상	□ nerve 신경
□ crust (빵)껍질	□ chemistry 화학
□ boss 우두머리, 사장	□ addition 부가
□ agony 고민, 고뇌, 고통	□ measure 수단, 치수, 계량기구
□ wisdom 지혜	□ vogue 유행
□ propriety 예의바름, 적당	□ reserve 사양, 보존하다, 예약하다
□ physics 물리학	□ occasion 경우, 기회

중요 다의어 정리

19 note
① 주의하다   Please note (that) the office will be closed on Monday.
② 음, 음표   He played the first few notes of the tune.
③ 어조, 기색   I saw a note of sadness in her look.
④ 기록, 메모, 적어두다, 써놓다   I left a note for him. / He noted down my address.

VOCA 20

어휘	
☐ dictator 독재자	☐ satire 풍자
☐ curiosity 호기심	☐ hypothesis 가설
☐ disorder 무질서, 혼란	☐ proposition 명제, 제의
☐ cast 형(型), 주조, 배역, 던지다, 주조하다	☐ perfume 향수, 향기
☐ cancer 암	☐ miniature 축소지도, 축소모형, 소형의
☐ well-being 복지, 행복	☐ leisure 틈, 여가, 한가한
☐ chamber 방	☐ organization 조직, 단체
☐ devil 악마	☐ republic 공화국, 공화정체
☐ barbarian 야만인, 야만의, 잔인한	☐ prosecution 수행
☐ stuff 재료, 물건, 채워 넣다	☐ torture 고문, 고뇌, 고문하다, 고통을 주다
☐ scheme 계획	☐ cottage 오두막집, 시골집
☐ legislation 입법, 법제	☐ castle 성(城)
☐ symmetry 균형, 조화	☐ conference 회의
☐ pomp 화려, 장관	☐ tomb 묘
☐ antiquity 고대(인)	☐ fault 결점, 잘못
☐ malice 악의, 원한	☐ bond 속박
☐ multitude 다수	☐ providence 섭리, 신의 뜻, 신
☐ bent 경향, 구부러진, 열중한	☐ compassion 동정
☐ creed 신조, 주의	☐ domain 영토
☐ procedure 수속, 진행	☐ caricature (풍자적) 만화
☐ standard 표준(의), 모범(적인)	☐ anguish 고민, 고뇌
☐ boredom 지루함	☐ facility 손쉬움, (pl.)설비, 기관
☐ device 고안, 장치	☐ hygiene 위생
☐ greed 탐욕	☐ conspiracy 음모, 공모
☐ contagion 전염(병)	☐ accordance 일치, 조화

중요 다의어 정리

20 party

① 정당 the Democratic and Republican Parties in the United States
② 상대방 Your party is on the line. Go ahead.
③ 일행 Smith and his party met at the airport.
④ 파티 He likes going to parties.

VOCA 21

어휘	
☐ perception 지각, 자각	☐ bone 뼈
☐ ecstasy 무아의 경지, 황홀	☐ interest 이익, 흥미, 관심
☐ censure 비난(하다)	☐ limit 제한, 제한하다, 한정하다
☐ allowance 급여, 허가, 참작	☐ haste 서두름
☐ campaign (선거) 운동, 전쟁	☐ bless 축복하다
☐ canal 운하	☐ irritate 화나게 하다, 안달나게 하다
☐ apparatus 기구, 기계	☐ prolong 연장하다
☐ defiance 도전, 무시	☐ postpone 연기하다
☐ craft 기능, 교묘, 배, 비행기	☐ co-operate 협력하다
☐ patent 전매특허(의), 명백(한)	☐ refer 언급하다, 참조하다
☐ countenance 표정, 안색	☐ permit 허가하다
☐ pulse 맥박	☐ exaggerate 과장하다
☐ implement 기구, 도구	☐ emerge 나타나다
☐ insurance 보험, 보증	☐ equip 갖추다, 장비하다
☐ catastrophe 파국, 재난, 비극적 결말	☐ ornament 장식(하다)
☐ accident 사고, 사건, 우연	☐ furnish 공급하다, 비치하다
☐ district 구역, 지역	☐ advance 전진하다, 진보하다, 승진시키다
☐ direction 방향, 지도, 지시	☐ embark 배를 타다, 시작하다
☐ textile 직물, 직물의	☐ flourish 번창하다
☐ organ (생물의) 기관, (정치적인) 기관	☐ deprive 빼앗다
☐ blood 피, 혈액	☐ diminish 줄어들다, 감소하다
☐ ray 광선	☐ derive …을 얻다, 유래하다
☐ crop 농작물, 수확	☐ exchange 교환(하다)
☐ drought 가뭄	☐ rejoice 기뻐하다

중요 다의어 정리

21 deal
① 거래, 거래하다   The deal fell through.
   You can often see people dealing openly on the streets
② deal with 다루다, 처리하다   How shall we deal with this problem?
   Children are hard to deal with.
③ 취급하다, 팔다   We deal in fish and meat.
④ 양(量)   A great deal of money spent on my car.

VOCA 22

어휘

☐ nourish 기르다, (영양분을) 주다	☐ deserve …할 가치가 있다, …을 할 만하다
☐ inquire 묻다, 안부를 묻다, 조사하다	☐ correspond 일치하다, 편지를 주고받다
☐ ascertain 확인하다	☐ explore 탐험하다
☐ swear 맹세하다	☐ recollect 회상하다
☐ celebrate 축하하다	☐ fascinate 매혹하다
☐ marvel 놀라다, 경탄(할, 한 일)	☐ stir 휘젓다, 움직이다
☐ pray 빌다	☐ compete 경쟁하다
☐ reflect 반사하다, 반영하다, 숙고하다	☐ perceive 지각하다, 이해하다
☐ ascend 올라가다	☐ enchant 매혹시키다
☐ descend 내려오다	☐ consider 숙고하다, …이라고 생각하다
☐ mention 말하다	☐ transform 변형하다
☐ quote 인용하다	☐ amaze 몹시 놀라게 하다
☐ occupy 차지하다, 종사하다	☐ expose 드러내다, 폭로하다
☐ surround 둘러싸다	☐ penetrate 꿰뚫다, 간파하다
☐ avail 쓸모 있다, 소용되다, 쓸모, 이익	☐ extend 넓히다, 뻗치다, …에 이르다
☐ preach 설교하다	☐ reside 살다, 존재하다
☐ retire 물러나다, 은퇴하다	☐ confine 가두다, 경계, 한도
☐ argue 논하다, 설득하다	☐ exhibit 보이다, 전시하다
☐ graduate 졸업하다, 졸업생	☐ extract 뽑다, 추출물, 발췌
☐ affect 영향을 주다, 감동시키다, …인 체하다	☐ imply 의미하다, 암시하다
☐ unify 통일하다	☐ determine 결정하다, 결심하다
☐ operate 움직이다, 운영하다, 수술하다	☐ indicate 지시하다, 나타내다
☐ condemn 비난하다, (형을) 선고하다	☐ confront 직면하다
☐ praise 칭찬하다, 칭찬	☐ pierce 꿰뚫다, 간파하다
☐ forgive 용서하다	☐ dread 두려워하다

중요 다의어 정리

22 issue

① 발표하다 The police have issued an appeal for witnesses.
② 발행하다, 출판하다 Cheap round trip tickets are issued.
③ 안건, 사건 The union plans to raise the issue of overtime.
④ 호 The article appeared in issue 25.

VOCA 23

어휘	
foster 기르다, (성장을) 촉진하다	cease 끝내다, 중지하다
convey 나르다, 전하다	rescue 구하다, 구조
dismiss 해고하다, 해산하다, 내쫓다	disturb 방해하다
incline 기울이다, 마음이 기울다, 경사, 비탈	disperse 퍼뜨리다, 흩어지다
languish 원기가 없어지다, 시들다	remove 이사하다, 제거하다
illustrate 예증하다, 설명하다, 그림(삽화)을 넣다	realize 깨닫다, 실현하다
excel (남보다) 낫다	cultivate 경작하다, 기르다
mold 틀에 넣어 만들다, 틀, 성질	sum 합계하다, 요약하다, 합계, 요점
taint 더럽히다, 오염	exploit 개발하다, 이용하다, 공훈, 위업
discharge 수행하다, 면제하다	contradict 반박하다, 모순되다
exceed 넘다, 능가하다	develop 발달하다, 개발하다
usher 안내하다, 수위	approach 접근하다, 접근
owe 힘입다, 빚(의무)이 있다	emancipate 해방하다
heed 주의, 주의하다	classify 분류하다
resemble …을 닮다	represent 나타내다, 묘사하다, 대표하다
compose 구성하다, (마음을) 가라앉히다	reduce 줄이다, …으로 돌아가게 하다
refrain …을 그만두다, (노래의) 후렴	wither 시들다, 말라죽다
relax 늦추다, 쉬다	astonish 놀라게 하다
subscribe 서명하다, 기부하다, 구독하다	commit 맡기다, 범하다
interfere 간섭하다, 방해하다	claim 요구(하다), 주장(하다), 권리
share 분배하다, 분담하다, 몫, 분담	seclude 은퇴시키다
injure 해치다	appoint 임명하다, 지정하다
depend …에 의존하다	animate 활기를 주다, 고무하다
trespass 침해하다	apply 적용하다, 전념하다, 신청(지원)하다
decide 결정하다, 결심하다	disappoint 실망시키다

중요 다의어 정리

23 fit
① 건강한   Top athletes have to be very fit.
② 적당한, 알맞은   The food was not fit for human consumption.
③ 맞다, 적합하다   These shoes fit my feet.
④ 발작, 북받침   He fell to the floor in a fit. / He said so in a fit of anger.

VOCA 24

어휘

☐ afford 주다, …할 여유가 있다	☐ degrade 타락하다
☐ throng 떼 지어 모이다, 군중	☐ amuse 재미나게 하다
☐ scatter 뿌리다	☐ obtain 얻다
☐ modify 변경하다, 수식하다, 완화하다	☐ inform 알리다
☐ intoxicate 취하게 하다	☐ curse 저주하다, 저주
☐ offend 화나게 하다, 범하다	☐ provide …을 주다, 준비하다
☐ associate 교제하다, 연상하다, 동료	☐ refresh 상쾌하게 하다, 새롭게 하다
☐ behold 보다	☐ manage 관리하다, 이럭저럭 …하다
☐ mingle 섞다	☐ confess 자백하다, 자인하다
☐ venture 감히 …하다	☐ demonstrate 증명하다, 시위하다
☐ invert …을 거꾸로 하다, 뒤집다	☐ stoop (몸을) 구부리다, 굴복하다
☐ collect 모으다, 수집하다	☐ profess 공언하다, …이라고 자칭하다
☐ complain 불평하다, (고통을) 호소하다	☐ fade (색이) 바래다, 시들다
☐ spoil 망치다, 손상하다	☐ manufacture 제조(하다), 제품
☐ mock 비웃다, 조롱, 모의의	☐ appeal 호소하다, 간청하다, 호소
☐ recall 상기하다, 소환하다, 회상, 소환	☐ contend 다투다, 논쟁하다
☐ reproduce 재생하다, 번식하다	☐ publish 발표하다, 출판하다
☐ assemble 모이다	☐ interpret 통역하다, 해석하다
☐ retreat 물러가다, 후퇴, 피난처	☐ entitle 권리(자격)를 주다
☐ punish 처벌하다	☐ disregard 무시하다
☐ settle 정착하다, 해결하다	☐ ascribe (원인을) …으로 돌리다
☐ conceive 상상하다, 품다	☐ astound 깜짝 놀라게 하다
☐ disclose 드러내다, 폭로(적발)하다	☐ protect 보호하다
☐ repair 수리(하다)	☐ accommodate 수용하다, 편의를 도모하다
☐ repeat 되풀이하다	☐ progress 진행, 진보, 진행하다, 진보하다

중요 다의어 정리

24 observe
① 관찰하다, 목격하다 I felt he was observing everything I did.
　　　　　　　　　　The police observed a boy open the window.
② 진술하다, 말하다 She observed that it was getting late
③ 거행하다, 경축하다 How do you observe Christmas?
④ 지키다, 준수하다 She was careful to observe the law.

VOCA 25

어휘

□ overtake …을 뒤따라 잡다, 덮치다	□ register 등록하다, 가리키다
□ assist 돕다	□ coincide 일치하다, 부합하다
□ advocate 변호하다, 주장하다	□ complicate 복잡하게 하다
□ attempt 시도하다, 시도	□ discern 분간하다, 식별하다
□ partake …에 관여하다, 참가하다	□ dispute 논쟁(하다)
□ greet 인사하다	□ remark 말하다, 주목하다
□ suggest 암시하다, 제안하다	□ supplement 보충(하다)
□ waste 낭비하다, 황폐한	□ debate 논쟁(하다), 토론(하다)
□ dissolve …을 녹이다, 해산하다	□ humiliate 창피를 주다, 모욕하다
□ oblige 강요하다, 고맙게 여기다	□ explode 폭발하다
□ decline 기울다, 쇠퇴하다, 거절하다, 경사	□ narrate 이야기하다
□ accustom 익히다, 습관을 붙이다	□ administer 관리하다, 시행하다, 경영하다
□ defeat 패배하다, 패배	□ haunt 자주 가다, 늘 따라다니다
□ tempt 유혹하다	□ dispense 나눠주다, …없이 지내다
□ exempt 면제하다, 면제된	□ differ 다르다
□ induce 권유하다, 설득하여 …시키다	□ eliminate 제거하다
□ oppress 압박하다	□ dwell 살다, 거주하다
□ acquaint 알리다	□ assume …인 체하다, 생각하다, 가정하다
□ impoverish 가난하게 하다, 쇠약하게 하다	□ apprehend 이해하다, 염려하다
□ resent 분개하다	□ capture 사로잡다, 포획
□ abuse 남용하다, 학대하다	□ rear 기르다, 세우다
□ bother 괴롭히다, 걱정하다	□ stare 뚫어지게 보다
□ shrink 줄다, 오그라들다	□ confer 수여하다, 상담하다, 비교하다
□ compel 억지로 …시키다	□ discard 버리다
□ deliver 배달하다, 연설하다	□ negotiate 교섭하다

중요 다의어 정리

25 spring

① spring up 생겨나다 New nations spring up like mushrooms.
② 튀어 오르다 He turned off the alarm and sprang out of bed.
③ 용수철 The toy is worked by a spring.
④ 샘 Suanbo is a town of hot springs.
⑤ 봄 He was born in the spring of 1994.

VOCA 26

어휘

□ anticipate 예상하다	□ accumulate 쌓아올리다, 축적하다
□ contrive 연구해내다, 고안하다, 꾸미다	□ lurk 숨어 있다
□ consent 동의(하다), 승낙(하다)	□ provoke 화나게 하다, 도발하다
□ defy 도전하다, 무시하다	□ trim 정돈하다, 손질하다
□ beware 조심하다	□ rebuke 비난(하다)
□ summon 소환하다, (용기, 힘 따위를) 내다	□ confirm 확인하다
□ thrive 번영하다, 무성하다	□ conform 일치시키다(하다)
□ subdue 진압하다, 완화하다	□ aspire 열망하다
□ bloom 꽃(피다)	□ detach 떼어놓다, 파견하다
□ discriminate 구별하다	□ rebel 반역하다, 반역자
□ sustain 떠받치다, 부양하다, 견디다	□ repel 쫓아버리다, 불쾌감을 주다
□ enforce 실시하다, 강제하다	□ annihilate 전멸시키다
□ transact 처리하다, 거래하다	□ allude 언급하다, 암시하다
□ support 지지하다, 부양하다	□ sting 찌르다, (동물의) 침, 고통
□ cling 달라붙다, 고수하다, 집착하다	□ allure 유혹하다
□ entrust 위임하다	□ replace …을 대신하다, 제 자리에 두다
□ adhere 들러붙다, 고수하다, 견지하다	□ console 위로하다
□ transmit 보내다, 전달하다	□ surmount 극복하다
□ infect 전염시키다	□ treat 다루다, 대접하다, 대접, 환대
□ wrap 싸다, 포장하다	□ swell 부풀다, 부풀음
□ inflict (형벌, 고통, 손해를) 주다	□ sneer 비웃다, 냉소하다
□ undergo (수술, 시험 따위를) 받다, 당하다	□ befall 일어나다, 신변에 닥치다
□ withstand 저항하다	□ subside (비, 바람이) 가라앉다
□ withhold 보류하다, 억제하다	□ seize 붙잡다
□ adorn 장식하다	□ implore 애원하다, 탄원하다

중요 다의어 정리

26 sound
① 건전한, 정상의   We arrived home safe and sound.
② ~하게 들리다   His voice sounded strange on the phone.
③ 깊은   He fell into a sound sleep under the tree.
④ 소리   I heard a strange sound from the next room.
⑤ 발음하다   You don't sound the 'b' in the word 'comb'.

VOCA 27

어휘	
abandon 버리다	scratch 할퀴다, 긁다
deal 거래하다, 취급하다	compare 비교하다, 비유하다
steer 조종하다, 나아가다	embrace …을 껴안다, 포옹하다
depress 억압하다, 우울하게 하다	reckon 계산하다, …라고 생각하다
inhabit …에 살다, …에 거주하다	throb (심장이) 뛰다, 두근거리다
grant 허락하다, 주다, 인정하다	suppress 억압하다, (사실을) 감추다
muse 명상하다, 숙고하다	preoccupy 마음을 빼앗다, 먼저 차지하다
attract 끌다	salute 인사(하다), 경례
introduce 소개하다, 도입하다	revise 개정하다
portray 그리다	lessen 적어지다, 줄다
guarantee 보증하다	beguile 속이다
regulate 규정하다, 조절하다	bid 명령하다, 말하다
presume 상상하다, 생각하다	reap 베다, 수확하다
resume 다시 시작하다, 되찾다	concede 양보하다
lure 유혹하다	lade 싣다
award (심사하여) 주다, 수여하다	deplore 한탄하다
multiply 증가하다, (수를) 곱하다	precede …에 앞서다, 능가하다
spare 절약하다, 아끼다, 예비의	banish 추방하다
grudge 아까워하다, …하기를 싫어하다	stifle 숨막히게 하다, 억누르다
stroll 한가롭게 거닐다, 산책	abound 풍부하다
execute 실시하다, 성취하다	deposit 맡기다, 예금, 맡긴 것
imprison …을 교도소에 넣다, 투옥하다	retain 보유하다, 간직하다
proceed 나아가다, 계속하다	sob 흐느껴 울다
recede 물러가다	withdraw 물러나다, 탈퇴하다

중요 다의어 정리

27 term
① 용어 He knows all the scientific terms.
② 기간, 학기 He faces a maximum prison(jail) term of 25 years.
   During the term, we have examinations.
③ 말씨, 말투 The letter was brief, and couched in very polite terms.
④ 관계, 사이 I'm on good terms with her.
⑤ (지불, 계약의) 조건 They failed to agree on the terms of a settlement.

VOCA 28

어휘	
ally 동맹하다, 동맹자(국)	contain 포함하다
renounce 버리다, 부인하다	endow 기부하다, 주다
allot 할당하다	guard 지키다, 조심하다, 경계, 수위
assign 할당하다	crash 와르르 무너지다, 충돌하다, 추락하다
vow 맹세(하다)	burst 폭발하다, 파열하다, 폭발, 파열
vouch 보증하다	worry 괴롭히다, 걱정하다
carve 조각하다	military 군대의, 육군의
verify 증명하다, 확인하다	trustworthy 신뢰(신용)할 수 있는
ordain 명령하다, 운명짓다	delicious 맛있는
avenge 복수하다	manifest 명백한, 명시하다
confound 혼동하다	gradual 점진적인
beckon (손짓 따위로) 부르다, 신호하다	voluntary 자발적인
collapse 붕괴(하다)	stately 위엄이 있는, 당당한
mar 상하게 하다	proficient 숙달한
kneel 무릎꿇다, 굴복하다	tropical 열대의
pant 헐떡이다, 갈망하다	superfluous 여분의
warrant 보증(하다)	eminent 저명한, 뛰어난
kindle 불을 붙이다	contrary 반대의, 반대
uphold 지지하다, 돕다	feudal 봉건적인
disdain 경멸(하다)	fertile 비옥한, 다산의
prescribe 규정하다, 처방하다	intimate 친밀한
accompany 동반하다, (음악) 반주하다	primary 제일의, 주요한
abide 살다, 머무르다	enormous 막대한, 거대한
divide 나누다, 분할하다	disinterested 사심 없는, 공평한
paralyze 마비시키다	magnificent 웅대한, 장엄한

중요 다의어 정리

28 effect

① 영향 I tried to persuade him, but with little or no effect.
② 결과 He studied the cause and effect of the matter.
③ 효과, 효능 side effects
④ take effect 효과가 나타나다 This medicine quickly took effect.
⑤ 취지 I received a letter to the following effect.

VOCA 29

어휘	
☐ similar 비슷한	☐ vast 막대한
☐ tranquil 조용한	☐ immense 막대한
☐ commonplace 평범한	☐ tremendous 엄청난, 무서운
☐ artificial 인공적인	☐ innocent 순결한, 결백한
☐ wretched 불쌍한, 비참한	☐ divine 신성한, 비범한
☐ sovereign 최고의, 주권을 가진	☐ tedious 지루한
☐ staple 주요한	☐ domestic 가정의, 국내의
☐ vital 생명의, 중요한	☐ huge 거대한, 막대한
☐ moderate 알맞은, 중용의	☐ colloquial 구어(체)의
☐ casual 우연한	☐ vacant 텅 빈, 멍한
☐ stable 안정된, 외양간	☐ reluctant 마음이 내키지 않는, 싫어하는
☐ royal 왕의, 왕위의, 위엄 있는	☐ sceptical 회의적인
☐ tiny 몹시 작은	☐ awkward 어설픈, 귀찮은
☐ sufficient 충분한	☐ scanty 부족한
☐ tidy 단정한	☐ inherent 타고난, 고유의
☐ acute 날카로운	☐ extravagant 사치스러운, 터무니없는
☐ subjective 주관적인	☐ aware 알고 있는, 알아차린
☐ ripe 익은	☐ ignoble 천한, 비열한
☐ arctic 북극의	☐ shy 수줍어하는
☐ parallel 평행의, 유사한	☐ frank 솔직한
☐ brief 짧은, 간결한	☐ spontaneous 자발적인, 자연적인
☐ slight 적은, 하찮은	☐ visible 눈에 보이는
☐ inevitable 피할 수 없는, 필연적인	☐ inferior 보다 열등한, 열등한 사람
☐ perpetual 영원한, 끊임없는	☐ ashamed 부끄러워하는
☐ reckless 무모한	☐ capable …할 수 있는, 유능한

중요 다의어 정리

29 rest

① 놓이다 His chin rested on his hands.
② rest on ~에 달려 있다 The future rests on our shoulders.
③ 휴식하다, 휴식 I can rest easy knowing that she's safely home.
④ 영면하다 May he rest in peace.
⑤ 나머지 He lived here for the rest of his life.

VOCA 30

어휘	
☐ keen 날카로운	☐ daring 대담(한)
☐ exact 정확한	☐ frugal 검소한, 알뜰한
☐ utmost 최고(의), 최대(의)	☐ aggressive 침략(공격)적인, 적극적인
☐ dumb 벙어리의	☐ invalid 허약한, 병자
☐ fierce 사나운, 맹렬한	☐ actual 현실의
☐ faint 희미한, 약한, 기절하다	☐ holy 신성한
☐ affirmative 긍정적인	☐ sensitive 민감한, 감수성이 강한
☐ guilty 유죄의	☐ periodical 정기(간행)의, 정기간행물
☐ firm 견고한, 단호한, 회사	☐ human 인간의, 인간다운
☐ diverse 다양한, 다른	☐ numerous 매우 많은
☐ plain 명백한, 검소한, 쉬운, 평야	☐ rapid 빠른
☐ stupid 어리석은	☐ inborn 타고난, 선천적인
☐ fatal 숙명적인, 치명적인	☐ vain 헛된, 허영심이 강한
☐ fluent 유창한	☐ obvious 명백한
☐ tolerable 참을 수 있는, 상당한	☐ idealist 이상가, 관념주의자
☐ mechanical 기계의	☐ undaunted 굽히지 않는, 용감한
☐ elastic 탄력 있는, 신축성이 있는	☐ indifferent 무관심한
☐ upright 똑바른, 정직한	☐ timely 때맞춘, 적시의
☐ permanent 영구적인	☐ prompt 신속한, 즉시의
☐ hideous 무서운	☐ clumsy 어색한, 모양 없는
☐ uniform 같은 모양의, 일정한, 제복	☐ imperial 제국의, 황제의, 당당한
☐ ardent 열렬한, 열심인	☐ atomic 원자(력)의
☐ liable …하기 쉬운, 책임이 있는	☐ intent 열중한, 의지
☐ discreet 사려 깊은, 신중한	☐ private 개인의, 병사
☐ informal 비공식의	☐ positive 명백한, 긍정적인

중요 다의어 정리

30 figure
① 인물   a political figure
② 모습   a tall figure in black
③ 숫자   Write the figure '3' on the board.
④ 조각상   She carved a figure out of stone.
⑤ figure out 이해하다, 계산하다   I can't figure out how they did it.

VOCA 31

어휘	
□ lofty 매우 높은, 숭고한	□ selfish 이기적인
□ prone …하기 쉬운	□ vile 비열한
□ silly 어리석은	□ alert 빈틈없는, 경계
□ reverse 반대의, 거꾸로 된, 거꾸로 하다, 반대	□ figurative 비유적인
□ slender 가느다란, 호리호리한	□ appropriate 적당한
□ strenuous 활기찬, 분투하는	□ indebted 은혜를 입고 있는, 부채가 있는
□ futile 쓸데없는, 무익한	□ approximate 대략의
□ raw 날것의, 미숙한	□ flexible 구부리기 쉬운, 융통성 있는
□ wicked 사악한	□ smart 재치 있는, 멋진, 영리한
□ sheer 순전한, 순수한	□ gallant 용감한, (여자에게) 상냥한
□ relative 상대적인, 관계가 있는, 친척	□ haughty 거만한
□ hardy 튼튼한	□ astray 길을 잃어, 길을 잘못 들어
□ solid 고체의, 견실한, 견고한, 고체	□ consistent 변함없는, 시종일관된
□ rural 시골의	□ compulsory 강제적인, 의무적인
□ sly 교활한	□ ingenious 교묘한, 발명의 재능이 있는
□ sober 진지한, 냉정한, 술 마시지 않은	□ naughty 장난꾸러기인, 행실이 나쁜
□ stiff 굳은, 뻣뻣한	□ notable 주목할 만한, 유명한
□ tame 길든, 길들이다	□ potent 강력한, 유력한
□ destitute 빈곤한, …이 결핍한	□ dismal 음침한
□ tough 단단한, 질긴	□ eccentric (행동 따위가) 별난
□ steady 한결같은, 확고한	□ predominant 뛰어난, 우세한
□ innumerable 무수한	□ serene 고요한, 화창한
□ steadfast 확고한	□ sanitary 위생(상)의
□ drastic 맹렬한, 철저한	□ petty 작은
□ vertical 수직의	□ simultaneous 동시의

중요 다의어 정리

31 odd
① 남는, 나머지의 I'll see you when you have an odd moment.
② 홀수의(↔ even) 1, 3, 5 and 7 are odd numbers.
③ 이상한, 특이한 They're very odd people.
④ odds 가능성, 확률 The odds are that she'll win.
⑤ 다양한 decorations made of odd scraps of paper.

VOCA 32

어휘

□ prominent 눈에 띄는, 저명한	□ whimsical 변덕스러운
□ steep 험한, 가파른 비탈	□ corrupt 썩은, 타락시키다
□ prodigal 낭비하는, 방탕한	□ wholesome 건전한, 건강에 좋은
□ prudent 사려 깊은, 신중한	□ credulous (남의 말을) 잘 믿는, 속기 쉬운
□ sullen 뚱한, 시무룩한	□ abrupt 갑작스러운
□ righteous 바른, 공정한	□ devoid …이 없는
□ sterile 메마른, 불모의, 헛된	□ alien 외국의, 성질이 다른
□ transient 덧없는, 일시적인	□ capricious 변덕스러운
□ rigid 단단한, 엄격한	□ shabby 초라한
□ senior 손위의, 연장자, 선배	□ dreary 쓸쓸한, 황량한
□ quaint 진기한	□ outstanding 눈에 띄는, 현저한
□ sagacious 현명한, 영리한	□ erroneous 틀린, 잘못된
□ plausible 그럴듯한	□ pensive 깊은 생각에 잠겨있는, 수심에 잠긴
□ potential 잠재적인, 가능한, 잠재력	□ forlorn 고독한, 쓸쓸한, 버림받은
□ unprecedented 전례가 없는, 공전(空前)의	□ gorgeous 화려한
□ robust 건장한, 튼튼한	□ imprudent 뻔뻔스러운, 염치없는
□ ample 충분한	□ pertinent 적절한
□ akin 동족의, 동류의	□ frivolous 경박한
□ cordial 진심의, 마음에서 우러나오는	□ genial 따뜻한, 친절한
□ coarse 조잡한, 야비한	□ insolent 오만한
□ vehement 열정적인, 맹렬한	□ indolent 게으른
□ venerable 존경할만한	□ ruthless 무자비한
□ compatible 양립할 수 있는	□ incessant 끊임없는
□ weary 피로한, 싫증나는	□ myriad 무수한
□ complacent 자기 만족의	□ legitimate 합법적인, 정당한

중요 다의어 정리

32 part
① 헤어지다 We parted at the airport.
② 본분, 직분 Each one must do his part.
③ play a part ~역할을 하다 He played the part of the hero in the play.
④ take part in ~에 참여하다 He took part in the game.
⑤ 부분, 부품 the working parts of the machinery / The automobile needed several new parts.

VOCA 33

어휘	
☐ wistful 탐내는 듯한, 생각에 잠긴	☐ loyal 충성스러운, 성실한
☐ air 모양, 태도, 야외, 비행기	☐ pathetic 측은한, 불쌍한
☐ art 기술, 방법, 예술	☐ liberal 너그러운, 일반교육의, 자유주의의
☐ promise 가망, 약속	☐ perpendicular 수직의
☐ sentence 판결(하다), 선고(하다), 문장	☐ technical 기술적인, 전문의
☐ scale 계급, 규모	☐ medieval 중세의
☐ society 회(會), 단체, 사교계, 사회	☐ prime 제일의, 주요한
☐ tongue 말, 말씨, 혀	☐ gloomy 어두운, 우울한
☐ turn 차례, 돌다	☐ partial 부분적인, 불공평한
☐ regard 안부, 간주하다	☐ stout 튼튼한, 뚱뚱한
☐ nature 천성, 자연, 성질, 종류	☐ civil 시민의, 국내의
☐ order 주문(하다), 질서	☐ exquisite 정교한, 우아한
☐ calling 직업, 천직	☐ local 지방의
☐ right 권리, 정의, 꼭, 바로, 오른쪽	☐ principal 주요한, 장(長), 교장
☐ reason 이성, 이유, 추리하다, 설득하다	☐ sinister 불길한
☐ respect 점, 관계, 존경하다	☐ previous 이전의
☐ sport 농담, 스포츠, 운동경기	☐ image 상(像), 꼭 닮은 사람(물건)
☐ plant 공장, 설비, 식물	☐ world 세계, 세상, …계, 세상사람, 다수(의)
☐ pass 산길, 고개, 건네주다, 지나가다	☐ state 국가, 상태, 신분, 위치
☐ passage 구절, 경과, 통로, 통행	☐ notice 통지, 예고, 알아차리다
☐ gift 천부적인 재능, 선물	☐ part 역할, 부분, 헤어지다
☐ mental 정신의	☐ party 당파, 일행, 당사자, 모임
☐ official 공식의, 공무상의	☐ press 출판물, 언론계, 서두르게 하다, 누르다
☐ humble 겸손한, 하찮은	☐ reach 범위, 능력, 집어주다, 도착하다

중요 다의어 정리

33 plain

① 쉬운 The book is written in plain English.
② 명백한, 분명한 It is plain that he stole the money.
③ 수수한, 평범한 The interior of the church was plain and simple. / He was a plain working man.
④ 검소한 I like plain living and high thinking.
⑤ 평원 They were marching on the plains of Italy.

VOCA 34

어휘	
□ case 실정, 사실, 환자, 경우, 상자	□ cause 대의, 명분, 목적, 원인
□ event 사건, 경기종목, 결과	□ school 학파, 학교, 수업, 훈련하다
□ end 목적, 결과, 죽음, 끝(내다)	□ blow 타격, 바람이 불다
□ everything 가장 중요한 것, 모든 것	□ dish 요리, 음식, 접시
□ somebody 상당한 인물, 누군가	□ term 조건, 교제관계, 용어, 기간
□ nobody 보잘것 없는 사람, 아무도 …아니다	□ draw 무승부, 당기다
□ article 조항, 기사, 물품, 관사	□ study 서재, 공부
□ match 적수, 경기, 조화하다, 당해내다	□ score 20, 이유, 득점, 다수, 기록하다
□ hand 일꾼, 솜씨, 필적, …쪽	□ picture 사진, 꼭 닮은 것, 영화, 상상하다
□ might 힘	□ break 휴식시간, 침입하다, 길들이다, 부수다
□ life 생물, 실물, 전기, 활기, 인생	□ quarter 지역, 방면, (pl)숙소, 4분의 1
□ lot 운명, 제비, 토지, 많음	□ race 인종, 민족, 경주
□ chance 가능성, 운, 기회, 우연히 …하다	□ spell 한차례, 한동안, 주문(呪文), 철자를 쓰다
□ leave 허가, 휴가, …하게 두다, 떠나다	□ field 분야, 영역, 들
□ fast 단식, 고정된, (잠을) 깊게	□ exercise 운동(하다), 행사(하다), 연습(하다)
□ fancy 공상, 좋아함, 별난, 생각하다	□ train 행렬, 연속, 훈련하다, 열차
□ game 사냥감, 경기, 시합	□ note 유명, 지폐, 주석, 짧은 편지, 적어두다
□ ground 이유, 근거, 운동장	□ drink 음료, 축배를 들다, 마시다
□ want 부족, 필요로 하다, 부족하다, 원하다	□ mine 광산, 채굴하다, 나의 것
□ line 직업, 전공, 방침, 나란히 서다, 선	□ side 자기 편, 편들다, 옆구리
□ letter 문자, (pl)문학, 편지	□ toll 사상자 수, 통행세, 종이 울리다
□ will 의지, 유언장, …일 것이다	□ safe 금고, 안전한
□ day 전성기, 승리, (pl)시대, 날, 낮	□ dawn 시작, 단서, 새벽, 알기 시작하다
□ ball 무도회, 공	□ store 저장, 가게, 저장하다

중요 다의어 정리

34 subject

① 지배하다, 종속시키다 The city was subjected to heavy bombing.
② be subject to ~의 지배를 받다 This country is subject to England.
③ be subject to ~하기 쉬운 The train is subject to delays when it is rainy.
④ 주제, 화제 What is the subject for today's discussion?
　　　　　　 Don't change the subject; answer the question.
⑤ 학과, 과목 Biology is my favourite subject.

VOCA 35

어휘	
☐ stand 견디다, (…상태에) 있다, 서다	☐ become 어울리다, …이 되다
☐ fix 수리하다, 고정시키다, 곤경	☐ land 상륙하다, 착륙하다, 육지
☐ better 개선하다, 더 좋은	☐ cover 보도하다, …에 걸치다, 충당하다
☐ meet 만족시키다, 응하다, 만나다	☐ fall 해당하다, 가을, 멸망, 폭포, 떨어지다
☐ observe 말하다, 관찰하다, 지키다, 거행하다	☐ gain 증가하다, (시계가) 빨리 가다, 이익
☐ consult 상의(상담)하다	☐ sound …한 것 같다, 울리다, 건전한, 무사히
☐ head 앞장서다, 나아가다, 우두머리, 머리수	☐ till 경작하다, …하고 마침내, …까지
☐ practice 개업하다, 연습, 실천	☐ sort 분류하다, 골라내다, 종류
☐ sell 팔다, 팔리다	☐ lose 지다, (시계가) 늦게 가다, 잃다
☐ start (놀라) 움찔하다, 출발하다	☐ steal 살짝 …하다, 몰래가다(오다), 훔치다
☐ raise 기르다, 모집하다, 올리다	☐ say 말하자면, 글쎄요, 말하다
☐ help 피하다, 돕다	☐ own 소유하다, 인정하다, 자백하다, 자신의
☐ object 반대하다	☐ tax 무거운 부담을 지우다, 과세하다
☐ count 중요하다, 가치가 있다, 세다	☐ stick 찌르다, 붙이다, 달라붙다, 막대기
☐ matter 중요하다, …와 관계가 있다, 일, 문제	☐ shoot 싹이 트다, 우뚝 서다, 사격하다
☐ cost 때문에 …을 잃다, 걸리다, 비용	☐ lead 지내다, 인도하다, 납
☐ tell 영향을 주다, 식별하다, 말하다	☐ occur 생각이 떠오르다, 일어나다
☐ miss 그리워하다, 놓치다	☐ date …에서 비롯되다, 날짜
☐ read …라고 쓰여 있다, 읽다	☐ touch 감동시키다, 해치다, …한 느낌
☐ run 경영하다, 출마하다	☐ answer 보증하다, 책임을 지다, 응하다
☐ spring 튀어 오르다, 용수철, 샘	☐ fail …하지 못하다, 쇠약해지다, 실패하다
☐ master 정통하다, 정복하다, 주인	☐ hold 개최(거행)하다, 생각하다, 잡다
☐ mean 중요하다, …할 작정이다, 중간의	☐ make 나아가다, 도착하다, 벌다, 체결, 제작
☐ strike 감명을 주다, 파업하다, 치다	☐ remain 여전히 …대로이다, 남다, 유적
☐ move 감동시키다, 제의하다, 이사하다	☐ bear 참다, 품다, 낳다, 처신하다, 관계있다

중요 다의어 정리

35 strike

① (생각이) 떠오르다 An awful thought has just struck me.
② 갑자기 ~이 되게 하다 She was strike dumb at the news.
③ 인상을 주다 How does the idea strike you?
④ 파업하다 Striking workers picketed the factory.
⑤ 치다, 때리다 Strike while the iron is hot.

VOCA 36

어휘

☐ follow 당연한 결과로서 …이 되다, 따르다	☐ engaging 매력 있는, 애교 있는
☐ short 키가 작은, 부족한, …에 미달한	☐ minute 상세한, 사소한, 분
☐ net 그물	☐ bright 영리한, 밝은
☐ simple 순진한, 검소한, 간단한	☐ happy 멋진, 적절한, 매우 좋은
☐ fit 건강에 좋은, …에 적합한, 발작	☐ choice 고급의, 선택
☐ novel 신기한, 소설	☐ pretty 꽤, 상당히, 예쁜
☐ due 당연한, 도착예정인, 지불할 때가 된	☐ otherwise 그렇지 않으면, 다른 방법으로
☐ trying 괴로운	☐ ready 기꺼이 …하는, 각오가 된, 준비된
☐ lean 여윈, 기울어지다, 기대다	☐ dead 전혀, 매우, 죽은 듯이 고요함
☐ fair 공평한, 상당한, 맑은, 금발의	☐ subject 받기 쉬운, 지배를 받는, 국민
☐ fine 가느다란, 훌륭한, 벌금(을 물게 하다)	☐ possibly 아마, 어쩌면
☐ single 독신의, 뽑아내다, 단 하나의	☐ barely 가까스로 거의 …않다
☐ singular 이상한, 단수의	☐ practically 거의, 실제로
☐ poor 서투른, 초라한, 가난한	☐ altogether 전혀, 전적으로
☐ free 무료의, 면세의, 자유로운	☐ concerning …에 관하여
☐ flat 솔직한, 단호한, 평평한	☐ presently 곧
☐ proof …에 견디는, 증명, 증거	☐ home 절실하게, 가슴에 사무치게, 중심지
☐ long 꾸물대는, 동경하다	☐ abroad 외국에, 널리
☐ last 가장 …할 것 같지 않은, 계속하다	☐ but …을 제외하고, 다만, …하지 않은
☐ very 바로 그, …조차도, 매우	☐ over …이상, …하면서, …위에, 끝나고
☐ well 건강한, 우물, 아주	☐ within 이내에, 안에, 내부
☐ rest 여전히 …이다, 휴식하다, 나머지	☐ above …을 초월하여, …을 부끄러워하여
☐ prize 소중히 하다, 상품	☐ after …을 구하여, …을 본떠서, …뒤에
☐ narrow 아슬아슬한, 좁은	☐ save …을 제외하고, 구하다, 저축하다
☐ good 상당한, 친절한, 선, 이익, 상품	☐ equal 감당할 수 있는, 같은, …와 같다

중요 다의어 정리

36 work
① 작품 His works may be seen in museums.
② (약의) 효과가 있다 The pills the doctor gave me aren't working.
③ 움직이다, 작동하다 The phone isn't working.
④ (계획이) 잘 되어가다 The plan did not work.
⑤ 일, 작업 She had been out of work for a year.

VOCA 37

어휘

☐ despite …에도 불구하고	☐ respectable 존경할만한
☐ partition 칸막이, 분할, 구획	☐ complement 보완하다, 전체 수(량)
☐ capitalize 기회로 삼다, 이용하다	☐ deficiency 부족, 결함
☐ ministerial 장관(각료)의, 성직자의, 보조의	☐ fledgling 경험이 없는, 미숙한
☐ refutation 반박, 항변	☐ exigent 위급한, 절박한
☐ retraction 철회, 취소	☐ durable 내구성 있는, 오래가는
☐ distracting 마음을 산란케 하는, 미칠 것 같은	☐ shuffle 이리저리 뒤섞다
☐ adaptability 적응성, 순응성	☐ juxtapose 병치하다, 나란히 놓다
☐ connotation 함축	☐ disarray 혼란
☐ decree 법령, 칙령	☐ selfhood 자아, 개성
☐ trace 미량, 추적하다	☐ antioxidant 산화방지제
☐ impoverished 빈곤한	☐ sparse 희박한, 드문
☐ disgruntled 불만스러워하는, 언짢은	☐ antelope 영양, 가지뿔영양
☐ congressional 의회의	☐ vegetation 초목(식물)
☐ judicial 사법의	☐ devaluation 평가절하
☐ fancy ~을 바라다, ~에 끌리다	☐ institute 도입하다, 기관, 협회
☐ interdependence 상호의존	☐ bleak 암울한, 절박한
☐ unitary 통합된, 일원화된	☐ remission 소강, (병의) 차도
☐ harsh 거친, 가혹한	☐ permissible 허용되는
☐ commission 의뢰(주문)하다	☐ accommodating 잘 부응하는, 잘 협조하는
☐ condescend 자신을 낮추다	☐ inhibit 억제(제어)하다
☐ spurious 거짓의, 가짜의	☐ analogous 유사한, 비슷한
☐ ingenuous 순진한, 천진한	☐ weird 기이한, 기묘한
☐ dissimulate 감추다, 위장하다	☐ cover 보도하다, 감당하다, 가리다
☐ despicable 비열한, 야비한	☐ cast 던지다, 뽑다

중요 다의어 정리

37 object
① 물건 The object is of some size.
② 대상 She was the object of my envy.
③ 목적 After hard work he finally attained his object.
④ 목적어(문법용어) the direct[indirect] object
⑤ 반대하다 Many local people object to the building of the new airport.

VOCA 38

어휘	
charge 부담을 주다, 비난하다, 부과하다	assuage 누그러뜨리다, 달래다
entrench 단단히 자리 잡게 하다	unsurpassed 탁월한, 유례없는
stigmatize 오명을 씌우다	compelling 주목하지 않을 수 없는
adoptee 입양아, 양자	irrelevant 관련 없는
navel 배꼽	elongate 길어지다, 길게 늘이다
tongueless 혀가 없는, 벙어리의	hitherto 지금까지, 그때까지
misbegotten 계획을 잘못 세운	solicitude 배려
haunch 궁둥이, 둔부	bask 햇볕을 쪼이다
whinny (조용히) 히힝 울다	pose 제기하다
disarmament 군비 축소	inattentive 부주의한
deterrence 제지, 저지	provocative 화를 돋우려는
hasty 서두른, 성급한	polarized 양극화된
sturdy 튼튼한, 견고한	setback 후진
complementary 상호보완적인	subliminal 잠재의식의
dislocate 혼란에 빠뜨리다	ramp 경사로
traumatic 충격적인	exploration 탐사, 탐구
wearable 착용하기 좋은	liking 익숙함, 애호
ergonomic 인체공학의	potassium 칼륨
physiological 생리학적인	ideogram 표의문자
ramification 파문, 영향	duration 지속기간
whereabouts 소재, 행방	overgeneralize 지나치게 일반화하다
librarian 도서관의 사서	outgrow 나이가 들어서
nonprint 인쇄물이 아닌	manipulate 다루다
unappealing 매력 없는, 유쾌하지 못한	imperceptible 감지할 수 없는
debt 의리, 은혜, 빚	squander 낭비하다

중요 다의어 정리

38 measure
① 정도 A measure of technical knowledge is desirable in this job.
② 조치 They took measures to help the unemployed.
③ 도량 단위 Grams and tons are measures of weight.
④ 재다, 측량하다 He's gone to be measured for a new suit.
⑤ (길이가) ~이다 This rug measures 9 feet by 12 feet.

VOCA 39

어휘	
☐ literature 문학	☐ civilization 문명
☐ responsibility 책임	☐ prejudice 편견, 선입견
☐ system 조직, 체계	☐ instinct 본능
☐ challenge 도전, 도전하다	☐ privilege 특권, 특권을 주다
☐ shortcoming 결점	☐ pastime 오락, 기분전환
☐ crime 범죄	☐ appetite 식욕, 욕구
☐ symptom 징후	☐ significance 의의, 중요성
☐ arrest 체포하다, 저지하다, 체포	☐ gravitation 중력, 인력
☐ forbear 참고 견디다, 삼가다	☐ secure 획득하다, 보증하다, 안전한
☐ calculate 계산하다	☐ reveal 나타내다, 누설하다
☐ comprehend 이해하다, 포함하다	☐ flatter 아첨하다
☐ detect 발견하다	☐ absorb 흡수하다, 열중하다
☐ ponder …을 깊이 생각하다	☐ reprove 비난하다, 꾸짖다
☐ duty 세금, 의무	☐ succession 연속, 계승
☐ chivalry 기사도	☐ culture 교양, 문화
☐ principle 원리, 주의	☐ eloquence 웅변
☐ sin 죄	☐ violence 폭력, 맹렬
☐ remedy 구제책, 요법	☐ finance 재정
☐ skin 피부, (동물의) 가죽	☐ promote 촉진하다, 승진시키다

중요 다의어 정리

39 still
① 잔잔한　Still waters run deep.
② 움직이지 않는　Please keep still while I take your picture.
③ 조용한　The night was very still.
④ 훨씬　There was still more bad news to come.
⑤ 아직도, 여전히　Do you still live at the same address?

제2장 필수 숙어

☑ 부분은 Check로 활용해 보세요!

Idioms 01

숙어	뜻
☐ abide by	고수하다, 지키다
☐ break into	침입하다
☐ drop sb a line	~에게 편지를 하다
☐ know better than to R	~할 정도로 어리석지 않다
☐ off duty	비번인, 근무시간 외에
☐ (a)round the clock	24시간 계속하여, 밤낮을 가리지 않고
☐ bound with/in	~이 풍부하다
☐ break out	돌발하다, 갑자기 생기다
☐ dwell in	~에 거주하다
☐ happen to R	우연히 ~하다
☐ lay aside	따로 떼어 두다, 제쳐두다, 저축하다
☐ lay down	내려놓다, 규정하다, 공언하다
☐ on account of	~때문에, ~이므로
☐ with all	~에도 불구하고
☐ abstain from -ing	~을 삼가다
☐ bring up	양육시키다, 교육하다
☐ enter into	시작하다
☐ have done with	끝내다, 마치다
☐ lay off	해고하다, 일시 휴무시키다
☐ on edge	초조한, 초조하여, 불안하여
☐ rule out	배제하다, 규칙상 밖에 두다
☐ according to	~에 따라, ~에 의하여

중요 다의어 정리

40 dull
① 희미한, 흐릿한 Her eyes were dull.
② 우둔한 She couldn't teach such dull children.
③ 날이 무딘 It is hard to cut with a dull knife.
④ 지루한, 단조로운 The first half of the game was pretty dull.
⑤ 활기 없는, 침체한 Don't sell into a dull market.

Idioms 02

숙어	뜻
☐ lay out	펼쳐 놓다, 설계하다
☐ on end	계속해서
☐ run into	우연히 만나다, 충돌하다
☐ account for	~을 설명하다, 차지하다, 책임지다
☐ burst into	갑자기 시작하다
☐ every other	하나 걸러서(격일로)
☐ have in mind	고려하다, 염두에 두다
☐ lead to	~에 이르다, 야기하다, 일으키다
☐ on good terms with	~와 좋은 사이로
☐ run out of	다 쓰다, 소진하다
☐ adhere to	집착하다, 고수하다
☐ by accident	우연히
☐ on a roll	잘 굴러가는, 자라가는
☐ roughly speaking	대략 말해서
☐ above all	특히, 무엇보다도
☐ bring about	야기하다, 일으키다
☐ dwell on/upon	~을 곰곰이 생각하다
☐ have an effect on	~에 영향을 미치다
☐ exert oneself	노력하다
☐ have it in for sb	~에 원한을 품다, 벼르다
☐ on pins and needles	불안하여
☐ run over	(사람을) 치다
☐ after all	결국
☐ by halves	불완전하게
☐ fall back on	의지하다

중요 다의어 정리

41 fair
① 공정한 The punishment was very fair.
② 상당한 A fair number of people came along.
③ 날씨가 맑은, 금발의 Seoul will be fair tomorrow. / She has long fair hair.
④ 박람회 A World's fair will be held next year.
⑤ 시장 Let's look around the fair.

Idioms 03

숙어	뜻
☐ have nothing to do with	~와 전혀 상관이 없다
☐ leave out	빠뜨리다, 생략하다
☐ on purpose	고의로, 일부러
☐ run the risk	위험을 감수하다
☐ agree to	(의견에) 동의하다
☐ agree with	(사람에게) 동의하다
☐ agree on	합의에 도달하다
☐ by/in leaps and bounds	빠르게, 급속히
☐ fall short of	(기대수준에) 못 미치다
☐ have one's hands full	매우 바쁘다
☐ see eye to eye (with sb)	~와 의견이 일치하다
☐ wear out	닳아 없어지다, 지치게 만들다
☐ by no means	결코 ~이 아니다
☐ figure out	찾다, 이해하다
☐ have only to R	~하기만 하면 된다
☐ let go of	놓치다, 풀어주다
☐ make a difference	중요하다, 차이를 만들다
☐ see off	전송하다, 배웅하다
☐ without question	확실히, 틀림없이
☐ all at once	갑자기
☐ by the way	그런데, 그건 그렇고
☐ fill in	빈칸을 채우다, 알려주다, 대시하다
☐ have words with	~와 싸우다, 다투다
☐ let on	비밀을 누설하다
☐ on the house	공짜로, 가게 주인 부담으로

중요 다의어 정리

42 stand
① 바람맞히다 Why did you stand me up last night?
② ~한 상태에 있다 The house stood empty for a long time.
③ 참다 I could not stand the cold weather.
④ 위치하다 An old oak tree once stood here.
⑤ 서다, 서있다 Don't just stand there—do something!

Idioms 04

숙어	뜻
☐ see to it	돌보다, 확실히 해두다
☐ all but	거의
☐ by turns	차례로, 교대로, 번갈아
☐ fill one's shoes	~을 대신하다, 자리를 채우다
☐ help oneself to	먹다, 맘껏 들다
☐ let out	입 밖에 내다, 폭로하다
☐ on the other hand	한편으론, 그와 반대로
☐ send for	~를 부르러 보내다, 구하다, 주문하다
☐ all set	준비된
☐ by virtue of	~의 결과로, ~ 때문에
☐ find fault with	비판하다, 흠을 잡다
☐ hit the ceiling	화내다, 노발대발하다
☐ it serves sb right	그래도 싸다, 고소하다
☐ lie in	~에 놓여 있다, ~에 달렸다
☐ on the spot	현장에서, 즉시
☐ all thumbs	서투른, 손재주가 없는
☐ let alone	~은 말할 것도 없고, ~은 물론
☐ on second thought	재고한 후에, 다시 생각한 끝에
☐ second to none	최고의, 누구에게도 뒤지지 않는
☐ by nature	타고날 때부터, 천성적으로, 본래
☐ far from nothing	결코 ~가 아닌
☐ in a jam	곤경에 처하여
☐ let down	실망시키다
☐ on (the) air	방송 중인
☐ by way of	~을 거쳐서, ~을 경유하여

중요 다의어 정리

43 company
① 회사 She joined the company in 2002.
② 친구 A man is known by the company he keeps.
③ 동행, 일행 He made the company laugh.
④ 손님 I didn't realize you had company.
⑤ 동석 It is bad manners to whisper in company.

Idioms 05

숙어	뜻
☐ first of all	먼저, 우선, 무엇보다도
☐ hit upon	우연히 만나다, 생각나다
☐ little by little	서서히
☐ on the spur of the moment	계획 없이, 즉흥적으로
☐ set aside	제쳐 놓다, 옆에 두다, 무시하다
☐ allow for	고려하다, 감안하다
☐ call down	꾸짖다
☐ have words with	~와 다투다
☐ hold back	감추다, ~을 말리다
☐ live up to	~에 걸맞게 살다, ~을 실천하다
☐ on the whole	주로, 대체로, 전반적으로
☐ set store by	~을 중시하다
☐ answer for	~에 책임을 지다
☐ call it a day	일을 마치다
☐ for good	영원히
☐ hold on	기다리다
☐ look back on	기억하다, 상기하다
☐ out of date	시대에 뒤떨어진
☐ show off	자랑하다, 뽐내다
☐ apply for	~에 지원하다, 신청하다
☐ call off	취소하다
☐ for nothing	공짜로, 무료로
☐ hold out	내밀다, 끝까지 버티다, 저항하다
☐ look down on	무시하다
☐ out of hand	감당할 수 없는, 즉석에서

중요 다의어 정리

44 mark
① 점수 I got full marks in the spelling test.
② 특징짓다 He was marked as an enemy of the poor.
③ 표적 What if the arrow should not hit the mark?
④ 흔적, 표시 Several dirty marks were on the wall.
⑤ 표시하다 He marked the box with a cross.

Idioms 06

숙어	뜻
☐ show up	나타나다
☐ apply to	~에 적용하다, 해당되다
☐ call on	방문하다, 들르다
☐ for one's age	나이에 비해
☐ hold over	연기하다
☐ look forward to	~을 기다리다, ~을 기대하다
☐ out of one's wits	제정신을 잃어
☐ get through	끝마치다
☐ around the clock	밤낮으로, 하루 종일
☐ be liable for	~에 책임이 있다, ~하기 쉽다
☐ call for	~을 요구, 요청하다
☐ cut a fine figure	두각을 나타내다
☐ for/with all	~에도 불구하고
☐ hold good	유효하다
☐ look after	돌보다, 보살피다
☐ once (and) for all	마지막으로, 단연코
☐ set up	설립하다
☐ anything but	결코 ~이 아닌
☐ call up	~에게 전화를 걸다
☐ for one's life	필사적으로
☐ hold up	~을 지지하다, 방해하다, 지연시키다
☐ look into	조사하다
☐ out of order	고장난
☐ so to speak	말하자면

중요 다의어 정리

45 fix

① 수리하다   I've fixed the problem
② 고정시키다   He noted every detail so as to fix the scene in his mind.
③ (먹을 것) 준비하다   Let me fix a drink for you.
④ 결정하다   Fix a date for the meeting.
⑤ 정돈하다   He fix the room before we arrived.
⑥ 곤경   We've got ourselves in a fix about this.

Idioms 07

숙어	뜻
☐ care for	좋아하다
☐ for the life of one	아무리 해도, 목숨을 걸고라도
☐ look up	찾아보다
☐ not hold water	이치에 맞지 않다, 비논리적이다
☐ out of place	부적당한, 어울리지 않는
☐ speak ill of	~을 비난하다
☐ as far as	~하는 한
☐ carry out	실행하다, 완수하다
☐ for the purpose of	~할 목적으로
☐ ill at ease	불편한
☐ look up to	존경하다
☐ out of season	제철이 지난
☐ stand a chance of	가능성이 있다
☐ as for	~의 입장에서
☐ carry on	계속 진행하다
☐ for the sake of	~을 위하여
☐ in addition to	뿐만 아니라, 게다가
☐ stand for	상징하다, 나타내다
☐ at all costs	어떤 일이 있어도, 어떻게 해서든
☐ catch up with	따라잡다
☐ ins and outs	안팎으로, 속속들이
☐ lose track of	~을 모르다, ~을 잊어버리다
☐ over and over again	반복하여
☐ stand out	두드러지다, 눈에 띄다

중요 다의어 정리

46 order
① 명령하다   The officer ordered them to fire.
② 명령   The general gave the order to advance.
③ 주문하다   I ordered some books from England.
④ 주문   May I take your order?
⑤ 순서, 질서   The names are listed in alphabetical order. / It is the business of the police to keep order.
⑥ 정상적인 상태   This machine is out of order.

Idioms 08

숙어	뜻
☐ at all events	어쨌든, 좌우간
☐ come about	일어나다, 발생하다
☐ free from	~이 없는
☐ in behalf of	~을 위하여, ~을 대표하여
☐ make a face	얼굴을 찡그리다
☐ run across	우연히 만나다
☐ stand up for	~을 지지하다, 옹호하다
☐ at first hand	직접적으로
☐ come across	우연히 마주치다
☐ from hand to mouth	하루 벌어 하루 먹고사는
☐ in case of	~할 경우에
☐ make a fortune	돈을 모으다
☐ pain in the neck	싫은 것(사람)
☐ stick to	붙다, 고수하다, 고집하다
☐ at home	마음 편히
☐ come by	잠깐 들르다
☐ in charge of	책임지는
☐ make a point of ing	~하는 것을 규칙으로 삼다
☐ on the tip of one's tongue	입안에서 맴돌다
☐ pay attention to	주의를 기울이다, 주목하다
☐ succeed to	계승하다, 이어받다
☐ at least	적어도
☐ let up	누그러지다
☐ out of the blue	갑자기

중요 다의어 정리

47 right

① 고치다, 바로잡다 At last the plane righted itself and flew on.
② 권리 He has a right to do that.
③ 적당한, 적합한 Is this dress right to wear to a wedding?
④ 옳은, 바른 He always did what he believed to be right.
⑤ 우측의 She seated me on her right.
⑥ 곧, 바로 I'll be right back.

Idioms 09

숙어	뜻
☐ at a loss	당혹스러운, 어쩔 줄 모르는
☐ catch on	유행하다, 인기를 얻다
☐ for the time being	당분간, 현재로서는
☐ in advance	미리, 사전에
☐ lose one's temper	화를 내다
☐ out of the question	전혀 불가능한
☐ come down with	병에 걸리다
☐ get better	좋아지다
☐ in consequence	결과적으로
☐ make allowances for	~을 고려하다
☐ pay off	성과를 거두다, 이익을 가져오다
☐ take A for B	A를 B로 착각하다
☐ come to	소생하다, 회복하다
☐ get cold feet	자신감을 잃다
☐ in honor of	~을 위하여, ~의 경의를 표하여
☐ jump to conclusion	속단하다
☐ make believe	~인 척하다
☐ persist in	주장하다, 고집하다
☐ take for granted	~을 당연히 여기다
☐ at once	즉시
☐ come to the point	요점을 이야기하다
☐ get along	진척되다, 나아가다
☐ in no time	즉시
☐ make both ends meet	수지, 균형을 맞추다

중요 다의어 정리

48 touch
① 가볍게 언급하다 We touched many subjects about the issue.
② 감동시키다 Her story touched us all deeply
③ 솜씨 This meal is awful. I think I'm losing my touch.
④ 가벼운 증상, 기미 I have a touch of a cold.
⑤ 연락, 접촉 Can I get in touch with you by phone?
⑥ 손을 대다 He touched me on the shoulder.

Idioms 10

숙어	뜻
☐ take the bull by the horns	적극적으로 대처하다
☐ at one's disposal	~의 마음대로 되는, 처분에 맡기는
☐ come true	실현되다
☐ get even with	앙갚음을 하다
☐ in place of	~대신에
☐ make do	때우다, 임시변통하다
☐ play a part in	역할을 하다
☐ take after	닮다
☐ at one's wits' end	난처하여, 어찌할 바를 모르고
☐ come up with	생각해 내다, 제안하다
☐ get in the way of	~에 방해가 되다
☐ point out	지적하다
☐ take charge of	책임을 지다
☐ at stake	위기에 처한
☐ comply with	동의하다
☐ get on with	사이좋게 지내다
☐ in spite of oneself	자신도 모르게
☐ make it	해내다, 시간에 맞춰 가다
☐ out of one's mind	제정신이 아닌
☐ take in	받아들이다
☐ at the mercy of	~의 처분대로
☐ consist of	~로 구성되다
☐ get over	회복하다, 낫다
☐ have an eye for	~에 대한 안목이 있다

중요 다의어 정리

49 cover

① 보도하다, 취재하다   The BBC will cover all the major games of the tournament.
② (비용을) 감당하다 $100 should cover your expenses.
③ 다루다, 포함하다   The survey covers all aspects of the business.
④ (범위에) 걸치다   His farm cover several miles.
⑤ ~의 거리를 가다   You can cover the distance in an hour.
⑥ 감추다, 덮다   She always cover her mistake.

Idioms 11

숙어	뜻
☐ make much of	~을 중시하다, 소중히 하다
☐ take into account	~을 고려하다
☐ at the risk of	~의 위험을 무릅쓰고
☐ be in one's shoes	(타인의) 입장에 서다
☐ consist in	~에 놓여있다
☐ get rid of	제거하다
☐ have ~ at one's finger's ends	~에 정통하다
☐ make one's way	앞으로 나아가다
☐ take off	벗다, 제거하다
☐ consist with	양립하다, 일치하다
☐ get the better of	~을 이기다, 앞지르다
☐ in return for	~의 답례로, ~의 대가로
☐ make fun of	놀리다
☐ play it by ear	즉흥적으로 하다
☐ take A by surprise	~을 깜짝 놀라게 하다
☐ at random	닥치는 대로, 임의대로
☐ compare A to B	A를 B에 비유하다
☐ get on	승차하다, 탑승하다
☐ in search of	~을 찾아서
☐ make good	성공하다, 보상하다
☐ in the face of	~에도 불구하고
☐ look over	검토하다, 조사하다
☐ make out	이해하다
☐ pull a long face	침울한 얼굴을 하다

중요 다의어 정리

50 due
① 도착할 예정인 The next train is due in five minutes.
② 지불해야 할 When is the rent due?
③ 반납해야 할 Your book is due jun 2.
④ 정당한 He received the due reward of his goodwill.
⑤ due to ~ 때문에 He error was due to circumstances beyond our control.
⑥ be due to ~할 예정이다 She is due to speak tomorrow.

Idioms 12

숙어	뜻
☐ attend on	시중들다
☐ attribute A to B	A를 B의 탓으로 돌리다
☐ correspond to	~에 일치하다, ~에 상응하다
☐ get through	끝마치다, 끝내다
☐ in the light of	~에 비추어서
☐ make sense	이치에 맞다, 의미가 통하다
☐ put/bring an end to	종결짓다, 끝내다
☐ take part in	~에 참가하다
☐ attend to	~에 집중하다
☐ correspond with	~와 조화를 이루다
☐ get/be used to ing	~에 익숙해지다
☐ in the long run	결국에는
☐ make the best of	~을 최대한 이용하다
☐ put by/aside	저축하다
☐ take place	발생하다
☐ avail oneself of	이용하다
☐ cut back on	~을 줄이다, 삭감하다
☐ in the presence of	~의 앞에서
☐ keep up with the times	시대에 뒤떨어지지 않다
☐ off the record	비공식의, 비공식적으로
☐ root out	~을 근절하다
☐ under the weather	아픈, 기분이 언짢은
☐ make up	만들다, 화장하다, 결정하다

중요 다의어 정리

51 even

① ~조차도 Even a child can understand the book.
② 훨씬 You know even less about it than I do.
③ 같은 높이의 The snow was even with the roof.
④ 동등한, 동점의 Our scores are now even.
⑤ 평평한, 평탄한 The house is built on even ground.
⑥ 규칙적인, 한결같은 Children do not learn at an even pace.
⑦ 짝수의 4, 6, 8, 10 are all even numbers.

Idioms 13

숙어	뜻
□ be absorbed in	~에 몰두하다
□ count for nothing	중요하지 않다
□ give away	나누어 주다
□ put off	연기하다
□ take turns	교대하다
□ wind up	끝마치다
□ be anxious about	~에 대해 근심하다
□ be anxious for	~을 열망하다
□ count on	신뢰하다, 기대다
□ give birth to	~을 낳다, ~을 발생시키다
□ in time	늦지 않게, 제시간에
□ make use of	~을 이용하다
□ put on	입다, 신다, 켜다
□ take up	차지하다, 집어 올리다, 체포하다
□ call sb names	~을 욕하다
□ crack down on	~을 엄하게 다스리다
□ give in	항복하다
□ in token of	~의 증거로, ~의 징표로
□ put through	성취하다, 전화를 연결하다
□ stave off	저지하다, 막다
□ a chip off the old block	부모와 꼭 닮은 자식
□ be bound for	~행이다, ~로 향하다
□ cut in	끼어들다

중요 다의어 정리

52 free
① free from/of ~이 없는 It was several weeks before he was completely free of pain.
② 잘 내놓는 He's too free with his opinions.
③ 한가한 Are you free this evening?
④ 무료의 You can't expect people to work for free.
⑤ 자유로운, 석방하다 The prisoners were set free.
⑥ 자유의 몸인 He walked out of jail a free man.
⑦ 사용 중이 아닌 He held out his free hand and I took it.

Idioms 14

숙어	뜻
☐ more often than not	흔히, 자주
☐ put up with	참다, 견디다
☐ that is to say	즉, 다시 말해서
☐ be bound to R	틀림없이 ~하다
☐ cut off	중단하다
☐ give out	힘이 다하다
☐ in view of	~을 고려하여
☐ more or less	다소, 어느 정도, 대략
☐ tie up	단단히 묶다, 바쁘게 만들다
☐ be compose of	~으로 이루어지다, 구성되다
☐ be cut out for	~에 적임이다, 어울리다
☐ by/in virtue of	~에 의하여, ~때문에
☐ give rise to	유발하다
☐ never fail to R	반드시 ~하다
☐ rain check	다음을 기약하다
☐ to the letter	문자 그대로, 엄밀히
☐ deal in	취급하다, ~에 종사하다
☐ give up	단념하다, 포기하다
☐ in vogue	유행하다, 인기를 얻다
☐ next to nothing	없는 것과 다름없는, 사소한
☐ read between the lines	숨은 뜻을 알아내다
☐ to the point	적절한, 요령 있는
☐ up to	~까지, ~에 이르러

중요 다의어 정리

53 hand

① 도움 Give me a hand with this suitcase, will you?
② 솜씨 He has good hands in riding.
③ 일손, 직공 a factory hand
④ 건네주다 Could you hand me the fork?
⑤ 박수갈채 Let's give him a big hand!
⑥ 시계 바늘 Look at the minute hand on your watch.
⑦ 손 Put your hand up if you know the answer.

Idioms 15

숙어	뜻
☐ tell on	영향을 주다, 고자질하다
☐ (up) in the air	불확실한, 확정되지 않은
☐ badly off	가난한
☐ cut down on	감소시키다
☐ give off	발산하다
☐ in turn	차례로, 번갈아
☐ make down	기록하다
☐ deal with	다루다
☐ due to	~때문에
☐ wrong foot	곤경에 빠뜨리다
☐ in want of	~이 결핍하여, ~이 필요하여
☐ none the less	그럼에도 불구하고
☐ refer to	언급하다, 참고하다
☐ try on	~을 착용해 보다
☐ be due to R	~할 예정이다, ~하기로 되어 있다
☐ depend on	~에 의존하다, ~에 의지하다
☐ give way to	~에게 양보하다
☐ inquire into	~을 조사하다
☐ not to say	~라고 해도 좋을 정도로
☐ refrain from	~을 그만두다, ~을 삼가다
☐ try out	시험해 보다
☐ be eligible to R	~할 자격이 있다(적임이다)
☐ deprive A of B	A에게서 B를 빼앗다

중요 다의어 정리

54 hold

① 담다 This bottle holds a quart.
② 수용하다 This room can hold fifty people.
③ 개최하다, 열다 They are going to hold a meeting next week.
④ 잡다 He held his head in his hands.
⑤ (역할을) 차지하다 hold a position of authority
⑥ (어떤 상태로) 두다 Hold the door open.
⑦ 유효하다, 적용되다 The rule does not hold in this case.

Idioms 16

숙어	뜻
☐ nothing but	단지, ~만
☐ regardless of	~에 상관없이
☐ turn to account	~을 이용하다
☐ beat around the bush	핵심을 피하다, 변죽만 울리다
☐ distinguish A from B	A와 B를 구별하다
☐ go on	계속하다, 일어나다
☐ keep an eye on	감시하다, 지켜보다
☐ now and then	때때로, 가끔씩
☐ on a shoestring	약간의 돈으로, 적은 자본으로
☐ resign oneself to	~을 체념하여 받아들이다
☐ turn down	거절하다, 소리를 낮추다
☐ behind the times	시대에 뒤떨어진
☐ do away with	제거하다, 없애다
☐ go out of business	파업하다, 파산하다
☐ keep company with	~와 교제하다
☐ now that	~이니까, ~인 이상은
☐ resort to -ing	~에 의존하다, 기대다
☐ turn off	(라디오, 등불을) 끄다
☐ behind time	시간에 늦은, 지각하여
☐ go over	조사하다, 초과하다, 연기되다
☐ keep in touch with	연락을 유지하다
☐ occur to	갑자기 떠오르다
☐ rest on	~에 의존하다, ~에 달려 있다

중요 다의어 정리

55 leave
① 놓아두다, 두고 가다   You may leave your books here. / I've left my bag on the bus.
② 유산으로 남기다   She left her daughter £1 million.
③ 떠나다   The plane leaves for Dallas at 12:35
④ ~한 상태로 두다   Leave the window open at night.
⑤ 맡기다, 위임하다   They leave the important decision to him.
⑥ 휴가   We have two leaves in a year.
⑦ 작별   Now I must take my leave of you.

Idioms 17

숙어	뜻
☐ do one's best (utmost)	최선을 다하다
☐ go through	경험하다, (고통 따위를) 겪다
☐ keep on -ing	계속 ~하다
☐ of late	최근에
☐ result from	~에서 비롯되다
☐ turn over	뒤집어엎다, 넘겨주다
☐ beyond doubt	확실히, 의심의 여지가 없이
☐ do up	포장하다, ~을 손질하다
☐ go with	조화를 이루다, 어울리다
☐ keep one's word	약속을 지키다
☐ of one's own accord	자발적으로
☐ result in	결과적으로 ~이 되다
☐ turn in	~에 의지하다, 호소하다
☐ blow one's own horn/trumpet	자화자찬하다
☐ do well to do	하는 것이 좋다
☐ grasp at straws	지푸라기를 붙잡다
☐ keep up with	따라잡다, 뒤떨어지지 않다
☐ off and on	때때로, 불규칙하게
☐ root and branch	철저하게
☐ turn up	나타나다
☐ break down	고장나다
☐ do without	~없이 지내다
☐ hand down	후세에 전하다, 판결하다, 유전하다

중요 다의어 정리

56 mean
① means 방법, 수단 Is there any means of contacting him?
② 비열한, 인색한 Don't be so mean!
③ 초라한 They live in a mean little house.
④ 재산, 수입 He is a man of means.
⑤ 평균 The mean annual rainfall was 800mm.
⑥ ~작정이다, 의도하다 I'm sorry I hurt you; I didn't mean to.
⑦ 의미하다 What does that word mean here?

Idioms 18

숙어	뜻
☐ pin one's faith on	~을 굳게 믿다
☐ equate to	~와 같다, 해당하다
☐ come under	~을 받다
☐ over the course of	~동안
☐ be linked to	~와 연결되다
☐ lay over	겹쳐 쌓이다
☐ branch into	~이 갈라져 나오다
☐ everywhere in between	중간에 어디에서나
☐ be hit hard	심하게 타격을 받다
☐ put on hold	연기하다
☐ take over	인수(계)하다
☐ speak of the devil	호랑이도 제 말하면 온다
☐ money makes the mare go	돈이면 다 된다
☐ iron out	해결하다(= make through)
☐ turn one's nose up	무시하다, 퇴짜놓다
☐ hold one's hand	손을 맞잡다
☐ put one's feet up	쉬다
☐ let one's hair down	긴장을 풀고 쉬다
☐ at perfect ease	아주 느긋한
☐ on its own	그 자체로
☐ make up to	아첨하다
☐ every minute counts	매 분이 중요하다
☐ jump on the bandwagon	시류에 편승하다

중요 다의어 정리

57 run
① 경영하다   He has no idea how to run a business.
② run for 입후보하다   Clinton ran a second time in 1996. / to run for president
③ (어떤 상태가) 되다   The well has run dry.
④ (차, 배가) 운행하다   They run extra trains during the rush hour.
⑤ (강물 등이) 흐르다   The stream run into the lake.
⑥ 돌아가다, 작동하다   The sewing-machine doesn't run properly.
⑦ 달리다   She came running to meet us.

Idioms 19

숙어	뜻
☐ release from	~에서 석방하다
☐ at loose ends of	~에 대한 미결상태로
☐ go ahead	앞서가다
☐ keep leading	주도권(선두)을 지키다
☐ lag behind	뒤처지다
☐ don't bother	애쓰지 마!
☐ take a nosedive	급강하(폭락)하다
☐ come in handy	편리하다
☐ stand on one's own feet	자립하다
☐ make a day of	~을 하루종일하다
☐ spare no efforts	노력을 아끼지 않다
☐ take a raincheck	다음을 기약하다
☐ make over	양도하다
☐ more forth	전진하다
☐ run backward	원시상태로 돌아가다
☐ put in mind	염두에 두다
☐ make off	서둘러 떠나다
☐ charge A with B	A의 B를 비난하다
☐ root for	~을 응원(성원)하다
☐ up and about	좋아지다
☐ be equated with	~동일시하다
☐ be schooled by	~에 훈련(단련)되다
☐ see more of	~을 자주 만나다
☐ in proportion as	~하는데 비례하여

중요 다의어 정리

58 account
① account for ~을 설명하다   The old theory cannot account for this phenomenon.
② take ~ into account ~을 고려하다   They should take all variables into account.
③ on account of ~ 때문에   On account of the rain, we delayed the picnic.
④ 중요성   It is a matter of much account.
⑤ 설명   The police wrote an account of the accident.
⑥ 계산, 계좌   She opened an account at the bank. / I don't have a bank account.

Idioms 20

숙어	뜻
☐ on scratch	제시간에, 정각에
☐ weigh down	짓누르다
☐ let in	허락하다
☐ under a ban	금지하다
☐ as deep as a well	이해하기 어려운
☐ take it on the chins	패배를 맛보다
☐ talk around	돌려 말하다
☐ be in a flap	안절부절못하다
☐ free of charge	공짜의
☐ level off	변동이 없다, 안정되다
☐ search A for B	B를 위해 A를 수색하다
☐ on one's nerves	신경을 건드리다
☐ be devoted on	~에 전념하다
☐ hold one's horses	~에 시달리다
☐ throw in the towel	패배를 인정하다
☐ for expedience's sake	편의를 위해
☐ like hell they are!	절대 아니다
☐ keep one's hands off	멀리하다, 피하다
☐ factor into	고려하다
☐ hand over	넘겨주다, 양도하다
☐ above a person's head	이해되지 않는
☐ gather head	세력을 모으다
☐ give a person one's head	~에게 마음먹은 대로 하게 하다
☐ press for	~을 강하게 요구하다

중요 다의어 정리

59 air
① 공기 Let's go out for some fresh air.
② 느낌 The room had an air of luxury.
③ 태도 She looked at him with a defiant air.
④ 발표하다 He air his opinions to all of his friends.
⑤ 떠벌리다 The weekly meeting enables employees to air their grievances.
⑥ 통풍하다 You must air this blanket often.

Idioms 21

숙어	뜻
☐ brush up on	복습하다
☐ every once in a while	때때로
☐ give a hand	도와주다
☐ as a rule	일반적으로, 대체로
☐ take advantage of	~을 이용하다
☐ stand by	지지하다, 후원하다
☐ pick up	집어 들다, 태우다, 습득하다
☐ in terms of	~의 입장에서, ~의 견지에서
☐ take on/over	떠맡다, 책임을 지다
☐ put down	~을 받아 적다
☐ take the place of	대신하다, 대체하다
☐ give sb the cold shoulder	~에게 쌀쌀하게 대하다
☐ in vain	헛되이, 성과가 없는
☐ manage to R	가까스로 ~해내다
☐ put out	불을 끄다
☐ go off	폭발하다, 울리다
☐ into the bargain	게다가, 뿐만 아니라
☐ turn out	잠그다, 끄다, 제조하다, 판명되다
☐ beside the point	동떨어진, 부적절한
☐ pull through	극복하다
☐ stick one's nose in	참견하다
☐ preoccupied with	~에 몰두하다
☐ up to one's eye	~에 몰두하여
☐ be rated as	~로 간주되다

중요 다의어 정리

60 appreciate

① 인정하다 Her family doesn't appreciate her.
② (예술작품 등을) 감상하다 You cannot appreciate English literature.
③ 이해하다, 인식하다 You appreciate the dangers of this job.
④ 평가하다 His works were appreciated after his death.
⑤ 감사하다 I deeply appreciate your help.

제 1 편 | 실전예상문제

※ 밑줄 친 단어와 같은 의미의 단어를 고르시오. (01 ~ 36)

01

Jefferson felt that the present should never be chained to customs which have lost their usefulness "No society," he said, "can make a perpetual constitution, or even a perpetual law."

① impecunious
② deciduous
③ perpendicular
④ everlasting

01

어휘
- be chained to ~에 구속을 받다
- usefulness 유용성
- constitution 헌법, 구조
- impecunious 가난한, 무일푼의 (destitute, impoverished, indigent, penurious)
- deciduous 낙엽성의, 덧없는 (transitory, fleeting)
- perpendicular 수직의, 직립한 (vertical)

해석 Jefferson은 이미 쓸모없어진 관습이 현재를 속박해서는 결코 안 된다고 여겼다. 그는 "어떤 사회도 영구적인 헌법, 혹은 영구적인 법을 만들 수 없다"고 말했다.

해설 perpetual → 영구적인(ceaseless, everlasting, interminable, unending, endless, constant)

02

Simpson has retracted many of the change he originally proposed, including the one that technology firms feared most.

① underscored ② withdrawn
③ maintained   ④ perfected

해석 Simpson씨는 기술회사들이 가장 두려워했던 변화를 포함한 그가 원래 제안했던 많은 변화들을 철회했다.

해설 retract → 철회하다, 취소하다(withdraw, take back, recant, abjure, cancel)

02

어휘
- underscore 강조하다(emphasize, stress)
- maintain 유지하다(keep), 주장하다
- perfect 완성하다, 완전하게 만들다.

정답 01 ④ 02 ②

03
어휘
- bank clerk (은행)출납담당자(bank teller)
- tape-recorder 녹음기
- parrot 앵무새

03

> The <u>automatic teller</u> wouldn't take my cash card.

① bank clerk
② tape-recorder
③ money machine
④ parrot

해석 현금 자동 입·출금기가 내 현금카드를 접수하려 하지 않는다.
해설 automatic teller → 현금 자동 입·출금기(money machine)

04
어휘
- pressure 압력
- genuine 진짜의(authentic, veritable, real, sure-enough)

04

> The handle is <u>fragile</u>: it will easily break if you use too much pressure.

① strong
② hard
③ genuine
④ weak

해석 이 손잡이는 약하다 : 너무 힘을 주면 쉽게 부러질 것이다.
해설 fragile → 약한(feeble, flimsy, weak, frail), 깨지기 쉬운(breakable, brittle, delicate)

05
어휘
- hostility 적대감, 적대심
- curiosity 호기심
- preserve 보존하다, 보호하다, 유지하다(keep)

05

> The university is a place where the world's hostility to curiosity can be <u>defied</u>.

① preserved
② accepted
③ hated
④ challenged

해석 대학은 호기심에 대한 세상의 적대심이 도전받을 수 있는 장소이다.
해설 defy → 도전하다(challenge), 무시하다(neglect, ignore), (노력, 해결 따위를) 거부하다(deny)

정답 03 ③ 04 ④ 05 ④

06

The meat must be chopped before it can be used in that recipe.

① mashed
② cut
③ bought
④ stewed

해석 고기는 이 조리법에 사용하기 전에 잘게 썰어야 한다.
해설 chop → 잘게 자르다(hash, mince, cut up, fragment)

06
어휘
- recipe 조리법
- stew 은근한 불로 끓이다
- mash 분쇄하다, 갈아 으깨다.

07

Cameras take the sharpest pictures when they are held still.

① clearest
② fastest
③ most interesting
④ most beautiful

해석 카메라가 정지해 있을 때 카메라는 가장 선명한 사진을 찍는다.
해설 sharp → 선명한(clear), 날카로운, 뾰족한(pointed), 영리한(clever)

07
어휘
- still 고요한, 정지한
- clear 분명한, 확실한

08

He gets furious easily when someone finds fault with him.

① happy
② inconsistent
③ angry
④ talkative

해석 어떤 사람이 그를 비난할 때 그는 쉽게 화를 낸다.
해설 furious → 격노한(enraged, incensed, infuriated)

08
어휘
- inconsistent 일관성이 없는
- talkative 수다스러운(garrulous, loquacious, chatty)

정답 06 ② 07 ① 08 ③

09

어휘
- tapestry 태피스트리(색실로 짠 주단)
- antique 옛날의(ancient), 고풍스러운
- appropriate 적합한, 어울리는

09

This tapestry has a very complicated pattern.

① antique
② appropriate
③ absolute
④ intricate

해석 이 tapestry(색실로 짠 주단)는 매우 복잡한 형태를 가지고 있다.
해설 complicated → 복잡한(complex, elaborate, intricate, sophisticated)

10

어휘
- fingerprint 지문
- guilty 유죄의, 죄가 있는
- competent 능력 있는
- consistent 일치하는(accordant)
- coherent 일관성 있는(consistent)

10

Fingerprints in the gun were decisive evidence that he was guilty.

① competent
② consistent
③ conclusive
④ coherent

해석 그 총 위에 있는 지문이 그가 유죄라는 결정적인 증거였다.
해설 decisive → 결정적인(conclusive, decided, settled, unwavering)

11

어휘
- poison 독(약)
- chemist 화학자
- analyze 분석하다
- tilt 기울기
- indication 징후, 표시(sign), 증거

11

There was no trace of poison in the tea chemist analyzed.

① color
② smell
③ tilt
④ indication

해석 그 화학자가 분석했던 차에는 독약의 흔적이 전혀 없었다.
해설 trace → 흔적, 자취, 증표(indication)

정답 09 ④ 10 ③ 11 ④

12

The ambassador was given the book as a token of government's regard for him.

① memento
② bus ticket
③ share
④ stock

[해석] 그 대사는 정부가 그를 존경하는 상징(표시)으로써 그 책을 제공받았다.
[해설] token → 표시(sign), 상징, 기념품, 선물 / in(as a) token of ~의 표시(증거)로써

12
[어휘]
- ambassador 대사, 사절, 대표
- regard 존경, 경의, 호감, 애정
- stock 주식, 재고, 축척, 저장, 가축
- memento 기념(품), 유물, 추억거리가 되는 것, 경고(warning)

13

Nothing can make up for lost time.

① take care of
② stand up for
③ do away with
④ compensate for

[해석] 어떤 것도 잃어버린 시간을 보상할 수 없다.
[해설] make up for → ~을 보상하다(compensate for), ~을 메우다.

13
[어휘]
- take care of ~을 돌보다
- stand up for ~을 지지하다(support, back up)
- do away with ~을 폐지하다(abolish)

14

These scissors are blunt and cannot cut papers.

① weak   ② dull
③ broken   ④ rough

[해석] 이 가위는 무디어서 종이를 자를 수 없다.
[해설] blunt → 무딘(dull), 무뚝뚝한, 퉁명스러운, (감각, 이해 따위가) 둔감한, 느린

14
[어휘]
- dull 따분한, 재미없는
- rough 거친, 힘든

[정답] 12 ① 13 ④ 14 ②

15

어휘
- colleague 동료
- lose face 체면을 잃다
- dispute 분쟁
- remedy 치료, 구제책
- indulgence 탐닉

15

They apparently sought <u>retribution</u> for a colleague who had lost face during a dispute there.

① remedy
② indulgence
③ revenge
④ burial

해석 그들은 거기서 분쟁이 있었을 동안에 체면을 잃었던 동료를 위해 보복을 추구했다.

해설 retribution → 보복(revenge, retaliation, reprisal, counter blow)

16

어휘
- waste up 낭비하다(squander)
- drop 떨어지다, 쓰러지다

16

His wealth <u>dwindled</u> into nothingness.

① diminished
② wasted up
③ changed
④ dropped

해석 그의 재산은 점점 줄어들어 아무것도 남지 않았다.

해설 dwindle → 줄다, 감소하다(decrease, abate, diminish, lessen, taper off)

17

어휘
- crazy 미친, 열광적인
- registration procedure 등록절차
- pragmatic 실용적인(practical)
- plausible 그럴싸한(specious)
- lenient 관대한(generous)

17

With all the crazy drivers in the road today, it's probably better that <u>stringent</u> registration procedures are followed.

① rigorous   ② pragmatic
③ plausible   ④ lenient

해석 오늘날 도로 위에서 미치광이 같은 운전자들이 있기 때문에 엄격한 등록절차가 뒤따르는 것이 더 좋을 것이다.

해설 stringent → 엄격한(severe, stern, harsh, rigorous, strict, austere)

정답 15 ③ 16 ① 17 ①

18

The radioactive poisoning of the soil and the vegetation is so heavy that the inhabitants of some districts ought to <u>abstain</u> from using their harvest for food.

① hold themselves back
② abort
③ absorb by
④ obtain for

해석 토양과 작물의 방사성 오염이 너무 심해서 몇몇 지역 주민들은 그들의 수확물을 음식으로 이용하는 것을 삼가야 한다.
해설 abstain → 억제하다(curb, refrain, control, check, hold back)

18
어휘
- radioactive 방사성이 있는, 방사성의
- poison 더럽히다, 독을 넣다
- inhabitant 주민, 거주자(denizen, dweller)
- abort 낙태시키다, (계획 따위를) 좌절시키다

19

<u>Thanks to</u> a village leader, the village has become a comfortable place to live in.

① By way of
② Owing to
③ By the way
④ With all

해석 마을 지도자 덕분에 그 마을은 살기 편안한 장소가 되었다.
해설 thanks to → ~덕분에(owing to)

19
어휘
- by way of ~을 경유하여(via)
- by the way 그런데
- with all ~에도 불구하고(in spite of, for all, notwithstanding)

20

To change a tire you must <u>jack up</u> car.

① deal with   ② fall in
③ work over   ④ elevate

해석 타이어를 교환하기 위해서 자동차를 들어 올려야 한다.
해설 jack up → 들어 올리다(elevate, raise, uplift, uphold)

20
어휘
- deal with ~을 다루다(treat)
- fall in 내려앉다, 마주치다, 일치하다
- work over 완전하게 조사하다, ~을 다시 만들다.

정답 18 ①　19 ②　20 ④

21

어휘
- recede 물러나다, 멀어지다, 뒤로 기울다
- corrupted 부패한, 타락한

Fortunately, the city was evacuated before flood waters from the Mississippi River covered its street and many of its house. It was almost a week before the water receded and the people could return to their homes.

① corrupted
② empty
③ examined
④ preserved

해석 다행히 미시시피 강에서 유입된 홍수가 거리와 많은 주택을 덮치기 전에 그 도시는 텅 비었다. 물이 빠지고 사람들이 집으로 돌아가기까지 거의 1주일이 걸렸다.

해설 evacuate → (집 따위를) 비우다(empty)

22

어휘
- be dependent on ~에 의지하다
- artistic 예술적인, 미술가의
- definite 명확한(precise), 정확한, 확실한(sure)

This fact shows that the young men are dependent on state-of-the-art technology.

① modern and advanced
② artistic
③ creative
④ definite

해석 이 사실은 젊은이들이 최신 기술에 의존한다는 것을 보여준다.

해설 state-of-the-art → 최신식의(using the most modern and recently-developed methods, materials or knowledge)

정답 21 ② 22 ①

23

He should be interested in improving himself by cultivating his own intellectual and cultural growth.

① touching
② preparing
③ knowing
④ developing

해석 그는 자신의 지적 성장과 문화적 성장을 연마함으로써 자신을 개선시키는 데 관심을 가져야 한다.
해설 cultivate → 연마하다(train), (품성을) 도야하다.

23
어휘
- intellectual 지능의, 지적인
- cultural 문화의
- growth 성장, 증가

24

It is not economically feasible to take gold out of sea water.

① flexible
② important
③ impossible
④ practicable

해석 바닷물에서 금을 캐내는 것은 경제적으로 실행 가능하지 않다.
해설 feasible → 실행할 수 있는(practicable), 가능성이 있는(possible), 그럴듯한(specious), 있음직한(likely), 알맞은(suitable)

24
어휘
- take A out B A를 B에서 캐내다
- flexible 유연성 있는

정답 23 ④ 24 ④

25
어휘
- awkward 서투른, 솜씨 없는(clumsy), 다루기 힘든, 귀찮은
- scorn 경멸하다, 거절하다

25

Helen <u>mocked</u> John's awkward marriage proposal.

① rejected
② admired
③ praised
④ scorned

해석 Helen은 John의 귀찮은 결혼제안을 무시했다.
해설 mock → 무시・조롱하다(scorn, deride, ridicule, make a mockery of)

26
어휘
- humidity 습기, 습도
- evaporation 증발(작용), 수분의 제거, (희망 따위의) 소멸
- perspiration 땀(sweat), 발한작용(sweating)
- disturb 불안하게 하다, 방해하다

26

Excessive humidity <u>retards</u> evaporation of perspiration from the body.

① prevents
② quickens
③ disturbs
④ slows

해석 지나친 습도는 신체로부터 땀이 증발하는 것을 지연시킨다.
해설 retard → 늦추다(delay, slow, decelerate)

27
어휘
- conquer 정복하다 (subdue, subjugate, vanquish)
- obliterate 말소하다(erase, blot out, delete)
- suppress 억압하다(quell, crush)
- covet 몹시 탐내다(desire, crave)

27

Midway Islands was <u>annexed</u> by the United States in 1859.

① conquered
② obliterated
③ suppressed
④ coveted

해석 Midway Islands는 1859년에 미국에 의해 합병되었다.
해설 annex → 합병하다

정답 25 ④ 26 ④ 27 ①

28

I further add that, in spite of this liberty, the commander of this ship ought to command the ship's course and also command the justice, peace and sobriety both among the seamen and all the passengers.

① friendship
② humor
③ concern
④ straight living

해석 내가 덧붙이고자 하는 것은 이러한 자유에도 불구하고, 이 배의 지휘자는 배의 항로를 명령하고 또한 선원과 승객들 사이에 정의, 평화, 진지함을 명령해야 한다는 것이다.

해설 sobriety → 절주, 금주(temperance, abstinence), 진지함(seriousness), 취하지 않은 상태, 침착, 냉정

28
어휘
- commander 명령자, 지휘자, 사령관
- command 명령하다, 지휘하다, 자유자재로 구사하다, 내려다보다.

29

Science can only be created by those who are imbued with the aspiration towards truth and understanding.

① filled
② stained
③ drunk
④ equipped

해석 과학은 진실과 이해에 대한 열망으로 가득 찬 사람들에 의해서만 창조될 수 있다.

해설 imbue → 불어넣다, 고취시키다(infuse, ingrain, inoculate, fill), 물들이다(dye, stain, tinge, color)

29
어휘
- aspiration 열망(desire)
- understanding 이해, 해석
- stain 더럽히다, 얼룩지게 하다
- equip 설비, 장비하다.

정답 28 ④ 29 ①

30

어휘
- principal 교장, 주범, 원금
- aloof 냉담한(unsympathetic), 무관심한(indifferent)
- slender 날씬한(slim, thin)
- bold 용감한(audacious, dauntless, intrepid, undaunted, valiant, fearless)

30

Mother was tall, fat, and middle aged. The principal of the school was an older woman, almost as <u>plump</u> as mother, and much shorter.

① chubby
② aloof
③ slender
④ bold

해석 엄마는 키가 컸고 뚱뚱했으며 중년의 나이셨다. 학교의 교장선생님은 더 나이가 많은 분이셨는데, 엄마만큼 뚱뚱하고 키는 훨씬 더 작았다.

해설 plump → 통통한, 포동포동한(chubby, corpulent)

31

어휘
- battlefield 전쟁터
- inspire 고무하다, 격려하다

31

When the brave soldiers have gone from the earth and there is only their story among us, this battlefield will still <u>swarm with</u> their spirits.

① be inspired by
② take care of
③ be full of
④ be established by

해석 그 용감한 군인들이 지구상에서 사라지고 우리 사이에는 그들의 이야기만이 있을 때, 이 전쟁터는 여전히 그들의 정신으로 가득할 것이다.

해설 swarm with → ~이 충만하다(be rife with, abound in, be full of, teem with, be rich in)

정답 30 ① 31 ③

32

> You ought to make allowance for his recent misfortune.

① take into account
② put up with
③ speak highly of
④ give way to

[해석] 당신은 최근에 그가 겪은 불운을 고려해야만 한다.
[해설] make allowance for → ~을 고려하다(allow for, consider, take into account)

32
[어휘]
- misfortune 불운
- speak highly of ~을 칭찬하다(praise)
- give way 지다, 양보하다(yield), 무너지다, 퇴각하다(retreat)

33

> The students know that the economy is in a bind and that jobs are scarce.

① moving
② abundant
③ unproductive
④ in a distress

[해석] 학생들은 경제가 침체되어 있고, 일자리는 찾기 어렵다는 사실을 알고 있다.
[해설] in a bind → 어려운 지경에 처해있는, 곤경에 처해있는(in a distress, in an annoying or difficulty situation)

33
[어휘]
- unproductive 생산적이지 않은
- on the rise 증가하는
- distress 고난, 곤란, 고민, 갈등

[정답] 32 ① 33 ④

34
어휘
- pupil 눈동자, 동공, 학생, 미성년자, 피후견인
- numb 마비시키다, 감각을 죽이다
- react 반작용하다.

34

The pupil of human eye <u>dilates</u> when the level of light is low.

① numbs
② reacts
③ focuses
④ expands

해석 광도가 낮을 때, 사람 눈의 동공이 팽창힌다.
해설 dilate → 팽창하다(enlarge, extend, expand, amplify, widen)

35
어휘
- furious 분노한(angry)
- violent 강렬한(intense), 폭력적인
- culpable 비난할만한(blameworthy, censurable, reprehensible), 유죄의(guilty)

35

It is said that bowling was <u>all the rage</u> in those days.

① very furious
② very fashionable
③ very violent
④ very culpable

해석 볼링이 그 당시에 매우 유행했다고 사람들은 말한다.
해설 rage → 유행(fashion, vogue, fad), 분노(anger, fury, indignation, ire, wrath)

36
어휘
- refrigerator 냉장고
- frozen 냉동의, 결빙한
- rotten 썩은, 더러운, 부패한(corrupt)

36

The meat looked red and <u>succulent</u> when it was taken from the refrigerator.

① frozen
② juicy
③ delicious
④ rotten

해석 그 고기를 냉장고에서 꺼내왔을 때는 붉고 수분도 많아 보였다.
해설 succulent → 수분이 많은(full of juice, juicy, sappy)

정답 34 ④ 35 ② 36 ②

제 2 편

문법과 구조
(Written & Structure)

제1장 구두점	제9장 동명사
제2장 동사와 형식	제10장 분사
제3장 시제	제11장 명사, 관사, 대명사
제4장 가정법	제12장 형용사, 부사 및 비교
제5장 간접의문문 & 부가의문문	제13장 관계사
제6장 조동사	제14장 접속사, 전치사
제7장 수동태	제15장 특수 구문
제8장 부정사	실전예상문제

교육은 우리 자신의 무지를 점차 발견해 가는 과정이다.

– 윌 듀란트 –

합격의 공식 ▶ 온라인 강의

보다 깊이 있는 학습을 원하는 수험생들을 위한
시대에듀의 동영상 강의가 준비되어 있습니다.
www.sdedu.co.kr → 회원가입(로그인) → 강의 살펴보기

제 1 장 구두점

핵심 01 구두점의 개요

언어를 글로 쓸 때 가장 중요한 점은 정확한 정보를 전달하는 것이다. 그렇지만 정확한 정보를 전달하고자 장문의 글이나 부호 등을 사용한다면, 언어의 경제성과 효율성을 망치는 요인이 될 수 있다. 때문에 문장을 기술할 때 글을 이어가거나 끝마침을 하는 사용하는 표시어를 사용하는데, 이를 구두점이라고 하며 대표적인 것으로는 마침표, 느낌표, 그리고 물음표 등이 있다. 문장의 길이를 조절하거나 뜻을 분명하게 전달하기 위해서 작가의 판단으로 적당한 위치에 적절한 표시를 할 때 사용하는 여러 가지 구두점이 있다. 구두점은 올바른 문장을 위해서 정확히 사용해야 한다. 구두점을 잘 이해하고 사용한다면, 실질적으로 글을 이해하고 쓰는 데 많은 도움이 된다.

시험에서 다루어지는 구두점이 그나마 존재하기는 하지만 현재 학교문법 영어를 가르칠 때 구두점 학습의 과정이 반영되지 않은 것 같아 안타깝다. 각종 공인시험에 대한 준비뿐만 아니라 앞으로의 독학의 여정에서 구두점을 이해한다면 국제적인 세상에 나아가 경쟁해야 하는 현실에서 중요한 영어를 공부하는 데 도움이 될 것이며, 여러분의 성공과 미래에 좋은 디딤돌이 될 것을 확신한다. 이제 간단하지만 꼭 필요한 구두점을 정리해보자.

핵심 02 구두점의 종류

1 마침표(Full Stop/Period, Stop) : (.)

마침표는 단문(simple sentence), 중문(compound sentence), 복문(complex sentence), 혼합문(compound-complex sentence)의 평서문 마지막에 등장하며, 문장이 끝남을 나타낸다. 단문은 다시 평서문, 의문문, 명령문, 기원문, 감탄문으로 나뉜다. 이중에 평서문과 명령문 뒤에 마침표가 나온다.

(1) 평서문

예 We have much rain in summer. (단문) 우리나라는 여름에 비가 많이 온다.
예 We will have honeymoon, but we don't decide where to go. (중문)
우리는 신혼여행을 갈 것이다. 하지만 우리는 어디로 갈지 결정하지 못했다.

예 It is said that life is short. (복문) 사람들은 인생이 짧다고들 말한다.
예 The world has to take actions to save the Earth immediately, but if it is later, it is said that we can't see our living planet.
세계가 즉시 지구를 구하기 위해서 조치를 취해야만 한다, 하지만 조금 더 늦어진다면 살아있는 지구를 볼 수 없을 거라고들 말한다.
예 I am free now, so if you are free also, I would like to go to the movies with you. (혼합문)
나는 지금 한가해, 그러니 만약 너도 한가하다면 함께 영화를 보러 가고 싶다.

(2) 명령문

예 Watch your step when you go down the stairs with a heavy thing.
무거운 물건을 들고 계단을 내려갈 때, 걸음을 조심해라.

(3) 약어

예 U.N.(united nations) 유엔
예 abbr.(abbreviation) 약어
예 sb.(somebody) 어떤 사람
예 sth.(something) 무엇

(4) 소수점

예 82.2345 [eighty two point (decimal) two three four five]
소수점 이하는 한자리씩 읽는다.

(5) 컴퓨터 관련 주소나 문서, 이메일

예 www.JS-Education.co.kr

(6) 기타(the bible 구절이나 시간 표시)

예 성경 : Romans 7.17, NRSV [로마서 7장 17절 (새영어개역표준판성경)]
예 시간 : 7.17 p.m. (오후 7시 17분)

2 물음표(the question mark) : (?)

물음표는 마침표, 느낌표와 같이 문장이 끝나는 표시이며, 동시에 문장의 질문을 할 때, 즉 의문문(의문사 있는 의문문, 의문사 없는 의문문), 반어적 표현, 불확실한 표현 등에 사용한다.

예 What are you doing now? 너 지금 뭐하고 있니?
예 Are you going to do something special this weekend?
　 너 이번 주말에 특별한 일을 할 계획이니?

(1) 직접 의문문

예 Is there any question? 질문 있으십니까?
예 Are you ok? 괜찮아요?
예 You should get some sleep now OK? 너는 이제 자야만 한다, 알았니?
예 When did you come back? 너는 언제 돌아왔니?
예 What's going on? 무슨 일이 있니?

(2) 풍자적 표현

예 You should be a brave(?) coward. 당신은 용맹한(?) 겁쟁이가 되어야만 한다.

(3) 불확실한 표현

예 I will come back on the evening(?) of this weekend.
　 나는 이번 주말 저녁쯤(?) 돌아올 것이다.

(4) 수사 의문문(반어적 표현)

예 Who knows?
예 Why not?
예 Why do I have to apologize to him?? (*겹물음표 사용)

(5) 부가 의문문의 문장 끝에 물음표가 사용되기도 한다.

예 She is a good girl, isn't she? 그녀는 착한 소녀이다, 그렇지?
예 He can dance well, let alone sing a song, can't he?
　 그는 춤을 잘 출 수 있다, 하물며 노래를 부르는 일도 말할 것도 없다, 그렇지?

3 느낌표(the exclamation mark/exclamation point) : (!)

감탄부호는 마침표, 또는 물음표와 같이 문장이 끝나는 역할을 하며 놀람, 기쁨, 슬픔, 충격, 감탄, 공포 따위를 나타낼 때 사용한다.

(1) What & How 감탄문

　예 What a wonderful world it is! 얼마나 아름다운 세상이던가!
　예 How cute you are! 너 참 귀엽구나!

(2) 외침

　예 It is terrific! 아주 멋져!
　예 Way to go! 잘했어!
　예 Go! Go! Go! 이겨라!

(3) 경고, 명령, 요청

　예 Always watch your back! 항상 몸조심해라!
　예 Give me a rain check! 나에게 다음번 기회를 주기를 바라네!

(4) 놀람, 강조의 감정 표현

　예 Wonderful goal! 멋진 골이야!
　예 Hooray, hurrah, hurrah! 만세, 우리가 이겼다!

(5) 감탄사(oh! oops! wow! bravo! gosh!)

　예 Oh! it's my lovely boy! 오! 나의 사랑하는 아들아!

4 쉼표(the comma) : (,)

콤마는 복잡한 문장의 흐름을 잠시 멈추어 주기 위한 의도로, 단절이 아니라 자연스러운 이어짐을 전달하는 동시에, 길게 열거된 문장에서 단어, 구, 절 따위의 흐름을 짧게 분리하여 글의 흐름을 더욱 자연스럽게 이어가는 역할이다. 단절의 정도가 콜론보다는 강하다.

(1) 명사나 명사(구)를 셋 이상 나열할 때

　예 There were many kinds of toys in the kindergarten, blocks, cars, balls, and stationary rides.
　　유치원에는 많은 종류의 장난감들이 있었는데, 블록들, 자동차들, 공들 그리고 고정된 탈것들이었다.

(2) 병치 관계의 A, B, 등위 접속사(and, but, or)를 사용할 때

예 The old are increasing fast, the students are decreasing gradually, and the new born babies are decreasing rapidly in Korea. 노인들은 빠르게 증가하고 있고, 학생들은 점차 감소하고 있으며, 신생아들은 한국에서 급격하게 감소하고 있다.

(3) 대등한 품사의 병치 관계를 이용할 때(parallelism)

예 You should say it very briefly, certainly, and resolutely!
당신은 그것을 매우 간결하고, 확실하고, 단호하게 말해야만 한다.

예 We should build a clean, beautiful, and lovely house.
우리는 깨끗하고, 아름답고, 사랑스러운 집을 지어야만 합니다.

(4) 삽입어구 사용할 때(interrupters)

예 Teachers must put the brakes on, as it were, when they notice students looking puzzled.
교사들은 이를테면 학생들이 어리둥절해하는 것 같아 보이면 제동을 걸어야 한다.

(5) 호격(vocatives)

예 Waiter, give me some water! 웨이터, 물 좀 주세요!

(6) 주절 앞의 부사적 요소(adverbs)

예 When the korean war broke out, my father was born.
한국 전쟁이 발발했을 때, 나의 아버지가 태어나셨다.

(7) 인용문 등장(quotations)

예 He said, "We are meeting at five in the cafeteria."
그는 말했다, 우리는 식당에서 5시에 만날 것입니다.

(8) 생략(ellipses)

예 Mike was a very good musician; Smith, a very excellent composer.
마이크는 무척 멋진 음악가였으며, 스미스는 능력 있는 작곡가였다.

(9) 분리를 통한 정확한 의미 전달(divisions)

예 My special members, John, Mary, and Mike should attend the conference.
나의 특별한 회원인, 존, 메리, 마이크는 회의에 참석해야만 한다.

(10) 숫자의 표기(numbers)

예 There are about 1,000,000 civilians in this city. (1000 단위마다)
이 도시에는 대략 100만 명의 시민들이 있다.

예 The Korean War ended in 1953. 한국 전쟁은 1953년에 끝났다.

예 My telephone number is 82-02-868-2989.
나의 전화번호는 eight two zero two eight six eight two nine eight nine입니다.

✪ 연도, 전화번호, 우편번호, 사회보장번호, 죄수번호, 번지와 사서함 번호 등은 예외로 적용되지 않는다.

(11) 신분, 관직명, 날짜, 편지, 주소

예 President, Donald Trump, will visit South Korea in the next month.
트럼프 대통령은 다음 달에 대한민국을 방문할 것이다.

예 #303, lake apartment, Robson street, Vancouver City, Canada
캐나다 밴쿠버 시 랍슨 스트리트 레이크 아파트 303호.

예 August 15, 1945 1945년 8월 15일

예 Dear my son, 사랑하는 아들에게(격식을 차리지 않을 때)

5 콜론(the colon) : (:) (겹점)

콜론은 즉(that is)과 같은 느낌으로 내포되는 종류를 들거나 작은 표제 뒤에 간단한 설명을 붙이고자 할 때 사용하며, 저자명 다음에 저서명을 적거나 시(時)와 분(分), 장(章)과 절(節) 따위를 구분할 때, 그리고 둘 이상의 대비를 전달하고자 할 때 사용한다. 단절의 정도가 가장 약하다.

(1) 내포되는 종류

예 There are the four directions everywhere : North, East, West and South.
어디에나 동, 서, 남, 북이라는 4방향이 존재한다.

(2) following or follows 뒤에 덧붙임

예 Fill in the blank as follows : dimension of the space, tract of the area, price of the land.
다음의 빈칸을 채우시오. 공간의 크기, 지역의 넓이, 땅의 가격

(3) 인용

예 He said to himself : "I made up my mind at length."
그는 혼잣말로 중얼거렸다, "나는 드디어 결심했어."

(4) 접속사의 기능

예 We didn't make a decision : we had too much choices in the project.
그 프로젝트에는 지나치게 많은 선택권들이 있었기에 결정을 내리지 못했다.

(5) 기타 관용 표현

예 메모 Meeting : August 15, 2019 2019년 8월 15일 모임
예 지역과 상호 표시 New York : Spaghetti Factory 뉴욕 : 스파게티 팩토리
예 격식 인사 표시 Dear President Donald Trump: 친애하는 트럼프 대통령님
예 제목과 부제 표시 Seoulites : love in the busy life
서울 사람들 : 바쁜 일상 속에 사랑
예 시간과 분 표시 12 : 07 12시 7분
예 성경 구절 표시 Matthew 7 : 07 마태복음 7장 7절

6 세미콜론(the semicolon) : (;)

마침표보다는 단절의 정도가 약하고, 콤마와 등위 접속사와 같은 정도의 단절의 강도를 나타낸다. 문장을 일단 끊었다가 이어서 설명을 더 계속한다는 느낌으로 표현하고자 할 때 사용한다. 주로 예시를 들거나 추가적인 설명을 하고자 의도하는 바가 있을 때, 덧붙이는 형식으로 사용한다.

(1) 등위 접속사와 쉼표 기능

예 I'm looking forward to the concert BTS; I'm sure it'll be very fantastic.
나는 BTS 콘서트를 학수고대하고 있다; 아주 환상적일 것이라고 확신한다.
예 My American friends are coming to visit Korea; they are staying for a month.
나의 미국인 친구들이 한국을 방문하러 오고 있다; 그들은 한 달 동안 머무를 것이다.

(2) 여러 항목들을 나열 또는 연결하는 기능

예 There were many entertainers : a famous movie star, Clint Eastwood; a young actor, Jimmy, Bennett; the world star, Justin bieber.

7 따옴표(Quotation Mark) : (" " / ' ')

따옴표는 큰따옴표(" ")와 작은따옴표가 있으며(' ')가 있으며, 주로 다른 사람의 말을 인용할 때 사용한다.

(1) 직접 인용할 때
예) "This box is a present from your parents in New York," he said.
"이 상자는 뉴욕에 있는 너의 부모로부터 온 선물이다."라고 그는 말했다.

(2) 인용부분에서 다시 인용할 때
예) She said, "The man cried out, 'Watch your back!'"
그녀는 "그 남자가 '뒤를 조심해'라고 외쳤다."라고 말했다.

(3) 특별한 강조의 목적
예) "Thanks" and "I'm sorry" are just the two key words that consists of manners in English.
"감사합니다" 그리고 "미안합니다"는 영어에 중요한 2개의 핵심어구이다.

(4) 구두점의 우선순위 : 쉼표나 마침표 뒤에 닫는 따옴표 사용
예) He always said to me, "keep going and cheer up."
그는 항상 나에게 말했다, "계속해서 힘을 내라."

(5) 대화체 글의 화자 전환
예) "What are you doing now?" she asked. "너 지금 뭐하고 있는 거니?"라고 그녀는 물어봤다.

(6) 제목을 포함할 때
예) There are many Harry porter movies in the "Harry Porter Series" in the Universal Studios.
유니버설 스튜디오 안에는 해리포터 시리즈물과 관련한 많은 해리포터 영화들이 있다.

8 아포스트로피(the apostrophe) : (') (올림쉼표)

단어 옆에 찍는 아포스트로피(')는 소유격의 기능을 하며, 재산이나 소유의 의미를 나타낸다.

(1) 짧은 단어가 생략되었음을 보여주기 위해서 사용
  - 예 It's a nice car, isn't it? (축약형) 그것은 멋진 자동차이다, 그렇지 않니?
  - 예 He was born in the '90 (숫자 생략) ('90 = 1990년) 그는 1900년도에 태어났다.
  - 예 It is 10 o'clock p.m. (시간 표시) 오후 10시다.

(2) 소유격의 표시
  ① 단수 명사의 소유격
    - 예 This is John's mansion. 이것은 존의 대저택이다.
  ② 복수 명사의 소유격
    - 예 Boys's school or girls' school 남자 학교 또는 여자 학교
  ③ 복합 명사의 소유격
    - 예 This is my father-in-law's house. 이것은 나의 장인의 집이다.
  ④ 공동 소유와 각자 소유의 소유격
    - 예 There is Mary and John's house on the hill. (한 채) (공동 소유)
      언덕위에는 메리와 존의 집이 있다.
    - 예 There are Mary's and John's house on the hill. (두 채) (각자 소유)
      언덕위에는 메리의 집과 존의 집이 있다.
  ⑤ 동명사의 의미상 주어(생물)
    - 예 John's making a mistake before her is common. (목적격 John도 가능)
      존이 그녀 앞에서 실수를 하는 것은 흔한 일이다.
  ⑥ 부정대명사의 소유격
    - 예 He hasn't known anybody's attendance in this conference. (생물)
      그는 이 회의에 그 누구의 참석도 알지 못했다.
    - 예 Is it impossible anything happening in the mood? (무생물) (anything's 불가능) 이런 분위기
      에서 어떤 일이 벌어진다는 것은 불가능하지 않을까?

(3) 복수형 표시
  - 예 연대 표시
    in the 1990's 1900년대에
  - 예 기호, 약어의 표시
    The soldiers should follow FM's in the field.
    군인들은 야전에서 field manual's rule을 따라야 한다.

예 알파벳 문자 복수 표시

There are two m's, two t's, two e's in the committee.
위원회라는 단어에는 2개의 m, 2개의 t, 그리고 2개의 e가 포함되어 있다.

9 하이픈(Hyphen) : (-) (덧금)

하이픈은 단어나 음절을 연결하거나 단어를 부분적으로 나눌 때 사용한다. 관사와 명사 사이에 복합형용사를 만들어 내는 기술법이기도 하다.

(1) 복합어

예 I don't like my mother-in-law. (일반) 나는 나의 시어머니를 좋아하지 않는다.
예 She is ten years old. = She is a ten-year-old girl. (수식 기능)
그녀는 10살의 소녀이다.
예 There were twenty-five shield kites in the sky.
하늘에는 25개의 방패연이 있었다.
예 Two-thirds of the students are present at the meeting. (분수)
그 학생들 중 2/3가 회의에 참석중이다.
예 You should take X-ray. (X-선) 당신은 X-ray를 찍어야만 합니다.
예 Vice-president (일반적인 경우)
예 reform(개혁하다) or re-form(재결정하다) (의미혼돈의 방지)
예 Pan-fried Korean Sausage(순대 철판 볶음) (접두사 + 고유명사인 경우)
예 mill-like(방앗간 같은) (접두사 + 어근의 글자 중복)

(2) 기타

예 John said, "I love M-M-Mary but not J-J-J-Jesica." (말의 망설임)
예 He said, "M-I-L-K, Please!" (철자 1개씩 발음) "그는 밀크주세요!"라고 말했다.
예 1544-1544 (전화번호)

10 대시(the dash) : (—) (긴덧금)

대시는 문장을 갑자기 중도에서 끊고 다른 요소를 삽입할 때, 괄호 대신에, 이미 말한 것을 요약하거나 또는 강조하는 경우에 사용한다. 자판에 없으며, 양쪽 옆을 띄우지 않는다.

(1) 설명의 삽입, 첨가

예) Then he—would you believe it—sprang into the river.
그때, 그가 강물 속으로 뛰어들 거라고 너는 믿었겠지.

(2) 앞부분과의 연관성 첨가

예) Those who were present—most of them quite uneducated—could not understand what I meant.
참석했던 사람들은, 대부분이 매우 무지한 사람들로 내가 말하는 의도를 이해하지 못했다.

(3) 열거 내용의 종합

예) Character, incident, nature, fate and milieu—these are the five essential elements of a story.
인물, 사건, 성격, 운명 그리고 환경, 이런 것들이 이야기의 5개의 필수적인 요소들이다.

(4) 생략 의미

예) President—K comes here! 김 대통령께서 저기 오십니다.

(5) 기간 표시

예) The family has lived here, 2011—2019.
그 가족은 2011년부터 2019년까지 여기에 살았다.

(6) 망설임 전달

예) "Mr. President, may I ask—" "No, you must not."
회장님, 제가 질문을~, 아니오, 당신은 질문을 해서는 안 됩니다.

11 말줄임표(ellipsis points, omission marks) : (...)

문장부호 '……'의 이름으로, '말없음표', '말줄임표', '무언부', '무언표', '생략부', '생략표', '점줄'이라고 부르며 점이 6개다(한 칸씩 띄운 마침표를 사용한다). 문장이나 문단에서 일부를 생략할 때 사용하며, 글 중의 일부를 생략하고 인용할 때 사용한다. 말줄임표는 가운데 여섯 점(……)을 찍는 것이 원칙이나, 아래에 여섯 점(......)을 찍거나 세 점(…/...)만 찍는 것도 가능하다. 다만 주의할 점은 점을 아래에 찍더라도 마침표는 생략하지 않는다. 따라서 마침표를 포함해서 아래에 일곱 점(.......)을 찍거나 네 점(....)을 찍어야 한다. 말줄임표는 앞말에 붙여 쓰는 것이 원칙이다. 다만, 문장이나 글의 일부를 생략함을 보여줄 때는 줄임표의 앞뒤를 띄어 쓴다.

(1) 실제로 문장 속의 말을 줄일 때

> 예 Charles Darwin was about as keen an observer of nature as ever walked the earth, but even he missed the pink iguana of the Galapagos. The rare land iguanas were first seen, in fact, only in 1986, "when one was spotted, ..." Since then, they have been found only on that volcano, which would explain why Darwin missed them, since he didn't explore it.
>
> 찰스 다윈은 세상에 있어왔던 그 누구 못지않게 열정적인 자연에 대한 관찰자였다. 그러나 그도 갈라파고스의 핑크 이구아나는 놓쳤다. 그 희귀한 육지 이구아나들은 사실 겨우 1986년에서야 처음 발견되었다. "그 때 한 마리가 ...." 발견되었다. 그때 이래로, 그들은 그 화산에서만 발견되어 왔다. 이점이 다윈은 그곳(화산)을 탐사하지 않았었기에 그들을 놓친 이유를 설명할 것이다.

(2) 실제로 말을 줄일 때

> 예 He approached to me, "Don't forget it!, I got to go ...."
> 그는 내게 다가와서 말했다, "그것을 신경 쓰지 마, 나는 가야만 해서...."

(3) 예시 나열

> 예 There are many Kims here : Kim Dong Soo, Kim Han Soo, Kim Jin Soo ...
> 여기에 많은 김씨가 있다. 김동수, 김한수, 김진수 ...

(4) 망설임

> 예 Um ... right now ... I got to go. 음, 지금 당장 나는 가야만 해.

(5) 문장의 미완성 상태에서의 중단

> 예 We'll going to buy the bonds; besides we'll buy ...
> 우리는 그 주식을 살 것입니다. 게다가 우리는 ...

(6) 시간의 경과

> It's already been 10 p.m, you have to go back now ... as the report has been done since ... and then I'll go to get some sleep.
> 벌써 오후 10시야, 너도 이제 돌아가야 하겠고 ... 보고서는 지금까지 완료되었으니 ... 그러면 이제 나도 잠 좀 자 볼까.

(7) 선전, 광고 문건의 강조

> "Don't hesitate, just do it ... do it yourself ... and you get anything!"
> 망설이지 마, 그냥 하는 거야, 너 스스로 그것을 해 봐 그러면 넌 뭐라도 가질 수 있을 거야!

12 괄호(the parenthesis) : ( )

문장 속에 어떤 요소를 삽입하고자 할 때 주로 사용하며, 강조의 의미와 부연설명의 의미도 포함한다.

(1) 나열의 의미

> There are many sun-hees in the class : (1) Kim sun-hee, (2) Park sun-hee, (3) Yu sun-hee, and (4) Lee sun-hee.
> 이 학급에는 많은 선희들이 있다 : (1) 김선희, (2) 박선희, (3) 유선희, 그리고 (4) 이선희

(2) 연감의 연대나 출처를 밝힘

> There was an illustrated animal book in Japan in 1973. (Osaka. Japan)
> 1973년에도 일본에는 생물 도감이 있었다.

(3) 추가적 요소의 삽입

> We met a very eccentric person(genius-like) yesterday, but soon disappointed.
> 우리는 어제 무척 특이한(천재 같은) 사람을 만났다, 하지만 곧 실망하고 말았다.

(4) 의문, 아이러니 표시

> He comes here on time(?). No, I don't believe it!
> 그가 여기에 정각에 온다고, 아니 나는 그것을 믿지 못하겠어!

13 대괄호(the brackets) : [ ]

원칙적으로 대괄호는 직접 인용을 적용할 때, 원문과 차이가 있는 것을 표시하기 위해서 사용한다.

(1) 어떤 요소 삽입

예 If we understand Dr. Einstein well, we should learn the theory relativity. [相對性理論]
우리가 아인슈타인 박사를 잘 이해하려면 상대성 이론을 배워야만 한다.

(2) 일부 단어 형태 변형 : 문맥에 맞추려 형태를 변형함을 나타냄

예 It is said that many [u]nknown tribes in Amazon have lived now. (대문자 U를 소문자 u로 바꾸었음을 표시)
아마존에는 지금도 많은 알려지지 않은 부족이 살고 있다고들 한다.

(3) 철자, 문법의 오류 표시

예 No absense. [sic] (원래는 absence이지만 철자의 오류를 알리려 사용) 결석하지 말 것

14 슬래시(the slash) : (/) (빗금)

(1) 연월일 표시

예 9/26/2019 (september 26. 2019)

(2) per 의미

예 mi/h(= miles per hour)(시간당 마일)

(3) 분수 표시

예 2/3 two-thirds

(4) 약어 표시

예 s/n (surname) 성(性)

(5) 'or' 의미

예 To John/Mary

(6) 인터넷 주소

예 http://www.Js-education.co.kr

(7) 방위 표시

예 32E/45W(32 degree east longitude/45 degree west longitude)

15 같음표(the ditto marks) : (〃)

동일한 내용의 반복을 피하기 위해 주로 도표에서 사용한다.

구분	서울의 한낮 온도	부산의 한낮 온도
yesterday	35°C	38°C
today	〃	〃

주관식 레벨 UP

01 다음 문장이 어법상 옳은지를 고르시오.

① If you come here, I will be very happy. [○ / ×]
② I used to like you when we were young. [○ / ×]
③ Though she is very young, but she is brave. [○ / ×]
④ Lend me $50 now, and I will pay back tomorrow morning. [○ / ×]

해설 모든 문장은 먼저 주절을 찾자! '주절, 주절은 불가능하다.'라는 전제로부터 시작한다. 등위 접속사는 중문을 형성해야 하고, 종속 접속사는 복문을 형성해야 한다. 따라서 종속절, 주절은 가능하지만 종속절, 등위 접속사 주절은 불가능하다.
① 종속절, 주절의 형태를 취하고 있다. comma로 종속절이 분리되어 복문(complex sentence)을 구성하고 있다.
② 주절＋종속절로 구성되어 있다. 접속사 when으로 주절과 연결되어 복문을 구성하고 있다.
③ 옳게 바꾸려면 구두점 또는 접속사를 잘 활용해서 문장을 고쳐야 한다. 그러면 다음과 같이 쓸 수 있다.
→ Though she is very young, she is brave. (○)
→ She is very young, but she is brave. (○)
→ She is brave though she is very young. (○)
④ 명령문 and 평서문의 중문(compound sentence)을 구성하고 있다.

정답 ① ○ ② ○ ③ × ④ ○

02 다음 문장의 틀린 부분을 찾아 구두점을 활용하여 바르게 고치시오.

> He has many novels in his library, some of them are borrowed from the public library.

해설 그는 자신의 서재에 많은 소설책을 가지고 있다. 그 중에 일부는 공공 도서관에서 빌려온 것이다.

정답 He has many novels in his library. Some of them are borrowed from the public library. (○) 단문, 단문

03 다음 문장의 빈칸에 알맞은 구두점을 〈보기〉에서 찾아 넣으시오.

> There was plenty of evidence in the car accident _____ bloodstain, skid mark, pieces of broken glass, and personal items.

보기

semi-colon   colon   full stop   hyphen

해석 그 자동차 사고 현장에는 혈흔, 스키드 마크, 깨진 유리 조각들, 그리고 개인 용품과 같은 충분한 증거가 있었다.

해설 앞에 완전한 절이 등장하고 문맥상 적절한 예시를 하고 있는 부분들이 뒤에 등장하므로 부연설명의 의미를 담고 있는 colon이 정답이다. semi-colon은 comma + 등위 접속사의 기능을 가지므로 적절하지 않으며, 마침표(full stop)는 문장이 끝나는 개념이 아니므로 적절하지 않다. 또한 hyphen(-)은 단어와 단어의 연결의 의미이므로 적절하지 않다.

정답 colon

04 다음 문장의 빈칸에 알맞은 구두점을 〈보기〉에서 선택하시오.

> Many people all over the world besides the Americans have visited South Korea since the Korean War _____ impressed extremely because of remarkable development.

보기

comma   semi-colon   hyphen   dash

해석 미국인들 이외에도 전 세계에 많은 사람들이 한국전쟁 이후로 대한민국을 방문해왔으며, 눈부신 발전 덕분에 감동을 받아왔다.

해설 comma를 생략해도 무방하다. 그러나 comma + 분사구문은(여기에서는 과거분사 impressed) 자연스럽게 동사처럼 읽어가며 해석을 할 수 있다는 장점이 있다. semi-colon은 부연설명, hyphen은 단어와 단어, 어구와 어구의 연결 기능이므로 부적절하다. dash는 부연설명의 기능을 한다. 따라서 문맥의 흐름상 comma가 가장 적절하다.

정답 comma

05 다음 문장을 분석하고 해석과 일치하도록 구두점을 표시하시오.

> I thought that that that that that man used in that sentence was wrong.
> 나는 그 남자가 그 문장 속에 이용한 그 that은 틀린 것이라 생각했다.

해설 that(접속사), that(지시형용사), 'that'(명사), that(관계대명사), that(지시형용사)로 분석해야 한다.

정답 세번째 that을 'that'으로 표시한다.

→ I thought that that 'that' that that man used in that sentence was wrong.

제 2 장 | 동사와 형식

핵심 01 1형식 : 주어 + 완전 자동사

문장의 주성분이 주어와 술어만으로 충분한 문장의 패턴을 말한다. 부사(구)(절) 따위가 주절의 앞 또는 뒤에 등장해도 무방하다. 의미상 중요한 1형식 동사는 다음과 같다.

① **do** : 충분하다(= be enough), 좋다(= be good)
  예 Any time will do. 어느 때라도 좋다.
② **pay** : 이익이 되다(= be profitable)
  예 Honesty Pays. 정직은 손해 없다(이익이 된다).
③ **work** : 효과가 있다(= be effective)
  예 This measure works. 이 조치는 효과가 있다.
④ **matter & count** : 중요하다(= be important)
  예 What counts most is your choice. 가장 중요한 것은 너의 선택이다.

핵심 02 2형식 : 주어 + 불완전 자동사 + 주격 보어

문장의 주성분으로 주어, 술어, 주격 보어를 갖추고 문장의 완전한 정보를 완성하는 패턴을 말한다. 주어와 주격 보어는 같은 의미의 개념을 가지고 있고, 예외적으로 형용사, 형용사구가 주어를 보충하는 의미의 주격 보어가 될 수 있다.

(1) 오감 동사는 형용사, like + 명사를 보어로 취한다. 중요★★

> feel, look, smell, taste, sound

  예 This cake smells sweet. 이 케이크는 달콤한 냄새가 난다. well (×)
  예 You looks like a prince. 너는 마치 귀공자처럼 보인다.
  예 The orange tastes sour. 그 오렌지는 신맛이 난다.

(2) 상태의 변화와 유지 동사는 형용사 보어를 취한다.

> go, come, turn, remain, keep

예 This apple went bad. 이 사과는 상했다.
예 Your dream will come true. 너의 꿈은 실현될 것이다.
예 Her face turned pale. 그녀의 얼굴이 창백해졌다.
예 She remained cynic. 그녀는 여전히 냉소적이었다.
예 We kept silent in the conference. 우리는 회의 중 침묵을 지켰다.

(3) 판명 동사는 형용사 보어를 취한다.

> prove, turn out (to be)

예 The rumor turned out to be false. 그 소문은 거짓임이 판명되었다.
예 The materials proved to be true. 그 자료들은 사실임이 판명되었다.

핵심 03 3형식: 주어 + 완전 타동사 + 목적어

문장의 주성분으로 주어, 술어, 목적어를 가지고 문장의 완전한 정보를 완성하는 패턴을 말한다. 주어와 보어는 같은 개념이지만, 주어와 목적어는 다른 개념의 어구를 등장시킨다.

(1) 출제가 많이 되는 완전 타동사 중요 ★★★

① 목적어를 직접 수반하며, 동사 뒤에 전치사를 두지 않는 동사
② marry, reach, enter, attend, approach, mention, await, accompany, discuss, address, consider, resemble, survive, greet, leave 등

예 He entered the new building. 그는 새 건물로 들어갔다. enter into (×)
예 His parents accompanied him in the concert.
그의 부모님들은 그를 그 콘서트에 데려갔다. accompany with(×)
예 She resembles her mother. 그녀는 그녀의 어머니를 닮았다. resemble with (×)

(2) 목적어 뒤에 특정 전치사를 선택하는 타동사들
① 분리, 박탈 의미의 동사는 of 선택

> rob, deprive, rid + 목적어 + of

예 The man deprived her of some money. 그 남자가 그녀에게서 약간의 돈을 빼앗았다.

② 소개(설명) 의미의 동사는 사람 앞에 to 선택

> confess, explain, describe,
> introduce, suggest, announce + 목적어 + to + 사람

예 Let me introduce my friend to you! 여러분께 제 친구를 소개해 드리겠습니다.

③ 방해(금지) 의미의 동사는 목적어 뒤에 from 선택 중요 ★★

> prevent, hinder, prohibit, keep, stop,
> disable, deter, discourage, dissuade, ban + 목적어 + from -ing
>
> (동명사의 의미상 주어는 소유격으로 표시하며 전치사 from의 목적어 자리에 동명사 대신 명사나 대명사도 가능하다)

예 My teacher dissuaded me from going out.
  나의 아버지는 내가 외출하지 않도록 권하셨다.
예 The man disabled her from attending the meeting.
  그 남자는 그녀가 모임에 참석하지 못하게 했다.
예 The law prohibits the minors from smoking.
  그 법률은 미성년자들의 흡연을 금지하고 있다.

④ 제공(공급) 의미의 동사는 목적어 뒤에 with 선택

> provide, furnish, present + 목적어 + with + 사물

예 He provided his brothers with much money.
  그는 그의 형제들에게 많은 돈을 제공해 주었다.

⑤ 통보(확신) 의미의 동사는 목적어 뒤에 of 선택

> inform, assure, convince, remind + 목적어 + of + 사물

예 He reminded me of his departure the next morning.
  그는 나에게 다음날 아침 그의 출발을 상기시켜 주었다.
예 He convinced me that he would come back hometown.
  그는 그가 고향으로 반드시 돌아올 것이라고 상기시켜 주었다.

⑥ 칭찬(상벌) 의미의 동사는 목적어 뒤에 for 선택

> praise, blame, scold, thank + 목적어 + for + 사물

예 She thanked me for her visiting.
그녀는 나에게 그녀를 방문한 것에 감사했다.

(3) 재귀대명사가 목적어인 완전 타동사(주어 = 목적어 : 재귀대명사)
① absent oneself from = be absent from(~에 결석하다)
② dress oneself in = be dressed in(~을 차려입다)
③ seat oneself on(at) = be seated in[at](~에 앉다)
④ present oneself at = be present at(~에 참석하다)
   예 The woman dressed herself in red at the party yesterday night.
   그녀는 어젯밤 파티에서 붉은색 옷으로 차려입었다.

핵심 04 4형식 : 주어 + 수여동사 + 간접목적어 + 직접목적어

문장의 주성분으로 간접목적어(~에게)와 직접목적어(~을, ~를)를 가져야만 문장의 완전한 정보를 완성하는 문장의 패턴을 말한다.

(1) 4형식을 3형식으로 전환할 때 전치사의 선택
① give, lend, send, write + 목적어 + to + 간접목적어
   예 He gave me some advice. = He gave some advice to me.
   그는 나에게 약간의 충고를 주었다.
② make, do, get, buy + 목적어 + for + 간접목적어
   예 He did me a favor. = He did a favor for me.
   그는 나에게 호의를 베풀었다.
③ ask, beg, demand, inquire + 목적어 + of + 간접목적어
   예 He asked me a favor. = He asked a favor of me.
   그는 나에게 부탁을 하나 했다.
④ play, bestow, confer + 목적어 + on + 간접목적어
   예 He played me a joke. = He played a joke on me.
   그는 나에게 농담 한마디를 던졌다.

(2) 4형식 문장을 3형식 문장으로 전환하지 못하는 동사

> envy, cost, save, forgive, pardon, strike

예 The mission cost him his life. (○)
그 임무는 그에게서 생명을 앗아갔다.
예 The mission cost his life to him. (×)

핵심 05   5형식 : 주어 + 불완전 타동사 + 목적어 + 목적격 보어

문장의 주성분 중에서 주어, 술어, 목적어만으로 완전한 정보를 만들지 못하여 목적어를 서술하는(nexus) 목적격 보어를 뒤에 둠으로서 완전한 정보를 완성하는 패턴을 말한다. 목적어와 목적격 보어는 서로 보충하는 관계를 말하며, 주어와 주격 보어를 검증하는 관계와 일치한다. 목적격 보어 자리의 준동사의 위치로 절을 만드는 동사는 절대 등장이 불가능하다.

(1) 지각 / 사역동사 + 목적어 + 목적격 보어(R / Ving / Ved) 중요 ★★★
행위자는 반드시 사람이 아닐 수도 있다.

지각동사(Vt)	목적어(O)	목적격 보어(O.C)
see, watch, hear, feel, notice, perceive, observe, look at, listen to	사람 / 행위를 함	동사원형(R) – 상태 의미 현재분사(V-ing) – 진행, 계속 의미
	사물 / 행위를 당함	과거분사(p.p)
사역동사(Vt)	목적어(O)	목적격 보어(O.C)
make, have, let	사람 / 행위를 함	동사원형(R)
	사물 / 행위를 당함	과거분사(p.p)

예 I heard the pin drop on the floor. (dropped 불가) : 자동사의 과거분사 불가
나는 핀 한 개가 마루 위에 떨어지는 소리를 들었다.
예 I have never heard his daughter well spoken of.
나는 그의 딸이 칭찬 듣는 소리를 들어본 적이 없다.

(2) 불완전 타동사 + 목적어 + 목적격 보어(to + R / to be p.p / p.p)

> get, compel, force, allow, ask, advice, urge, enable, cause, oblige

[예] My father forced me to enlist in the army at the time.
나의 아버지께서는 내가 그 때 당시에 군에 입대하도록 종용하셨다.

(3) 불완전 타동사 + 가목적어(it) + 목적격 보어 + 진목적어(to + V, that 절, 동명사) 중요 ★★

> think, believe, find, make, take, feel, consider, call

[예] He took it for granted that he would pass the exam.
그는 시험에 합격할 것이라고 당연하게 여겼다.

(4) 불완전 타동사 + 목적어 + as + 목적격 보어(수동태 주의)

> think of, look upon, refer to, regard, consider

[예] They looked upon him as a scholar. 그들은 그를 학자로 여겼다.
= He was looked upon as a scholar by them.

(5) 불완전 타동사 + 목적어 + 목적격 보어(to + V) 불가 동사

> hope, suggest, say, propose, insist, demand

[예] He suggested to me that he would like to join us.
그는 나에게 그가 우리와 합류하고 싶다는 뜻을 제안했다.

핵심 06 '말하다' 동사의 활용 중요 ★

say(타동사)	that절 등장 (3형식)
tell(타동사)	간접목적어 + that 절 등장 (4형식)
speak(자동사)	전치사(of, to) 등장 / speak(타동사) + 언어(名)
talk(자동사)	전치사(to, about) 등장

핵심 07 혼동하기 쉬운 불규칙 동사의 활용 ★★

① lie - lied - lied(거짓말하다) → lying (Vi)
② lie - lay - lain(눕다, 놓이다) → lying (Vi)
③ lay - laid - laid(놓다, 눕히다, 낳다) → laying (Vt)
④ found - founded - founded(설립하다, 세우다) (Vt)
⑤ find - found - found(찾다, 발견하다) (Vt)
⑥ rise - rose - risen(일어나다) (Vi)
⑦ raise - raised - raised(일으키다) (Vt)
⑧ sit - sat - sat - sitting(앉다) (Vi)
⑨ seat - seated - seated(앉히다) (Vt)

주관식 레벨 UP

01 자동사 + 전치사의 수동태가 가능한 동사를 10개만 쓰시오.

정답) look after 돌보다, laugh at 비웃다, deal with 다루다, look into 조사하다, rely on 신뢰하다, agree on 합의하다, yell at 소리를 버럭 지르다, speak to ~에게 말을 걸다, run over 치다, deal in 거래하다

02 5감각 동사를 모두 쓰시오.

정답) feel, look, sound, smell, taste

03 방해, 금지 동사를 10개만 쓰시오.

정답 keep, hinder, prevent, prohibit, stop, deter, discourage, dissuade, disable, ban

04 수여동사를 3형식으로 전환할 때 전치사 for을 이용하는 동사를 5개만 쓰시오.

정답 make, do, buy, cook, get

05 지각동사로 목적격 보어 자리에 현재분사나 원형부정사를 쓰는 동사를 5개만 쓰시오.

정답 see, watch, hear, notice, observe

06 사역동사로 목적격 보어 자리에 to + R을 쓰는 동사를 5개만 적으시오.

정답 get, compel, force, cause, enable

07 사역동사로 목적격 보어 자리에 원형부정사를 쓰는 동사를 3개만 적으시오.

정답 make, have, let

08 가목적어를 반드시 사용하는 불완전 타동사를 5개만 적으시오.

정답 make, call, believe, find, take

09 '말하다' 동사를 자동사와 타동사로 구분해서 설명하시오.

정답 자동사: speak, talk / 타동사: say, tell

10 불규칙 동사의 활용 중에서 자동사(lie)와 타동사(lay)를 각각 설명하시오.

정답 lie – lay – lain / lying 눕다(자동사), lay – laid – laid / laying 눕히다(타동사)

제 3 장 | 시제

시간의 흐름에 따라서 단순시제, 완료시제, 진행시제, 완료진행시제로 구분되며 12가지의 시제형을 가진다.

핵심 01   현재시제 중요 ★★★

시간, 조건을 나타내는 부사절에서는 **현재가 미래를 대신하며, 현재완료가 미래완료를 대신한다.**

(1) **시간부사절**: before, after, till, until, when, while, the time, as soon as

(2) **조건부사절**: If, provided, in case, as long as, unless, on condition (that) ~
  예 If it is fine tomorrow, I will go fishing. (현재)
    내일 날씨가 좋으면 나는 낚시를 갈 것이다.
  예 As soon as I arrive at New York, I will keep in touch with you. (현재)
    내가 뉴욕에 도착하자마자 나는 너에게 연락을 취할 것이다.
  예 I will send an E-mail to you if I have finished this report. (현재완료)
    만약에 내가 이 보고서를 마치면 당신에게 e-mail을 보낼 것이다.

  다만, 명사절과 형용사절은 그대로 미래형 조동사를 사용한다.
  예 We don't know when she will come back home. (명사절)
    우리는 그녀가 언제 집으로 돌아올지 알지 못한다.
  예 The time will necessarily come when my dream will come true. (형용사절)
    내 꿈이 실현될 그날이 반드시 올 것이다.

핵심 02　과거시제

(1) 역사적 사실(복문의 형태에서 특히 주의) : 언제나 과거시제를 사용한다.
　예) Columbus discovered America in 1492.
　예) The teacher said that Columbus discovered America in 1492.
　　　　　　　　　　　　　　[had discovered (×)]

(2) 부사(구) 중에서
　~ ago, just now(= but now), in + 과거년도는 항상 과거시제와 함께 사용한다.
　예) The train started 10 minutes ago. 그 기차는 10분 전에 출발했다.
　예) I finished it just now. 나는 그것을 방금 전에 마쳤다.

　before와 just는 현재완료, 과거완료와 함께 사용한다.
　예) The train had started 10 minutes before. 기차가 10분 전에 출발했다.
　예) I have just finished it.

핵심 03　주의해야 할 현재완료 중요★★

- have been to : ~에 간 적이 있다(**경험**), ~에 갔다 왔다(**완료**)
- have been in : ~에 살아본 적이 있다(**경험**), ~에 살아 왔다(**계속**)
- have gone to : ~에 가고 현재 이 장소에 없다(**결과**), 3인칭 주어만 가능하다.

✱ "주어가 ~한 이래로 시간이 지났다."의 관용표현
　"그녀가 죽은 지 10년이 지났다"
　She has been dead for ten years.
　→ She died ten years ago.
　→ Ten years have passed since she died.
　→ It is ten years since she died. 그녀가 죽은 지 10년이 되었다.
　→ It has been ten years since she died. (미국식 구어 표현)

핵심 04 　 주의해야 할 과거완료

(1) 과거완료는 출제 시에 반드시 과거동사를 기준으로 제시해야만 한다.

　　따라서 과거동사를 보여주는 문장을 제시한다면 정답이 과거완료(had + p.p)일 확률이 크다.

(2) Hardly, scarcely, no sooner는 문두에 등장 시에 반드시 도치 문장이 등장하며 과거완료(had + p.p.)와 함께 쓴다. (hardly, scarcely는 when / before와 연결, no sooner는 than과 연결)

　예 The thief had hardly seen me when he ran away through the window.
　예 Hardly had the thief seen me before he ran away through the window.
　예 The thief had no sooner seen me than he ran away through the window.
　　 = As soon as the thief saw me, he ran away through the window.
　　　도둑이 나를 보자마자 창문을 통해서 달아났다.

핵심 05 　 미래완료

미래완료를 쓰는 문장의 출제 시에 반드시 현재까지의 상황(주로 현재완료문장)을 묘사해주고 다가올 미래 시점을 제시해준다. 예를 들면, '다음주, 다음달, 내년 이맘때쯤이면'과 같은 어구를 동반한다. (by this time next week, next month, next year)

예 We'll have left for New York by this time you arrive here tomorrow.
　 당신이 내일 여기에 도착할 즈음에 우리는 뉴욕을 향하여 떠났을 것이다.

핵심 06 　 진행형 불가 동사 중요 ★

① **지각 동사**: see, hear
② **상태 동사**: resemble, consist of
③ **인지 동사**: know, think, understand
④ **소유 동사**: have, possess, belong to
⑤ **감정 동사**: love, hate, like

예 Are you hearing a strange noise? 너, 이상한 소리 들리니? (×)
　= Do you hear a strange noise? (○)
예 She is belonging to the dance club. 그녀는 그 댄스 클럽에 속한다. (×)
　= She belongs to the dance club. (○)

주관식 레벨 UP

※ 다음 시제의 일치를 확인하고 정답을 고르시오. (01 ~ 20)

01
> I didn't think that he [will / would] come that evening.

해석 나는 그가 그날 저녁에 올 것이라고 생각하지 않았다.
해설 주절의 동사가 과거이면 종속절의 동사는 과거나 과거완료가 가능하다. 따라서 will의 과거형 would를 쓴다.

정답 would

02
> In old days, people believed that the earth [is / was] flat.

해석 옛날에는 사람들이 지구가 평평하다고 믿었다.
해설 과거의 사실은 과거 동사를 쓴다.

정답 was

03
> I was looking for a man who [will / would] help me with my moving.

해석 나는 내가 이사하는 것을 도와줄 사람을 찾고 있었다.
해설 주절의 동사가 과거이므로 종속절도 will의 과거형으로 표현한다.

정답 would

04
> These family trips usually continue until their children [become / will become] teenagers.

해석 이런 가족들의 여행은 통상적으로 그들의 자녀들이 10대가 될 때까지 계속된다.
해설 시간 의미(until)의 부사절은 미래의 사실일지라도 현재형으로 미래를 나타낸다.

정답 become

05 Students with high grades organize their time, planning when they [complete / will complete] their assignments.

해석 성적이 높은 학생들은 언제 그들이 자신들의 과제를 완성할지를 계획하며 자신들의 시간을 짠다.
해설 시간 의미의 명사절이나 형용사절은 그대로 미래형 조동사로 미래의 사실을 나타낸다.
when 이하는 planning의 목적어 역할을 하는 명사절이다.

정답 will complete

06 If the weather [is / will be] good, he will arrive in Yeouido on August.

해석 만약에 날씨가 좋아진다면, 그는 8월에 여의도에 도착할 것이다.
해설 조건 의미의 부사절은 현재가 미래를 나타낸다.

정답 is

07 He told us that World War Ⅱ [ended / had ended] in 1945.

해석 그는 우리에게 2차 세계대전이 1945년에 끝났다고 말했다.
해설 1945년은 과거 표시의 부사구이기도 하고 역사적 사건은 언제나 과거를 쓴다.

정답 ended

08 We learned at school that Shakespeare [was / had been] born in 1564.

해석 우리는 셰익스피어가 1564년에 태어났다고 학교에서 배웠다.
해설 1564년은 과거 표시 부사구이다.

정답 was

09 She [finished / has finished] her work two hours ago.

해석 그녀는 2시간 전에 그녀의 일을 마쳤다.
해설 ~ago는 과거 표시 부사구로 현재로부터 과거를 나타내는 어구이다. '~전'

정답 finished

10

I came to this city last year, I [am staying / have been staying] here since.

해석 나는 작년에 이 도시로 왔으며, 그때부터 현재까지 계속해서 이곳에 머물고 있다.
해설 since (과거시점)에서 지금까지(현재) '그때 이후로 내내'라는 의미를 담고 있다. 주절의 동사는 현재완료(진행)를 사용한다.

정답 have been staying

11

The road was muddy, because it [rained / had rained] heavily the night before.

해석 도로는 질척였다. 왜냐하면 전날 밤에 비가 내렸기 때문이다.
해설 문맥상 과거의 기준보다 먼저 발생한 동작(대과거)을 묻고 있다.

정답 had rained

12

I [ate / have eaten] a lot of candy when I was a child.

해석 나는 어렸을 때 많은 캔디를 먹었다.
해설 과거의 사실을 묻고 있다. 동동시제를 check하자.

정답 ate

13

I have [been / gone] to a station.

해석 나는 기차역에 가본 적이 있다.
해설 have been to ~에 갔다 왔다, ~에 가본 적 있다.
　　　 have gone to ~에 가고 여기에 현재 없다. (3인칭 주어만 가능하다)

정답 been

14

Ann has lived here only for two months. She's been here [since / for] April.

해석 앤은 여기서 단 두 달을 살았다. 그녀는 4월 이후로 이곳에 머물렀다.
해설 주절의 동사가(has been)이기 때문에 since가 적절하다.

정답 since

15

He said that the earth [moves / moved] around the sun.

해석 그는 지구가 태양 주위를 돈다고 말했다.
해설 불변의 진리는 언제나 현재시제를 쓴다.

정답 moves

16

It was proposed that we [start / started] at once.

해석 우리는 즉시 출발해야 한다고 제안을 받았다.
해설 주장동사(propose)가 that절을 이끌며 '당위성'의 개념을 포함하고 있으므로 (should) + R이 적절하다.

정답 start

17

My grandfather [has died / died] two years ago.

해석 나의 할머니는 2년 전에 돌아가셨다.
해설 ~ago는 과거동사와 사용한다.

정답 died

18

When the bell rang, the student [already left / had already left] the class.

해석 벨이 울렸을 때, 이미 학생들은 교실을 떠난 뒤였다.
해설 대과거의 사실은 과거완료를 사용한다.

정답 had already left

19

I [stay / will stay] here until you come back.

해석 나는 당신이 돌아올 때까지 여기에 머무를 것이다.
해설 미래의 사실은 미래의 동사를 사용한다.

정답 will stay

20

I [had known / have known] him well since he was a child.

해석 나는 그가 아이였을 때부터 그를 잘 알고 있다.
해설 since가 시간의 의미를 지니는 문장에서 주절의 동사는 현재완료를 사용한다.

정답 have known

※ 다음 문장의 수일치를 확인하고 정답을 쓰시오. (21 ~ 26)

21

The water sources they can depend on in the summertime [is / are] frozen in the winter.

해석 그들이 여름철에 의지할 수 있는 물 수원지는 겨울에는 꽁꽁 언다.
해설 불변의 진리는 언제나 현재시제를 사용한다.

정답 are

22

Such teachers as Susan [is / are] rare.

해석 수잔과 같은 선생님들은 드물다.
해설 주어가 Such teachers이므로 동사는 복수이다.

정답 are

23

The population of Japan [is / are] much larger than [that / those] of Korea.

해석 일본의 인구는 한국의 인구보다 훨씬 많다.
해설 주어는 The population이므로 동사는 단수 is / 비교대상은 that이다.

정답 is / that

24

The seasons of South Africa [is / are] the reverse of [that / those] of Korea.

해석 남아프리카의 계절들은 한국의 계절들과 정반대이다.
해설 주어는 The seasons이므로 동사는 복수 are / 비교대상은 those이다.

정답 are / those

25

He together with his friends [is / are] to attend the meeting.

해석 그의 친구들과 함께 더불어 그는 모임에 참석할 것이다.
해설 주어는 He이므로 동사는 단수 is이다.

정답 is

26

"Legends of the Ring of Fire", an animation film based on Asian legends, [is / are] being aired by the Disney Channel.

해석 아시아의 전설을 기초로 한 애니메이션 영화 "불의 고리의 전설"은 디즈니 채널을 통해 방영되고 있다.
해설 " " 부호 안에 내용은 전체를 하나의 명사 취급을 한다. 따라서 동사는 단수가 적절하다.

정답 is

※ 다음 문장이 어법상 옳은지 고르시오. (27 ~ 30)

27 The advantages of flight have played a key role in the survival of insects. [○ / ×]

해석 비행의 이점들은 곤충의 생존에 중요한 역할을 해왔다.
해설 주어는 The advantages이므로 동사는 복수이다.

정답 ○

28 The best thing I've learned are to act like a grown-up. [○ / ×]

해석 내가 배운 최상의 것은 성인처럼 행동하는 것이다.
해설 주어는 The best thing이므로 동사는 단수 is가 적절하다.

정답 ×

29 A pot that is very old and beautiful are valuable. [○ / ×]

해석 매우 오래되고 아름다운 병이 가치가 있다.
해설 주어는 A pot이므로 동사는 단수 is가 적절하다.

정답 ×

30 The great developments in science and technology give us more free time to enjoy ourselves. [○ / ×]

해석 과학과 기술의 엄청난 발달은 우리들에게 스스로 즐길 수 있는 더 많은 자유시간을 제공해 준다.
해설 The great developments가 주어이므로 동사는 복수가 적절하다.

정답 ○

제4장 가정법

문장의 법(Mood)에는 직설법, 가정법, 명령법 등의 원리가 있으며 직설법은 사실대로 묘사하고 가정법은 사실과 반대로 묘사하며 한 시제 앞선 동사를 이용한다. 명령법은 동사원형으로 시작한다.

핵심 01 가정법 과거: 직설법 현재 사실의 반대 종요★

> If + S + were / 과거형 동사 ~, S + would / should / could / might + R ~.

예) If I were a millionaire, I would be happier now.
만약 내가 백만장자라면, 나는 지금 행복할 텐데….

핵심 02 가정법 과거완료: 직설법 과거 사실의 반대 종요★★

> If + S + had + p.p ~, S + would / should / could / might + have + p.p ~.

예) If I had had enough money then, I would have been married to her.
만약 내가 그때 충분한 돈을 가지고 있었다면, 나는 그녀와 결혼했을 텐데….

핵심 03 혼합 가정법: 과거의 상황이 가져온 현재의 입장 표명 종요★★★

> If + S + had + p.p ~ + 과거표시부사(구), S + would / should / could / might + R + 현재표시부사(구)

예) If I had studied English harder in my school days, I would not be hard to study this exam now.
내가 학창시절에 영어 공부를 더 열심히 했더라면, 지금 이 시험을 준비하는 데 힘들지 않을 텐데….

핵심 04 | I wish + 가정법 ★★

I wish + 가정법 → '~라면 / ~였다면 얼마나 좋을까!'라는 의미이다.

> I wish + 주어 + 가정법 과거 / 가정법 과거완료

예) I wish I had passed the test last year. 내가 작년에 시험에 합격했다면 얼마나 좋을까!
예) I wish I were a billionaire. 내가 억만장자라면 얼마나 좋을까!

핵심 05 | without(= but for = except for)의 조건절 대용 표현

(1) 가정법 과거의 조건절을 대용한다.

예) Without oxygen, all of the animals would disappear right now.
산소가 없다면 모든 동물들은 당장 사라지고 말텐데….
= If it were not for ~ = Were it not for ~
= If there were no ~ = Were there no ~ (가정법 과거의 조건절 대용)

(2) 가정법 과거완료의 조건절을 대용한다.

예) Without your help, I would have failed in the business.
너의 도움이 없었다면, 나는 사업에 실패하고 말았을 텐데….
= If it had not been for ~ = Had it not been for ~
= If there had been no ~ = Had there been no ~ (가정법 과거완료의 조건절 대용)

핵심 06   otherwise, or, or else의 조건절 대용 표현

otherwise, or, or else → '그렇지 않으면, 그렇지 않았다면'

예) She hurried up; otherwise, she would have been late for the play.
= If she had not hurried up
그녀는 서둘렀다; 그렇지 않았다면, 그녀는 그 연극에 늦고 말았을 텐데….

핵심 07   but (that) 가정법

but (that) 가정법 → '만일 ~가 아니라면 / 아니었다면' : 문두·문미 등장 가능

> But (that) + 직설법 동사 = 의미만 if ~ not[= unless] + 직설법 동사

예) I would have been married to her but she was poor then.
    = 가정법 과거완료 주절   = 직설법 과거
나는 그녀와 결혼했을 텐데… 만약 그녀가 그때 부자였다면.

➕ But that 가정법은 직설법 동사를 수반한다는 점을 명심할 것
    but that 대신에 if ~ not으로 바꾸고 문제에 접근하는 것이 중요

✔ 주관식   레벨 UP

※ 다음 빈칸에 알맞은 것을 쓰시오. (01 ~ 11)

01
> As I am not rich, I _____ the luxury car. (직설법)
> = If I were rich, I could buy the luxury car. (가정법 과거)

[해석] 내가 부자가 아니라서 나는 그 차를 살 수 없다. (직설법 현재)
    내가 부자라면 그 멋진 차를 살 수 있을 텐데. (가정법 과거)

[정답] can't buy

02
> As I didn't pass the exam last year, I was through with her. (직설법)
> = If I _____ the exam last year, I would not have been through with her. (가정법 과거완료)

해석 내가 작년에 시험에 불합격해서 그녀와 헤어졌다. (직설법 과거)
만약에 내가 작년에 시험에 합격했다면, 나는 그녀와 헤어지지 않았을 텐데. (가정법 과거완료)

정답 had passed

03
> If I had passed the exam last year, I _____ with her now.
> (조건절 : 가정법 과거완료)　　　(주절 : 가정법 과거)

해석 내가 작년에 시험에 합격하지 못해서, 나는 지금 그녀와 함께하지 못하고 있다.
내가 작년에 합격했다면, 난 지금 그녀와 함께하고 있을 텐데.
(가정법 과거완료 + 가정법 과거)

정답 would be

04
> If I _____ much money now, I could buy the mansion.

해석 만약에 내가 지금 많은 돈이 있다면, 나는 그 저택을 살 수 있을 텐데.

정답 had

05
> If I _____ her yesterday, I would have transmitted a letter by hand.

해석 내가 어제 그녀를 만났다면, 편지를 손수 전해 주었을 텐데.

정답 had met

06 다음 빈칸에 알맞은 정답을 차례로 쓰시오.

① I wish (that) I _____ rich. (be동사)
"내가 부자라면 얼마나 좋을까!"

② I wish (that) I _____ rich when young. (be동사)
"내가 어렸을 때 부자였다면 얼마나 좋을까!"

③ I wish (that) I _____ the work completely. (do동사)
"내가 완전하게 그 일을 했다면 얼마나 좋을까!"

④ I wish (that) I _____ much money when I was married. (have동사)
"내가 결혼할 때 많은 돈이 있었다면 얼마나 좋을까!"

⑤ I wish (that) I _____ a mistake before her. (make동사)
"내가 그녀 앞에서 실수를 하지 않았다면 얼마나 좋을까!"

정답 ① were ② had been ③ had done ④ had had ⑤ had not made

07 "산소가 없다면 모든 생물은 사라지고 말텐데......."의 올바른 영역은?

If it were not for oxygen, all the animals would disappear.
= If there were _____, all the animals would disappear.

정답 no oxygen

08 "그들의 도움이 없었다면, 나는 사업을 성공하지 못했을 텐데......."의 올바른 영역은?

If there hadn't been their help, I _____ in the business.

정답 wouldn't have succeeded

09 "그는 마치 그 사실을 알고 있는 것처럼 말한다."의 올바른 영역은?

He talks as if he _____ the fact.

정답 knew

10 "지금이야말로 당신이 잠자리에 들어야 할 시간이다."의 올바른 영역은?

It's time you should go to bed. = It's about time you _____ to bed.

정답 went

11 "차라리 당신이 거기에 가지 않았더라면 좋을 텐데......."의 올바른 영역은? (현재 입장에서 과거의 사실을 아쉬움으로 표현)

I'd rather you _____ there.

정답 hadn't gone

※ 다음 괄호 안에 맞는 답을 찾아 쓰시오. (12 ~ 18)

12 If I had known her address, I [would write / would have written] to her that day.

해석 만약에 내가 그녀의 주소를 알았더라면, 나는 그날 그녀에게 편지를 썼을 텐데…….
해설 가정법 과거완료의 주절을 완성하는 문제이다.

정답 would have written

13 If I [were / were to] be born again, I would be a sailor again.

해석 내가 다시 태어난다면, 나는 다시 선원이 될 것이다.
해설 가정법 미래의 순수가정 구문이다.

정답 were to

14 If I [went / had gone] to the party last night, I would be tired now.

해석 만약에 지난밤에 파티에 갔더라면, 나는 지금 피곤할 텐데.
해설 혼합가정법(과거의 사실에 의해 현재까지의 여파)을 완성하는 구문이다.

정답 had gone

15 In 1642, a war [broke / has broken] out between the Parliament and the king.

해석 1642년에 의회와 왕 사이에 한 차례 전쟁이 있었다.
해설 In 1642는 과거표시 부사구이다. 따라서 과거동사를 쓴다.

정답 broke

16 The first ship [passed / had passed] through the Canal in 1914.

해석 1914년에 첫 번째 배가 그 운하를 통과해 지나갔다.
해설 in 1914는 과거표시 부사구이다.

정답 passed

17

It is natural that she [should / would] say so.

해석 그녀가 그렇게 말하는 것도 당연하다.
해설 natural은 이성판단 형용사이므로 that절속에 (should) 동사원형을 사용한다.

정답 should

18

She felt that if he could sleep in the boat, he would [want / have wanted] to go to bed at night.

해석 만약에 그가 보트에서 잠을 잘 수만 있다면, 그는 밤에 잠자러 가기를 원할 것이라고 그녀는 느꼈다.
해설 that절속에 가정법 과거의 구문을 완성하는 문제이다.

정답 want

※ 다음 문장이 어법상 옳은지 고르시오. (19 ~ 21)

19 Two adults apologized for going to sleep in church, promising it would never happen again.
[O / ×]

해석 2명의 어른들이 교회에서 잠을 잔 것 때문에 사과를 했다, 그리고 다시는 결코 그런 일이 일어나지 않도록 하겠다고 약속을 하였다.
해설 기준 시제가 과거의 사실(apologized)이므로 과거에서 바라본 미래의 사실(would never happen)이 적절하다.

정답 O

20 Until ten years ago, Internet was actually private field for the scientists and university students. [O / ×]

해석 10년 전까지만 해도, 인터넷은 사실상 과학자들과 대학생들만의 사적인 분야였다.
해설 '10년 전까지'라는 어구를 볼 때, 대과거의 사실을 묻는 문제이다. 따라서 was가 had been으로 수정되어야 한다.

정답 ×

21 If you had studied English when in school, you could speak English well now.
[O / ×]

해석 만약에 학교 다닐 때 영어를 공부했더라면, 당신은 영어를 지금 잘 할 수 있을 것이다.
해설 혼합가정법(가정법 과거완료의 조건절, 가정법 과거의 주절)의 구문이다.

정답 O

제5장 간접의문문 & 부가의문문

핵심 01 간접의문문(의문종속절) : 의문사 + 주어 + 동사 어순

명사절로 어순은 의문사 + S_2 + V_2 어순 / 의문대명사(주어) + 동사 + 목적어, 보어 어순

(1) 의문사가 없을 때는 if 또는 whether로 연결한다.

   Do you know? + Is she in the office?
   → Do you know if(= whether) she is in the office? (if, whether 모두 가능)
   → Do you know whether she is in the office or not? (whether만 가능)
      당신은 그녀가 사무실에 있는지 어떤지 알고 있는가?

(2) 의문사가 있을 때는 의문사를 직접 이용하여 연결한다.

   • Do you know? + What is it?
   → Do you know what it is? 당신은 그것이 무엇인지 알고 있는가?
   • Do you think? + What is it?
   → Do you think what it is? (×)
   → What do you think it is? (○) 당신은 그것이 무엇이라고 생각하는가?

   ❋ 의문사를 문두에 두는 동사 : 일명 사고(판단) 동사가 개입되면 의문사는 문두에 둔다.
   → think, guess, suppose, imagine, believe, say 등

(3) 의문대명사가 주어이면 동사를 뒤에 바로 쓴다.

   • Do you know? + Who broke the window?
   → Do you know who broke the window? 당신은 누가 창문을 깼는지 알고 있는가?
   • Do you think? Who broke the window?
   → Who do you think broke the window? 당신은 누가 창문을 깼다고 생각하는가?

(4) 의문대명사가 보어이면 자리를 바꾸는 것도 가능하다.

   • Do you know? + Who is the best singer now?
   → Do you know who the best singer is now?

→ Do you know who is the best singer now?
당신은 현재 누가 최고의 가수라고 알고 있는가?

• Do you think? Who is the best singer now?

→ Who do you think is the best singer now?

→ Who do you think the best singer is now?
당신은 현재 누가 최고의 가수라고 생각하는가?

핵심 02 부가의문문(tag questions)

문장의 끝에 붙이는 의문문으로 일명 꼬리의문문이라고도 한다. 긍정은 부정으로 받고, 부정은 긍정으로 받으며, 단축형의 조동사, be동사, do동사를 이용하고 주어는 대명사로 받는다.

(1) 긍정문을 부정으로 받는다.

[예] He is honest, isn't he? 그는 정직하다, 그렇지?
[예] He can dance well, can't he? 그는 춤을 잘 춘다, 그렇지?
[예] She made a mistake, didn't she? 그녀는 실수를 했다, 그렇지?
[예] She has been single, hasn't she? 그녀는 독신이지, 그렇지?

(2) 부정문은 긍정으로 받는다.

[예] He isn't tall, is he? 그는 키가 크지 않다, 그렇지?
[예] He can't speak French, can he? 그는 불어를 말하지 못하지, 그렇지?
[예] She didn't pass the exam, did she? 그녀는 시험에 합격하지 못했다, 그렇지?
[예] She hasn't finished it, has she? 그녀는 그것을 마치지 못했다, 그렇지?

(3) There + S 구문은 there로 받는다.

[예] There are many kinds of birds in the area, aren't there?
이 지역에는 다양한 종류의 새들이 있다, 맞지?

(4) 명령문은 긍정, 부정 모두 will you?로 받는다.

[예] Do it at once, will you? 즉시 해라, 알았지?
[예] Don't do that, will you? 그것을 하지 마라, 알았지?

(5) 제안 명령문은 Let's로 시작하며 shall we?로 받는다.
　　예 Let's dance, shall we? 같이 춤을 춥시다, 좋지요?

(6) 긍정의 답을 기대하는 청유형 명령문은 won't you?로 받는다.
　　예 (Would you) Have a cup of coffee, won't you? 커피 한 잔 하시죠, 예?

(7) 중문(compound sentence)은 근접한 오른쪽의 주절에 맞춘다.
　　예 He is very busy, and he doesn't want to come here, does he?
　　　 그는 무척이나 바쁘다, 그리고 그는 여기로 오기를 원치 않는다, 그렇지?

(8) 복문(complex sentence)은 주절의 주어와 동사에 맞춘다.
　　예 She has no time because she has taken the position, does she?
　　　 그녀는 그 직책을 떠맡았기 때문에 시간이 없다, 그렇지?

(9) 복문이라도 that절이 목적어이면 that절 안의 주어와 동사에 맞추고 긍정과 부정은 주절의 동사와 반대로 하며, 만약에 that절 속에 주어가 사물이면 다시 주절의 주어와 동사에 일치시킨다.
　　예 I think that she is honest, isn't she?
　　　 나는 그녀가 정직하다고 생각합니다, 그렇지요?
　　예 I don't think that she is honest, is she?
　　　 나는 그녀가 정직하다고 생각하지 않습니다. 그렇지요?
　　예 You would never believe that some of the things can be wrong, would you?
　　　 어떤 일들은 잘못될 수도 있다는 것을 너는 절대로 믿지 않으려 하는구나, 그렇지?

✅ 주관식 레벨 UP ↑

01 다음 두 문장을 연결하시오.

> Do you know? + When did he come back yesterday?

해석 당신은 그가 언제 돌아왔는지 알고 있는가?
해설 의문사가 있으면 의문사를 그대로 접속사로 활용하여 간접의문문을 만든다.

정답 Do you know when he came back yesterday?

02 다음 두 문장을 연결하시오.

> Do you know? + Is he sick?

해석 당신은 그가 아픈지, 어떤지 알고 있는가?
해설 의문사가 없으면 if(= whether)를 접속사로 이용해 간접의문문을 만든다.

정답 Do you know whether(= if) he is sick?

03 다음 두 문장을 연결하시오.

> Do you think? + When will she come back home?

해석 당신은 그녀가 언제 돌아올 것이라고 생각하는가?
해설 의문사가 있으면 사고(판단) 동사의 의문문에서는 의문사를 문두에 둔다.

정답 When do you think she will come back home?

04 다음 두 문장을 연결하시오.

> Do you know? + Who made her angry?

해석 당신은 그녀가 왜 화가 났는지 알고 있는가?
해설 의문대명사가 주어일 때는 바로 이어서 동사를 등장시킨다.

정답 Do you know who made her angry?

05 다음 두 문장을 연결하시오.

> Do you think? + What made him happy?

해석 당신은 무엇이 그를 행복하게 만들었다고 생각하는가?
해설 사고(판단) 동사의 의문문이므로 의문대명사는 문두에 위치하고 동사 이하를 그대로 간접의문문으로 연결한다.

정답 What do you think made him happy?

06 다음 두 문장을 연결하시오.

> Do you know? + Who is the best runner in the world?

해석 너는 세계에서 제일 빠른 사람이 누구인지 아는가?
해설 주어와 주격 보어는 결국 같은 것이므로 be동사 뒤에 있거나 앞에 있거나 가능하다.

정답 Do you know who is the best runner in the world?
= Do you know who the best runner is in the world?

07 다음 빈칸에 알맞은 부가의문문을 쓰시오.

> There are many issues to be resolved in the modern society, _____?

해석 현대 사회에는 해결해야 할 많은 문제들이 있습니다, 그렇지요?
해설 There is/are 구문은 대명사 주어 대신에 유도부사 there를 그대로 이용한다.

정답 aren't there

08 다음 빈칸에 알맞은 부가의문문을 쓰시오.

> I think that he is very tall, _____?

해석 나는 그가 무척 키가 크다고 생각합니다. 그렇지요?
해설 주어 + 동사 that절의 부가의문문은 that절 속의 주어와 동사(is)를 이용하되 긍정, 부정의 선택은 주절의 동사(think)와 반대로 한다.

정답 isn't he

09 다음 빈칸에 알맞은 부가의문문을 쓰시오.

> He is very handsome and he works hard to succeed in the business, _____?

해석 그는 무척 잘 생겼고, 사업에 성공을 위해서 열심히 노력하네요, 그렇지요?
해설 단문 and 단문의 구조에서는 부가의문문에 가까운 문장(오른쪽 단문)을 선택하여 부가의문문을 만든다.

정답 doesn't he

10 다음 빈칸에 알맞은 부가의문문을 쓰시오.

> He ought not to make a mistake before the boss again, _____?

해석 그는 사장 앞에서 다시는 실수를 해서는 안 됩니다. 그렇지요?
해설 ought to = should이고 긍정은 부정으로 부정은 긍정으로 답한다.

정답 should he

제 6 장 | 조동사

핵심 01 should의 출제 포인트(당위성, 미래지향성) 중요 ★★★

(1) 주장, 요구, 명령, 제안, 권고, 추천, 동의, 결정 동사 뒤의 that절은 (should) + R / not + R / be + p.p / not be + p.p를 쓴다. (should는 생략 가능)

• insist	• suggest	• propose	• order	• recommend
• advise	• decide	• move	• demand	• agree

[예] He insisted that such an old law (should) be abolished in this session.
그는 그러한 낡은 법안은 이번 회기에 폐지시켜야만 한다고 주장했다.

> **주의** 이러한 원리의 적용은 당위적 개념과 미래지향적 의미를 가지는 문장에서는 가능하지만, 분명한 과거의 사실은 과거를 쓰고, 분명한 현재의 사실은 현재 동사를 사용해야 한다.

(2) 이성적, 감성적 판단 형용사 뒤의 that절은 should + R을 쓴다. (should는 생략 가능)

• essential	• imperative	• necessary	• natural	• certain	• important
• proper	• rational	• reasonable	• regrettable	• strange	• odd
• surprising	• absurd	• fortunate	• curious	• a pity 등	

[예] It is a pity that he should be late in meeting again.
그가 다시 회의에 늦다니 유감이다.
[예] It is essential that you should attend the class on time.
당신은 정각에 수업에 참석하는 것이 필요하다.

핵심 02 can의 출제 포인트

(1) 추측(부정문, 의문문)

① The rumor can not be true. (~일 리가 없다) ↔ must be(~임에 틀림없다)

② She can't have been sick. (~이었을 리가 없다 : 과거사실에 대한 부정적 추측)
그녀는 아팠을 리가 없다. ↔ must have + p.p. (~이었음에 틀림없다)

(2) 관용표현

① S가 아무리 … 해도 지나치지 않다 = can't ~ too (much)…
   예 We cannot too careful about our health.
   우리는 아무리 건강에 주의를 해도 지나치지 않다.

② ~하지 않을 수 없다(~할 수 밖에 없다) 중요 ★
   = can't help ~ ing = can't avoid(resist) ~ ing
   = have no choice but to + R
   = have no alternative but to + R
   = there is nothing for it but to + R
   = can not but + R
   = can not choose but + R
   = can not help but + R
   예 He couldn't help falling in love with her.
   그는 그녀와 사랑에 빠질 수밖에 없었다.

③ ~하기만 하면 반드시 … 하게 된다 중요 ★★
   = can't + R ~ but (that) S + V …
   = 부정어 ~ without …
   예 They can't meet but that they quarrel.
   = They never meet without quarreling.
   그들은 만나기만 하면 반드시 싸운다.

핵심 03 | may의 출제 포인트

① **may well + R** : ~하는 것이 당연하다(= It is natural that~)(= no wonder that~)
  예) She may well be proud of her son, the gold-medalist in the Olympic games.
    그녀가 올림픽 경기의 금메달리스트인 그녀의 아들을 자랑스러워하는 것이 당연하다.
② **may as well + R** : ~하는 것이 더 낫다(= had better + R)(= would do well to + R)
  예) You may as well stay at home at this weather.
    당신은 이런 날씨에 집에 머무는 것이 더 낫다.
③ **may(= might) as well A(R) as B(R)** : B하기보다는 차라리 A하는 편이 낫다.
  (= A rather than B)
  예) I may as well die rather than live such as a pig or a dog.
    나는 개나 돼지처럼 사느니 차라리 죽는 게 더 낫다.

핵심 04 | must의 출제 포인트

① **must + be** : ~이어야만 한다, ~임에 틀림없다 ↔ can not be : ~일 리가 없다
② **must not + R(금지)** : ~해서는 안 된다 may not + R(불허가) : ~해서는 안 된다
③ **don't have to + R(불필요)** : ~할 필요가 없다 (중요) ★
  = don't need to + R = need not + R = have not to + R
④ **must have + p.p.** : ~했음에 틀림없다 (과거사실에 대한 강한 긍정적 추측)
  ↔ can not have + p.p. : ~했을 리가 없다 (과거사실에 대한 강한 부정적 추측)
  예) It must have rained at night since the earth is wet in the morning.
    아침에 땅이 축축한 걸 보아하니 밤에 비가 내렸음에 틀림이 없다.
  예) He can't have finished the homework in that he is always lazy.
    그가 평상시에 게으른 것을 보아하니 그가 숙제를 마쳤을 리가 없다.

핵심 05 조동사 + have + p.p.의 정리 ★★

조동사 + have + p.p. : 현재의 입장에서 과거의 일을 기술하는 방식이다.

① 과거사실의 후회, 유감, 비난(~했어야만 했는데 하지 않았다)
  예 You should(= ought to) have attended the meeting.
     당신은 그 모임에 참석했어야만 했는데….
② 과거사실의 부정적 추측(~했을 리가 없다)
  예 He cannot have made a mistake.
     그는 실수를 저질렀을 리가 없다.
③ 과거사실의 단순 추측(~이었을지도 모른다. : 과거사실에 대한 단순 추측)
  예 She may have been left for New York.
     그녀는 뉴욕으로 떠났을지도 모른다.
④ 과거사실의 긍정적 추측(~이었음에 틀림없다)
  예 He must have done such a good thing as he is always honest.
     그는 항상 정직하기 때문에 그런 착한 일을 했음에 틀림이 없다.
⑤ 과거사실에 대한 불필요(~할 필요가 없었는데 했다)
  예 I need not have worried about you.
     나는 당신에 관해서 걱정을 할 필요가 없었는데(하고 말았다).
⑥ 과거사실에 대한 불확실한(완곡한) 추측(희박한 가능성)
  예 He might have been there then. 그가 그때 당시에 거기에 있었을지도 모른다.

주관식 레벨 UP

※ 다음 문장에서 맞는 답을 고르시오. (01 ~ 10)

01   It [must / may] have rained during the night, for the road is wet.

해석 도로가 축축한 걸 보니 밤새 비가 내렸음에 틀림이 없다.
해설 must have p.p의 의미는 과거사실에 대한 확정적, 단정적, 긍정적 의미를 나타낸다. may have p.p는 과거사실에 대한 단순한 추측을 의미한다. 'the road is wet.'의 의미는 현재의 분명한 사실이다.

정답 must

02 He [would / will] often go swimming in the river while he was in the country.

해석 그는 시골에 머무는 동안 종종 강으로 수영을 가곤 했다.
해설 '동사와 동사는 시제를 일치하도록 한다(동동시제)'는 원칙에 따라서 while 이하의 동사가 was이므로 would가 적절하다.

정답 would

03 I really [should / must] have written to you several weeks ago, but I've been terribly busy.

해석 나는 사실 몇 주 전에 당신에게 편지를 썼어야만 했는데, 하지만 나는 몹시 바빴다.
해설 should have p.p는 '~했어야만 했는데.......' 과거사실에 대한 후회, 유감, 비난이고 must have p.p는 '~했음에 틀림이 없다.' 과거사실에 대한 단정적, 확정적 추측이다.

정답 should

04 We [can / may] not be too careful about our health.

해석 우리는 우리의 건강에 대해서 아무리 주의해도 지나치지 않다.
해설 can't ~ too........는 '아무리 ~해도 지나치지 않다.'라는 표현이다.

정답 can

05 It is natural that she [should / would] say so.

해석 그녀가 그렇게 말하는 것도 당연하다.
해설 It + be + 이성판단 형용사(natural) + that절 속에는 (should) + 동사원형이다.

정답 should

06 He [may / can] have said so, for he knew nothing whatever about it.

해석 그는 그렇게 말했을지도 모른다, 왜냐하면 그는 그것에 대해 아무것도 모르고 있었기 때문이다.
해설 may have p.p ~는 '~였을(했을)지도 모른다.'이다.

정답 may

07

I regret having paid little attention to him. In other words, I should [pay / have paid] more attention to him.

해석 나는 그에게 관심을 갖지 못한 것에 대해서 후회한다. 달리 말하면, 나는 그에게 더 많은 관심을 가져야만 했다.
해설 should have + p.p ~는 '~했어야만 했는데…….', 과거사실에 대한 후회, 유감, 비난이다.

정답 have paid

08

Last week, someone left a briefcase full of money. I didn't count it, but there must [have been / be] at least $10,000.

해석 지난주에 누군가 돈이 가득 든 서류 가방을 남겨 두었다. 나는 그것을 세어 보지 않았지만, 적어도 10000달러가 있었음에 틀림이 없다.
해설 must have + p.p ~는 '~했음에 틀림이 없다.', 과거 사실에 대한 단정적 추측이다.

정답 have been

09

Then I started to cough. I think I should [quit / have quit] smoking earlier.

해석 그때, 나는 기침을 시작했다. 나는 좀 더 일찍 담배를 끊었어야만 했다는 생각이 든다.
해설 should have + p.p ~는 '~했어야만 했는데…….', 과거 사실에 대한 후회, 유감, 비난이다.

정답 have quit

10

Those victims of education should [receive / have received] training to develop creative talents while in school. It really is a pity that they did not.

해석 교육에 관련한 희생자들은 학교에 머무는 동안 창의적 재능을 개발하도록 훈련을 받아야만 했었다. 그들이 그렇지 못했던 것은 진정으로 유감스럽다.
해설 should have + p.p ~는 '~했어야만 했는데', 과거 사실에 대한 후회, 유감, 비난이다.

정답 have received

제7장 수동태

동사가 지니는 특성 중에서 태(voice)는 능동(= active voice)과 수동(= passive voice)으로 나누어진다. 수동태를 쓰는 목적은 대략 크게 3가지의 기준에 따른다. 행위자가 불분명할 때, 행위자가 일반주어라서 굳이 밝힐 필요가 없을 때, 목적어를 강조하여 문장의 강조를 두고자 할 때로 나눌 수 있다. 수동으로 표현하는 방식은 단순형(기본형), 완료형, 진행형으로 나눌 수 있다.

예) Thousands of millions of soldiers were killed in this war.
　　수천, 수백 만 명의 군인들이 이 전쟁으로 전사하였다.
예) It is said that man is mortal.
　　사람은 언젠가 죽게 마련이라고들 한다.
예) The captain of this ship has been respected because of his bravery.
　　이 배의 선장은 그의 용맹으로 존경받아왔다.
예) We are being waited on by another waitress.
　　우리는 다른 웨이트리스한테 시중을 받고 있는 중이다.

핵심 01　감정동사의 수동태 (중요) ★

감정동사는 타동사(vt)로서 감정의 주체가 사람으로 등장하는 문장은 반드시 감정의 동기부여(motive)를 받았을 때 그 감정이 진행되는 의미를 가지게 된다. 따라서 수동적 의미(p.p.)가 늘 함께하는 문장이 만들어진다. 다시 말해 감정을 가지고 느끼는 대상(사람)은 과거분사와, 감정을 유발하는 대상(사물)은 현재분사와 논리적으로 연결된다.

| 사람주어
(감정느낌) | + | be | + | interested
(흥미로운)
embarrassed
(당혹스런)
shocked
(충격을 받은) | amused
(재미있는)
surprised
(놀란)
bored
(지루한) | excited
(흥분한)
startled
(놀란) | thrilled
(오싹한)
satisfied
(만족한) |

> 사물주어(감정유발) + be + interesting / amusing / boring / exciting / surprising 등

예) As the lecture was interesting she was very interested in class yesterday.
그녀는 어제 강의가 흥미로워서 그녀는 어제 수업시간에 무척 재미있었다.

핵심 02   지각동사, 사역동사의 수동태

예) I saw him enter the room through the window.
= He was seen to enter the room through the window by me.
그는 창문을 통해서 방으로 들어가다가 나한테 목격당했다.

예) I saw him entering the room through the window.
= He was seen entering the room through the window by me.

예) I made him clean the office just now.
= He was made to clean the office just now.
그는 방금 전에 나한테 사무실을 청소하도록 지시받았다.

예) I had the dentist pull my tooth yesterday.
= The dentist was had to pull my tooth yesterday. (×)
= The dentist was asked to pull my tooth yesterday. (○)
나는 치과의사에게 나의 치아를 뽑아달라고 말씀을 드렸다.

핵심 03   5형식 문장의 수동태(목적어 - 목적격 보어 : Nexus의 수동관계)

예) She had her hair cut at the beauty shop. (her hair - cut)
그녀는 미용실에서 머리를 깎았다.

예) She had her picture taken at the photographer's. (her picture - taken)
그녀는 사진관에서 그녀의 사진을 찍었다.

예) She found her purse disappeared in the train. (×) (자동사의 p.p)
그녀는 기차 안에서 그녀의 지갑이 사라진 것을 알았다.

예 She made her secretary look into the materials. (○)
　그녀는 그녀의 비서에게 그 자료들을 조사해 보도록 시켰다.
　= She made the materials looked into by her secretary. (○)
　　✪ 자동사라도 전치사의 목적어를 수동의 주어로 하는 수동태는 가능하다.
예 She found her purse stolen on the street. (○) (타동사의 p.p)
　그녀는 그녀의 지갑이 거리에서 도난당한 것을 알았다.

핵심 04　자동사 + 전치사 = 타동사 기능 ★★

- laugh at 비웃다
- look after 돌보다
- speak to ~에게 말을 걸다
- look for 찾다
- deal with 다루다
- yell at ~에 소리를 지르다
- agree on 합의를 하다
- wait on 시중을 들다
- rely on 의존하다, 신뢰하다 등

예 She laughed at the man at the meeting. 그녀는 회의 중에 그 남자를 비웃었다.
　= The man was laughed at the meeting. (×)
　= The man was laughed at at the meeting. (○)
　　그 남자는 그녀로부터 비웃음을 샀다.

핵심 05　복문의 수동태 : 주어 + 동사 + that절(목적어) ★★★

주어 + 타동사 + that절 + S + V + O. : 일반주어가 say, think, believe 등과 만나면 주로 수동태의 문장으로 표현한다.
= It + be + p.p + that절 + S + V + O. : 주절의 동사를 수동태로 전환
= S + be + p.p + to + R + O. : that절 내에 주어를 주절의 주어로 한 수동태

예 People say that she was a beauty at one time.
　= It is said that she was a beauty at one time.
　= She is said to have been a beauty at one time.
　　사람들은 그녀가 한때 미인이었다고들 말한다.

예) They believe that he was killed in the Korean War.
= It is said that he was killed in the Korean War.
= He is said to have been killed in the Korean War.
그는 한국전쟁 당시에 전사한 것이라고들 말한다.

핵심 06 부정주어가 주어인 문장의 수동태

예) Anyone doesn't believe the fact. (×)
Any는 긍정문의 주어로 쓸 수는 있으나 부정문의 주어는 쓸 수 없다.
예) No one believes the fact. (○)
어느 누구도 그 사실을 믿지 않는다.
예) Nobody believes the fact. (○)
어느 누구도 그 사실을 믿지 않는다.
예) The fact is believed by nobody. (×)
  ✪ by nobody의 표현은 영어에 존재하지 않는다.
예) The fact is not believed by anybody. (○)
  ✪ not ~ by anybody로 풀어써야만 가능하다.

주관식 레벨 UP

※ 다음 밑줄 친 부분에 알맞은 전치사를 써 넣으시오. (01 ~ 06)

01 I was caught _____ a shower. 나는 소나기를 만났다.

해설 be caught in ~을 만나다

정답 in

02 I was surprised _____ the result. 나는 그 결과에 놀랐다.

해설 be surprised at ~에 놀라다

정답 at

03 The mountains are covered _____ snow. 산들은 눈으로 덮여있다.

해설 be covered with ~으로 덮여있다

정답 with

04 The news was not known _____ them. 그 소식은 그들에게 알려지지 않았다.

해설 be known to ~에게 알려지다

정답 to

05 A man is known ____ the company he keeps. 사람은 그의 친구를 보면 알 수가 있다.

해설 be known by ~에 의해서 식별되다, 판별되다

정답 by

06 She was married _____ a foreigner. 그녀는 외국인과 결혼했다.

해설 be married to ~와 결혼하다

정답 to

※ 다음 문장에서 틀린 부분을 바르게 고치시오. (07 ~ 15)

07 Let your children be not overprotected.

해석 당신의 아이들이 과잉보호되도록 하지 마라.
해설 부정 명령문의 수동태 : let + 목적어 + not + be + p.p 어순이다.

정답 not be

08
It is not believed by nobody.

해석 그것을 어느 누구도 믿지 않는다.
해설 by nobody라는 표현은 불가하며 not by anybody로 풀어써야 한다.

정답 anybody

09
Chairman was elected me by them.

해석 나는 그들에 의해 의장으로 선출되었다.
해설 내가 의장으로 선출되는 것이지 의장이 나로 선출되지는 않는다.

정답 I was elected chairman by them.

10
He was seen enter the room by me.

해석 그는 방으로 들어가다가 나한테 목격당했다.
해설 지각동사의 수동태 be seen to + R / V + ing로 쓴다.

정답 to enter

11
The patient was taken good care of the nurse.

해석 그 환자는 간호사에 의해서 잘 돌보아졌다.
해설 take good care of ~을 돌보다 '동사구의 수동태'

정답 taken good care of by

12

He is said that he failed in the exam.

해석 그가 시험에 실패했다고들 말한다.
해설 "People say that he failed in the exam."을 수동태로 전환한다.
= It is said that he failed in the exam.
= He is said to have failed in the exam.

정답 to have failed

13

I am interested by music.

해석 나는 음악에 관심이 있다.
해설 be interested in ~에 흥미를 가지다

정답 in

14

By who was this machine invented?

해석 누구에 의해서 이 기계가 발명되었는가?
해설 by whom was this machine invented?

정답 whom

15

Everybody is called Tom a genius, but he doesn't like to so be called.

해석 모든 사람들은 탐을 천재라고 부른다. 하지만 그는 그렇게 불리는 것을 좋아하지 않는다.
해설 목적어와 목적격 보어를 가지는 불완전 타동사를 선택한다. be so called의 어순이 적절하다. so라는 부사는 be와 p.p 사이에 써야 한다.

정답 calls / be so called

※ 의미가 같도록 다음 밑줄 친 부분에 알맞은 말을 써 넣으시오. (16 ~ 20)

16

Who wrote the letter?
= By _____ _____ the letter _____?

해석 누구에 의해서 편지가 쓰여졌는가?
해설 The letter was written by whom. (평서문 어순)
= By whom was the letter written? (의문문 어순)

정답 whom was / written

17

They say that Tom is honest.
= Tom is said _____ _____ honest.

해석 그들은 탐이 정직하다고들 말한다.
해설 동사 say와 is가 시제가 같으므로 단순 부정사를 사용한다.

정답 to be

18

I had my money stolen.
= My money _____ _____.

해석 나는 나의 돈을 도난당했다.
해설 사물주어 be + stolen / have + 사물 + stolen

정답 was stolen

19

Nobody believes that she was innocent.
= It is _____ believed by _____ that she was innocent.
= She is _____ believed _____ ____ _____ innocent by _____.

해석 어느 누구도 그녀가 무고했다는 사실을 믿지 않는다.
해설 That she was innocent is believed by nobody.
　　= It is not believed by anybody that she was innocent.
　　= She is not believed to have been innocent by anybody.

정답 not / anybody / not / to have been / anybody

20

She dressed herself for the farewell party.
= She _____ _____ for the farewell party.

해석 그녀는 송별회를 위해서 옷을 입었다.
해설 dress oneself ~을 차려입다. 재귀목적어를 쓰는 동사

정답 was dressed

제8장 부정사

준동사의 하나로서 절(clause)의 개념을 구(phrase)의 개념으로 줄여 쓴 경우에 만들어지는 형태로 명사, 형용사, 부사의 기능을 수행한다.

핵심 01 단순 부정사 만드는 법

(1) 일반동사

　예) He wants to pass the exam. : 단순 부정사
　　그는 시험에 합격하기를 원한다.
　　　✪ 단순 부정사 : 같은 시제 또는 미래의 동작이나 상태를 뜻함
　예) He is said to have passed the exam last year. : 완료 부정사
　　그가 작년에 시험에 합격했다고들 한다.
　　　✪ 완료 부정사 : 먼저 발생한 동작이나 상태를 뜻함

(2) be동사

　예) It seems that he is sick. 그는 아픈 것 같다.
　　= He seems to be sick.
　예) It seems that he was sick. 그는 아팠던 것 같다.
　　= He seems to have been sick.

(3) do동사

　예) He wants to do his best at the job. 그는 그 일에 최선을 다하고 싶어 한다.

　　▣ 수동과의 만남
　예) People say that he has done the laborious work.
　　사람들은 그가 힘든 일을 해본 적이 있다고 말한다.
　　= It is said that he has done the laborious work.
　　= He is said to have done the laborious work.

(4) have동사

예) People say that she has an invaluable china.
사람들은 그녀가 아주 귀중한 도자기를 하나 가지고 있다고 말합니다.
= It is said that she has an invaluable china.
= She is said to have an invaluable china.

핵심 02 to-부정사도 명사구에 속한다.

(1) 주어 자리에
예) To see is to believe. 백문이 불여일견이다(보는 것이 믿는 것이다).

(2) 목적어 자리에(타동사 뒤에)
예) I want to see the doctor this afternoon. 나는 오늘 오후에 진찰받고 싶다.

(3) 보어 자리에
예) His dream is to become a lawyer. 그의 꿈은 변호사가 되는 것이다.

(4) 완료형(to have p.p)
예) He seems to have been sick. 그가 아팠던 것처럼 보인다.

(5) 수동형(to be p.p)
예) He seems to be appointed prime minister. 그가 수상에 지명될 것 같다.

핵심 03 to-부정사는 형용사처럼, 부사처럼 쓰이기도 한다.

(1) 명사(구) 뒤
예) He got the plan to finish the mission then.
그는 그때 당시에 임무를 마칠 수 있는 계획을 가지고 있었다.
✪ the plan을 to finish 이하가 수식 (~할 수 있는)

(2) 대명사 뒤

예 He has <u>something</u> <u>to drink now</u>.
　그는 지금 마실 수 있는 것을 가지고 있다.
- something을 to drink 이하가 수식 (~할 수 있는)

(3) be동사 뒤

예 He is to build a silver town.
　그는 실버타운을 건설할 예정이다.
- be동사 뒤에 to-부정사가 be동사와 함께 '예정, 의무(당연), 가능, 운명, 의도(소망)' 등의 의미를 가지면 형용사 역할을 하는 서술적 기능이다.

(4) to-부정사가 명사나 형용사 기능이 아니면 부사 기능으로 쓰이는 것이다. 이때 의미로는 '목적, 결과, 이유 / 원인, 정도, 판단의 근거 / 형용사, 부사 뒤 수식'의 경우를 가진다.

예 To pass the exam, you should study hard every day.
　시험에 합격하려면, 너는 매일 열심히 공부해야만 한다.

핵심 04　to-부정사가 목적어로 사용되는 타동사 중요 ★

- want 원하다
- plan 계획하다
- decide 결정하다
- expect 기대하다
- refuse 거절하다
- manage 그럭저럭 ~하다
- tend ~하는 성향이 있다
- intend ~할 의도(중)이다
- pretend ~인 척 하다
- afford ~할 여유가 있다

예 He managed to support his large family. 그는 자신의 대가족을 그럭저럭 부양해 오고 있다.
예 He can afford to buy the luxury car. 그는 멋진 차를 구매할 여유가 있다.

핵심 05   to-부정사에서 to가 생략되는 경우

to-부정사에서 to가 생략되기도 한다. (원형부정사) (동사원형, 원형동사)

(1) help (to) + R

    예) He helped organize the farewell party yesterday.
        그는 어제 송별회 파티를 준비하는 것을 도왔다.

(2) have + 목적어 + R(원형부정사)

    예) He had me wash the car.
        그는 나더러 차를 세차하라고 했다.

(3) make + 목적어 + R

    예) He made me take wounded soldiers.
        그는 나더러 부상병들을 옮기도록 했다.

(4) see + 목적어 + R / V+ing

    예) He saw the children playing soccer.
        그는 아이들이 축구를 하는 것을 보았다.

(5) hear + 목적어 + p.p

    예) He heard his name called after him.
        그는 자신의 뒤에서 이름이 불리는 소리를 들었다.
        ✪ 목적어와 목적격 보어의 관계(= nexus)는 항상 능동, 수동의 관계를 검증해 본다.

핵심 06   부정사의 의미상 주어

부정사는 동사의 성질을 그대로 가지고 있는데 그 동사의 동작을 하거나, 당하는 문장 속의 어떤 대상을 의미상 주어라 한다.

(1) 주절 주어

    예) I want to go to New York.

(2) 목적어

예 I expect her to succeed.

(3) 형용사 + for + O + to + R

(easy, difficult, hard, dangerous, impossible, convenient 등장)

- It is difficult for me to visit Africa. 내가 아프리카를 방문하기는 어렵다.

(4) 형용사 + of + O

(good, kind, clever, wise, rude, polite, thoughtful, careless, considerate 등장)

- It is kind of you to show me the way. 당신이 나에게 길을 알려주시니 친절하시군요.
  = You are very kind to show me the way.

핵심 07　독립부정사(관용적 표현)

```
not to speak of~　~은 말할 것도 없이
= not to mention~
= let alone~
= to say nothing of~
= still[much] more~ (앞에 긍정문을 받아서)
= still[much] less~ (앞에 부정문을 받아서)
```

예 She can speak French, much more English.
그녀는 프랑스어도 할 수 있다, 하물며 영어는 말할 것도 없다.
She can't dance well, still less sing.
그녀는 춤을 잘 못 춘다, 하물며 노래는 말할 것도 없다.

핵심 08   부정사의 4가지 변화 ★★★

구분	단순형	완료형
능동	to + V	to have + p.p
수동	to be + p.p	to have been + p.p

예 It seems that she is sick. = She seems to be sick.
그녀는 아픈 것처럼 보인다.

예 It seems that she was sick. = She seems to have been sick.
그녀는 아팠던 것처럼 보인다.

예 It is said that she will be elected captain in the team.
= She is said to be elected captain in the team.
그녀는 팀의 주장으로 선출될 것이라고들 말한다.

예 It is believed that she was awarded in Oscar.
= She is believed to have been awarded in Oscar.
그녀가 오스카상을 받은 적이 있다고들 믿는다.

핵심 09   형용사적 부정사

■ 형용사적 부정사(명사, 대명사 뒤에 위치하거나 be + to + R의 의미로 판단)
  예 I have some books to read tonight. (○)
  예 I have a house to live. (×) to live in (○)
  예 Every man is to die some day. (의무, 예정, 운명, 가능, 의도)
    모든 인간은 언젠가 죽게 마련이다.

핵심 10 대부정사(반복되는 부분을 to로만 제시)

[예] You may go there if you want to go there.에서
  = You may go there if you want to.라고 표현하며 to를 절대 생략하지 못한다.

핵심 11 to-부정사의 목적어를 중복해서 사용하지 못함

[예] It is too difficult for me to solve the problem. (○)
  = The problem is too difficult for me to solve. (○)
  = The problem is too difficult for me to solve it. (×)
    그 문제는 너무 어려워서 내가 풀 수 없다.
      ✪ to-부정사의 목적어가 중복되어 사용되어 있다.
[예] The problem is so difficult that I can't solve it. (○)
  = The problem is so difficult that I can't solve. (×)
      ✪ that절 속의 목적어가 빠져있다.

제 9 장 | 동명사

준동사의 하나로서 명사적 기능을 가지고 등장하며 주어, 목적어, 보어의 기능을 수행한다.

핵심 01 동명사 만드는 법

(1) be동사 이용

① 주어 자리
   예) <u>Being</u> is happy. 존재함은 행복하다.

② 전치사의 목적어 자리
   예) I was afraid of <u>being</u> unhappy. 나는 불행해질까봐 두려웠다.

   전치사 of는 unhappy(형용사)를 직접 목적어로 둘 수 없다. of unhappy(×) 왜냐하면 전치사는 반드시 목적어를 가지고 있어야 하기 때문이다. 그래서 unhappy앞에 being이라는 동명사를 목적어로 두고 being의 보어로 형용사 unhappy를 뒤에 세운다. 아주 중요한 영어의 문법이다.

(2) do동사 이용

   예) <u>Doing</u> volunteer work is a happy activity. 자원 봉사를 한다는 것은 행복한 활동이다.
   Doing은 동명사이다. 왜냐하면 주어 역할을 하고 있기 때문이다. 다만 do는 타동사의 성질을 가지고 있어서 volunteer work라는 명사구를 목적어로 뒤에 두고 있는 것이다.

(3) have동사 이용

   예) <u>Having</u> a lover means <u>having</u> a sense of responsibility.
   사랑하는 사람을 가지는 것은 책임감을 가지는 것을 의미한다.
   주어 자리 having은 동명사, 그리고 a lover는 having의 목적어, means는 동사로 단수 취급, 동사 means 뒤에 having은 means의 목적어, a sense of responsibility는 having의 목적어, have는 타동사일 뿐이므로 항상 뒤에 목적어를 가지게 된다.

(4) 일반동사 이용

> 예 Making a mistake is common to people.
> 실수를 하는 것은 사람들에게 흔하다.

(5) 전치사 to 다음에 동명사 중요 ★

> 예 She is looking forward to seeing me.
> 그녀는 나를 만나기를 학수고대하고 있다.
> 예 She is used to living alone in city.
> 그녀는 도시에서 혼자 사는 데 익숙하다.
> 예 What do you say to taking a walk with me?
> 당신 나와 산책하지 않을래요?

핵심 02 동명사와 현재분사 구분

(1) 주어 자리

> 예 Seeing is believing. 백문이 불여일견이다.

(2) 타동사의 목적어 자리

> 예 She used to avoid seeing me. 그녀는 나를 만나는 것을 피하곤 했다.

(3) 보어 자리

> 예 My hobby is taking a picture. 나의 취미는 사진을 찍는 것이다.

(4) 전치사의 목적어 자리

> 예 With a view to finishing the project in time, he should try hard.
> 제때에 그 일을 마치기 위해서 그는 열심히 노력해야 한다.

(5) 동격 자리

> 예 He has one aim, being an official within a year.
> 그는 1년 이내로 공무원이 되는 것을 목표로 가지고 있다.

핵심 03 동명사가 주어인 문장 구성

동명사가 주어인 경우 단수(singular) 취급한다.

(1) be동사 이용

   예) Being a very honest man is my family motto.
   정직한 사람이 되는 것은 나의 가훈이다.

(2) do동사 이용

   예) Doing something in life is called the job.
   살면서 무언가 하는 일을 직업이라고 부른다.

(3) have동사 이용

   예) Having a dream means being happy.
   한 가지 꿈을 가지는 것은 행복해지는 것을 의미한다.

핵심 04 동명사를 목적어로 취하는 동사 중요 ★

- deny
- allow
- dislike
- mind
- avoid
- discontinue
- finish
- consider
- enjoy
- forgive
- suggest
- quit

예) Would you mind opening the window? 창문을 열어도 폐가 되지 않을까요?
예) They always suggest climbing the mountain on weekends.
그들은 항상 주말마다 산에 오르는 것을 제안하곤 한다.

핵심 05 동명사를 목적어로 취하는 문장

(1) deny(부인하다)

　예 He denied being an agent.
　　 그는 스파이라는 것을 부인했다.

(2) forgive(용서하다)

　예 My father forgave punishing me.
　　 나의 아버지는 나를 벌주시는 것을 용서해 주셨다.

(3) postpone(연기하다)

　예 He postponed starting for New York.
　　 그는 뉴욕으로 떠나는 것을 연기했다.

(4) resist(저항하다)

　예 He resisted being arrested violently.
　　 그는 격렬하게 체포되는 것을 저항했다.

(5) suggest(제안하다)

　예 He suggested going together there with me.
　　 그는 나와 함께 거기에 가는 것을 제안했다.

(6) mind(꺼리다, 반대하다, 싫어하다)

　예 Would you mind holding tongue?
　　 제발 가만히 있을 수 없습니까?

(7) consider(고려하다)

　예 He considers going to study English abroad.
　　 그는 해외로 영어를 공부하러 가는 것을 고려하고 있다.

(8) enjoy(즐기다)

　예 He always enjoys playing tennis with friends.
　　 그는 항상 친구들과 테니스 치는 것을 즐긴다.

(9) finish(마치다)

　　예 He finished writing a letter to his parents.
　　　　그는 부모님께 편지 쓰는 일을 마쳤다.

(10) quit(중단하다)

　　예 He quitted doing a hard work because of his bad health.
　　　　그는 그의 나쁜 건강 때문에 힘든 일을 하는 것을 중단했다.

핵심 06　동명사와 to-부정사를 둘 다 취하는 동사 ★★

(1) remember(기억하다)

　　예 He remembers to send a mail to Mary. (해야 할 일)
　　　　그는 메리에게 mail 한 통을 보내야 할 일을 기억하고 있다.
　　예 He remembers sending a mail to Mary. (했던 일)
　　　　그는 메리에게 메일 한 통을 보낸 일을 기억한다.

(2) forget(잊다)

　　예 He forgot to meet Mary next morning. (해야 할 일)
　　　　그는 다음 날 메리를 만나야 할 일을 잊었다.
　　예 He forgot borrowing some money to Mary. (했던 일)
　　　　그는 메리에게 약간의 돈을 빌렸던 일을 깜박했다.

(3) stop(멈추다)

　　예 He stopped to smoke. (일시적 동작) 그는 담배를 피우기 위해서 가던 길을 잠시 멈추었다.
　　예 He stopped smoking. (지속적 동작) 그는 담배 피던 것을 끊었다.

(4) try(노력하다 & 시도하다)

　　예 He tried to pass the exam. 그는 시험에 합격하기 위해서 애를 썼다.
　　예 He tried eating sauce. 그는 시험 삼아 소스를 먹어보았다.

(5) mean(의도하다 & 의미하다)

예 He means to attend the dance party tonight.
그는 오늘 밤 댄스파티에 참가할 생각이다.

예 His choice means objecting to my opinion.
그의 선택은 나의 의견에 반대하는 것을 의미한다.

핵심 07 동명사는 수동형일 때 주의 중요★★★

예 She couldn't avoid satisfying with her fortune. (×)
　　　　　　　　= being satisfied (○)
그녀는 자신의 운명에 만족할 수밖에는 없었다.

예 Dogs can bark without teaching. (×)
　　　　　　　　= being taught (○)
개는 가르쳐주지 않아도 짖을 수 있다.

핵심 08 동명사의 의미상 주어는 반드시 존재

(1) 일반주어(생략)

예 Speaking English fluently is not easy within a year.
영어를 1년 이내에 유창하게 말하는 것은 쉽지 않다.

(2) 주어

예 I am fond of playing soccer.
나는 축구를 하는 것을 좋아한다.

(3) 소유격으로 표시

예 John insisted on my staying with him.
존은 내가 그와 함께 머물러야 한다고 주장했다.

(4) 다음 동사에는 소유격만이 의미상 주어로서 동명사 앞에 온다.

> • appreciate   • consider   • enjoy   • avoid   • suggest
> • deny   • postpone   • delay   • defer 등

[예] She appreciates your helping her.
　　그녀는 당신이 그녀를 도와준 일을 감사하게 생각한다.

핵심 09　전치사 to 다음에 동명사가 오는 경우 ★★

① I object to(am opposed to) being treated like a child.
　나는 아이처럼 취급받는 것을 반대한다.
② What do you say to taking a rest? 휴식하는 것이 어떠니?
③ I am looking forward to seeing you. 나는 당신을 볼 것을 학수고대한다.
④ He devoted himself to studying English. 그는 영어 공부에 몰두했다.
⑤ I am equal to doing the work. 나는 그 일을 하는 것을 감당할 수 있다.
⑥ The man is tied to investing the business.
　그 사람은 기업에 투자하는 일과 연관되어 있다.
⑦ When it comes to playing the guitar, he is the best in this class.
　기타 연주에 관해서라면 그가 이 반에서 최고이다.
⑧ With a view to meeting her, he is waiting before the hall.
　그녀를 만나기 위해서 그는 홀 앞에서 기다리고 있다.

핵심 10　동명사의 관용적 표현

(1) S + 부정의 뜻(not, never) + A + without + ~(B)ing
　　S + 부정의 뜻(not, never) + A + but (that) + S' + V'(B)
　　A하기만 하면 반드시 B한다.

　　[예] They never met without quarreling. 그들은 만나기만 하면 반드시 싸운다.

(2) There is no + ~ing : ~하는 것은 불가능하다
   예 There is no telling when he will come back.
   그가 언제 돌아올지 말하는 것은 불가능하다.

(3) S + be worth + ~ing : S가 ~할 가치가 있다
   예 The novel is worth reading in the schooldays.
   그 소설은 학창 시절에 읽어 볼 가치가 있다.

(4) be far from + ~ing : 결코 ~하지 않는다 / ~하기는커녕
   예 Far from saying "yes", she answered back to me.
   "예"라고 말하기는커녕, 그녀는 나에게 말대꾸를 하였다.

(5) It goes without saying that~ : ~하는 것은 두말할 필요도 없다
   예 It goes without saying that we can't too careful about our health.
   우리가 아무리 건강에 주의를 기울여도 지나치지 않는다는 것은 두말할 필요가 없다.

제10장 | 분사

핵심 01   분사(participle)란 무엇인가?

분사는 2가지 종류가 있다. 동사원형에 + ing를 붙여서 만드는 현재분사(동명사와 동일한 형태)와 모든 동사의 3단 변화의 마지막 형태인 과거분사(past participle)가 있다. 물론 과거분사는 앞에서 배운 것처럼 규칙 변화의 모양과 불규칙 변화의 모양으로 구분한다. 그러면 분사는 무슨 역할을 수행하는가? 바로 형용사의 기능을 수행한다. 명사나 대명사의 앞이나 뒤에서 형용사의 역할을 하면서 수식하기도 하고 보충하기도 하면서 형용사 본래의 기능을 수행한다. 다만 동사에서 파생하여 동사적 특징을 가지고 순수 형용사가 되어버린 경우와 비교해보면, 복잡하고도 재미있는 부분이 바로 이 분사 파트이다.

예 He is dead. 그는 죽었다. dead는 순수 형용사 '죽은'
예 He is dying. 그는 죽어가고 있다. dying은 분사 형용사 '죽어가고 있는'
○ dying은 동사 die와 진행의미 ing가 만나서 만들어낸 형용사이다.

✚ 분사구문은 분사가 포함된 단어가 2개 이상 모여서 만들어 내는 문장 안에 등장하는 형용사 기능(형용사절의 축소)과 부사 기능(부사절의 축소)으로 나누어 볼 수 있다.
예 The girls (who are) <u>dancing</u> on the stage are idol stars.
   무대 위에서 춤추고 있는 소녀들은 아이돌 스타들이다.
예 <u>Dancing</u> on the stage, The girls are always welcome by young generations.
   = (When they are) dancing on the stage
   무대 위에서 춤을 출 때, 그 소녀들은 항상 젊은 세대들한테 환영받는다.

(1) 현재분사 & 과거분사

예 The <u>sleeping</u> baby is very cute. (진행)
   잠자는 아이는 매우 귀엽다.
예 The bullfighting is an <u>exciting</u> game. (능동)
   투우는 매우 흥분을 일으키는 경기다.
   ○ 현재분사는 진행이나 능동의 의미를 나타낸다.

예) The fallen leaves are on the street in autumn. (완료)
가을에는 떨어진 잎사귀들이 거리에 있다.

예) There were many damaged cars because of the typhoon. (수동)
태풍 때문에 피해를 입은 많은 차들이 있었다.

✪ 과거분사는 완료나 수동의 의미를 나타낸다.

(2) 현재분사 만드는 법

동명사와 동일한 형태를 가지며 동사원형 + ing로 만들어진다. 다만 문장 안에서 현재분사는 형용사 역할이고 동명사는 명사 역할이다.

예) being, doing, thinking, playing, having, making, coming, hugging, running 등
                A   B   C

A : 원형 + ing
B : e로 끝나는 단어는 e를 없애고 + ing
C : 단모음 + 단자음으로 끝나는 단어는 자음을 하나 더 붙이고 + ing

(3) 과거분사 만드는 법

규칙변화	• play – played – played • decide – decided – decided	※ + ed만 붙인다. ※ + d만 붙인다.
불규칙변화	• give – gave – given • run – ran – run • keep – kept – kept • cut – cut – cut	※ A – B – C형 ※ A – B – A형 ※ A – B – B형 ※ A – A – A형

(4) 형용사처럼 쓰이는 말

• convincing (설득력 있는)
• promising (전도유망한)
• missing (행방불명의)
• interesting (흥미로운)
• exciting (흥분을 일으키는)
• thrilling (손에 땀을 쥐게 하는)
• surprising (깜짝 놀랄만한) 등

✪ 동사의 원형에 + ing로 만들어졌으나 지금은 오랜 세월을 거쳐 형용사처럼 굳어져 사용되고 있는 분사형태의 형용사 : 사전에는 단어로 설정이 되어 있다.

(5) 명사의 앞, 뒤에 모두 등장

예) She looks at a sleeping baby.
그녀는 잠자는 아이를 바라보고 있다.

예 The baby <u>sleeping on the bed now</u> is my younger brother.
          수식어

지금 침대에서 잠자고 있는 아이는 나의 어린 남동생이다.

✪ 현재분사와 과거분사는 형용사 역할을 하는 동안 필요에 따라서 명사 앞에도, 명사 뒤에도 등장하여 사용된다. 수식어를 동반하여 길어지는 경우 주로 명사 뒤에서 수식하는 경우가 많다.

핵심 02 현재분사와 과거분사의 차이 중요 ★★★

(1) 현재분사는 진행 의미 '~하고 있는'

예 the dancing girls 춤추는 소녀들

(2) 현재분사는 능동 의미 '~하게 하는'

예 the surprising news 놀라운 소식

(3) 과거분사는 완료 의미 '~진, 된'

예 the well-dried timbers 잘 마른 목재들

(4) 과거분사는 수동 의미 '~당한, ~받은'

예 the broken windows 깨진 창문들

(5) 현재분사 or 과거분사는 명사를 수식 or 보충하는 기능

예 The gentleman talking to her is my father. (수식)
그녀와 대화하고 있는 신사는 나의 아버지다.

예 The soldiers wounded in the battle were taken to hospital. (수식)
전투에서 부상을 당한 군인들은 병원으로 후송되어졌다.

예 She stands smiling at me. (보충)
그녀가 나에게 미소를 지으며 서 있다.

예 She looks tired with the much work. (보충)
그녀는 많은 일 때문에 지쳐 보인다.

✦ 수식은 분사가 명사를 수식할 때 분사를 먼저 해석해야 되는 상황이고, 보충(= nexus)은 명사나 대명사가 '~하다'라는 의미를 갖는 상황이라서 주로 주격 보어 자리, 목적격 보어 자리에 등장한다.

핵심 03 현재분사로 시작하는 분사 구문

(1) _____ at me, she always smiles brightly.
   나를 바라볼 때 그녀는 항상 미소를 짓는다. (look) → (Looking)

(2) _____ along the street, he often drops by the flea market.
   그 거리를 따라 걸을 때, 그는 종종 벼룩시장에 들른다. (walk) → (Walking)

(3) There are many kinds of birds _____ in the front garden.
   앞쪽 정원에서 노래하는 여러 종류의 새들이 있다. (sing) → (singing)

(4) The family is the best _____ people.
   가족은 가장 사랑하는 사람이다. (love) → (loving)

(5) The bullfighting is an _____ game.
   소싸움은 흥분을 일으키게 하는 경기다. (excite) → (exciting)

핵심 04 과거분사로 시작하는 분사 구문

(1) _____ with this work, that is much more wonderful.
   이 작품과 비교했을 때, 저 작품은 훨씬 더 멋지다. (Compare) → (Compared)

(2) _____ in the 1960s, the novel was not known to people.
   1960년대에 쓰여 졌을 때, 그 소설은 사람들에게 알려져 있지 않았다. (Write) → (Written)

(3) The team _____ of twenty members belongs to Seoul.
   20명으로 구성된 그 팀은 서울 소속이다. (compose) → (composed)

(4) The cars _____ by the typhoon SARA were taken to rendezvous point.
   태풍 SARA에 의해서 피해를 당한 차들이 집결지로 옮겨졌다. (damage) → (damaged)

(5) The three founding members _____ unlawfully will go to law.
   불법적으로 해고당한 3명의 창단 멤버들은 소송을 제기할 것이다. (dismiss) → (dismissed)

핵심 05 과거동사와 과거분사의 차이(절 or 구)

과거동사는 절(clause)을 구성하는 위치에 있어야 하고, 과거분사는 구(phrase)를 구성하는 위치에 있어야 한다. 이것이 문장을 구성하는 기본 원리인 것이다. 다만 과거분사가 절(clause)을 만들어 내려면 과거분사 앞에 be동사를 붙여서 수동태를 만들거나 과거분사 앞에 have동사를 붙여서 완료형 동사를 만들어 내면 된다. 아래 예문을 참조해 보자.

> break – broke – broken(vt) ~을 깨다, 부수다

(1) The boys _____ the windows. (broke)
         (과거동사)
   그 소년들이 창문들을 깼다.

(2) The windows _____ by the boys should be compensated. (broken)
            (과거분사)
   그 소년들에 의해서 깨어진 창문들은 보상받아야 한다.

(3) The windows _____ by the boys. (were broken)
            (과거동사)
   창문들은 그 소년들에 의해서 깨어졌다.

(4) The boys _____ the windows. (have broken)
　　　　　(완료동사)
　　그 소년들이 그 창문들을 깨었다.

(5) The _____ windows should be made up for by their parents. (broken)
　　　(과거분사)
　　깨진 창문들은 그들의 부모님들에 의해서 보상되어져야 한다.

핵심 06　분사의 기능

(1) **한정적(= junction) 기능**: 명사, 대명사를 수식(한정)하는 기능
- 예 The man singing a song on the stage is my father. (노래하는)
- 예 The book written in English is very interesting. (쓰여진)
- 예 A drowning man will catch at a straw. (물에 빠져 허우적거리는)
- 예 The wounded soldiers were taken to the field hospital. (부상당한)
- ✪ 형용사 역할을 하면서 앞의 명사를, 또는 뒤의 명사를 수식하고 있다.
- ✪ 수식받는 명사와 능동, 진행적 관계 = 현재분사,
　　　　　　　　　　　수동, 완료의 관계 = 과거분사

(2) **분사(형용사 기능)의 서술적(= nexus) 기능**: 명사, 대명사를 서술하는 기능
- 예 The program is exciting. (흥미로운)
- 예 The man stood leaning against the wall. (기대고 있는)
- 예 I found my watch disappearing. (사라진)
- 예 I found my watch stolen. (도난당한)
- ✪ 형용사 기능을 수행하며 주격 보어의 자리나, 목적격 보어의 자리에 있는 현재분사 또는 과거분사는 서술적 기능을 수행한다.
- ✪ 자동사는 수동적 의미를 지닐 수 없으므로 현재분사의 형태만을 가진다.

(3) **부사 기능의 분사**: 접속사 + 주어 + 동사의 절(clause)에서 구(phrase)가 된 형태를 의미하며, 문두에 주로 등장하나 종종 문미에 오기도 한다.
- 예 Walking on the street, I met a friend of mine. (능동관계)
- 예 Compared with his brother, He is not so clever. (수동관계)

- ✪ 의미상 주어는 주절의 주어이므로 능동적 관계면 현재분사, 수동적 관계면 과거분사를 쓴다. = 분사구문이라 한다.
- ✪ 아래의 문장의 형태를 현수구조 문장(= informal sentence)이라 하며, 결국 분사구문의 의미상 주어를 검증할 필요성이 있다.

예) Coming on, we had to come back home. (×)
 → Night coming on, we had to come back home. (○)
예) Written in French, we can't understand the letter. (×)
 → Written in French, the letter can't be understood. (○)

핵심 07 독립 분사 구문

독립 분사 구문에서는 분사 앞에 의미상 주어를 따로 둔다.

예) As night came on, the children were very scared.
 = Night coming on. the children were very scared.
 밤이 오면서, 아이들은 무척이나 겁에 질렸다.

예) If it is fine tomorrow, she will go shopping.
 = It being fine tomorrow, she will go shopping.
 내일 날씨가 좋으면 그녀는 쇼핑을 갈 것이다.

예) As there was no bus on the street, I came back home by taxi.
 = There being no bus on the street, I came back home by taxi.
 거리에 버스가 없어서 나는 택시로 집으로 돌아왔다.

예) If weather permits tomorrow, I will travel by ship.
 = Weather permitting tomorrow, I will travel by ship.
 날씨가 허락하는 한, 나는 배로 여행을 갈 것이다.

예) As the work is done, they are leaving here soon.
 = The work done, they are leaving here soon.
 그 일을 마치고 그들은 곧 이곳을 떠날 것이다.

※ 다음 괄호 안의 알맞은 답을 선택하시오. (01 ~ 21)

01

There were some children [swimming / swim] in the river.

해석 강에서 수영하는 몇몇 아이들이 있다.
해설 준동사 자리에는 본동사를 쓸 수 없다.

정답 swimming

02

There was a big red car [parked / parking] outside the house.

해석 집 밖에 주차된 큰 빨간색의 차가 있었다.
해설 the car (which was) parked outside the house

정답 parked

03

The boy [injuring / injured] in the accident was [taking / taken] to the hospital.

해석 사고에서 부상당한 그 소년은 병원으로 이송되었다.
해설 The boy (who was) injured in the accident. 부상당한 소년이 병원에 이송되는 것은 모두 수동관계이다.

정답 injured, taken

04

The [exciting / excited] children were [building / built] a snowman in the falling snow.

해석 흥분한 아이들이 내리는 눈으로 눈사람을 만들고 있었다.
해설 감정류 동사는 감정의 원인을 제공하는 요인은 현재분사와, 감정을 받는 대상은 과거분사와 이어진다. The children were excited.

정답 excited, building

05 Watch our [exciting / excited] new program!

해석 우리의 흥미진진한 새로운 프로그램을 보라!
해설 The new program was exciting.

정답 exciting

06 I found some [hiding / hidden] money under the sofa.

해석 나는 소파 아래에서 약간의 숨겨진 돈을 찾았다.
해설 The money was hidden under the sofa. 돈은 소파 아래에 숨겨져 있었다.

정답 hidden

07 This is the picture [taking / taken] by his son.

해석 이것은 그의 아들에 의해서 찍힌 사진이다.
해설 The picture (which was) taken by his son.

정답 taken

08 We sat quietly around the [burning / burnt] fire.

해석 우리는 모닥불 주위에 조용히 앉아 있었다.
해설 타버린 불(×) / 타고 있는 불(○), 현재분사는 진행, 능동의 의미를 가진다.

정답 burning

09 I had visions of mummies [coming / came] toward us with cold, dead hands.

해석 차갑고 핏기 없는 손으로 우리를 향해 다가오고 있는 미라들을 보았다.
해설 have visions of~ ~을 보다

정답 coming

10 I worked [surrounding / surrounded] by thousands of books.

해석 나는 수천 권의 책에 둘러싸인 채 일을 했다.
해설 수천의 'thousands of~' / The man was surrounded by thousands of books.

정답 surrounded

11

He came in with his boots [covering / covered] in mud.

해석 그는 그의 부츠에 진흙을 묻힌 채 안으로 들어왔다.
해설 The boots (which were) covered in mud

정답 covered

12

Once [learning / learned], a language cannot easily be forgotten.

해석 일단 언어를 학습하면, 언어는 쉽게 잊히지 않는다.
해설 Once it is learned, a language cannot~

정답 learned

13

The field lay [covering / covered] with snow.

해석 들판은 눈으로 덮여져 있었다.
해설 The field (was covered) with snow, lie-lay-lain 놓이다, 눕다

정답 covered

14

[Seeing / Seen] from the moon, the earth might look like a ball.

해석 달에서 본다면, 지구는 공처럼 보일지도 모른다.
해설 If it is seen from the moon, the earth might look like a ball.
= (Being) seen from the moon,

정답 Seen

15

[Educating / Educated] in France, she is a good speaker of French.

해석 그녀는 프랑스에서 교육을 받았기 때문에, 그녀는 불어를 잘한다.
해설 As she is educated in France, she is a good speaker of French.

정답 Educated

16

Sometimes it took years just [making / to make] one book.

해석 때때로, 단지 한권의 책을 만드는 데에도 몇 년이 걸렸다.
해설 It + takes + 사람 + 시간 + to + R~ 구문 / It + takes + 시간 + (for + 목) + (to + R) 구문

정답 to make

17

When it comes to [teach / teaching] kids about money, we have a problem.

해석 돈에 관해서 아이들을 가르치는 문제에 관한 한, 우리는 한 가지 문제를 가지고 있다.
해설 when it comes to ~ing ~에 관한 한, ~관해서라면

정답 teaching

18

For this reason, US lawmakers have tried to avoid [passing / to pass] laws that might limit advertisers' rights.

해석 이러한 이유 때문에, 미국의 법률제정자들은 광고주들의 권리를 제한할지도 모르는 법의 통과를 회피하고자 노력해 왔다.
해설 try to + V~ ~하고자 노력하다, avoid + 동명사(목적어)

정답 passing

19

Today many people enjoy [to buy / buying] from catalogs.

해석 오늘날 많은 사람들은 일람표에서 구매하는 것을 즐겨한다.
해설 enjoy + 동명사(목적어)

정답 buying

20

Frankly speaking, I don't expect [to invite / to be invited] by him.

해석 솔직히 말해서, 나는 그에 의해서 초대받는 것을 기대하지 않는다.
해설 주어(I)는 초대받는 개념이다. 따라서 to be invited

정답 to be invited

21
> It is one of the few sports that enable people [to move / move] at high speed without any power-producing device.

해석 그것은 어떠한 동력을 만들어내는 장치 없이 사람들이 고속으로 움직이는 것을 가능케 하는 몇몇 스포츠 중에 하나다.
해설 enable + 목적어 + 목적격 보어(to + R) / that은 형용사절을 이끄는 관계대명사

정답 to move

※ 다음 문장이 문법적으로 옳은지 ○, ×를 선택하시오. (22 ~ 25)

22 But Ellison's mother was committed to his education, and she encouraged him to read widely. [○ / ×]

해석 그러나 엘리슨의 어머니는 엘리슨의 교육에 전념하였다, 그리고 그녀는 그가 폭넓게 읽도록 격려하였다.
해설 encourage + 목적어 + to + V / discourage + 목적어 + from + ~ing

정답 ○

23 Regret allows you to learn and move on; guilt just holds you in the past. [○ / ×]

해석 후회는 당신이 배우고 계속 움직이기를 허용하고, 죄는 단지 과거 속에 당신을 가두게 된다.
해설 allow + 목적어 + to + V / hold 가두다

정답 ○

24 Now I am actually looking forward to spending some quiet nights by myself.
[○ / ×]

해석 이제, 나는 실제로 혼자서 어떤 조용한 밤을 보내기를 학수고대하고 있다.
해설 look forward to ~ing ~하기를 학수고대하다

정답 ○

25 Mars has a thin atmosphere that allows most of the sun's energy to escape.
[○ / ×]

해석 화성은 대부분의 태양의 에너지가 빠져나가도록 허용하는 얇은 대기를 가지고 있다.
해설 allow + 목적어 + 목적격 보어(to + R)

정답 ○

제11장 | 명사, 관사, 대명사

관사는 명사 앞에 사용하는 한정사로서 명사를 구체화하거나 특정해주며, 대명사는 명사를 대신하여 경제적이고 효율적으로 글을 쓰는 데 필요한 품사이다. 따라서 3가지 품사의 연관성을 알고 학습을 한다면 더욱 효과를 배가시킬 수 있다.

핵심 01 　 관사는 부정관사 a, an을 구분

[예] a used car - an English teacher.
　✪ 철자상의 표기가 아니라 발음상 모음으로 시작되는 보통명사의 단수 앞에 붙인다.
[예] an hour, an M.P, an X-ray, an honest man, an english teacher 등

핵심 02 　 관사는 중심 한정사로서 이중 소유격의 원리를 적용 [중요] ★★

(1) 관사는 중심 한정사로서 이중 소유격의 원리를 적용해서 사용한다. 특정의 한정사(an, any, no, some, this, that, these, those 등)은 관사나 인칭대명사의 소유격이나 명사의 소유격, 명사구의 소유격과 중복해서 사용할 수가 없다.
　[예] This is not my fault. (○)
　[예] This is no fault of me. (×)
　[예] This is no fault of mine. (○)

(2) 이중 소유격이란 중심 한정사가 나란히 쓰이지 못하여 전치사 of 뒤에 소유대명사나 명사's 또는 명사구's가 오는 형태를 말한다.
　[예] This is a book of my father's. = This is my father's book.
　[예] This is a my father's book. (×)
　　✪ 부정관사와 소유격은 같은 중심 한정사로 나란히 사용 금지

핵심 03　관사의 위치 ★

관사의 위치는 중심 한정사의 위치를 말한다.

① 일반적으로 관사 + 부사 + 형용사 + 명사 순서로 기술함
② as, too, so, how, however + 형용사 + a(n) + 명사
③ all, both, 배수사 + the + (형용사) + 명사
④ such, what, half, quite + a(n) + (형용사) + 명사

핵심 04　정관사의 용법(동사와 전치사에 유의할 것)

① catch, seize, grasp, grip(잡다 형 동사) + 사람 + by the + 신체 일부
　예 He caught me by the sleeve. 그는 나의 소매를 잡았다.

② hit, pat, tap, touch, kiss(접촉 형 동사) + 사람 + on the + 신체 일부
　예 She kissed me on the lips. 그녀는 나의 입술에 키스했다.

③ look, gaze, stare(보다 형 동사) + 사람 + in the + 신체 일부
　예 He gazed me in the eyes. 그는 나의 눈을 바라보았다.

핵심 05　무(無) 관사를 쓰는 중요 포인트 ★

① **관직, 신분명이 보어 자리에 쓰이면 무 관사**
　예 He was elected president of our country. 그는 우리나라의 대통령으로 선출되었다.

② **식사, 질병, 운동명은 무 관사**
　예 They are playing football in the ground now.
　　그들은 현재 운동장에서 축구를 하고 있는 중이다.

③ **교통, 통신 수단은 무 관사**
　예 by bus, by telephone, by subway 등

④ a kind of / a type of / a sort of 뒤에 무 관사
  예 This is a kind of virus. 이것은 바이러스의 일종이다.

⑤ as가 양보 의미로 쓰이는 접속사일 때 앞에 나오는 명사는 무 관사
  예 Scholar as he is, he can't know the theory well.
     그가 아무리 학자라 할지라도, 그가 그 이론을 잘 알 수는 없다.

핵심 06 복수형이면서 단수 취급되는 경우

① 시간, 거리, 금액, 무게는 하나의 단위로 보아서 단수 취급
  - Ten years is a long time to wait. 10년은 기다리기에 너무 긴 기간이다.
  - Thirty miles is a good distance. 30마일은 상당한 거리이다. (상당히 먼 거리)

② 학과 이름 → 단수 취급
  athletics(운동경기), mathematics(수학), mechanics(기계학), phonetics(음성학),
  economics(경제학), ethics(윤리학), politics(정치학), linguistics(언어학),
  statistics(통계학), genetics(유전학)

③ 병명, 운동경기
  diabetes(당뇨병), mumps(이하선염), measles(홍역), rabies(광견병), billiards(당구), darts(화살던지기),
  bowls(구주놀이), dominoes(도미노)

④ 기타
  news 뉴스, billiards 당구, measles 홍역

핵심 07 상호복수 중요 ★

🔹 명사는 항상 복수명사로 등장

- make friends 사귀다
- change cars 차를 갈아타다
- be on good terms with ~와 사이가 좋다
- exchange seats 악수하다
- be on visiting terms with ~와 서로 왕래하다
- take turns 교대하다
- change trains 기차를 갈아타다

핵심 08 소유격 만드는 법

시간, 거리, 가격 등의 무생물명사 + 's

- five minutes' walk 5분간의 걸음
- five miles' distance 5마일의 거리

핵심 09 이중소유격 중요 ★★

이중소유격(중심 한정사끼리 함께 쓰지 못함) : a(n) + 명사 + of + 소유대명사

- a my friend (×)
- a friend of mine (○)
- a book of my father (×)
- a book of my father's (○)

핵심 10 집합적 물질명사

집합적 물질명사 : 단수 취급, a little, much로 수식, 복수형 불가

- furniture 가구
- poetry 시류
- jewelry 보석류
- foliage 잎(전체)
- game 사냥감
- cash 현금
- machinery 기계류
- pottery 자기류
- weaponry 무기류
- rubbish 쓰레기
- mail 우편물
- produce 농산물
- percentage 백분율
- wealth 부(富)
- homework 숙제
- advice 충고
- damage 피해
- information 정보

핵심 11   one : 총 인칭 의미 (중요) ★

① **one : 총 인칭 의미**
   (단, 물질명사, 소유격 own 다음, 기수사 뒤에는 사용불가)

② **일반주어(one – one's – one)**
   One should obey one's[= his] parents. 누구나 자신의 부모님께 복종해야만 한다.

   - a + 명사 = one   : 불특정의 같은 종류 다른 물건
   - the + 단수명사 = it   : 특정의 단수명사 개념
   - 복수명사 = ones   : 불특정의 같은 종류 다른 물건들
   - the + 복수명사 = them : 특정의 복수명사 개념

핵심 12   another(= an + other)

◆ 'A와 B는 별개의 문제이다' 구문

예) To know is one thing; to teach is another.
    아는 것과 가르치는 것은 별개의 것이다.

예) It is one thing to own a library, and it is quite another to use it.
    서재를 보유하는 것과 그것을 이용하는 일은 아주 별개의 문제이다.

핵심 13   other + 단수 명사, 복수 명사 가능

some(여러 개 중 일부)	others(여러 개 중에서 다른 것들) : 나머지 존재
some(여러 개 중 일부)	the others(여러 개 중에서 다른 것들 전부) : 나머지 없음

예) There are many animals in this zoo : some from Asia, others from Africa.
    이 동물원에는 많은 동물이 있습니다. 일부는 아시아, 다른 것들은 아프리카에서 왔습니다.

예) There are ten lions in this cage : some from Zimbabwe, the others from Congo.
    이 우리에는 10마리의 사자들이 있습니다. 일부는 짐바브웨, 다른 것들은 콩고에서 왔습니다.

핵심 14 either(둘 중 하나) : either A or B(선택)

either(둘 중 하나) : either A or B (선택)
- 예) Either will do. 둘 중에 하나면 충분합니다.
- 예) Either of the two is acceptable. 둘 중에 하나는 수용이 가능합니다.

핵심 15 neither(둘 중 어느 것도 ~않다)

neither(둘 중 어느 것도 ~않다) : neither A nor B (양자 부정)
- 예) Neither of the two loves her. 그들 둘 다 그녀를 사랑하지 않습니다.

핵심 16 none(셋 이상 모두 아닌)

none(셋 이상 모두 아닌) : 두 개에서는 사용 불가 (전체 부정)

① 단수 취급
- 예) None but the brave deserves the fair.
  용감한 자만이 미인을 얻을 수 있다.

② 복수 취급
- 예) None have succeeded in the test. (전체 부정)
  어느 누구도 그 시험에 성공하지 못했다.

핵심 17 no one(단수)

- 예) No one knows the fact. 어느 누구도 그 사실을 알지 못한다.
- 예) No one(= Nobody) passed the examination. 어느 누구도 그 시험을 통과하지 못했다.

핵심 18 관용적 표현

① anything but(결코 ~아니다) = never = far from
② nothing but(단지) = only
③ for nothing(공짜로) = free
④ in vain(헛수고로)
⑤ have nothing to do with(~와 관련이 없다)
⑥ other than(~와 다른)

핵심 19 재귀대명사

(1) 재귀용법

① She killed herself. (Vt의 목적어)(S = O) 그녀는 자살했다.
② Mr. Smith bought a charming house for his wife and himself.
　　　　　　　　　　　　　　　　　　　　　　　　　　　　him(×)
스미스 씨는 그의 아내와 자신을 위해서 멋진 집을 구매했다.

(2) 강조용법

He himself said so. (강조어구 옆, 문장 끝에) : 생략 가능
그가 스스로 그렇게 말했다.

(3) 관용표현

- to oneself 혼잣말로, 자기 자신에게만
- for oneself 혼자 힘으로
- beside oneself 제정신이 아닌
- in spite of(= despite) oneself 자신도 모르게
- of oneself 저절로
- by oneself 혼자서, 단독으로
- in itself 본래, 본질적으로
- between ourselves 우리끼리 얘긴데

예) The window opened of itself by wind.
창문이 바람에 저절로 열렸다.

예) The woman shed tears down despite herself on hearing the news.
그 여자는 그 소식을 듣자마자 자신도 모르게 눈물이 흘러 내렸다.

핵심 20　Dummy it(해석 안함) 중요 ★★★

(1) 예비의 it

　① **가주어**: It + be + 주격 보어 + 진주어(to + R 구문 / that절 / 동명사 구문)
　　예 It is not difficult to learn English.
　　　영어를 배우는 것은 어렵지가 않다.
　　예 It is important that you should attend the meeting at once.
　　　당신이 즉시 모임에 참가하는 것이 중요하다.

　② **가목적어**: Vt + it + O.C + 진목적어(to + R 구문 / that절 / 동명사 구문)
　　예 I think it possible to finish the report by tomorrow.
　　　나는 내일까지 그 보고서를 마치는 일은 가능하다고 생각한다.

(2) 비인칭의 it : 시간, 요일, 날씨, 거리, 명암, 상황 등

　① It is ten years since she died. 그가 죽은 뒤 10년이 지났다.
　② It is raining. 비가 내리고 있다.
　③ It is ten miles north from here. 여기서부터 북쪽으로 10마일이다.
　④ It is getting dark. 점점 어두워지고 있다.

(3) 강조 it : It + be동사 + 강조어구 + that + S + V + O/C + 부사(구)(절)

　① It was I that[= who] met the woman yesterday. 어제 그녀를 만난 사람은 나다.
　② It was the woman that I met yesterday. 내가 어제 만난 사람은 그녀다.

핵심 21　지시대명사

- this(these) & that(those)의 사용
- 전자 = the former = the one = that
- 후자 = the latter = the other = this

(1) The + 명사 + of 구문에서 명사 반복을 피해 that(those) 사용

　예 The population of Seoul is larger than that of Busan.
　　서울의 인구는 부산의 인구보다 많다.

예 The houses of the rich are larger than those of the poor.
부유한 사람들의 집들은 가난한 사람들의 집보다 크다.

(2) 앞에 구(phrase) 또는 절을 받는다.

예 You must go there, and that at once.
너는 거기에 가야만 한다, 게다가 그것도 즉시 말이다.

(3) those who : ~한 사람들, ~한 자들[= those (people)]

예 Those present at the party were surprised at the president's appearance.
파티에 참석한 사람들은 대통령의 출현에 모두 놀랐다.

핵심 22 so & not

■ so & not : '그렇다고' & '그렇지 않다고'

(1) think, suppose, imagine, say, do, believe 등은 긍정의 앞 문장 내용을 받을 때 → so

예 A : Do you think that he will come back soon?
B : I think so. 그렇다고 생각합니다. / I'm afraid so. 그렇다니 유감입니다.

(2) think, suppose, imagine, expect, believe 등은 부정의 앞 문장 내용을 받을 때 → not

예 A : Do you think that he will pass the examination this time?
B : I think not. 그렇지 않다고 생각합니다. /
I'm afraid not. 그렇지 않다니 유감입니다.

예 A : Do you think that his son is in the hospital?
B : I am afraid so. 그렇다니 유감입니다.
(I am afraid not. 그렇지 않다니 유감이다. (×), 문맥상 불가)

주관식 레벨 UP

※ 다음 괄호 안에서 옳은 것을 고르시오. (01 ~ 10)

01 Cats often find [them / themselves] in dangerous situations because of their curiosity.

해석 고양이들은 종종 그들의 호기심 때문에 위험한 상황에 처한 것을 알게 된다.
해설 주어 = 목적어 cats = 목적어(재귀대명사)

정답 themselves

02 Americans often tell guests, "Make [you / yourself] at home."

해석 미국 사람들은 종종 "편안히 쉬세요."라고 손님들에게 말하곤 한다.
해설 Make oneself at home 편안히 쉬세요.

정답 yourself

03 So it is true that Koreans define [them / themselves] by their diet.

해석 그래서 한국 사람들은 자신들의 식사로 스스로를 규정하기도 한다는 것이 사실이다.
해설 Koreans + define(V) + 목적어(= themselves)

정답 themselves

04 It is based on a Korean legend about a magical snail that changes [itself / themselves] into a woman.

해석 그것은 여자로 변신하는 마법의 우렁이에 관한 한국의 전설을 근거로 하다.
해설 snail = 목적어(itself)

정답 itself

05 Once upon a time, a king had a rock placed on a road. Then he hid [itself / himself] and attached to see if anyone would remove it.

해석 옛날에 한 왕은 도로 위에 바위 하나를 놓았다. 그 다음에는 그가 몸을 숨기고 어떤 사람이 그것을 치우게 될지를 보기 위해서 찰싹 달라 붙어있었다.
해설 hide - hid - hidden[he → 목적어(= himself)]

정답 himself

제11장 명사, 관사, 대명사 **179**

06

If they are found to have lead in their bodies, children can be treated with medicines that remove [it / them].

해석 만약에 아이들이 자신들의 몸에 납을 품고 있는 것이 발견된다면, 아이들은 납을 제거할 수 있는 약을 가지고 치유할 수 있다.
해설 lead(납) = it

정답 it

07

The plants can be grown by them well in pots indoors. Someone must water [it / them] from time to time.

해석 그 식물들은 실내의 화분에서 그들이 잘 재배할 수 있다. 누군가는 때때로 그들에게 물을 주어야만 한다.
해설 grow 성장하다(vi) ; 재배하다(vt), the plants = them

정답 them

08

Supermarket managers have all kinds of tricks to encourage people to spend more money. [His / Their] aim is to make customers go more slowly through the supermarket.

해석 슈퍼마켓 매니저들은 사람들이 더 많은 돈을 쓰도록 독려하는 모든 종류의 수단을 가지고 있다. 그들의 목표는 고객들이 슈퍼마켓을 천천히 지나도록 만드는 것이다.
해설 managers = they - their - them

정답 their

09

Many people live in the country, but [they / he] work in the city.

해석 많은 사람들은 시골에서 산다, 하지만 그들은 도시에서 일한다.
해설 many people = they

정답 they

10

We also organize [an activity / activities] that help fight pollution.

해석 우리는 오염과 싸우는 것을 돕기 위한 활동을 또한 조직화한다.
해설 help(돕다) + (to) + R, help to fight pollution 오염과 싸우는 것을 돕는다.

정답 activities

제12장 형용사, 부사 및 비교

핵심 01 서술형 용법: 주격 보어나 목적격 보어 자리에 단독 사용

(1) 서술형 용법으로만 쓰이는 형용사

- alive   • alike   • alone   • asleep   • aware   • worth
- afraid   • content • ashamed • awake   • drunk   • unable
- fond   • ignorant • loath   • glad 등

[예] He found his baby asleep on the bed.
[예] She is asleep girl. (×)
[예] She is a sleeping girl. (○)

(2) 주격 보어, 목적격 보어 자리에 사용하며 명사, 대명사를 수식하지 못하고 서술적 기능으로만 쓰인다는 사실에 주의한다. 따라서 한정적 용법과는 구별이 되어 사용한다.

핵심 02 수(數) & 양(量) 형용사

수(數)	수 or 양	양(量)
many + pl(n)	all + pl(n)/sl(n)	much + sl(n)
a few	some, any	a little
few	no	little

- not a few = many(꽤 많은) + pl(n)
- quite a few = a number of
- only a little = but little
- only a few = but few(극소수의) + sl(n)
- not a little = much(꽤 많은)
- quite a little = a good deal of

핵심 03 형용사 관련 구문 중요 ★★

형용사에 따라 어떤 구문을 쓰는지 주의한다.

(1) It is + 형용사 + for + 사람 + to + R 구문으로 사용하는 형용사 : that절 불가
 ↳ (일명 난이도 형용사)

  예) It + be + [easy, difficult, tough, hard] + for + O + to + R (○)
  　　　　　　　　　　　　　　　　　　　　　　　　　　+ that + S + V (×)

(2) It is + 형용사 + of + 사람 + to + R 구문으로 사용하는 형용사
 ↳ (일명 성질, 성품 형용사)

  예) It + be + [honest, dishonest, polite, impolite, sensible, foolish] + of + O + to + R (○)

(3) It is + 형용사 + that 구문으로 사용하는 형용사
 ↳ (일명 진의 판단 형용사)

  예) It + be + [likely, true, certain, evident, clear, probable] + for + O + to + R (×)
  　　　　　　　　　　　　　　　　　　　　　　　　　　　　　　　　　　+ that + S + V (○)

(4) 사람을 주어로 할 수 없는 형용사(가능한, 중요한, 필요한, 난이도, 유쾌한, 편리한 형용사)
   (가·중·필)

  예) It + be + [convenient, important, difficult, painful, impossible, useful] + for + O + to + R (○)

(5) 사람만을 주어로 하는 형용사(대화체로 많이 쓰이는 형용사)

  예) S(= 사람) + be + [happy, angry, anxious, ashamed, afraid, sorry, proud] + that + S + V
  　　　　　　　　　　　　　　　　　　　　　　　　　　　　　　　　　　　　　　　= of + ~ing
  　　　　　　　　　　　　　　　　　　　　　　　　　　　　　　　　　　　　　　　= to + R

핵심 04 월, 일 읽는 방법

월, 일은 서수, 기수로 모두 읽을 수 있다.
예 10월 15일 : October fifteen = October (the) fifteenth
            = The fifteenth of October = October 15

핵심 05 소수점 읽는 방법

소수점은 point, decimal로 읽는다. 소수점 이하는 한 자리씩 읽는다.
예 3.56 = three point, five six

핵심 06 복수형을 취하지 않는 수사

dozen, score, hundred, thousand, million, billion, trillion 등
예 two dozen (○) / two dozens (×)
예 three hundred (○) / three hundreds (×)

핵심 07 연대 읽는 법

연대는 두 자리씩 읽는다.
예 1997 = nineteen ninety seven
예 2006 = twenty hundred six = two thousand six

핵심 08   어미가 바뀌면 혼동하기 쉬운 형용사

의미 1	의미 2
considerable 상당한	considerate 사려 깊은
credible 믿을 수 있는	credulous 잘 속는
desirous 바라고 있는	desirable 바람직한
industrial 산업의	industrious 근면한
sensible 분별 있는	sensitive 민감한
negligent 부주의한	negligible 무시해도 좋은
practical 실제적인	practicable 실행 가능한
ingenuous 순진한	ingenious 영특한, 솜씨 있는
• imaginable 상상할 수 있는 • imaginative 상상력이 풍부한	imaginary 상상의
• literal 문자대로의 • literate 학식 있는, 읽고 쓸 줄 아는	literary 문학의
• respectable 존경할 만한 • respectful 공손한, 경의를 표하는	respective 각각의

핵심 09   주의해야 할 부사의 용법

(1) very와 much

① very - 원급(형용사, 부사), 현재분사 수식
  예 She is very clever for her age. 그녀는 나이에 비해서 무척 영리하다.
② much - 비교급, 최상급, 과거분사 수식
  예 She was much laughed at. 그녀는 대단히 비웃음을 샀다.

(2) ago와 before

① ago - 과거시제에 쓴다. (지금부터 ~전)
  예 He died two years ago. 그는 2년 전에 죽었다.
② before - 완료시제에 쓴다. (그때부터 ~전)
  예 He hasn't seen her before. 그는 전에 그녀를 만난 적이 없다.

(3) already와 yet

① already - 긍정문(완료시제나 과거시제에 사용), 의문문(확인 차원에서)
  예) She has already done the work. 그녀는 이미 그 일을 마쳤다.
  예) Has she done the work already? 그녀가 벌써 그 일을 마쳤니?
② yet - 의문문, 부정문, 조건문, 긍정문(여전히 = still 의미)
  ✪ not ~ yet / still ~ not
  예) He hasn't finished it yet. 그는 아직 그 일을 마치지 못했다.
  예) He still couldn't understand her. 그는 여전히 그녀를 이해할 수 없었다.

(4) too와 so 그리고 either와 neither 그리고 nor(= and neither)

① too - 긍정문(~역시, ~또), 문미
② so - 긍정문 문두(so + 주어 + 동사 : 대상 1)(so + 동사 + 주어 : 대상 2)
  예) A : I am very hungry.   B : I'm, too. / So am I.
  예) A : It was a nice party.   B : So it was. (대상 하나를 인정)
③ either - 부정문(~역시, ~또), 문미
④ neither - 부정문 문두(neither + 동사 + 주어 : 도치)
  예) A : He can't dance well.   B : I can't, either.
  예) A : She can't speak English.   B : Neither can he.

(5) after, before와 since

전치사 또는 접속사이지만 부사로도 쓰인다.
① after - 나중에(평서문), ~후에, ~한 후에
  예) I am leaving now, but I'll see you after.
  나는 지금 떠나겠지만 나중에 당신을 만나게 될 것입니다.
② before - 전에(의문문), ~전에, ~하기 전에
  예) Have you seen him before?
  당신은 전에 그를 본 적이 있는가?
③ since - 그 이후로(부정문), ~이후로, ~한 이후로
  예) I saw her last month, but I haven't seen her since.
  나는 지난달에 그녀를 보았다, 하지만 나는 그 이후로 그녀를 만난 적이 없다.

핵심 10   형용사와 형태가 같은 부사

- fast
- hard
- late
- early
- long
- near
- far
- high
- overseas 등

예 He is a fast runner. (형용사)(빠른)
예 Don't speak so fast. (부사)(빨리)
예 He keeps early hours. (형용사)(이른)
예 He gets up early. (부사)(일찍)

✤ dear(비싸게) - dearly(끔찍이) / late(늦게) - lately(최근에)
   hard(세게) - hardly(거의 ~않다) / high(높게) - highly(몹시)
   direct(곧바로) - directly(즉시) / deep(깊게) - deeply(매우)

핵심 11   빈도부사의 위치 중요 ★

(1) 일반동사 앞

   예 She often comes to see me. 그녀는 종종 나를 만나러 온다.

(2) be동사, 조동사 다음

   예 He could hardly say a word. 그는 거의 한마디도 할 수 없었다.

(3) have + p.p. 사이 / be + p.p 사이

   예 He has ever been to canada. 그는 이제까지 캐나다에 가본 적이 있다.

※ 다음 괄호 안에서 옳은 것을 고르시오. (01 ~ 18)

01 These different areas are all very [close / closely] to one another.

해석 이러한 특이한 지역들은 서로서로 모두가 무척 가까이 있다.
해설 close to~ ~에 가까운

정답 close

02 The beggar looked so [sad / sadly] and lonely.

해석 그 거지는 아주 슬프고 외로워 보였다.
해설 look(감각 동사) + 형용사 보어

정답 sad

03 You need to look [careful / carefully] at the situation.

해석 당신은 그런 상황에 조심성을 보여줄 필요가 있다.
해설 look careful 조심성이 있어 보이다

정답 careful

04 Alice ran till she was quite tired and out of breath, and till the dog's bark sounded quite [faint / faintly] in the distance.

해석 엘리스는 무척 힘들고 숨이 찰 때까지 그리고 개가 짖는 소리가 아주 희미하게 들릴 때까지 달렸다.
해설 sound(감각동사) + faint(형용사) 희미하게 들리다

정답 faint

05 Salt is [necessary / necessarily] to life.

해석 소금은 생명에 필요하다.
해설 necessary 필요한 (형용사), 보어 가능 / necessarily 반드시 (부사)

정답 necessary

06

The lizard used their tails to keep [safely / safe].

해석 도마뱀은 안전을 유지하기 위해서 그들의 꼬리를 사용하였다.
해설 keep safe 안전을 유지하다(지키다)

정답 safe

07

Mom made sure we did our part by keeping our rooms [neat / neatly].

해석 어머니는 우리가 방을 깔끔하게 유지하게 함으로써 우리의 역할을 확인하셨다.
해설 keep(불완전 타동사) + 목적어(our rooms) + 목적격 보어(neat = 깔끔한)

정답 neat

08

Taking a bath in water whose temperature ranges between 35°C and 36°C helps calm you down when you are feeling [nervous / nervously].

해석 온도 범위가 35°C와 36°C 사이의 물 속에서 목욕을 하는 것은 당신이 초조함을 느낄 때 당신을 진정하도록 한다.
해설 feel nervous 초조함을 느끼다

정답 nervous

09

Seeing elderly people working low-paying, physically demanding jobs makes me [sadly / sad].

해석 노인들이 저임금으로, 신체적으로 힘이 드는 일을 하고 있는 것을 보는 것은 나를 슬프게 만든다.
해설 make + 목적어 + 목적격 보어(형용사)

정답 sad

10

They will be smart, strong, and untiring workers, and their only goal will be to make our lives [easier / more easily].

해석 그들은 영리한, 강한, 지칠 줄 모르는 근로자가 될 것이다. 그들의 유일한 목표는 우리의 삶을 편안하게 만드는 것이다.
해설 make + 목적어 + 목적격 보어(형용사)

정답 easier

11
> Nothing around me feels [interesting / interestingly].

해석 내 주변의 어느 것도 흥미로운 것처럼 느껴지지 않는다.
해설 feel + 형용사

정답 interesting

12
> You know how [interesting / interested] I am in everything you do.

해석 당신은 내가 당신이 하는 모든 것에 얼마나 흥미를 가지고 있는지 알고 계시잖아요.
해설 How + 형용사/부사 + 주어 + 동사

정답 interested

13
> She felt very [sleepy / sleepily], when suddenly a rabbit with pink eyes ran close by her.

해석 그녀는 졸린 기분이 들었는데, 그때, 갑자기 핑크색 눈을 가진 토끼 한 마리가 그녀 곁에 가까이 뛰어 왔다.
해설 feel sleepy 졸리다

정답 sleepy

14
> Three hours will be enough for us to make your home [free / freely] of any dirt.

해석 3시간이면 우리가 당신의 집에서 어떠한 먼지도 없도록 할 만큼 충분하다.
해설 make + 목적어 + 목적격 보어

정답 free

15
> The wind was blowing so hard that I could [hard / hardly] walk.

해석 바람은 아주 강하게 바람이 불고 있어서 나는 걸을 수가 없었다.
해설 hardly 거의 ~하지 않다(준 부정어)

정답 hardly

16

I've been really tired [late / lately].

해석 나는 정말로 최근에 지친 상태였다.
해설 late 늦은, 늦게 / lately 최근에

정답 lately

17

She thinks very [high / highly] of your work.

해석 그녀는 당신의 작품을 매우 높이 평가하고 있다.
해설 think highly of~ ~을 높이 평가하다

정답 highly

18

I believe the experiment is [high / highly] educational.

해석 나는 그 실험을 매우 교육적이라고 믿는다.
해설 highly 몹시, 매우

정답 highly

※ 다음 문장이 어법상 옳은지를 고르시오. (19~20)

19 The little bird looked happily and joyously in the sun. [○ / ×]

해석 어린 새는 태양 아래에서 행복하고 즐거워 보인다.
해설 look happy and joyous 행복하고 즐거워 보이다

정답 ×

20 Great white sharks with about 3,000 teeth are as deadly as taipans, too. [○ / ×]

해석 대략 3,000개의 치아를 가진 엄청난 흰 상어들은 역시, 타이팬(오스트레일리아산 맹독성 독사)만큼이나 치명적이다.
해설 as ~ as : 동등비교 / as deadly as~ ~만큼 치명적인

정답 ○

핵심 12 형용사, 부사의 불규칙 변화

(1) good(형용사: 좋은 / 부사: 잘, 훌륭하게)
    well(형용사: 건강한 / 부사: 잘, 훌륭하게) ─ better ─ the best

   예 He likes football best. 그는 축구를 가장 좋아한다.

(2) little ─ less ─ the least

   예 He had 10 dollars at least. 그는 기껏해야 10달러밖에 없었다.

(3) late ─ later ─ the latest (시간)
    latter ─ the last (순서, 차례)

   예 The former is mine, but the latter is yours. 전자는 내 것이고, 후자는 너의 것이다.

(4) up ─ upper ─ uppermost[upmost] (위에)
    in ─ inner ─ innermost

   예 The upper stories of a building are being built.
      건물의 위층 부분이 지어지고 있는 중이다.

(5) old ─ older ─ the oldest (나이)
    elder ─ the eldest (형제)

   예 He is my elder brother. 그는 나의 손위의 형님이다.

(6) far ─ farther ─ the farthest (거리)
    further ─ the furthest (정도, 시간, 수량)

   예 He went abroad to study further art. 그는 수준 높은 미술을 공부하기 위해서 해외로 갔다.

핵심 13 비교급을 쓸 수 없는 형용사

- round   • complete   • full   • supreme   • vacant   • perfect
- empty   • matchless   • dead   • square   • unique

예 round ─ rounder ─ roundest (×)

핵심 14 비교구문은 언제나 병치(대등) 구조로 등장

예 Walking is as good an exercise as running.

핵심 15 라틴계 단어나 prefer는 than 대신 to 사용 중요 ★

- superior   • minor   • anterior   • major   • posterior   • prefer 등

예 She is six years senior to him. 그녀는 그보다 6살 선배이다.
예 She prefers spring to autumn. 그녀는 가을보다 봄을 더 좋아한다.

핵심 16 원급에 의한 비교(~만큼 …한)

🔹 방법: as + 원급 + as를 이용한다. (as ~ as 사이에는 원급만을 쓴다는 점에 유의)

(1) 동등 비교: as + 원급 + as
   ① She is as wise as pretty. 그녀는 현명하기도 하고 예쁘기도 하다.
   ② This peach is as sweet as that one. 이 복숭아는 저 복숭아만큼 달다.

(2) 열등 비교: not as + 원급 + as (부정어 위치 유의)
   ① She is not so tall as he. 그녀는 그만큼 크지가 않다.
   ② No other boy is as studious as John.
      어떤 다른 소년도 존만큼 학구적이지는 않다.

(3) 배수사: 배수사 + as + 원급 + as (배수사 위치에 유의)
   ① This is twice as large as that. 이것은 저것의 2배의 크기이다.
   ② This building is three time as high as that one.
      이 건물은 저 건물의 3배나 높다.

핵심 17 관용표현

(1) **as + 원급 + as possible : 가능한 ~한**

   (= as + 원급 + as + S + can)
   - 예 Be as kind to her as you can. 당신이 할 수 있는 만큼 그녀에게 친절하라.
     = Be as kind to her as possible. 가능한 한 그녀에게 친절하라.

(2) **as + 원급 + as + any + 명사 : 누구 못지않게 ~한**
   - 예 He is as wise as any boy in class.

(3) **as + 원급 + as + ever + -ed : 이제껏 어느 누구 못지않게 ~한**
   - 예 He is as great a poet as ever lived.
     그는 이제껏 그 어느 누구 못지않게 위대한 시인이다.
   - 예 He is as well as ever.
     그는 언제나 건강하다.

(4) **as + 원급 + as + (형) + can be : 매우 ~한(= very + 형용사)**
   - 예 She is as poor as(poor) can be. 그녀는 매우 가난하다.
     = She is as poor as anyone. 그녀는 그 어느 누구만큼 역시 가난하다.

(5) **not so much A as B(= not A so much as B) : A라기 보다는 오히려 B하다(이다)**
    = less A than B = more B than A 중요 ★★
   - 예 She is not so much a scholar as a writer.
     그녀는 학자라기보다는 오히려 작가다.
   - 예 A man's worth lies not so much in what he has as in what he is.
     인간의 가치는 그가 가진 재산에 있는 것이 아니라, 그의 인격에 달려 있다.
   - 예 His success is not so much by talent as by energy.
     그의 성공은 재능에 의해서라기보다는 열정에 의해서이다.

(6) **not so much as = not even = without so much as = without even : ~조차도 없이 ~하다**
   - 예 She took my umbrella without so much as asking.
     그녀는 내게 물어보지도 않고 내 우산을 가져갔다.
   - 예 She did not so much as ask us to sit down.
     그녀는 우리에게 앉으라는 말조차 없었다.

핵심 18 비교급에 의한 비교(~보다 …한)

(1) **방법**: <u>비교급 ~ than</u>을 이용
    중복불가
    - 병치구조를 이끄는 접속사
    - as도 역시 병치구조를 이끄는 접속사
    - 라틴계 단어는 than 대신 to 사용

    예 She likes him better than you.(him > you)
       그녀는 당신보다 그를 더 좋아한다.
    예 She likes him better than you do.(she > you)
       그녀는 당신이 그를 좋아하는 것보다 그를 더 좋아한다.

(2) **비교급 강조 단어 '훨씬'으로 해석**

    much, still, even, far, by far, a lot 등

(3) **비교급 앞에 'the'를 쓰는 경우 (3가지)**

    ① of the two가 수식하는 비교급 앞에 사용
       (= of A and B / between A and B)
       예 He is the taller of the two. 그는 둘 중에서 더 키가 크다.
       예 Which is taller, she or her sister? 그녀와 그녀의 누이 중에 어느 쪽이 더 크냐?

    ② 이유, 원인의 어구가 수식할 때 사용

• because	• because of	• as	• for
• on account of 등			

       예 She loves him all the more for his faults.
          그녀는 그의 결점 때문에 더욱더 그를 사랑한다.

    ③ **The + 비교급(more / less)(S + V), the + 비교급(more / less)(S + V) 구문**: ~하면 할수록, 점점 더(덜) ~하다
       예 The higher the tree is, the harder the wind blows.
          나무가 더 자라면 자랄수록 바람은 더 거세지는 법이다.

핵심 19 | Know better than to + R 〈중요〉★

> Know better than to + R(= be not so foolish as to~) : ~할 만큼 어리석지 않다

예) She knows better than to tell a lie. 그녀는 거짓말을 할 만큼 어리석지 않다.

핵심 20 | no better than

> no better than(= as good as~) : ~와 다를 바 없는, 거의 ~나 마찬가지

예) He is no better than a beggar. 그는 거지나 다름없다.
예) The used car is as good as new. 그 중고차는 새 차나 마찬가지다.

🔹 little more than~ : ~나 다름없는, ~에 지나지 않는

핵심 21 | '하물며 ~은 말할 것도 없고'의 표현

긍정문 등장	much[still] more (하물며 ~은 말할 것도 없고)
부정문 등장	much[still] less (하물며 ~은 말할 것도 없고)
긍정, 부정문에 모두 쓰임	= not to mention = not to speak of = to say nothing of = let alone

예) She can speak English, much more Korean.
그녀는 영어를 말할 수 있다, 하물며 한국어는 말할 것도 없다.
예) She can't speak Korean, much less English.
그녀는 한국어를 말할 수 없다, 하물며 영어는 말할 것도 없다.

핵심 22   관용표현 ★★★

(1) no more than = only (단지)

    예 She has no more than 50 books.
       그녀는 단지 50권의 책을 가지고 있다.

   not more than = at (the) best as = at (the) most (기껏해야)

    예 She has not more than 50 books.
       그녀는 기껏해야 50권의 책을 가지고 있다.

   no less than = as much as (~만큼, ~씩이나)

    예 She owes him no less than 1,000 won.
       그녀는 그에게 1,000원씩이나 빚지고 있다.

   not less than = at (the) least (적어도)

    예 She owes him not less than 1,000 won.
       그녀는 적어도 1,000원은 그에게 빚지고 있다.

> **암기**
> - more than은 단지 no만 붙인다. more than은 기껏해야 not을 붙인다.
> - no less than 만큼은 less than은 적어도 not을 붙인다.

(2) A is no more B than C is D(= B) [A가 B가 아닌 것은 C가 D(= B)가 아닌 것과 같다]
    = A is not B any more than C is D(= B)
    = A is not B, just as C is not D(= B)

    예 A whale is no more a fish than a horse is.
       고래가 물고기가 아닌 것은 말이 물고기가 아닌 것과 같다.

(3) not more A than B (B 이상은 A 아니다)

    예 She is not more wise than he is.
       그녀는 그 사람 이상은 현명하지 않다.

   no less A than B [B만큼(마찬가지로) A하다]

    예 She is no less beautiful than her sister.
       그녀는 그녀의 누이만큼 아름답다.

not less A than B (B 못지않게 A하다)

예) He is not less diligent than his brother (is).
그는 그의 형님 못지않게 부지런하다.

핵심 23   최상급 구문 정리 중요 ★★★

최상급 표현방법(최상급의 의미를 가지는 표현)에 유의한다.

(1) 부정주어 + V + so + 원급 + as

예) No other crop in korea is so important as rice.
한국에서 쌀은 가장 중요한 농작물이다.

(2) 부정주어 + V + 비교급 ~ than

예) No other crop in korea is more than important than rice.

(3) 긍정주어 + V + 비교급 than any other + 단수명사

예) Rice is more important than any other crop in korea.

(4) 긍정주어 + V + 비교급 than all the other + 복수명사

예) Rice is more important all the other crops in korea.

(5) 긍정주어 + V + 최상급 형용사 + of + all

예) Rice is the most important of all the other crops in korea.

(6) 긍정주어 + V + 비교급 than anyone[= anything] else

예) Rice is more important than anything else in korea.

주관식 레벨 UP

※ 다음 문장의 의미를 쓰시오. (01 ~ 05)

01 He is the last man to tell a lie.

해설 the last man to tell~ : 결코 ~할 사람이 아니다

정답 그는 결코 거짓말을 할 사람이 아니다.

02 She knows better than to go out in this hot weather.

해설 know better than to + R~ : ~할 만큼 어리석지 않다

정답 그녀는 이런 더운 날씨에 외출할 만큼 어리석지 않다.

03 The wisest man can't solve all these problems on the spot.

해설 최상급의 경우에도 '양보' 의미를 포함시킬 수 있다.

정답 아무리 현명한 사람일지라도 즉석에서 이 모든 문제들을 해결할 수는 없다.

04 He is not so much a scholar as a scientist.

해설 not so much A as B : A라기보다는 오히려 B이다(하다)

정답 그는 학자라기보다는 오히려 과학자다.

05 A whale is no more a fish than a horse is.

해설 A is no more B than C is(D) : A가 B 아니듯....... C도 D 아니다.

정답 고래가 물고기가 아니듯이 말도 물고기는 아니다. (양쪽 부정)

※ 다음 문장의 틀린 부분을 수정하시오. (06 ~ 09)

06 The celebrity is more intelligent than any other entertainers.

해설 긍정주어 + 동사 + 비교급 ~ than + any + other + 단수명사 (최상급 표현)

정답 any other entertainer

07 그는 기껏해야 주머니에 5달러밖에 없다.
= He has not less than 5 dollars in his pocket.

해설 no less than~ ~만큼 / not less than~ 적어도 / no more than~ 단지 / not more than~ 기껏해야

정답 not more than

08 The eyes of a rabbit are larger than that of a dog.

해설 the + 명사(단수) → that, the + 명사(복수) → those

정답 those

09 그녀는 한국어를 유창하게 말할 수 없다, 하물며 영어는 말할 것도 없다.
= She can't speak Korean fluently, much more English.

해설 긍정문, 하물며 ~은 말할 것도 없다 much more~, still more~ /
부정문, 하물며 ~은 말할 것도 없다 much less~, still less~ /
긍정문, 부정문 let alone~, not to mention~, not to speak of~, to say nothing of~

정답 much(still) less / not to mention / to say nothing of / let alone / not to speak of

10 다음 문장이 어법상 옳은지를 고르시오.

I prefer to take a taxi rather than walk on foot. [○ / ×]

해설 prefer to + V~ rather than (to) + V / prefer + 동명사 + to + 동명사

정답 ○

제13장 관계사

핵심 01   who 연구(격의 등장에 주의)

who는 사람이 선행사인 경우에 쓰인다.

(1) who 다음에는 동사가 온다.

동사가 보이면 주격의 who가 답이다. 이때는 선행사가 사람이며, 선행사의 수(number)와 동사의 수일치 주의!

[예] The women who are present at the meeting are famous people.
모임에 참석한 여성들은 유명한 명사들이다.

(2) whose 다음에는 명사가 온다.

명사가 보이면 whose가 답이다. 이때는 명사가 주어일 수도 있고, 목적어 또는 보어일 수도 있다.

[예] The house whose roof is red is my house.
지붕이 붉은 색인 그 집은 나의 집이다.

(3) whom 다음에는 주어 + 동사가 온다.

주어 + 동사가 보이면 whom이 답이다. 이때는 whom을 생략할 수도 있다.

[예] The men whom she wants to meet today are sportsmen in Korea.
그녀가 오늘 만나고 싶은 사람들은 한국의 스포츠맨들이다.

(4) 전치사 뒤에 whom이 오면 반드시 주어 + 동사가 기본 구조로 나온다.

[예] There were many friends with whom I played in my childhood.
내가 어린 시절에 함께 놀던 많은 친구들이 있었다.

핵심 02   which 연구(격의 등장에 주의)

which는 사물이 선행사인 경우에 쓰인다.

(1) which 다음에 만약 동사가 오면 = 주격 관계대명사만(생략 불가)

예) He has a fantastic car which is cream-colored.
그는 크림색상의 멋진 차를 가지고 있다.

(2) whose 다음엔 명사가 온다. = 명사가 보이면 whose가 답이다.

이때 whose 대신 of which가 오면 명사는 the를 반드시 수반한다.
whose + 명사 = the + 명사 + of which = of which + the + 명사

예) Look at the mountain whose top is covered with white snow.
예) Look at the mountain of which the top is covered with white snow.
예) Look at the mountain the top of which is covered with white snow.
정상 부분이 흰 눈으로 덮여져 있는 산을 좀 보라.

(3) which 다음에 만약 주어 + 동사가 오면 = 목적격 관계대명사(생략 가능)

예) He had a used car which his father bought for the Christmas holidays.
그는 그의 아버지가 크리스마스 휴일에 구매하신 중고차를 가지고 있었다.

(4) 전치사 + which는 다음에 반드시 주어 + 동사가 온다. (완전한 절 등장) 중요 ★★★

$$\text{전치사 + which} + \begin{cases} \text{주어 + 자동사 + (전치사) + } \sim \\ \text{주어 + be동사 + 형용사 + (전치사) + } \sim \end{cases}$$

위에서 뒤에 있는 전치사가 앞으로 올 수도 있고, 전치사 + which는 관계부사 when, where, why, how 등으로 바뀔 수도 있다.

예) Many places in korea are known for delicious food of which most people think as wholesome food.
한국에 많은 장소들은 대부분의 사람들이 건강한 음식이라고 생각하는 맛있는 음식들로 유명하다.
예) This is the house in which I lived in my childhood.
= This is the house where I lived in my childhood.
이곳은 내가 어린 시절에 살던 집이다.

핵심 03　that 연구

that이 관계사로 쓰이면 선행사를 사람, 사물로 다 받을 수 있다. 격의 변화에 모양이 바뀌지 않지만, 절(clause) 내부는 언제나 불완전한 절의 형태를 취하므로 접속사 that이 항상 절(clause) 내부를 완전한 절(clause)의 형태로 취하는 것과는 구분된다. 특히, that만을 취하는 경우가 있다.

✦ that 앞에는 전치사를 세울 수 없고, 계속적 용법으로도 사용이 불가능하므로 주의한다.

- 예) Man is the only creature that is gifted with speech.
  인간은 말을 재능으로 하는 유일한 생명체이다.
- 예) There are a man and his dog that follow the car on the street.
  그 거리에는 차를 따라가는 한 사람과 그의 강아지가 있다.
- 예) They have information for the project, that is needed for me. (×)
  They have information for the project, which is needed for me. (○)
  그들은 그 프로젝트에 맞는 정보를 가지고 있다, 그것은 나에게 필요하다.

핵심 04　관계대명사 삽입 절과 비(非)삽입 절 연구 ★중요★

(1) S + V + V 보이면 주격 (who가 정답)

(2) S + V + to + R 보이면 목적격 (whom이 정답)

- 예) The woman who [I thought] was honest deceived me. (삽입 절) : 생략 불가
- 예) The woman whom I thought to be honest deceived me. (非 삽입 절)
  내가 정직하다고 생각했던 여성이 나를 속였다.
- 예) He will give this magazine to whoever (he thinks) needs it now.
  그는 현재 그 잡지가 필요하다고 생각하는 사람이면 누구에게나 이 잡지를 줄 것이다.

핵심 05 　 관계대명사 what 연구(자신이 선행사를 포함)　★★

(1) what = that[those] which = the thing(s) which = all that

　　예 Tell me what you want. (what = 의문대명사, 관계대명사)
　　예 She is not the woman who she used to be.
　　　 = She is not what she used to be(was).
　　　 그녀는 더 이상 과거의 그녀가 아니다.

(2) 관용표현

　　① what + S + be : S의 인격, what + S + have : S의 재산
　　② what we/you/they call = what is called(소위, 이른바)
　　③ A is to B what(= as) C is to D = A와 B와의 관계는 C와 D와의 관계와 같다.

핵심 06 　 관계부사 연구 → 반드시 전치사 + 관계대명사로 전환 가능

① This is the house where I lived.
　　　　　　　　　　 = in which I lived.
　　　　　　　　　　 = which I lived in.
　　　　　　　　　　 ✪ 전치사 + which to + R

② Tell me the time when you will come here.
　　　　　　　　　　 = at which you will come here.

③ I don't know the reason for which she was absent.
　　　　　　　　　　 = why

핵심 07 　 복합관계사 연구

✚ 전치사 + 복합관계대명사 + 동사로 이어지는 구조에서 복합관계사는 whoever가 정답이다. 이때 whomever를 함정으로 제시하는 경우가 많다. 복합관계대명사도 대명사로서 역할을 수행하는 동시에 what처럼 선행사를 지니고 있는 의미이다.

예 whoever = anyone who/whatever = anything that = everything that = no matter what 등으로 풀어서 생각할 수 있기 때문이다.

예 You may give this book to whomever wants to read it in your class. (×)
             = whoever (○)
네가 너의 학급에서 그것을 읽기를 원하는 사람 누구에게라도 이 책을 주어도 좋다.

핵심 08   관계대명사 생략 연구

(1) 목적격 관계대명사는 생략한다.

 예 This is the book which my mother gave me for a birthday present.
   이 책은 나의 어머니께서 나에게 생일 선물로 주신 책이다.
 예 I gave my brother some toys with which I played at the age of 7.
   = I gave my brother some toys (which) I played with at the age of 7.
   나는 내가 7살 때 가지고 놀던 몇 개의 장난감을 나의 남동생에게 주었다.

(2) 전치사의 목적격이 생략되면 전치사는 후치한다는 사실을 주의한다.

(3) 주격이라도 생략이 가능하다. (there be 구문이 있을 때)

 예 He taught me the difference that there is between right and wrong.
   그는 옳고 그름 사이에 존재하는 차이를 가르쳐 주었다.
 예 Japanese fox is the most cunning animal that there is.
   일본 여우는 세상에 존재하는 가장 교활한 동물이다.

✔ 주관식 레벨 UP

※ 다음 괄호 안에 맞는 답을 선택하시오. (01 ~ 15)

01 What is the name of the woman [who / which] cleans the school?

해석 학교를 청소하는 그 여성의 이름은 무엇인가요?
해설 the woman who cleans~

정답 who

02 In America, there are lots of people [who / which] don't get enough food to eat.

해석 미국에는, 먹을 수 있는 충분한 음식을 얻지 못하는 많은 사람들이 있다.
해설 people who don't get~

정답 who

03 One study shows that kids [who / which] hardly play develop brains 20% to 50% smaller than normal.

해석 한 연구는 거의 놀지 않는 아이들은 정상적인 아이들보다 20%에서 50% 정도 더 적게 뇌가 발달한다는 사실을 보여주고 있다.
해설 kids who hardly play

정답 who

04 I know the girls, one of [them / whom] loves me.

해석 나는 그 소녀들을 알고 있다, 그들 중에 하나는 나를 사랑한다.
해설 the girls, one of whom loves~

정답 whom

05 But why do we call the people [deliver / who deliver] letters mail carriers?

해석 그러나 우리는 왜 편지를 배달하는 사람들을 우편배달부라고 하는가?
해설 call the people who deliver~

정답 who deliver

06 The number of people [who / whose] get cancer [is / are] increasing.

해석 암에 걸린 사람들의 숫자는 증가하고 있다.
해설 people who get~ / The number of 복수명사 + 동사(단수)

정답 who, is

07 Once there was a little boy [who / whose] name was Richard Whittington.

해석 옛날 옛적에 이름이 리차드 위팅턴인 한 어린 소년이 있었다.
해설 a boy whose name was~

정답 whose

08 It has been proven that background music does [when / what] it is designed to do.

해석 배경 음악은 배경 음악이 실행하고자 고안된 그대로 한다는 사실이 증명되어졌다.
해설 when 이하의 절은 완전하다 / what it is designed to do~ : do의 목적어가 불완전

정답 what

09 Nervous first dates, wedding decorations and bouquets, anniversaries, and Valentine's Day are all special events [when / that] need beautiful, carefully selected flowers.

해석 긴장이 되던 첫 데이트 날들, 결혼 장식들, 그리고 부케, 기념일, 그리고 발렌타인데이는 모두가 아름다운, 조심스럽게 선택된 꽃들을 필요로 하는 특별한 행사들이다.
해설 when : 완전 절 / that + need(동사)~ : 불완전 절

정답 that

10 The area was once a wasteland, [who / where] no vegetables could grow.

해석 그 지역은 한때 황무지였다, 그곳에서는 어떠한 채소들도 성장할 수 없다.
해설 where : 완전한 절 / who : 불완전한 절

정답 where

11 We were crossing 72nd Street, [which / when] we hear somebody call for help.

해석 우리는 72번 거리를 가로지르고 있었다, 그리고 그 때 우리는 누군가가 도움을 요청하는 소리를 들었다.
해설 관계대명사 : 불완전 절 / 관계부사 : 완전 절 / when : 완전 절

정답 when

12

In the distance, less than 160 kilometers away from Death Valley, visitors can see Telescope Park, [which / where] is over 3351.32 meters high.

해석 멀리서 데스밸리로부터 160킬로미터가 채 안 되는 곳에서, 방문객들은 telescope park를 볼 수 있으며, 그곳은 높이가 3351.32미터보다 위쪽에 위치하고 있다.
해설 which : 불완전 절

정답 which

13

No matter [how / what] she did, he wanted to stay up.

해석 그녀가 무엇을 하든지 간에, 그는 늦게까지 머물러 있기를 원했다.
해설 did의 목적어를 만드는 구조를 찾아야 한다.
　　　no matter how : 복합관계부사 / no matter what : 복합관계대명사

정답 what

14

FedEx was the idea of his dreams and he did [however / whatever] it took to keep the company alive.

해석 FedEx는 그가 꿈꾸던 생각이었다. 그리고 그는 그 회사를 유지하도록 하기 위해서 무엇이든지 했다.
해설 took의 목적어로 whatever가 필요하다

정답 whatever

15

In most countries [which / where] there are mountains, people enjoy the unique appeal of skiing.

해석 산악지대가 있는 대부분의 나라들에서 사람들은 독특한 스키의 매력을 즐긴다.
해설 where : 완전한 절(there are mountains)이 등장한다.

정답 where

※ 다음 문장이 어법상 옳은지 고르시오. (16 ~ 19)

16 Americans do or think this, all of them don't do or think so. [○ / ×]

> 해석 미국인들은 이것을 하거나 생각한다, 하지만 그들 모두가 그렇게 행하거나 생각하는 것은 아니다.
> 해설 주절, 주절은 불가능하다. 따라서 all of whom으로 바꾸어야 한다.

정답 ×

17 About 70 percent of Earth is covered with water, some of which is frozen. [○ / ×]

> 해석 대략 지구의 70%는 물로 덮여져 있고, 그들 중 일부는 얼어있다.
> 해설 water some of which is frozen.

정답 ○

18 It was a beautiful place which fairies were living together with wild animals. [○ / ×]

> 해석 요정들이 야생동물들과 함께 살아가고 있었던 아름다운 장소가 있었다.
> 해설 the place where fairies were living~

정답 ×

19 The Australian taipan, for example, is a snake, whose poison is strong enough to kill 199 adults with just one bite. [○ / ×]

> 해석 예를 들어 호주의 타이팬은 뱀인데, 그 뱀의 독이 한 번 물리면 199명의 성인들을 죽일 수 있을 만큼 아주 강력하다.
> 해설 a snake whose poison is~

정답 ○

제14장 | 접속사, 전치사

중요 ★★

접속사는 절을 유도하는 종속 접속사와 대등한 구조를 연결하는 등위 접속사로 나누어진다. 다만 구를 유도하는 전치사와 종속 접속사는 구분해서 적용할 줄 알아야 한다.

의미	접속사 + S + V	전치사 + 명사(구)
~때문에	because	because of
~일지라도	though	despite(= in spite of)
~인 경우에	in case(that)	in case of
~할 때쯤	by the time	by
~하는 동안	while	during
~에 따르면	according as	according to

핵심 01 전치사의 목적어

◆ **전치사의 목적어** : 명사 상당 어구를 적용하며, 목적격을 쓴다.

① Man differs from animals in that he can think and speak. (that절)
   인간은 사고하고 말한다는 점에서 동물과 구분된다.
② I have no idea about who broke the window. (간접의문문)
   나는 창문을 누가 깼는지 모른다.
③ The plane is about to take off. (to부정사, 극히 예외)
   비행기는 막 이륙하려 하는 중이다.
④ She did nothing but cry all day long. (원형 부정사)
   그녀는 단지 하루 종일 울기만 했다.
⑤ The plan was far from being perfect. (동명사)
   그 계획은 결코 완벽하지 못하다.

핵심 02   시간을 나타내는 전치사

(1) in(~후에, ~지나면) : 미래의 일

    예 I'll be back in a minute. 나는 일분 내로 돌아올 것이다.

    after(~후에) : 과거의 일
    within(~이내에) : 일정한 기간 내를 의미

    예 He will be back within a week. 그는 일주일 내로 돌아올 것이다.

(2) for(~동안) : 일반적으로 수사 앞에

    예 He stayed at the city for three days. 그는 3일 동안 그 도시에 머물렀다.

    during(~동안) : 특정한 기간을 나타내는 어구와 함께
    through(~동안 줄곧) : 처음부터 끝까지의 의미

    예 He had a good time during the vacation. 그는 방학 동안 좋은 시간을 가졌다.

(3) since(~이래로 줄곧) : 과거부터 현재까지 계속

    예 I have never seen him since 2002. 나는 결코 2002년 이후로 그를 본 적이 없다.

    from(~부터) : 출발점만 나타내며 계속의 의미는 없다.

핵심 03   장소를 나타내는 전치사

(1) between : (2개) 사이

    예 He is standing between the old man and the woman.
       그는 그 노인과 여성 사이에 서 있다.

    among : (3개 이상의) 사이에

(2) along(~을 따라서)

    예 He walked along the river with her. 그는 그녀와 강을 따라서 걸었다.

    across(~을 가로질러)
    through(~을 꿰뚫어)

핵심 04   원인, 이유를 나타내는 전치사(~으로, ~때문에)

(1) **from, of** : 직접적인 원인이나 외적 원인, 과로, 부상으로 죽음에 이르는 경우
   예 He died of cancer. (병명) 그는 암으로 사망했다.

(2) **with** : 동시성 강조(추위, 두려움, 열, 배고픔의 경우)
   예 He was terrible with fear. 그는 두려움으로 무서웠다.

(3) **through** : 간접적·매개적 원인, 실수, 부주의, 태만의 경우
   예 It was through you that he succeeded. 그가 성공한 것은 당신 때문이었다.

(4) **for** : 상벌, 감정 / 원인, 이유
   예 He compensated her for damages. 그는 그녀에게 배상금을 보상했다.
   예 She cried for pain. 그녀는 고통으로 울었다.

핵심 05   기타 주의해야 할 전치사

(1) 결과 **to** : 변화의 방향
   예 He was moved to tears. 그는 감동하여 눈물을 흘렸다.

   into : 변화의 결과
   예 Cheese is made from milk. 치즈는 우유로 만들어진다.
   = Milk is made into Cheese.

(2) 행위자 : **by**
   예 The engines are driven by electricity. 그 엔진들은 전기로 가동된다.

   도구, 수단 : **with, by**

(3) 찬성 : **for**
   반대 : **against**
   예 Are you for or against reform? 당신은 개혁에 찬성하는가, 반대하는가?

(4) 부대상황의 with

예) He stood with his arms folded. 그는 팔짱을 낀 채로 서 있었다.

핵심 06 but의 용법

(1) not A but B : A가 아니라 B = B, and not A = B, not A

예) He is not a poet, but a novelist. 그는 시인이 아니라 소설가다.

(2) never[not, 부정어] ~ but : ~하면 반드시 ~하다 / ~하지 않고는 ~하지 않는다

예) They never meet without quarreling. 그들은 만나기만 하면 싸운다.
예) They never see this picture, but they are reminded of you.
그들은 이 사진을 보기만 하면, 반드시 너를 상기한다.

(3) not only A but also B = B as well as A : A뿐만 아니라 B도 역시

예) Not only my sister but (also) I know my father's birthday.
나의 누이뿐만 아니라 나도 아버지의 생신을 알고 있다.

핵심 07 명사절을 이끄는 접속사

(1) that절은 문장 중에서 명사절을 이끌며, 주어·목적어·보어 동격 역할을 한다.

예) I think that the man was wrong. 나는 그 남자가 잘못이었다고 생각한다.

(2) whether~(or not)는 간접의문문을 이끌며 명사절을 만든다. (목적어)

예) She asked me whether he would come back home.
그녀는 나에게 그가 집으로 돌아올 것인지 아닌지 물어봤다.

(3) if도 간접의문문을 이끌며 명사절의 역할을 한다. (목적어)

예) They don't know if he will come back soon.
그들은 그가 곧 돌아올 것인지 아닌지 알지 못한다.

(4) what절은 불완전한 절을 유도하며, 완전한 절을 유도하는 that과 항상 대비된다.

예 What is important most in life is not money, but love.
인생에서 가장 중요한 것은 돈이 아니라, 사랑이다.

핵심 08 결과(so ~ that, such ~ that) 중요 ★★★

🔹 so that 뒤에 조동사가 있으면 목적 의미로 해석한다. (가끔 결과도 가능)
~, so that은 결과나 목적을 나타내기도 한다.
such that은 도치시켜서도 사용할 수 있다. (such = so great의 의미)

예 He is so kind that everybody likes him.
그는 너무나 친절해서 모든 사람이 그를 좋아한다.
예 He is so kind a student that everybody likes him.
그는 너무나 친절한 학생이라서 모든 사람이 그를 좋아한다.
예 He is such a kind boy that his friends like him.
그는 아주 친절한 소년이라서 그의 친구들이 그를 좋아한다.
예 He is a very kind boy, so that everybody likes him.
그는 아주 친절한 소년이다, 그래서 모든 사람이 그를 좋아한다.
예 Such was the typhoon that almost the houses were swept.
그 태풍은 너무나 대단해서 거의 모든 집들이 쓸려나갔다.
예 She worked so hard that she would not fail in the examination.
그녀는 시험에 실패하지 않기 위해서 아주 열심히 일한다.

주관식 레벨 UP

※ 다음 괄호 안에서 옳은 것을 고르시오. (01 ~ 18)

01 I [discussed / discussed about] the plans for the new school with them.

해석 나는 그들과 함께 새로운 학교에 대한 계획을 토론하였다.
해설 discuss 토론하다(vt)

정답 discussed

02 My father [reached / reached at] New Orleans on Thursday.

> 해석 나의 아버지는 목요일에 뉴올리언즈에 도착했다.
> 해설 reach 도착하다(vt)

정답 reached

03 When you [enter / enter into] the classroom, you will notice that American students are quick to criticize something and quick to defend themselves. The teacher encourages the students to [discuss / discuss about] many topics.

> 해석 당신이 교실에 들어갈 때, 당신은 미국 학생들이 어떤 것을 비판하는 데 빠르고, 자신들을 방어하는 데 빠르다는 것을 목격할 것이다. 선생님들은 학생들이 많은 주제를 토론하도록 독려한다.
> 해설 enter 들어가다 / enter into 시작하다 / discuss 토론하다(vt)

정답 enter / discuss

04 It's amazing how closely Brian and Steve [resemble with / resemble] each other.

> 해석 브라이언과 스티브가 서로서로 얼마나 닮았는지는 놀라울 정도다.
> 해설 resemble(vt) 닮다

정답 resemble

05 [Although / Despite] he was so successful later in life, he left school at the age of sixteen and then studied art for a short time.

> 해석 비록 그가 인생의 말년에 대단히 성공을 거두었을지라도, 16살의 나이에 학교를 떠났고, 잠깐 미술 공부를 했다.
> 해설 접속사는 절을 이끈다. 전치사는 절을 이끌지 못한다.

정답 Although

06 [Though / despite] John was very short and skinny, he loved football very much.

> 해석 존이 비록 무척 작고 말랐는데도 불구하고, 그는 무척이나 축구를 사랑했다.
> 해설 '양보' 의미의 접속사가 필요하다.

정답 Though

07 [During / While] the flight from Denver to Kansas City, my mother was sitting across the aisle from a woman and her eight-year-old son.

해석 덴버에서 캔자스 시티로 비행하는 동안, 나의 어머니는 한 여성과 그녀의 아들과 더불어 복도 쪽에 앉아있었다.
해설 During(전치사) + 명사(구)

정답 During

08 The effects of pollution became more noticeable as cities grew [while / during] the Middle Ages.

해석 도시들이 중세에 성장하는 동안 오염의 영향은 더욱 더 눈에 띄게 되었다.
해설 전치사(during) + 명사(구)

정답 during

09 [During / While] cleaning the living room carpet, I tripped and fell over the vacuum cleaner hose.

해석 거실의 카펫을 청소하는 동안 나는 발이 청소기의 호스에 걸려서 넘어졌다.
해설 분사구문으로 While I cleaned the living room carpet, I tripped and fell over~

정답 While

10 [While / during] looking around in the shop, he found a nice necktie which there are check shapes on.

해석 그 가게에서 주위를 둘러보는 동안, 그는 체크무늬가 들어있는 멋진 넥타이를 발견하였다.
해설 분사구문으로 While he looked around in the shop, he found a nice necktie~

정답 While

11 Around the world, about 529,000 women a year die [while / during] pregnancy or childbirth.

해석 전 세계 여기저기에, 일 년에 대략 529,000명의 여성들이 임신이나 출산 중에 죽는다.
해설 during(~하는 동안) : 전치사, while(~하는 동안) : 접속사

정답 during

12 London was growing quickly [during / while] the early 19th century.

해석 런던은 19세기 초기 동안 빠르게 성장하고 있었다.
해설 during + 특정기간

정답 during

13 You should not despise a man just [because / because of] he is poor.

해석 당신은 단지 그 사람이 가난하다는 이유로 사람을 무시해서는 안 된다.
해설 because(접속사) + S + V

정답 because

14 Music boxes made people feel good. That's [why / because] I love music boxes so much.

해석 뮤직 박스는 사람들을 기분 좋게 만들어 주었다. 그것이 내가 뮤직 박스를 무척 사랑하는 이유다.
해설 That's why~ (○) / That's because~ (×)

정답 why

15 A clerk made a two-million-dollar mistake [because / because of] a comma.

해석 점원은 콤마 하나 때문에 2백만 달러의 실수를 했다.
해설 because of(전치사)~ ~때문에

정답 because of

16 At times, cats were feared [because / because of] their strange ways.

해석 때때로, 고양이들은 자신들의 이상한 방식 때문에 두려워했다.
해설 because of + 명사(구)

정답 because of

17 The telephone does not care [that / whether] we are sleeping or eating or working.

해석 전화는 우리가 잠을 자든, 밥을 먹든, 일을 하든지 간에 개의치 않는다.
해설 whether A or B A이든지 또는 B이든지

정답 whether

18 Yesterday evening my son came in to ask [if / that] I felt like playing ball with him.

해석 어제 저녁에 나의 아들은 내가 그와 함께 공놀이를 하고 싶은지 어떤지를 물어보려고 나에게로 왔다.
해설 궁금 동사(ask) + if(= whether) + S + V

정답 if

※ 다음 문장이 어법상 옳은지를 고르시오. (19 ~ 20)

19 But, you can only check in at this hotel during the winter. [○ / ×]

해석 그러나, 당신은 겨울 동안에는 이 호텔에서 숙박할 수 있다.
해설 during + 특정기간

정답 ○

20 I never drink cola because of it is really bad for health. [○ / ×]

해석 나는 그것이 실제로 건강에 나쁘기 때문에 콜라를 결코 마시지 않는다.
해설 because of(전치사)~ ~때문에

정답 ×

제15장 특수 구문

특수 구문은 문장의 정상적인 어순을 탈피하여 도치, 강조, 생략, 공통관계, 병렬 등의 방식으로 글을 경제적이고 효율적으로 쓰는 것을 말한다.

❖ 문두에 부정어 Never, Hardly, Scarcely, Not until, Not only, Only after, Only, Little, Few, Seldom 등이 등장하면 반드시 주절에 도치 구문을 확인해야 한다.

핵심 01 도치 구문

- never + do/does/did + 주어 + 동사원형
- Only after + 명사(구) + S + V + was/were + 주어 + ~
- Scarcely had + 주어 + p.p + ~

[예] Hardly had he seen me when he ran away.
그가 나를 보자마자 달아났다.
[예] Rarely does he go to the movies with his family.
좀처럼 그는 그의 가족과 영화를 보러 가지 않는다.

핵심 02 구문상의 도치

① May God bless you! (기원문, 의문문)(May 생략)
　신이 네게 축복을 내리기를!
② Here are some apples. [there(here) 구문](명사구는 도치)
　여기 몇 개의 사과가 있다.
③ Here he comes! (대명사 + V)(대명사는 정치)
　여기 그가 온다.
④ So[neither, nor] + V + S (대상이 2개이면 항상 도치)

핵심 03 강조를 위한 도치

① Great was the Queen's satisfaction. (보어)(주어와 자리바꿈)
여왕은 대단히 만족했다.
② The speaker the audience gave a big hand. (목적어)(목적어 뒤는 정치)
청중은 연사에게 큰 박수를 보냈다.
③ On the bed lay a beautiful baby. [부사(구)](부사구 등장 시 도치 가능)
침대에는 예쁜 아기가 누워있다.

핵심 04 삽입 구문: '있다손 치더라도'

① She seldom, if ever, comes to see me. (동사 앞에서)
그녀는 있기는 하지만 좀처럼 나를 만나러 오지 않는다.
② There are very few, if any, mistakes. (명사 앞에서)
있기는 하지만 거의 실수가 없다.
(if ever + 부사 또는 동사 강조 어구, if any + 명사 강조 어구로 쓰인다)

주관식 레벨 UP

※ 다음 밑줄 친 부분을 올바른 형태로 수정하시오. (01 ~ 04)

01

He didn't know that information, <u>neither did</u> she.

해석 그는 그런 정보를 알지 못했다, 그리고 역시 그녀도 그랬다.
해설 주절, 주절은 불가능하다. 따라서 and neither + V + S

정답 and neither = nor

02

> Only after he got to the place, he knew the fact.

해석 그가 그 장소에 도착하자마자 그는 그 사실을 알았다.
해설 Only after~어구 '~하고 나서야 비로소', 어구는 문두에 등장하면 주절을 도치시킨다.

정답 did he know

03

> He had known the fact that she was not in the office until she called him.

해석 그는 그녀가 과거에 전화를 하고 나서야 비로소 그녀가 사무실에 없다는 사실을 알았다.
해설 문맥의 의미를 판단해 볼 때, "그녀가 과거에 전화를 하고 나서야 비로소 그녀가 사무실에 없다는 사실을 알았다."이 므로 그녀가 사무실에 없었다는 사실을 대과거 시간에는 알지 못했다. hadn't known이 적절하다.

정답 hadn't known

04

> Hardly did he get to the airport when he found that he had left his suitcase in the house.

해석 그가 공항에 도착하자마자 그는 집에 서류가방을 놓고 온 것을 알았다.
해설 Hardly had + 주어 + p.p ~ when(before) + 주어 + 동사 + ~ : ~하자마자 곧 ~했다

정답 had he got

05 다음 문장에서 맞는 답을 고르시오.

> [If / Were] I rich, I would help you.

해석 만약에 내가 부자라면, 나는 당신을 도울 텐데…….
해설 가정법 과거의 if 생략

정답 Were

※ 다음 문장이 어법상 옳은지 고르시오. (06 ~ 10)

06 I couldn't think of anything to say and neither could he. [○ / ×]

　해석　나는 어떤 말도 할 수 있는 생각조차 하지 못했고, 그도 역시 생각할 수 없었다.
　해설　and neither = nor + 동사 + 주어

　정답　○

07 Little does he realize that he could never return home again. [○ / ×]

　해석　그는 결코 다시는 집으로 돌아올 수 없을 거라는 것을 깨닫지 못했다.
　해설　Little did he realize : 시제를 일치하도록 한다.

　정답　×

08 Had he finished the work then, he could have gone to the concert. [○ / ×]

　해석　그가 그때 그 일을 마쳤다면, 그는 콘서트에 갈 수 있었을 텐데….
　해설　가정법 과거완료의 조건절에 if 생략 구문이다.

　정답　○

09 Not a word did he say before her girlfriend. [○ / ×]

　해석　그는 그녀의 여자 친구 앞에서 한 마디도 하지 못했다.
　해설　목적어(not a word)가 부정의 의미를 가지면 문두에 등장할 때 도치구문을 쓴다.

　정답　○

10 It was not until when he arrived at the airport that he heard the news. [○ / ×]

　해석　그가 그 소식을 듣게 된 것은 그가 공항에 도착했을 때였다.
　해설　It was 강조어구 that절일 때 that절은 정치 문장을 그대로 쓴다.

　정답　○

제 2 편 | 실전예상문제

※ 다음 중 어법상 <u>틀린</u> 것을 고르시오. (01 ~ 03)

01

One of ① the most important principles in biology ② are that ③ all living things must come ④ from other living things.

해석 생물학의 가장 중요한 원칙들 중에 하나는 모든 살아있는 것들은 다른 살아있는 것으로부터 유래해야만 한다는 것이다.
해설 one이 주어이므로 동사는 단수이다(is).

01
TIP 주어와 동사를 보면 수(number)일치를 확인하자!
어휘 • biology 생물학
• living 살아있는
• come from~ ~에서 유래하다

02

The ① increased melting has already begun to change the region's geography. One lake in northern Tibet has risen 20 centimeters a year since 1997, ② spreading over local pastures and towns, and ③ forcing residents ④ moving to higher ground.

해석 증가된 융해는 이미 그 지역의 지형을 변화시키기 시작했다. 티벳 북쪽의 한 호수는 1997년 이후로 해마다 20센티씩 증가해왔으며, 지역의 목초지와 도시를 덮어버리며, 주민들이 어쩔 수 없이 고지대로 대피하게 만들었다.
해설 force가 사역동사이므로 to move가 정답이다.

02
TIP 사역동사(get, compel, force) + 목적어 + 목적격 보어(to + R) 구문을 확인하자!
어휘 • increased 증가된
• increasing 증가하는
• pasture 목초지

정답 01 ② 02 ④

03

The thought ① of being alone on the island while so many suns ② rise from the sea and went ③ slowly back into the sea ④ filled my heart with loneliness.

> **해석** 섬에서 외로이 있다는 생각은 결국 여러 차례의 태양이 바다에서 떠오르고 바다로 다시 천천히 지는 동안에도 나의 마음을 외로움으로 가득 채웠다.
>
> **해설** and 뒤의 went는 시제의 법칙을 병치하여 rise를 rose로 해야 한다.

03
- **TIP** 동사1과 동사2 사이에는 반드시 시제 법칙을 확인하자!
- **어휘**
  - alone 서술적 형용사로 '외로운'
  - loneliness 외로움

※ 빈칸에 들어갈 내용으로 옳은 것을 고르시오. (04 ~ 05)

04

_____ a chance, homeless and troubled boys born into a world with little opportunity can become productive citizens.

① To give
② Having given
③ Give
④ Given

> **해석** 한 번의 기회라도 받게 된다면, 거의 기회를 가지지 못한 채 세상에 태어난 집 없고 문제를 일으키는 아이들도 생산적인 시민이 될 수 있다.
>
> **해설** 4형식 문장의 간접목적어가 주어가 되는 수동태 문장은 과거분사 뒤에 목적어가 있다. given, granted, served 등이 있다.

04
- **TIP** 수동태가 되어도 목적어를 가지는 경우가 있음을 확인하자!
- **어휘**
  - opportunity 기회
  - productive 생산적인

정답 03 ② 04 ④

05

The bus company started offering reduced fares to older people last year, and so _____.

① one of the taxi companies did
② one of the taxi companies does
③ did one of the taxi companies
④ has one of the taxi companies done

해석 그 버스 회사는 작년에 노인들에게 할인된 요금을 제공하기 시작했으며, 택시 회사 중 한 곳도 마찬가지다.
해설 started를 받아서 대동사로 쓰려면 did를 활용한다. so + V + S의 문장으로 받는다.

05
TIP 등위 접속사(and, or, but) 뒤에는 병치 구조를 확인하자!
어휘
- fare 요금
- fee 수수료
- reduced 할인된
- offer 제공하다

※ 다음 중 어법상 틀린 것을 고르시오. (06 ~ 19)

06

Although the designer had all ① kinds of fabric samples, ② but she couldn't ③ make up her mind ④ which one to select.

해석 비록 그 디자이너가 모든 종류의 섬유 샘플을 가지고 있었을지라도 그녀는 어떤 것을 선택해야할지 결정할 수 없었다.
해설 종속절의 접속사 Although가 있으므로 but을 제거해야만 복문이 형성된다.

06
TIP 주절, 주절은 절대 불가능하다.
어휘
- fabric 섬유의
- which one 어느 것
  (여기서 which는 의문 형용사)

07

① More men ② have ruined themselves ③ as have ever been destroyed ④ by others.

해석 더욱 더 많은 사람들이 다른 사람들에 의해서 지금까지 파괴되어 온 것보다 더욱 자신 스스로를 파멸시켜 왔다.
해설 유사관계대명사는 비교어구가 있는 선행사를 받아서 활용한다.

07
TIP 비교급이 보이면 반드시 than이 나올 수 있음을 예상하자!
어휘
- ruin 파멸시키다
- destroy 파괴하다

정답 05 ③ 06 ② 07 ③

08
TIP 사역동사가 보이면 목적어와 목적격 보어의 관계(= nexus)를 반드시 검증하자!

어휘
- consider = factor into 고려하다
- translate 번역하다
- leading 일류의
- overseas 해외의(형용사), 해외로(부사)

08

Random House Publishing Company said that ① <u>it</u> was considering ② <u>translating</u> the works of this Korean ③ <u>leading</u> novelist into English and getting them ④ <u>publish</u> in overseas.

해석 랜덤하우스 출판사는 이번 한국의 일류 소설가의 작품들을 영어로 번역해서 해외에서 그것들을 출판할 계획을 고려하고 있다고 말했다.

해설 them은 works이므로 published가 타당하다.

09
TIP 등위 접속사가 보이면 다음에 밑줄이 정답일 확률이 90% 이상이다.

어휘
- migrating 이주하는
- hazard 위험
- incessantly 끊임없이
- not only A but also B A뿐만 아니라 B도 역시

09

Migrating birds can die not only from the impact of ① <u>flying into</u> plate glass ② <u>they</u> do not recognize as a hazard but ③ <u>with</u> exhaustion after flying incessantly around a source of light ④ <u>to</u> which they are drawn.

해석 철새들은 위험요소로서 인식하지 못하는 판유리로 날아서 충돌하는 충격뿐만 아니라 그들이 이끌림을 당하는 빛의 근원지 주변에서 지속적으로 날다가 지쳐서 죽을 수도 있다.

해설 with exhaustion이 아니라 from exhaustion으로 바꾸어 병치 관계를 정립해야 한다.

10
TIP 앞에서 반복되는 대동사의 법칙을 정확히 적용하자!

어휘
- last 지속되다
- rarely 좀처럼 ~하지 않다.

10

① <u>Theoretically</u>, a good friend should ② <u>last</u> a lifetime, but he or she rarely ③ <u>is</u>, usually because he or she ④ <u>is changed</u> or changes over time for some reasons.

해석 이론적으로 좋은 친구는 평생 지속되어야 하지만, 좀처럼 그러기는 어려운데, 통상 그들이 어떤 이유로 시간이 흐르면서 변화되고 변화하기 때문이다.

해설 is 대신에 He or she rarely lasts.를 받아서 does가 옳다.

정답 08 ④ 09 ③ 10 ③

11

① Not wanting to spend money unnecessarily, I ② put into my backpack everything which I thought ③ it would be necessary for our ④ five day's field trip.

해석 불필요하게 돈을 낭비하고 싶지 않아서 나는 5일간의 여행에 필요할거라 생각되는 모든 것을 배낭에 담았다.

해설 which 다음에 I thought는 삽입 절이다. it은 제거해야만 한다.

TIP 관계대명사절 속의 삽입 절(clause)에 현혹되지 말자!

어휘
- backpack 배낭
- put into~ ~에 담다

12

Sue ① hasn't been at home last night when we ② went to ③ visit her. She might have ④ been studying at the library.

해석 Sue는 우리가 그녀를 방문했을 때, 지난밤 집에 없었다. 그녀는 도서관에서 공부를 하고 있었을지도 모른다.

해설 last night이 있으므로 hasn't been 대신에 was not이 정답

TIP 과거표시 부사(구)(~ago, just now, 역사적 사건)는 과거 동사가 정답이다.

어휘 might have p.p~ ~했을지도 모른다.

13

They ① will be effected by Jack's decision, ② but they will not ③ become aware of the fact ④ for several weeks.

해석 그들은 잭의 결정에 영향을 받겠지만 그들은 몇 주 동안 그 사실을 알지 못할 것이다.

해설 affect ~에 영향을 끼치다, 감동시키다 / effect ~에 결과를 초래하다, 성취하다 / ✪ 따라서 will be affected가 옳다.

TIP 활용이 상대적인 동사(예 borrow, lend 등)는 반드시 의미를 검증하자!

어휘 become aware of~ ~에 대해서 알게 되다

정답 11 ③   12 ①   13 ①

14

TIP 관계부사는 반드시 완전 문장을 이끌고 있는지를 검증하자!

어휘
- achievement 업적, 성취, 성공
- statecraft 정치적 수완, 국정, 외교의 기술

14

I look forward ① to ② an America ③ where will reward achievement in the arts as we reward achievement in business or ④ statecraft.

해석 나는 미국이 사업과 정치적 수완 분야에서 업적을 치하하듯이 예술 분야에서도 업적을 보상해 주기를 미국에 학수고대한다.

해설 where 다음에 불완전 문장이므로 which로 바꾸어 주어야 한다.

15

TIP 지각동사 see 다음에 목적어와 목적격 보어의 서술적 관계를 검증하자!

어휘 • turn around 빙글 빙글 돌다

15

The reason is ① that the boy feels ② very pleased ③ to see the wheels ④ turned around.

해석 그 소년이 바퀴들이 빙글빙글 도는 모습을 보고 무척 기쁨을 느끼고 있는 것이 이유이다.

해설 very pleased는 pleased가 분사형의 형용사이므로 원급 취급한다. 따라서 원급 취급하여 very로 수식한다. turn around는 자동사이므로 turning around가 옳다.

16

TIP 관용표현은 절대 변형시키지 못한다.

어휘
- be willing to + R~ 기꺼이 ~하다
- carry out 수행하다
- expect + 목 + to + 부정사 구문

16

① By and largely, people are willing to work for ② the major institutions and ③ expect them to carry out ④ society's work.

해석 대체로 사람들은 기꺼이 중요기관을 위해서 일하며, 그 기관들이 사회의 과업을 수행해 주기를 기꺼이 기대한다.

해설 by and large = on the whole = all in all = in general 대체로

정답 14 ③ 15 ④ 16 ①

17

By ① the time Fred ② will get ③ home, his father ④ will have left for Paris.

해석 Fred가 집에 도착할 때쯤, 그의 아버지는 파리를 향해 떠나고 없을 것이다.
해설 by the time은 시간 의미(~할 때쯤)의 접속사이다.

17
TIP 시간 의미, 조건 의미의 부사절에서는 현재가 미래를 대용한다.
어휘
- get home 집에 도착하다
- leave for~ ~를 향해 떠나다
- leave~ ~을 떠나다 (vt)

18

The supply of oak, hickory, and birch logs ① are sufficient ② to keep the family warm, ③ even if this winter is ④ as cold as the last one.

해석 비록 이번 겨울이 지난 겨울만큼 추울지라도 가족을 따뜻하게 유지시켜 줄 만큼 참나무, 호두나무, 자작나무 장작의 공급이 충분하다.
해설 The supply가 주어이므로 동사는 is이다.

18
TIP 주어와 동사 사이에 수식어가 길면 수 일치를 주의하자!
어휘
- birch 자작나무
- log 통나무
- sufficient 충분한
- as ~ as… …만큼 ~한

19

① Both animals who ② hunt and who ③ are hunted need ④ colors patterns to conceal themselves.

해석 사냥하고 사냥당하는 동물들 모두 자신을 숨기기 위해서 색상 패턴이 필요하다.
해설 colors patterns는 color patterns가 되어야 한다.

19
TIP 명사는 수(number)를 가진다. 따라서 명사 앞에 명사는 복수형이 안 된다.
어휘 • conceal 숨기다

정답 17 ② 18 ① 19 ④

※ 다음 중 어법상 틀린 것을 고르시오. (20 ~ 21)

20

A : Is there a ① problem with my passport?
B : Yes, I'm sorry, but your entry visa ② has expired.
A : Isn't it possible to get ③ one in Toronto?
B : I'm afraid ④ so. You have to apply from outside Canada.
A : So I can't get on this flight?

20

TIP I'm afraid so 그렇다니 유감이다
I'm afraid not 그렇지 않다니 유감이다.

어휘
- expire 만기가 되다 (자동사)
- apply 신청하다

[해석] A : 제 여권에 문제라도 있습니까?
B : 예, 유감이지만 당신의 비자는 만기가 되었습니다.
A : 토론토에서 비자를 받는 것은 불가능한가요?
B : 유감스럽지만 그렇습니다. 당신은 캐나다 밖에서 신청을 하셔야 합니다.
A : 그러면 제가 이 비행기를 탈 수 없다는 말입니까?

[해설] so는 앞에 내용을 긍정으로 받으며, not은 앞에 내용을 부정으로 받는다. 따라서 I'm afraid not으로 답해야 한다. (= I am afraid that you can't get one in Toronto.)

21

Mistry, a ① Bombay-born writer, who moved to Toronto in 1975, has ② long ③ distinguished him as a rigorous humanitarian who can re-create ④ from after ever last rending detail of his clamorous hometown.

21

TIP 재귀대명사의 재귀용법에 주의하자!

어휘
- from after 멀리서
- ever last 최후의 ~까지도
- rend ~을 찢다
- rending 가슴 찢어지게 만드는
- distinguish oneself 명성을 떨치다
- rigorous humanitarian 엄격한 인도주의자

[해석] Mistry는 봄베이 태생 작가로서 1975년 토론토로 이사했으며, 그의 시끌벅적한 고향의 마지막 가슴 찢어지게 만드는 세부적인 사건을 멀리서 재창조할 수 있는 엄격한 인도주의자로서 오래오래 명성을 떨쳐왔다.

[해설] 주어와 타동사의 목적어가 같으므로 재귀대명사(himself)를 목적어 자리에 써야한다.

정답 20 ④ 21 ③

22 밑줄 친 부분에 들어갈 가장 적절한 것을 고르시오.

> Instead of _____ into a nearby river or lake, sewage is sent to a giant tank where the water is purified.

① dumped
② being dumping
③ being dumped
④ dumping

해석 가까운 강이나 호수에 투기되지 않고 오물은 물을 정화할 수 있는 거대한 탱크로 보내진다.
해설 의미상 주어가 sewage이므로 dumping은 불가능하다.

22
TIP 동명사는 반드시 수동형과 능동형을 명확히 구분해야 한다.
어휘
- nearby 근처의
- sewage 하수 오물
- purify 정화하다, 정제하다

※ 다음 중 어법상 틀린 것을 고르시오. (23 ~ 26)

23

> The salmon and the ① carrier pigeon can find their ② way home as we cannot : they have, ③ as it was, a practical memory ④ that man cannot match. But their reactions always depend on some form of habit: on instinct or on learning, which reproduces by rote a train of known responses.

해석 연어와 전서구는 인간이 할 수 없는 집으로 돌아오는 그들의 길을 찾을 수 있다. 말하자면 그들은 인간이 필적할 수 없는 실용적인 기억을 가지고 있다. 그러나 그들의 행동 반응은 항상 어떤 형태의 습관, 본능 또는 학습에 의존하는 것이며, 그것들은 일련의 이미 알고 있는 반응을 기계적으로 재생해 내는 것이다.
해설 as it were 말하자면(가정법의 조건절 대용 표현)

23
TIP 관용표현은 절대 바꿀 수 없다.
어휘
- practical 실용적인
  (= down to earth)
- reproduce 재생하다
- by rote 기계적으로

정답 22 ③   23 ③

24

TIP 가정법은 공식처럼 약속된 구문을 확실히 기억하자!

어휘
- make public 공표하다
- discriminate against~ ~을 차별 대우하다
- mistreat ~을 혹사(학대)하다

24

If results were ① <u>made</u> public, victims would ② <u>have been</u> discriminated ③ <u>against</u> on the job, in school, and ④ <u>mistreated</u> in other ways.

해석 만일 결과가 공개된다면, 희생자들은 직장이나 학교에서 차별받을 것이고 여러 가지 방식으로 부당하게 대우받을 것이다.

해설 조건절의 were는 인정해야 하므로 주절을 가정법 과거로 바꾸어 준다. have been을 be로 바꾼다.

25

TIP 부정 형용사의 적용은 수량의 관계를 정확히 적용하자!

어휘
- trend 성향, 추세, 트렌드

25

The ① <u>industrial</u> trend is ② <u>in</u> the direction of more ③ <u>machines</u> and ④ <u>less</u> people.

해석 산업계의 추세는 더 많은 기계를 쓰고 더 적은 사람을 고용하는 방향으로 가고 있다.

해설 people이 복수명사이므로 less를 fewer로 바꾸어야 한다.
many, a few, few(수 개념의 부정 형용사)
much, a little, little(양 개념의 부정 형용사)
few – fewer – fewest / little – less – least

26

TIP 불완전 타동사(Vt) 뒤 목적어와 목적격 보어는 서술적 관계를 검증하자!

어휘
- leave for~ ~를 향하여 떠나다
- leave~ ~을 떠나다

26

The policeman ① <u>allowed</u> people ② <u>to stay</u> but ③ <u>he</u> did not ④ <u>leave</u> them enter easily.

해석 그 경찰관은 사람들이 머무는 것을 허용하였지만, 그들이 쉽게 들어가는 것을 허용하지 않았다.

해설 의미상 원형부정사(enter)가 들어가야 하므로 leave 대신에 let을 쓴다.

정답 24 ② 25 ④ 26 ④

27 다음 중 어법상 <u>틀린</u> 문장을 고르시오.

① During the next two weeks, I ate nothing but fruit.
② Because of all the furniture, it was difficult to move.
③ The driver had just a few scratches from the broken glass.
④ Things did not turn out as well as we had expected.

해석 ① 그 다음 2주 동안 나는 단지 과일만 먹었다.
② 그 모든 가구 때문에 이사하기가 어려웠다.
③ 그 운전자는 깨어진 유리 때문에 몇 군데 찰과상을 입었다.
④ 상황들이 우리가 기대했던 만큼 좋지는 않았다.
해설 turn out (to be)는 불완전 자동사로 형용사 보어를 뒤에 둔다. 따라서 good을 써야한다.

27
TIP 불완전 자동사 뒤에는 형용사 보어를 검증하자!
어휘 · turn out (to be)~ ~임이 판명되다 (= prove (to be)~)

※ 다음 중 어법상 <u>틀린</u> 것을 고르시오. (28~30)

28
At the tea party I ① <u>felt embarrassed</u> ② <u>because</u> I noticed that everyone took fewer ③ <u>lump of sugar</u> ④ <u>than I did</u>.

해석 다과회에서 나는 모든 사람들이 내가 넣는 것보다 각설탕을 적게 넣는 것을 보고 당혹스러웠다.
해설 fewer + 복수명사, many, few + 복수명사, 따라서 fewer lumps 가 정답이다.

28
TIP 수(number) 형용사 뒤에는 복수명사가 등장한다.
어휘 · feel embarrassed 당혹감이 느껴지다

정답 27 ④   28 ③

29

TIP 전치사 + which는 완전문을 이끌며 전치사도 올바른지 반드시 검증하자!

어휘 • tell a story 이야기를 하다

29

Another thing ① by which Lincoln was famous ② was his love of joke. He ③ was always telling funny stories, and he ④ told them very well.

해석 링컨이 유명했던 또 한 가지 이유는 그가 아주 농담을 좋아했다는 것이다. 그는 항상 재미있는 이야기를 했으며 그는 그 이야기들을 잘 말했다.

해설 관계대명사 앞에 전치사는 뒤에 걸리거나 앞에 선행사가 결정한다. be famous for에 맞도록 전치사 by 대신에 for를 쓴다.

30

TIP 상관적으로 연결되는 어구는 반드시 검증하도록 한다. (예 as ~ as, 비교급 ~ than)

어휘 • be willing to + R~ 기꺼이 ~하려 하다

30

The government ① is willing to ② pay for essential training ③ needed for such sophisticated weapons system ④ like surface to air missiles.

해석 정부는 지대공 미사일과 같은 정교한 무기체계에 필요한 필수 훈련에 지불할 비용을 기꺼이 지불하려 한다.

해설 such A as B = A such as B : B와 같은 그런 A

※ 다음 중 빈칸에 들어갈 가장 적절한 것을 고르시오. (31 ~ 33)

31

TIP 주어와 동사의 수(number)일치는 반드시 검증하되 단수형이나 복수를 의미하는 명사, 복수형이나 단수를 의미하는 명사를 주의해서 익혀두자!

어휘 • speak – spoke – spoken(vt) ~을 말하다 (언어명이 목적어로 등장하면 타동사 기능을 한다.)

31

Of the 300 languages that were once spoken by native American people, an estimated _____ today.

① exist 150
② 150 exist
③ there are 150
④ existing are 150

해석 한 때 미국의 원주민에 의해서 쓰이던 300개의 언어들 가운데, 오늘날 단지 추정되는 150개만이 존재한다.

해설 150이 주어이므로 150개의 언어를 뜻하는 복수가 정답이다.

정답 29 ① 30 ④ 31 ②

32

Evidence has been put forward showing that astronauts exposed to long periods of weightlessness _____ quite severely.

① have affected
② have effected
③ have affections
④ have been affected

해석 장기적인 무중력 상태에 노출된 우주비행사들이 아주 심하게 감염되었음을 보여주는 증거가 제시되어졌다.

해설 주어가 사물이면 수동태 동사를 일단 의심해 본다. 완료수동태(have been p.p)를 확인해 보자.

32

TIP 주어와 동사를 보면 반드시 태(voice) 일치를 검증한다.

어휘 • affect(vt)~ ~을 감염시키다

33

It is prohibited by law to mail through parcel post any merchandise that might prove _____ in transport.

① dangerous
② with danger
③ dangerously
④ to the danger

해석 수송 중에 위험할 수 있을지도 모르는 어떤 상품을 소포 우편으로 발송하는 것은 법으로 금지된다.

해설 prove + 형용사(보어)

33

TIP 판명동사(prove, turn out)는 형용사 보어가 정답이다.

어휘 • prohibit 금지시키다
• parcel post 소포 우편
• merchandise 상품

정답 32 ④   33 ①

※ 다음 중 어법상 틀린 것을 고르시오. (34 ~ 37)

34
- TIP 관용적 표현은 반드시 올바른 동사나 어구를 이용하고 있는지 확인한다.
- 어휘
  - make a reservation 예약을 하다
  - make a good impression 좋은 인상을 남기다

34

The discovery ① of gold in the Klondike attracted ② thousands ③ interested in ④ doing a fortune.

해석 Klondike 지역에서 금의 발견은 벼락부자가 되고자 관심을 가진 수천 명의 사람들을 끌어들였다.
해설 make a fortune 벼락부자가 되다(doing 대신 making을 쓴다)

35
- TIP 어구 표현을 정확하게 묘사하는 문제는 혼돈하지 말자!
- 어휘
  - products 제품
  - produce 농산물(셀 수 없는 명사)

35

① The milk of ② both goats and cows ③ can be used ④ to do dairy products.

해석 염소와 소가 만드는 우유는 유제품을 만드는 데 이용될 수가 있다.
해설 to do 대신에 to make를 쓴다.

36
- TIP 자동사와 타동사의 역할을 모두 행하는 동사는 반드시 어법을 구분해 정리해두자!
- 어휘
  - propose 제안하다
  - reach 도달하다, 도착하다

36

The chairman ① conferred the committee ② on the proposed budget ③ but did not reach ④ any conclusion.

해석 그 위원장은 제안된 예산안에 대하여 위원회와 상의를 하였으나 어떤 결론에도 도달하지 못했다.
해설 confer(vt)~ ~수여하다, 부여하다 / confer with~ ~와 상의하다

정답 34 ④   35 ④   36 ①

37

① If we refrain ② by the suicide ③ of war, we can look forward ④ to very good times ⑤ indeed.

해석 만약 우리가 전쟁이라는 자살 행위를 그만둔다면, 우리는 진정으로 좋은 시대를 학수고대할 수가 있다.
해설 refrain from = restrain from ~을 삼가다, 억제하다

37
TIP 자동사 뒤에는 전치사가 있고 타동사 뒤에는 목적어가 있다. 전치사를 변화시키는 동사들도 잘 정리해두자!
어휘
- suicide 자살
- homicide 타살
- look forward to~ing ~을 학수고대하다

※ 다음 중 빈칸에 들어갈 가장 적절한 것을 고르시오. (38~39)

38

A radome, a giant inflated dome, _____ instruments that transmit messages by way of orbiting satellites.

① and contains
② contains
③ containing
④ for containing

해석 레이돔, 즉 거대하게 부풀어 오른 돔으로 선회하는 인공위성을 수단으로 해서 메시지를 전송하는 도구를 포함하고 있다.
해설 주절의 동사가 필요하다. 주어는 단수이다.

38
TIP 주절의 동사를 반드시 검증하자!
어휘
- by way of~ ~을 수단으로 해서
- transmit 전송하다
- inflated 부풀어 오른

정답 37 ② 38 ②

39

TIP 자동사와 전치사 사이에는 부사나 부사구가 등장하기도 한다.

어휘
- towering 높이 솟아있는
- ridge after ridge 등성이 넘어 등성이

39

Jody looked _____ at the towering mountains - ridge after ridge until at last there was the ocean.

① to search
② to searching
③ searchingly
④ to search for

해석 조디는 높이 솟아있는 산들을 탐색하듯이 쳐다보았다. 그리고 산 등성이 너머에 드디어 대양이 있었다.

해설 searchingly라는 부사를 자동사와 전치사 사이에 쓴다.

※ 다음 중 어법상 틀린 곳을 고르시오. (40 ~ 42)

40

TIP 형용사가 보이면 부사를, 부사가 보이면 형용사를 검증해 보자!

어휘
- measure 측정하다
- on the average 평균적으로

40

We can't watch individual dollars ① move, ② but we can measure ③ how fastly money moves ④ on the average.

해석 우리는 개별적인 달러의 이동을 지켜볼 수 없지만, 평균적으로 얼마나 빨리 돈이 움직이는지 측정할 수가 있다.

해설 fast는 부사와 형용사 모두의 역할을 한다. fastly는 현대 영어에 존재하지 않는다.

정답 39 ③ 40 ③

41

Men ① have been known ② to risk their lives ③ in the service of an aim that seemed ④ to him dearer than life itself.

해석 인간은 목숨 자체보다 자신에게 더 귀하게 보이는 어떤 목표를 위해서라면 생명의 위험을 무릅쓰는 것으로 알려져 왔다.
해설 men을 받는 대명사는 him 대신에 them을 쓴다.

41
TIP 대명사는 반드시 수일치를 검증한다.
어휘 • in the service of~ ~에 전념하여
• risk ~을 위험에 빠뜨리다

42

① One day when I ② jumped on to a bus I found that I ③ left home without ④ any money in my pocket.

해석 어느 날 내가 버스에 올라탔을 때, 나는 주머니 속에 돈 한 푼 없이 집을 떠났음을 알게 되었다.
해설 시간의 흐름이 자연스럽게 이어진다는 문제에서 먼저 발생한 동작은 앞선 시제를 쓴다. 따라서 had left를 적용한다.

42
TIP 동사와 동사는 반드시 시제일치를 검증하자!
어휘 • jump on ~에 올라타다
• leave home 집을 떠나다
• one day 과거의 어느 날

43 다음 중 어법상 틀린 문장을 고르시오.

① If she likes the present is not clear to me.
② It all depends on whether they will support us.
③ Whoever they lend the money to must be trustworthy.
④ You can't imagine what difficulties I have with my children.

해석 ① 그녀가 그 선물을 좋아할지 어떨지 나는 확실치가 않다.
② 그 모든 것은 그들이 우리를 지지할지 어떨지에 달려있다.
③ 그들이 돈을 빌려주는 사람은 누구나가 신뢰할 수 있어야 한다.
④ 당신은 내가 아이들과 어떤 어려움을 가지고 있는지 상상조차 할 수도 없다.
해설 Whether she likes the present로 바꾸어주면 된다. 단수 취급한다.

43
TIP 명사절은 주어가 될 수 있지만 if절은 불가능하다.
어휘 • depend on~ ~에 달려 있다
• trustworthy 신뢰할 만한

정답 41 ④ 42 ③ 43 ①

※ 다음 중 어법상 틀린 것을 고르시오. (44~46)

44

My wife and I had ① been concerned our son because he stopped ② gaining weight ③ at the age of eight months, and ④ a few months later his hair started falling out.

44
- TIP: by 이외의 전치사가 연결되는 수동태도 주의하자!
- 어휘: at the age of~ ~의 나이에 / fall out 빠지다
- 해석: 나의 아내와 나는 아들을 걱정해 왔는데 왜냐하면 그가 8개월의 나이로 체중이 증가하지 않는 상태가 되고 몇 달 뒤에는 머리가 빠지기 시작했기 때문이다.
- 해설: be concerned about ~에 대해 걱정하다 / be concerned with ~에 관련되다, 관심이 있다

45

① We the faculty take no pride in our educational achievements with you. We have prepared you for a world that does not exist, indeed, ② that cannot exist. You have spent four years ③ supposing that failure leaves no record. But starting now, ④ in the world which you go, failure marks you.

45
- TIP: 관계대명사는 불완전한 문장, 관계부사는 완전한 문장을 이끈다.
- 어휘: take pride in~ ~에 자부심을 가지다 / spend + 목 + ~ing ~하면서 (시간, 돈 따위를) 쓰다
- 해석: 우리 교수진은 여러분과 함께한 교육적 업적에 대하여 아무런 자부심을 가지고 있지 않다. 우리는 존재하지도 않는, 실로, 존재할 수도 없는 세상을 위하여 여러분을 준비시켜 왔다. 여러분들은 실패는 아무런 자취도 남기지 않을 것이라 상상하면서 4년을 보내왔다. 그러나 이제 시작함에 있어서 여러분이 나아가는 세계는 실패가 여러분에게 오점을 남기게 될 것이다.
- 해설: 관계대명사 which를 관계부사 where로 바꾼다.

정답 44 ① 45 ④

46

Adobe bricks are made ① by wetting clay, ② mixing it with straw or hay, and ③ packing into ④ wooden frames.

46
TIP A, B, and C구조의 병치 구조는 품사적 기능의 병치를 검증하자!
어휘 • pack 다지다

해석 어도비 벽돌은 점토를 물에 적시고, 그것을 짚이나 건초와 섞어서 그것을 나무로 만든 틀 속에서 다져서 만든다.
해설 wetting it, mixing it, packing it이 병치되어 있다.

※ 다음 중 빈칸에 들어갈 가장 적절한 것을 고르시오. (47 ~ 48)

47

Western art in the Middle Ages was primarily _____.

① what religious expressions
② an expression of religion
③ religious expressed there
④ with religion expressed

47
TIP 명사 = 명사구 = 명사절은 반드시 주어, 목적어, 보어 중에 하나의 역할을 수행한다.
어휘 • religious 종교적인, 신앙심이 깊은 (= pious)

해석 중세 시대에 서양의 예술은 주로 종교적인 표현물이었다.
해설 what은 절(clause)을 이끌어야 하므로 동사가 없어서 불가능하다. 따라서 명사구가 보어로서 적합하다.

정답 46 ③ 47 ②

48

TIP 주절의 동사는 필수 요소로서 우선 만들어 문장을 완성한다.

어휘
- imitate 모방하다
- abstract = non representative 추상적인

48

Instead of trying to imitate reality in their works, many artists of the early twentieth century _____ their feelings and ideas in abstract art.

① in beginning to reveal
② revealed the beginning
③ began to reveal
④ to begin revealing

해석 그들의 작품 속에 현실을 모방하려고 애를 쓰지 않고, 19세기 초에 많은 예술가들은 추상적인 작품 속에서 그들의 감정과 생각을 드러내기 시작했다.

해설 준동사를 버리고 우선적으로 본동사를 찾는다.

※ 다음 중 어법상 틀린 것을 고르시오. (49 ~ 50)

49

TIP 관사가 보이면 명사를 기대하자!

어휘
- startling 놀라운
- orbiting 선회하는

49

In 1978 astronomers made the startling ① discover of ② a moon ③ orbiting the ④ planet Pluto.

해석 1978년 천문학자들은 명왕성의 궤도를 선회하는 위성의 발견에 놀라움을 금치 못했다.

해설 discover 발견하다 / discovery 발견

정답 48 ③ 49 ①

50

We are considering ① granting membership ② to foreign firms and allowing them to challenge ③ our markets, ④ expanding their products, and to compete openly with us.

해석 우리는 외국계 회사에 회원자격을 부여하고 그들이 우리의 시장에 도전하여, 그들의 제품을 퍼트리고 공개적으로 우리와 경쟁할 수 있도록 허락하는 것을 고려하고 있다.

해설 to challenge, (to) expand, and (to) compete의 구조를 명심하라! consider는 동명사(granting, allowing)를 목적어로 취하고 있다.

50

TIP 준동사의 병치 구조를 확인하자!

어휘
- grant ∼에게 ∼를 부여하다(주다)
- compete 경쟁하다

51 다음 중 빈칸에 들어갈 가장 적절한 것을 고르시오.

_____ number of different kinds of corrosion, depending on the types of materials involved and the nature of the surrounding media.

① A
② It is
③ That a
④ There are a

해석 많은 다양한 종류의 부식이 존재하는데, 관련된 물질의 유형과 주위의 매개체의 본질에 따라서 달라진다.

해설 depending on이 준동사이므로 앞에는 본동사가 필요하다. it is의 it은 불확실하다.

51

TIP 문장의 동사를 확인하면 반드시 역으로 주어를 검증한다.

어휘
- involved 관련된
- surrounding 주위의, 주변의
- corrosion 부식

정답 50 ④ 51 ④

52

[TIP] remember, forget 동사의 문형에 주의하자!

[어휘]
- seat 앉히다
- mention 언급하다
- resemble 닮다

52 다음 중 어법상 옳은 문장을 고르시오.

① All the boys seated at the front row.
② The woman mentioned about the accident.
③ She resembled to her father in her personality.
④ She remembered to post the letter on her way home.

[해석] 그녀는 그녀가 집으로 돌아오는 길에 편지를 부쳐야 할 것을 기억하고 있었다.

[해설] remember to + R는 '해야 할 일'을 의미한다.

※ 다음 중 어법상 틀린 것을 고르시오. (53~55)

53

[TIP] 분사형 형용사는 문맥의 의미를 정확히 파악하여 결정한다.

[어휘]
- bring A to B A를 B로 이끌다
- standstill 교착상태

53

① Within weeks, ② the Asian economic crisis and the ③ student-leading protests against President ④ Suharto's rule had brought the country to a standstill.

[해석] 몇 주 내로 아시아의 경제적 위기와 학생 주도의 시위가 수하르토 대통령의 통치에 맞서며 그 나라에 교착상태를 초래하였다.

[해설] student-led로 바꾸어 주어야 한다. 시위가 이끌려지는 상황에 대한 이해가 필요하다.

[정답] 52 ④ 53 ③

54

The man ① flung the door wide ② opened for his sister ③ and silently ④ watched her go out.

해석 그 남자는 그의 여동생을 위해서 문을 활짝 열어두고 조용히 그녀가 나가는 것을 지켜보았다.
해설 '열린'(open)은 opened보다 서술적 기능에 더 선호된다. 단, '닫힌'은 closed를 이용한다.

54
TIP 경제성의 원리가 적용되어 문장이 기술됨을 기억하자!
어휘 • fling – flung – flung ~을 내던지다, 팽개치다

55

The ① preferring of ② many Western cultures for ③ maintaining a physical distance of ④ at least three feet during social interaction is well documented in anthropological studies.

해석 사교를 하는 동안 적어도 3피트의 신체적 거리를 유지하려는 많은 서양문화의 선호는 인류학적인 연구 자료에 잘 기록되어져 있다.
해설 prefer 선호하다 / preferring 선호하는 / preference 선호 / 관사 뒤에는 명사를 쓴다.

55
TIP 명사형이 존재하는 단어는 동명사를 쓰지 않는다.
어휘 • maintain 유지하다
• interaction 상호작용
• anthropological 인류학적인

56 다음 보기의 문장과 같지 않은 것을 고르시오.

보기
No other boy in his class is taller than Tom.

① Tom is the tallest of all the boys in his class.
② Tom is taller than any other boys in his class.
③ Tom is taller than all the other boys in his class.
④ No boy in his class is as tall as Tom.

해석 그의 학급에서 어떤 다른 소년도 톰보다 더 키가 크지는 않다.
해설 비교급 ~ than any other + 단수명사
= 비교급 ~ than all the other + 복수명사

56
TIP 최상급의 의미를 가지는 절대 원칙은 8가지로 함축된다.
어휘 • as ~ as … …만큼 ~한 (동등 비교)

정답 54 ② 55 ① 56 ②

※ 다음 중 어법상 틀린 것을 고르시오. (57 ~ 66)

57

57
TIP 과거에 발생한 일을 발생한 순서대로 (연속상황) 기술할 경우 과거-과거의 시제를 쓴다.
어휘 • reach 도착하다 • eastward (ad) 동쪽으로

Yesterday we ① had sailed eastward ② over a smooth sea and ③ at sunset ④ almost reached Algiers.

해석 어제 우리는 고요한 바다 위에서 동쪽으로 항해를 하였고 해 질 녘에 거의 알제에 이르렀다.
해설 had sailed는 sailed로 한다.

58

58
TIP 주어와 동사의 사이가 멀어질수록 수일치, 태일치를 반드시 검증하자!
어휘 • subject to~ ~에 걸리기 쉬운, ~의 지배를 받는 • schizophrenia 정신분열증 • round 국면

Advances ① in genetic screening that identifies ② whether the unborn individual will be ③ subject to heart disease or cancer or schizophrenia ④ raises a new round of issues.

해석 태아가 심장질환이나 암 또는 정신분열증에 걸리기 쉬운지 어떤지 확인시켜주는 유전적 스크리닝의 발전은 새로운 국면의 논쟁을 불러일으키고 있다.
해설 advances가 주어이므로 동사는 복수(raise)를 쓴다.

59

59
TIP 동사와 동사의 시제 일치는 반드시 확인하자!
어휘 • scrap 폐지시키다 • adulterous 간통한

① Scrapped ② was an old law that ③ lets husbands ④ kill adulterous wives.

해석 남편이 간통한 아내를 살해하도록 허락했던 낡은 법안이 폐지되었다.
해설 사역동사 let, make, have는 목적보어 자리에 원형부정사를 쓴다. 시제가 과거로 let이 옳다.

정답 57 ① 58 ④ 59 ③

60

I remember ① finding, one day while ② browsing among the ③ weathered tombstones of a centuries-old English graveyard, ④ was an inscription that had been kept clean and legible.

해석 나는 어느 날 해묵은 영국의 묘지가 있는 곳에서 비바람으로 닳아 빠진 묘비들 사이를 거닐고 있는 동안 선명하고도 또렷한 묘비의 비문을 찾았던 기억이 난다.

해설 콤마와 콤마 사이에 삽입어구를 제거하고 보면, finding의 목적어가 an inscription임을 알 수 있다. 따라서 was는 불필요하다.

60
TIP 본동사 2개는 반드시 1개의 접속사가 필요하다.

어휘
- weathered 풍화된
- inscription 묘비
- legible 또렷한, 알아볼 수 있는

61

① All those things, ② with which ③ another woman of her rank would never ④ even have been conscious, tortured her and made her angry.

해석 그녀의 지위와 동일한 또 다른 여성들이 결코 심지어는 의식조차 하지 못할 모든 일들이 그녀를 괴롭히고 화나게 만들었다.

해설 be conscious of~ ~에 대해서 의식하다

61
TIP 전치사 + which는 항상 완전한 문장을 유도하며 전치사는 연결되는 부분과 검증하자!

어휘
- rank 지위, 계급
- torture 괴롭히다
- make + 목적어 + 목적격 보어

정답 60 ④ 61 ②

62

TIP the + 단수명사가 비교 대상으로 등장할 때 that으로 받고, the + 복수명사는 those로 받는다.

어휘
- on strike 파업 중
- wages 임금

62

Today the number of workers ① who ② go on strike for higher wages ③ is twice ④ those of twenty years ago.

해석 오늘날 높은 임금을 달라고 파업하고 있는 노동자들의 숫자는 20년 전의 거의 두 배에 달한다.
해설 those 대신에 that을 써야 한다.

63

TIP 명사절 중에서 what은 불완전 문장, that은 완전 문장을 형성한다.

어휘
- crash 추돌(추락)
- indication 단서, 증거
- cause 일으키다

63

There were ① no survivors in the ② crash and officials ③ say there is still no indication of ④ that caused the crash.

해석 그 추락 사고에서 생존자는 없었고 관리들은 아직도 그 추락을 일으킨 것에 대한 증거가 없다고 말한다.
해설 that 이하는 불완전 문장이므로 what으로 바꾼다.

64

TIP 자동사는 수동태가 될 수 없으며, 준동사 자리에도 그 법칙은 유효하다.

어휘
- repeat = reiterate 반복하다, 되풀이하다

64

① Economically, the dynamism of the East Asian region ② is expected ③ to be remained although ④ the high growth rate of the 1960s and early 1970s may not be repeated.

해석 경제적으로 동아시아 지역의 활력은 비록 1960년대와 1970년대 초의 고도 성장률이 반복되지는 않을지라도 남아있을 거라고 예상된다.
해설 to be remained는 to remain으로 바꾸어 주어야 한다.

정답 62 ④ 63 ④ 64 ③

65

Most students who ① auditioned for the special program were ② accompanied by their parents, but ③ a few who lived nearby ④ was able to travel by themselves.

해석 특별한 프로그램을 위하여 오디션을 받았던 대부분의 학생들은 그들의 부모님들을 동반하였지만 근처에 사는 몇몇 학생들은 스스로 여행을 할 수 있었다.

해설 a few가 주어이므로 were가 동사로 적합하다.

65
TIP 주격관계대명사 뒤의 동사의 수는 선행사와 일치해야만 한다.
어휘
- by oneself 혼자서, 단독으로
- accompany~ ~을 수반하다, 동반(행)하다

66

Garret A. Morgan died in Cleveland, Ohio, the city ① that had awarded ② himself a gold medal for his ③ devotion to ④ public safety.

해석 가렛 모건은 공공안전을 위해서 헌신한 그에게 금메달을 수여한 오하이오 주 클리블랜드 시에서 사망하였다.

해설 the city가 의미상 주어이므로 him으로 표기해야 옳다.

66
TIP 의미상 주어와 목적어가 같을 때 재귀적 용법에 주의하자!
어휘
- devotion 헌신, 공헌
- award ~에게 ~을 수여하다

※ 다음 빈칸에 알맞은 것을 고르시오. (67~69)

67

"Mr. Chairman, I move that money _____ used for library books."

① be
② shall be
③ has been
④ will be

해석 "의장님! 저는 그 돈이 도서관의 책을 위해서 사용되어야 한다는 것에 동의합니다."

해설 move의 영향으로 that절 속의 동사는 원형동사를 쓴다.

67
TIP 주요명제형 동사가 이끄는 that절은 (should) + 동사원형을 사용한다.
어휘 • move 의사나 의견을 같이하다

정답 65 ④ 66 ② 67 ①

68

TIP 시간이나 수량을 나타내는 명사 앞에 the 사용에 주의하자!

어휘 • as a rule 대체로 (= all in all = on the whole = by and large)

68

"How did you pay the workers?" "As a rule, they were paid _____."

① by hours
② by hour
③ by an hour
④ by the hour

해석 "당신은 어떻게 근로자들에게 지급을 합니까?" "대체로, 그들은 시간당으로 지급을 받습니다."
해설 by the hour 시간당으로 / by the week 주급으로 / by the gallon 갤런당으로

69

TIP 명사(구)를 수식하는 to-부정사는 목적어를 중복 사용하지 않는다.

어휘 • overcoat 외투

69

I want an overcoat, but I have no money to buy _____.

① it with   ② it
③ that   ④ one with

해석 나는 외투를 하나 갖고 싶지만, 그것을 살 수 있는 돈이 없다.
해설 to buy an overcoat with money이므로 an overcoat는 one으로 받는다.

※ 다음 중 어법상 틀린 것을 고르시오. (70 ~ 71)

70

TIP 등위·상관적인 접속사는 항상 나란히 등장하고 있는지 확인하자!

어휘 • argue 주장하다
• contribute to~ ~에 기여하다, 공헌하다, 헌신하다

70

Scientists ① have recently argued that Einstein's contributions ② to physics and mathematics ③ are less important ④ as Newton's.

해석 과학자들은 물리학과 수학에 기여한 아인슈타인의 공헌은 뉴턴의 공헌보다는 덜 중요하다고들 최근에 주장해 왔다.
해설 비교급 ~ than, as ~ as, so ~ that 등의 관계를 확인한다.

정답 68 ④ 69 ④ 70 ④

71

The Democratic party ① has controlled ② the most of the elected positions ③ at state and local levels in South Carolina ④ since the reconstruction.

71

TIP most, the most, mostly, almost의 활용법을 익혀두자!

어휘 • control 장악하다
• reconstruction 재편성, 전당대회

해석 most 대부분 / the most~ 가장 ~한(최상급 표현) / mostly 주로 / almost(거의) / all (the) 명사 모든 명사(들)
해설 민주당은 전당대회 이후에 사우스 캐롤라이나에서 주와 지방의 직급에서 선거직의 대부분을 장악해 왔다.

※ 다음 중 빈칸에 알맞은 것을 고르시오. (72~85)

72

Such an isolation is sometimes bitter, but I do not regret _____ from the understanding of other men.

① to be cut off
② being cut off
③ cutting off
④ to have cut off

72

TIP regret + to 부정사 또는 동명사의 법칙을 구분해두자!

어휘 • isolation 고립

해석 이러한 고립은 때때로 고통스럽지만, 나는 다른 사람들이 나를 이해하지 못하게 되는 그런 고립 상황을 후회하지는 않는다.
해설 regret + 동명사~ ~한 것을 후회하다 /
regret + to 부정사~ ~해야 하다니 유감이다

73

I would have rung you up, but I _____ your telephone number then.

① could not have known
② had not known
③ did not know
④ would not know

73

TIP 가정법은 한 시제 앞선 시제를 이용하여 사실과 반대되는 것을 표현한다.

어휘 • ring up 전화를 걸다
• then 그때 당시에(과거 표시 부사(구))

해석 나는 당신께 전화를 했을 텐데, 하지만 나는 그때 당신의 전화번호를 알지 못했다.
해설 가정법 과거완료를 의미하므로 과거의 사실을 표현하는 직설법 동사가 옳다.

정답 71 ② 72 ② 73 ③

74

TIP It's time 가정법은 과거동사나 should + 동사원형을 취한다.

어휘 • meal service 급식 서비스

74

A : What do you think of the school lunch?
B : I think it's about time the school _____ its meal service.

① had improved
② will improve
③ improve
④ improved

해석 A : 당신은 학교 점심을 어떻게 생각하세요?
B : 학교 측이 학교 급식을 개선해야할 때라고 생각합니다.
해설 It's time 가정법은 '지금이 바로 ~할 때다.'라는 표현으로 과거동사나 should + 동사원형을 쓴다.

75

TIP 칭찬, 상벌 동사는 지배 능력이 있어서 전치사(of)를 지정함에 유의하자!

어휘 • neglect 태만하다

75

He _____ me of having neglected my work.

① asked
② accused
③ praised
④ denied

해석 그는 나에게 나의 일을 게을리했다고 비난을 퍼부었다.
해설 accuse A of B : A에게 B를 비난하다

76

TIP 등위 상관 접속사는 근접어 일치 원칙에 따라 수(number)를 일치시킨다.

어휘 • a pair of pants 바지 한 벌

76

Neither my shirts nor my hat _____ with this pair of pants.

① goes
② go
③ becomes
④ become

해석 내 셔츠나 내 모자 모두 이 바지와 어울리지 않는다.
해설 become~ = go with~ ~와 어울리다

정답 74 ④ 75 ② 76 ①

77

An increase in a nation's money supply, without an accompanying increase in economics activity, _____ result in higher prices.

① tends
② tends the
③ tending to
④ will tend to

해석 경제 활동의 증가를 수반하지 않는 한 국가의 통화 공급의 증가는 물가 상승을 유발하는 성향이 있다.
해설 tend to + R~ ~하는 성향이 있다 / pretend to + R~ ~하는 척하다

77
TIP to부정사를 목적어로 취하는 타동사는 의미와 더불어 익혀두자!
어휘
- result in~ ~을 초래하다
- accompany~ ~을 수반하다

78

The hospital _____ for its heart transplant surgery several years ago.

① acclaimed
② was acclaimed
③ has acclaimed
④ has been acclaimed

해석 그 병원은 몇 년 전에 심장이식수술 때문에 박수갈채를 받았다.
해설 주어와 동사의 관계는 수동의 관계이며 ~ago는 과거동사와 쓴다.

78
TIP 동사는 언제나 시제를 지배하는 부사(구)를 주의하자!
어휘 • heart transplant 심장이식

79

It is not what you have but what you are that _____.

① believes   ② counts
③ hand in   ④ give in

해석 중요한 것은 당신의 재산이 아니라 당신의 인격입니다.
해설 not A but B 구문의 명사절 병치 / what + 사람 + have 사람의 재산 / what + 사람 + be 사람의 인격

79
TIP It be동사 뒤에 명사(구)(절)은 강조구문의 문형임을 기억하자!
어휘
- hand in 제출하다(= submit)
- give in 굴복하다
- count 중요하다(= matter)

정답 77 ④   78 ②   79 ②

80
TIP '역시' 표현의 법칙은 반드시 익혀두자!
어휘
- delay 지체
- nor = and neither

80

Susan wasn't happy about the delay, and _____ _____.

① neither I was
② I was neither
③ nor I was
④ I wasn't either

해석 Susan은 지체된 것이 좋지 않았고, 나 역시도 좋지 않았다.
해설 앞에 부정문을 받아서 neither + V + S / S + V + not + either 중에 선택해 쓴다.

81
TIP 접속사는 완전한 문장을 이끌며 의미가 가장 중요하다.
어휘
- put away 치우다

81

Shall I put this equipment away _____ you've finished the lab work?

① unless   ② now that
③ what   ④ lest

해석 당신이 실험을 마쳤으니까 이 장비를 내가 치워 드릴까요?
해설 now that~ : ~이니까 / unless~ : 만일 ~이 아니라면 / lest should~ : ~하지 않도록 하기 위해서

82
TIP 상관적으로 연결되는 접속사는 반드시 의미와 함께 기억해두자!
어휘
- threaten ~을 위협하다
- break upon 덮치다
- constant 지속적인

82

They live in constant fear _____ the storm that threatens every moment should break upon them with dreadful violence.

① from
② with
③ lest
④ whatever

해석 그들은 매순간 위협하는 폭풍이 무서운 기세로 그들을 덮칠지도 모른다는 끊임없는 두려움 속에서 살아간다.
해설 lest (should)~ : ~할까봐 두려워

정답 80 ④ 81 ② 82 ③

83

We consider your suggestion _____ of serious thought.

① as worth
② being worth
③ as worthy
④ being worthy

해석 우리는 당신의 제안을 진지하게 고려를 해볼 가치가 있다고 여긴다.
해설 consider A as B = look upon A as B = think of A as B = refer to A as B

83
TIP 불완전 타동사 중에서 'A를 B라고 여기다' 구문을 확실히 익혀두자!
어휘 • worthy of~ = worth~ ~할 가치가 있는

84

_____ dates from the end of the eighteenth century.

① The modern circus
② That the modern circus
③ While the modern circus
④ The modern circus that

해석 현대의 서커스는 18세기 말로 거슬러 올라간다.
해설 That이나 What으로 유도되는 명사절은 주어가 될 수 있으나 본동사를 수반한다. 따라서 ②번은 본동사를 수반하되 주절을 가질 수 없고 주절의 동사가 된다면 종속절이 만들어지지 않아 불가능하다.

84
TIP 문두에 명사(구)(절)은 주어가 되는 기능을 한다.
어휘 • date from~ ~로 거슬러 올라가다

정답 83 ③ 84 ①

85

TIP 주절, 주절은 절대 불가능하다. 따라서 종속절이나 대등절을 만들어 주어야 한다.

어휘 • all sorts of~ 모든 종류의

85

Later he went to New Zealand, _____ he did all sorts of jobs.

① how
② why
③ that
④ where

해석 나중에 그는 뉴질랜드로 갔으며, 그곳에서 모든 종류의 일을 다 해보았다.

해설 comma 이하의 문장이 완전한 형태의 절을 구성하고 있으므로 의미상으로 적합한 관계부사를 선택한다.

※ 다음 중 어법상 틀린 것을 고르시오. (86 ~ 95)

86

TIP 불완전 타동사 중 목적보어 자리에 to-부정사를 취하는 동사는 단연코 1순위 문제다.

어휘 • retire from~ ~로부터 물러나다
• failing 악화되는
• post 지위; 기둥

86

Mr. White ① has retired from public life, because his ② failing health did not ③ permit him ④ staying in his post.

해석 Mr. White씨는 공직에서 물러났는데, 왜냐하면 그의 악화되는 건강이 그의 지위에서 그가 있도록 허락해 주지 않았기 때문이다.

해설 permit, allow, admit와 같은 허가동사는 목적보어 자리에 to + R을 취한다.

87

TIP 명사 + 명사의 표현은 한자화되어 있는 사례가 많다 (예 서점: Book Store)

어휘 • blood type 혈액형
• common 공통의, 일반의, 보통의
• distribute 분포시키다

87

Some ① bloods types are ② quite common, others are ③ regionally distributed, and ④ others are rare everywhere.

해석 어떤 혈액형들은 아주 흔하며, 다른 혈액형들은 지역적으로 분포되어 있고, 다른 혈액형들은 어디서나 희귀하기도 하다.

해설 불특정의 개체에서 일부는 some이요, 또 다른 불특정의 일부는 others를 쓴다. 다만 나머지 전부는 the others로 표현한다.

정답 85 ④ 86 ④ 87 ①

88

Many millions of dollars ① worthy gold, silver, and jewels ② have gone down with ships in numerous ship disasters. These treasures lie ③ at the bottom of ④ almost every major body of water in the world.

TIP 명사 앞에는 형용사가 있으며 형용사는 형용사를 수식하지 못한다.

어휘 • at the bottom of~ ~의 기저에

해석 수백만 달러의 가치가 나가는 금, 은, 보석들은 수많은 선박 사고로 인하여 배들과 함께 가라앉았다. 이러한 보물들은 세계 전역에 거의 모든 해양의 기저에서 잠자고 있다.

해설 명사(구)와 명사(구)를 연결시키는 전치사는 of를 쓰며 worthy는 형용사로 of를 붙여 쓴다. 그러나 여기서는 의미상 worth of를 적용하여 앞의 형용사 many millions of dollars가 수식하는 명사 worth of가 적당하다.

89

In the fields black slaves ① picked cotton. And as they worked, they sang of their misery, sang of hope, and sang to keep themselves working. But soon ② the songs changed, and they were not sung just in the fields. Their strong rhythms ③ were established through clapping, and in the language of the slaves, jazz was born. Jazz originally meant 'excitement', but it soon ④ was used to describing a special kind of music.

TIP be used to + 동사원형과 be used to + 동명사는 반드시 구분해서 쓴다.

어휘
• clap 박수치다
• excitement 흥분
• describe 묘사하다

해석 들판에서 노예들은 목화를 땄으며, 그리고 일을 하면서 비애와 희망을 노래로 불렀고 그들이 일을 지속하기 위해서 노래를 불렀다. 그러나 곧 노래는 변하고 들판에서 그 노래들은 더 이상 불리지 않았다. 그들의 강한 리듬은 손뼉치기를 통해서 이루어졌으며, 노예들의 언어에서 재즈가 탄생했다. 본래 재즈는 '흥분'을 의미했지만 이내 그것은 특별한 종류의 음악을 묘사하기 위해 사용되게 되었다.

해설 was used to describe~ '묘사하기 위해서 사용되다'가 의미상 옳다.

정답 88 ① 89 ④

90

TIP 접속사와 전치사를 구분할 수 있어야 한다.

어휘
- timeless 시대를 초월한
- proportions 구성비

Ancient Greek art is frequently described ① <u>as</u> <u>timeless</u>, partly ② <u>because</u> its ③ <u>mathematically</u> precise, ④ <u>classic</u> proportions.

해석 고대 그리스인들의 예술은 종종 시대를 초월한다고 묘사되었는데, 그것의 수학적으로 정확한 그리고 정통적인 구성비 때문이다.

해설 classic 정통적인, 오랜 세월에 걸쳐 사랑받는 / classical 고전(주의)적인 / because는 접속사이다.

91

TIP 등위 접속사에 의한 병치 구조를 반드시 확인하자!

어휘
- antibody 항체
- immune system 면역체계
- recognize 인식하다

In addition to ① <u>providing</u> antibodies against bacteria, the immune system recognizes ② <u>and</u> ③ <u>destroys</u> ④ <u>abnormally</u> or foreign cells.

해석 세균에 대항하는 항체를 제공하는 것 이외에도 면역체계는 비정상적이거나 이질적인 세포를 인식하여 파괴하는 기능을 한다.

해설 abnormally 비정상적으로(부사) / abnormal 비정상적인(형용사)

92

TIP 동명사 위치에서 수동형 동명사는 반드시 검증하자!

어휘 realize 실현되다(= come true)

① <u>Don't</u> you think you're ② <u>wasting</u> away your life ③ <u>chasing</u> after dreams that have no chance of ④ <u>realizing</u>?

해석 당신은 실현될 수 있는 가망성이 없는 꿈을 쫓아가며 당신의 인생을 낭비하고 있다고 생각하지 않으십니까?

해설 that 앞에 선행사가 dreams로 realizing의 의미상 주어가 되기도 한다. 따라서 '꿈이 실현되다'라는 의미에 맞게 being realized를 써야한다.

정답 90 ② 91 ④ 92 ④

93

① As a child, Robinson competed ② against bigger and older kids ③ who laughed at his small stature until he ④ beats them.

해석 어린아이 때, 로빈슨은 그의 작은 키를 비웃던 덩치 크고 나이가 많은 아이들과 그가 그들을 때려눕힐 때까지 맞서곤 하였다.

해설 beat – beat – beat(A–A–A)형의 불규칙 변화를 활용하여 beat 가 정답이다.

93

TIP 절(clause)과 절(clause)이 연결되는 문장이 나열되면 동사와 동사의 관계를 따질 때 반드시 시제의 법칙을 확인하자!

어휘
- stature 키, 신장
- statue 동상
- status 지위, 신분
- compete 경쟁하다

94

The professor wants ① us all - Jack, Liz, and ② you ③ and I - ④ to visit Helen in the nursing home.

해석 그 교수님은 보육원에 있는 헬렌을 방문하기 위해서 우리 모두, 즉 다시 말해 잭, 리즈, 그리고 당신과 나 모두를 원하신다.

해설 목적어와 동격도 목적격으로 쓴다. 따라서 me가 옳다.

94

TIP 주어와 주격 보어는 주격으로 쓰며, 목적어와 목적격 보어는 목적격으로 쓴다.

어휘
- nursing home 보육원

정답 93 ④ 94 ③

95

TIP 전치사 + which 또는 전치사 + whom이 이끄는 절은 완전한 문장이 되어야 하며 반드시 전치사의 옳고 그름을 검증해야 한다.

어휘 • including ~을 포함하여(전치사)

95

The internet is a relatively inexpensive and effective means ① for which individuals ② from almost anywhere in the world can ③ communicate with one another using ④ any one of many different methods including electronic mail and video-conferencing.

해석 인터넷은 비교적 비용이 저렴하고 유용한 수단이기 때문에 사람들은 거의 전 세계 어디에서나 전자우편과 화상회의를 포함한 여러 다양한 방법들 중 어느 하나를 이용하여 서로 의사 전달을 할 수 있다.

해설 for 대신에 수단이나 도구를 의미하는 by 또는 with를 써야 한다.

96

TIP 이중 소유격의 문제는 출제될 가능성이 높다.

어휘 • beside~ ~옆에
• besides~ ~이외에

96 다음 중 어법에 맞는 문장을 고르시오.

① There is no one but doesn't wish to die a worthy death.
② My father's this old coat makes me cry.
③ At the sight of her son, a mother aroused in her.
④ Someone beside Ruth and me spoke to her.

해석 ① 가치 있는 죽음을 원치 않는 사람은 아무도 없다.
② 나의 아버지의 이 낡은 모자는 나를 슬프게 한다.
③ 그녀의 아들을 보자마자 어머니는 모성애가 올라왔다.
④ 루스와 내 옆의 누군가가 그녀에게 말을 걸었다.

해설 ① 유사관계대명사 but 뒤에 있는 not을 제거해야 한다.
② this old coat of my father's로 바꾸어 주어야 한다.
③ arouse는 타동사로 전치사를 뒤에 둘 수가 없다.

정답 95 ① 96 ④

97 우리말을 영어로 옮긴 것 중 옳지 않은 것을 고르시오.

① 내가 실수를 범했다는 생각이 들었다.
  → It occurred me that I had made a mistake.
② 그 책이 사라졌다.
  → The book has disappeared.
③ 죽음은 모든 사람을 기다린다.
  → Death awaits all men.
④ 좌석에 앉아있는 동안에 안전벨트를 착용해 주십시오.
  → While you are seated, fasten your seat belt.

해설 occur to~ : ~에게 떠오르다 /
It occurred to me that~ : ~가 나에게 떠올랐다.

97
TIP 자동사 뒤에는 전치사가 있다. 관련 어구를 반드시 익혀두자!
어휘 • await(= wait for)~ ~를 기다리다
• seat(vt)~ ~를 앉히다

98 다음 중 어법상 올바른 것을 고르시오.

① She admitted me that I was right.
② He regards himself to be a genius.
③ Small animals inhabit the woods.
④ This machine will save a lot of trouble for you.

해석 ① 그녀는 나에게 내가 옳았음을 인정했다.
② 그는 스스로를 천재라고 여긴다.
③ 작은 동물들은 숲속에 거주한다.
④ 이 기계는 당신에게서 많은 노고를 덜어줄 것이다.

해설 ① admit는 4형식 불가 동사이므로 to me가 옳다.
② regard A as B A를 B라고 여기다
④ save는 4형식을 3형식으로 전환해서 쓰지 못하는 동사이다. 따라서 you a lot of trouble이 맞다.

98
TIP 4형식 불가 동사들은 반드시 정리해두자!
어휘 • live in~(= inhabit~) ~에 살다

정답 97 ① 98 ③

99

TIP lie-lay-lain(vi) & lay-laid-laid(vt)는 반드시 구분해서 익혀두자!

어휘 • a five-foot-tall man 5피트의 신장을 가진 사람

99 다음 중 어법상 올바른 것을 고르시오.

① He is a five-feet-tall man.
② The hurricane striked the east coast.
③ He laid the book on the desk and went out.
④ Your both hands are dirty.

해석 ① 그는 신장이 5피트다.
② 허리케인은 동쪽 해안을 강타하였다.
③ 그는 책상 위에 책을 놓고 나갔다.
④ 네 손이 모두 더럽다.

해설 ① a five-foot-tall man
② strike-struck-struck
③ lay-laid-laid
④ both your hands

100

TIP 완료형 동사가 되더라도 자동사는 수동태가 불가능하다.

어휘 • treat~ ~을 다루다

100 밑줄 친 부분의 표현이 적절하지 않은 것은?

① I <u>had hoped to meet</u> your parents.
② She considers me <u>to be her best friend</u>.
③ Instruments like a guitar <u>have been existed</u> since ancient times.
④ No sooner had <u>I seen her</u> than she began to cry.

해석 ① 나는 당신의 부모님을 만나기를 희망했었는데.
② 그녀는 내가 그녀의 가장 친한 친구라고 여긴다.
③ 기타와 같은 악기는 고대 이후로 존재해 왔다.
④ 내가 그녀를 보자마자 그녀는 울기 시작했다.

해설 has been existed를 has existed로 바꾸어 준다.

정답 99 ③ 100 ③

주관식 문제

※ 문맥에 맞는 적절한 답을 선택해 쓰시오. (01 ~ 25)

01

In a study, researchers say that while people avoid [to kiss / kissing] each other when they have a cold, they are more likely to pass on an infection by [to shake / shaking] someone's hand. The study also details how germs that cause stomach infections such as salmonella can also circulate directly from person to person on the hands.

01

어휘
- pass on an infection 전염시키다
- circulate 돌아다니다
- on the hands 손을 통해서

해석 한 연구를 통해서, 연구진들은 감기가 걸렸을 때, 서로서로 키스를 하는 것을 피해야 하지만, 그들은 누군가와의 악수를 통해 감염이 될 가능성이 더 커진다고들 말한다. 그 연구는 또한 살모넬라균과 같은 위 감염을 일으키는 세균들이 어떻게 또한 직접적으로 손을 통해서 사람에서 사람으로 돌아다닐 수 있을지를 자세히 설명하고 있다.

해설
- avoid + 동명사
- 전치사 + 동명사를 사용한다.

정답 kissing / shaking

02

With a hybrid car, you can get more than 60 miles to the gallon of gasoline. This is because hybrid cars run on two engines. One is the conventional engine and [another / the other] is the electric motor and batteries. By combining these two to power your car, it will run [very / much] more efficiently than conventional cars. Nobody could resist the temptation to buy [such a nice car / such nice a car].

02

어휘
- run 운영되다
- conventional 전통적인
- temptation 유혹

해석 하이브리드 차량으로 당신은 가솔린 1갤런 당 60마일 이상을 주행할 수가 있다. 이것은 왜냐하면 하이브리드 차량들이 2개의 엔진으로 달리기 때문이다. 하나는 전통적인 엔진이고 또 다른 하나는 전기모터와 배터리이다. 이 2가지를 조합해서 당신의 차에 동력을 공급해 줌으로써 그것은 전통적인 엔진보다도 더 효율적으로 달릴 것이다. 어느 누구도 이러한 멋진 자동차를 구입하는 데 유혹받지 않을 수 없다.

해설
- 둘 중에 하나 one, 나머지 하나 the other
- very + 원급 수식
- such + a(n) + 형용사 + 명사 어순

정답 the other / much / such a nice car

03

어휘
- request 요구
- damage 손상을 주다
- account 은행계좌, 계정

해석 이러한 요구를 무시함으로써 당신은, 당신이 이제까지 우리의 회사와 쌓아둔 훌륭한 신용 기록을 손상시키고 있습니다. 만약에 우리가 10일 이내로 당신으로부터 연락을 듣지 못한다면, 우리는 당신의 계좌계정을 회수할 수밖에 없습니다. 당신은 가능한 한 빨리 당신의 돈을 보냄으로써 당신의 신용등급을 보존할 수 있습니다.

해설
- unless 접속사: 만일 ~하지 않는다면
- have no choice but to + R~ : ~하지 않을 수 없다.

정답 Unless / to turn

03

By ignoring these requests, you are damaging the excellent credit record you have previously maintained with our company. [If / Unless] we hear from you within ten days, we will have no choice but [turn / to turn] your account over for collection. You can preserve your credit rating by sending your money as soon as possible.

04

어휘
- point at ~을 지목하다
- carry out 수행하다

해석 다른 사람이 주위에 있을 때, 사람들은 다른 사람이 그 희생자를 도와줄 수 있는 어떤 일을 할 것이라는 추정을 하게 된다. 논리적인 것처럼 보이는 것과는 반대로 구경꾼들의 숫자가 더 많으면 많을수록, 사람들이 도와줄 가능성은 더 줄어든다. 만약에 당신이 스스로 응급상황에 처했는데, 주위에 많은 사람들이 있는 운이 나쁜 상황에 처했다면 당신은 어떤 특별한 사람을 지목해서 그 또는 그녀에게 911에 전화하거나 어떤 다른 명확한 행동을 수행하도록 말해야 할 것이라고 사회심리학자는 권고한다.

해설
- what 뒤에 불완전한 절이 등장
- 형용사, 부사 + enough + to + R 어순
- 주장동사 + that절 + (should) + 동사원형

정답 what / unluck enough / should point

04

When others are around, people tend to assume that someone else will do something to help the victim. Contrary to [that / what] seems logical, the larger the number of bystanders is, the less likely people are to help. If you find yourself in an emergency, and you're [enough unluck / unluck enough] to have many people around, a social psychologist recommends that you [should point / would point] at one particular person, and tell him or her to call 911 or carry out some other definite action.

05

I remember [to walk / walking] down the street with a friend of mine, and he refused to let me [to walk / walk] on the outside of the street. He explained that his mother told him that women are supposed [to walk / to walking] on the inside. He didn't know why but he'd followed this belief all of his life. I just found it odd. It wasn't until I took a British Literature course in college [that / what] I found out the origin of this act.

05

해석 나는 내 친구와 함께 거리를 걸었던 기억이 나고, 그는 내가 거리의 바깥쪽으로 걷는 것을 허락해 주지 않았다. 그는 그의 어머니가 그에게 여성들은 반드시 거리의 안쪽으로 걷도록 해야만 한다고 말했던 사실을 설명해 주었다. 그는 이유를 알지는 못하지만, 그는 그의 삶 동안에 이런 믿음을 따라왔다. 나는 단지 그것이 이상하다고 생각했다. 내가 대학에서 영문학 과정을 이수하고 나서야 비로소 나는 이런 행동의 기원을 알게 되었다.

해설
- let(사역동사) + 목적어 + 목적격보어(동사원형)
- be supposed to + V ~해야만 한다, ~을 하도록 되어 있다, ~할 예정이다
- 접속사 that 뒤에 완전한 절 등장

정답 walking / walk / to walk / that

06

Though [not working / not worked] in the classroom, guides have one or more students who are [almost / most] always new and eager to learn. On a spot, so many unpredictable questions may rain down on these people and they should be always ready with answers.

06

어휘
- on a spot 즉석에서
- rain down 쏟아져 나오다

해석 비록 교실에서 일하지는 않을지라도 지도원들은 거의 항상 배우는데 새롭고 열성을 보이는 학생들을 한 명 이상 데리고 있다. 즉석에서 많은 예측이 불가능한 질문들이 이런 사람들에게 쏟아져 나오고 그들은 항상 대답할 준비가 되어있어야만 한다.

해설
- 분사 구문 전환 시에 자동사는 과거분사가 불가능하다.
- almost(거의), most(대부분)

정답 not working / almost

07

어휘
- attentively 세심하게
- desire 바라다
- prefer ~을 더 선호하다

해석 수백 명의 명사들은 결코 주의 깊게 말을 들어주지 않기 때문에 호의적인 인상을 결코 남기지 못한다. 그들은 자신들이 다음으로 이야기할 것에만 너무 집중하기에 그들은 자신들의 귀를 계속해서 열어두지 않는다. 아주 중요한 사람들은 좋은 대화자이기보다는 좋은 청취자이기를 더 선호한다고 말해왔다, 하지만 듣는 능력은 거의 어떤 다른 좋은 속성보다도 오히려 희귀한 것처럼 보인다. 그리고 중요한 사람들은 강력하게 좋은 청취자이기를 바랄 뿐만 아니라 보통 사람들도 역시 마찬가지이다.

해설
- hundreds of 수백 개의
- prefer A to B : B보다는 A를 더 좋아한다

정답 Hundreds of / to

07

[Hundred of / Hundreds of] celebrities fail to make a favorable impression because they don't listen attentively. They are so much concerned with what they are going to say next that they do not keep their ears open. Very important people have said that they prefer good listeners [to / than] good talkers, but the ability to listen seems rarer than almost any other good trait. And not only do important people strongly desire a good listener, but ordinary folks do, too.

08

어휘
- review 견해
- chances are that~ 아마도 ~일 것이다
- very often 종종

해석 아마도 일부 사람들은 긍정적인 논평을 줄 것이고 다른 사람들은 부정적인 논평을 줄 것이다. 삶은 다소 그와도 같다. 똑같은 상황이 제공된다면 일부 사람들은 그것을 긍정적인 시나리오로 볼 것이고 다른 사람들은 그것을 부정적인 시나리오로 볼 것이다. 종종 우리가 얼마나 행복한가를 결정하는 것은 우리의 삶에서 실제로 일어나고 있는 그것이 아니다. 사실상, 더 중요한 것은 우리가 반응하는 방법이다.

해설
- Given (that)~ : ~을 고려한다면
- others (will view it as) a negative one
- it + be + 강조어구 + that 구문에서 what절의 주어를 강조한 구문이다.

정답 Given / determines

08

Chances are that some will give positive reviews and others will give negative reviews. Life is somewhat like that. [Giving / Given] the exact same situation, some will view it as a positive scenario, and others a negative one. Very often, it is not what actually happens in our lives that [determine / determines] how happy we are — it is, in fact, how we react that is the more important factor.

09

As Japan's birth rate falls and the population ages, much more people in their sixties are looking for ways to stay alert. The computer game companies are making more products [stimulating / stimulated] the brains of old users. They say that these games can help the brain [stay / staying] young. All over Japan, old people are going to classes [which / where] they learn how to play the games.

09

어휘
- stay alert 민첩해지다
- stimulate 자극하다

해석 일본의 출생률이 떨어지고 인구 연령이 높아짐에 따라 그들의 나이가 60대인 더욱 더 많은 사람들이 민첩해지는 방식을 찾고 있다. 컴퓨터 게임 회사들이 나이 든 사람들의 뇌를 자극하는 더 많은 제품을 만들고 있다. 그들은 이런 게임들이 뇌가 젊음을 유지하도록 도와줄 수 있다고 한다. 일본 전역에서 나이든 사람들은 그들이 게임을 하는 방법을 배우는 수업에 참여할 것이다.

해설
- 뒤에 목적어를 가지고 있는 현재분사
- help 뒤에 원형부정사 또는 to 부정사
- 관계부사 뒤에 완전한 문장

정답 stimulating / stay / where

10

Ironically, the anticipation of the horrors that could suddenly appear was always far more [frightening / frightened] than whatever actually did show up. Films like Jaws or The Blair Witch Project, for example, were so successful because they spent more time letting us dream up our own fears from what remains unseen, rather than showing us something. What is even more [terrifying / terrified] is that most people are willing to accept the unseen presence.

10

어휘
- anticipation 예상, 기대
- frightening 놀라운
- dream up 문득 생각해 내다
- presence 존재

해석 아이러니컬하게도, 갑자기 등장할 수 있는 공포의 기대치는 실제로 무엇인가가 나타나는 것보다 항상 훨씬 더 공포를 주었다. 예를 들어, Jaws 또는 The Blair Witch Project 같은 영화들은 너무나 성공적이었는데 왜냐하면 그들은 우리에게 어떤 것을 보여주기 보다는 오히려 보이지 않는 것으로부터 우리가 두려운 것을 생각해내도록 더 많은 시간을 배정하였다. 훨씬 더 무시무시한 것은 대부분 사람들이 기꺼이 그 보이지 않는 존재를 받아들인다는 사실이다.

해설 감정류 타동사는 사람과 연계하면 → 과거분사, 사물과 연계하면 → 현재분사, 따라서 둘 다 현재분사 사용이 옳다.

정답 frightening / terrifying

11

어휘
- employment 채용
- live on 생계를 이어가다
- behind the scenes 무대 뒤에서
- mission 임무

해석 당신도 알고 있듯이 예술은 불안정한 고용의 역사를 가지고 있다. 많은 예술가들은 그들이 자신들의 예술 작품으로 벌어들이는 돈으로는 생계를 유지하는 것이 어렵다는 것을, 심지어는 불가능하다는 것을 알고 있다. 대부분의 사람들은 가르치고 또는 무대 뒤에서 일하면서 또는 예술 작품들과는 관련이 없는 다른 일을 하며 그들의 수입을 보충해야만 한다. 만약에 당신이 예술을 당신 삶의 작품이나 임무로 생각하지 않는다면, 당신은 당신의 직업으로서의 그것을 포기하게 될지도 모른다.

해설
- 주어와 동사의 수일치 문제
- work (which is) not related
- 타동사 + 대명사(목적어) + 부사 구조가 옳다.

정답 does have / not related / give it up

11

As you know, art [does have / do have] a history of insecure employment. A lot of artists find it difficult — even impossible — to live on the money they make from their art. Most have to supplement their income by teaching, or by working behind the scenes, or by doing other work [not related / not relating] to the arts. If you don't think of art as your life's work or mission, you may [give it up / give up it] as your career.

12

어휘
- dissatisfaction 불만족
- wonder 궁금하다

해석 사람들이 언제 인생에 만족을 느끼는지 질문을 받을 때, 대부분 사람들은 그들이 다른 사람보다도 우월하다는 생각을 할 때, 그렇게 느낀다고 말한다. 그것은 사실이다. 많은 만족감이나 불만족감은 우리가 어떻게 우리 자신을 다른 사람들과 비교하느냐에 따라 그들의 뿌리를 둔다. 만약에 우리가 오로지 더 많은 것을 가지고 있는 사람들에 관하여 생각하느라 대부분의 시간을 보낸다면 우리가 불행하다고 느끼는 것은 당연하다.

해설
- 질문을 받는 것이므로 뒤에 명사절이 있어도 과거분사 asked
- most of 대부분의
- those who~ : ~한 그런 사람들

정답 Asked / most of / those who

12

[Asking / Asked] when they feel satisfied with their life, most people say they feel so when they think they are superior to others. That's true. Many feelings of satisfaction or dissatisfaction have their roots in how we compare ourselves with others. If we spend [most / most of] our time thinking only about [those who / those whom] have more, it's no wonder that we should feel unhappy.

13

Andrew Carnegie was known [as / for] the steel king; yet he knew very little about the manufacture of steel. He had hundreds, perhaps thousands of men working for him who knew more about steel than he did. But he knew how to handle men and that is [what / that] made him rich.

13
어휘 handle 다루다

해석 앤드류 카네기는 강철왕으로서 알려져 있었다. 그렇지만 그는 강철의 제조에 관하여는 거의 알지 못했다. 그는 그가 아는 것보다 강철에 관해서 더 많이 알고 있는 그를 위해서 일하는 수백, 어쩌면 수천 명의 사람들을 데리고 있었다. 그러나 그는 사람을 다루는 방법을 알고 있었고, 즉 그것이 그를 부자로 만들어 주었다.

해설
- be known as~ : ~로서 알려지다
- what 다음에 불완전한 절

정답 as / what

14

These employers are already taking advantage of a motivated, skilled workforce in older workers, which is the right approach to take. However, the number of those who [want / wants] to continue working [is / are] much larger than that of those who really get the job. The smart employers should be increased.

14
어휘
- motivate 동기를 부여하다
- workforce 노동력
- increase 증가시키다

해석 이러한 고용주들은 이미 의욕을 가진 숙련된 노동자들을 이용하고 있는데, 그것은 실행할 수 있는 올바른 접근법이다. 그렇지만 계속적으로 일하기를 원하는 사람들의 숫자가 실제로 직장을 가지고 있는 사람들의 숫자보다 훨씬 더 많다. 스마트한 고용주는 증가되어야만 한다.

해설
- 선행사 those(복수) who + 동사 (복수)
- the number (of 복수명사) + 동사 (단수)

정답 want / is

15

어휘
- inherent 타고난
- trait 속성, 특징
- notoriously 악명 높게
- biased 편견적인

해석 IQ는 천부적인 특징이 아니다. 그것은 어떤 사람이 자신의 문화적인 정황 안에서 얼마나 많이 알고 있는가를 측정하는 하나의 발명품이다. IQ테스트는 백인, 남자, 중산층이 아닌 사람에 대하여 대단히 편견이 어려 있다. 엄청난 많은 연구들은 IQ테스트가 지성에 대한 타당한 측정이 아니라는 것을 증명해 왔으며 실로 다른 문화 출신의 백인들조차도 테스트에 점수가 좋지가 않다. 아이큐 점수 속에서 심리학자들이 아직도 인종적 차이를 발견하려고 한다는 것은 미친 짓이다.

해설
- it be + 강조어구(단수) that + 동사 (단수)
- that절을 뒤에 목적어로 두고 있으니 동사도 능동 have shown이 옳다.

정답 measures / have shown

15

I.Q. is not an inherent trait: it is an invention that [measure / measures] how much a person knows within one's cultural context. I.Q. tests are notoriously biased against anyone who is not white, male and middle class. Numerous studies [have shown / have been shown] that it is not a valid measure of intelligence and, indeed, even white people who come from other cultures score poorly on the tests. The idea that psychologists are still trying to find racial differences in I.Q. scores is maddening.

16

어휘
- mass transportation 대중교통
- crowded 붐비는

해석 미국의 많은 학생들은 학교나 직장에 갈 때 그들 자신의 차를 운전한다. 이것은 특히 로스엔젤레스에서 어울리는 말이다. 그곳에서 대중교통은 매우 형편이 없다. 그리고 그 도시의 공기는 점점 더 나빠지고 있으며 그 도시의 도로는 점점 더 붐비고 있다. 그러므로 공기를 깨끗하게 하고 도로를 더 안전하게 하려면 무언가를 해야만 한다.

해설
- 관계대명사 뒤에는 불완전한 절
- 관계부사 뒤에는 완전한 절. 따라서 완전한 절이 뒤에 등장하므로 관계부사 where를 쓰는 것이 옳다.

정답 where

16

Many American students drive their own cars to school or work. This is especially true in Los Angeles, [which / where] mass transportation is not very good. And the city's air is getting worse and its roads are getting more crowded. Therefore, something must be done to make the air cleaner and the road safer.

17

[Almost / most] one out of three Americans in that same age range [is said / is told] to be 'obese', which means that they have an especially serious weight problem. Furthermore, although efforts are being made to deal with this situation, it seems that things are growing worse rather than better.

17

어휘
- in that same age range 같은 연령대에
- almost 거의
- most 대부분(의)

해석 같은 연령대에 미국인 거의 세 명 중 한 명은 비만이라고들 한다. 그것은 그들이 특별히 심각한 체중 문제를 가지고 있음을 의미한다. 게다가 비록 이런 상황을 타개해 보려고 노력이 이루어지고는 있지만 그것은 마치 일을 좋게 만들기보다는 점점 더 악화되도록 만드는 것처럼 보인다.

해설 most는 형용사로 대명사 one을 수식하지 못한다. almost는 부사로 문장 전체를 수식한다. 주어와 동사의 관계는 능동과 수동의 관계를 검증하여야 한다.

정답 Almost / is said

18

Most small birds live only a few years at most. Many birds die of hunger, disease, injury, or exposure to bad weather. Numerous others are killed by predators. [Despite / Despite of] all the dangers they face, some birds manage to complete their normal life span. In general, big birds live longer than small [ones / those]. Birds generally have a better chance for survival in captivity than in the wild.

18

어휘
- at (the) most = at (the) best 기껏해야
- in captivity 사로잡혀서
- chance 가능성

해석 대부분의 새들은 기껏해야 몇 년 밖에 살지 못한다. 많은 새들은 굶주림, 질병, 부상 또는 나쁜 날씨에 노출되서 죽는다. 다른 많은 새들은 포식자들에 의해서 죽는다. 그들이 직면하는 모든 위험에도 불구하고 일부 새들은 그럭저럭 자신들의 보통의 수명 기간을 살아간다. 일반적으로 큰 새들은 작은 새들보다 더 오래 살아간다. 새들은 일반적으로 야생에서보다 사로잡혔을 때 생존할 가능성이 더 커진다.

해설
- in spite of = despite (전치사) ~에도 불구하고
- 비교 대상은 명사 복수(birds)이므로 ones로 받는다.

정답 Despite / ones

19

어휘
- affect ~의 영향을 끼치다
- decompose 분해되다

해석 오늘날 우리는 지구의 토양과 물의 오염에 대해서 걱정을 한다. 비록 토양오염이 직접적으로 사람들의 일상에 영향을 주지는 않을지라도 바다의 오염은 육지의 오염만큼 역시 중요하다. 오랜 기간 동안 바다는 사람들의 쓰레기를 버리는 편리한 장소로 여겨져 왔다. 이런 쓰레기 중에서 일부는 커다란 고기늘이 섭취할 뿐만 아니라 바닷물에 의해서 분해되기도 한다.

해설
- the 명사(단수)가 비교 대상이므로 that으로 받는다.
- think of A as B = A is thought of as by B의 수동태 문장을 적용할 수 있도록 한다.

정답 that / thought of as

19

Today we are concerned about the pollution of the earth's soil and water. Though land pollution directly affects people in their daily lives, sea pollution is as important as [that / those] of the land. For a long time, the sea has been [thought of as / thought of] a convenient place to throw their garbage. Some of these wastes are not only eaten by the large fishes but also decomposed in sea water.

20

어휘
- have access to + V~ 규칙적으로 ~을 이용하다
- comprehensive 포괄적인

해석 게다가 학생들이 건강클리닉을 규칙적으로 접근하는 학교에서는 술에 중독된 학생들의 비율이 30퍼센트까지 감소해 왔다. 게다가 또 다른 연구는 포괄적인 건강교육을 받는 학교의 학생들은 마약의 시도를 또는 자살시도를 덜 했다는 것을 증명했다.

해설
- the students (who are) addicted to~ ~에 중독된 학생들
- to try or (to) attempt 의 병치구조

정답 addicted / percent / attempt

20

Additionally, in schools where students have access to health clinics, the rate of students [addicting / addicted] to drinking has declined by 30 [percent / percents]. Furthermore, another study demonstrated that students in schools with comprehensive health education were less likely to try drugs, or [attempt / attempted] suicide.

21

If you need an alarm clock, or if you feel sleepy while [doing / done] a repetitive or undemanding task, like driving or sitting in a meeting, try [sleeping / to sleep] an extra 30 to 90 minutes a night. If you can't do that on weekdays and need to make up for lost sleep on the weekend, experts advise [to go / going] to bed earlier rather than sleeping later.

21

어휘
- repetitive 반복적인
- undemanding 힘들지 않은

해석 만약 당신이 알람시계가 필요하다거나 운전을 하거나 모임에 앉아 있는 일과 같은 되풀이되고 힘들지 않은 일을 하는데 졸린 느낌이 든다면 하룻밤에 30분이나 90분 정도의 추가적인 수면을 시도해보라! 만약에 당신이 주중에 그것을 할 수 없고 부족한 수면을 주말에 보충할 필요가 있다면, 전문가들은 늦게 수면을 취하기보다는 오히려 좀 더 일찍 잠자리에 들도록 충고한다.

해설
- 현재분사 뒤에 목적어(a repetitive or undemanding task)
- advise + 동명사(목적어)

정답 doing / sleeping / going

22

Most people who have survived serious auto accidents are likely to be very nervous about driving. They are afraid of driving even a mile over the speed limit and absolutely refuse [to go / going] much faster than the law allows. Even when they are not driving, their terror also increases in a car, and they keep an eye on the driver, offering advice continuously about taking curves and [slowing down / slow down] for yellow lights.

22

어휘
- slow down 속도를 늦추다
- take curves 커브길을 돌다

해석 심각한 자동차 사고에서 살아남은 대부분 사람들은 운전에 관해서 무척이나 초조해 할 가능성이 있다. 그들은 심지어 속도 제한을 1마일만 초과해도 운전을 두려워하며 법률이 허용하는 것보다 훨씬 더 빠르게 가는 것을 거부한다. 심지어 그들은 운전을 하지 않을 때조차도 그들의 공포감은 또한 차 안에서 증가하며 그들은 운전하는 사람을 계속 주시하며 커브를 돌 때, 그리고 황색 신호에 나아갈 때 계속해서 충고를 늘어놓는다.

해설
- refuse + to + R(목적어)
- taking curve에 병치관계의 문맥으로 적용해야 한다.

정답 to go / slowing down

23

어휘
- violently 폭력적으로
- otherwise 그렇지 않으면, 그렇지 않았다면

해석 연구진들에 따르면, 아이들이 TV를 많이 보도록 허락하는 것은 흡연하는 것과 같다. 둘 다 잠재적인 재앙의 가능성을 증가시킨다. 사람이 담배를 피울 때, 매번의 담배가 어느 날 당신이 폐암에 걸릴 가능성을 증가시키듯이, 폭력에 매번 노출되는 것은 언젠가 아이가 그렇지 않은 상태에서 행동하는 것보다 더 폭력적일 가능성을 증가시킨다.

해설 alike는 서술적 형용사로 보어 자리에 단독으로 사용하고, like는 전치사이다. the chance와 동격의 의미를 전달하는 접속사가 옳다.

정답 is like / that

23

According to researches, letting children watch lots of television [is like / is alike] smoking: Both increase the potential for disaster. As he puts it, "Just as every cigarette increases the chances [that / if] some day you will get lung cancer, every exposure to violence increases the chances that some day a child will behave more violently than he or she otherwise would."

24

어휘
- combine 조합하다
- with all ~에도 불구하고(= for all~ = despite~)

해석 언어에 대한 지식은 당신이 어구를 표현하기 위해서 단어들을 조합하도록, 문장을 만들기 위해서 어구를 조합하도록 하는 것을 가능케 해 준다. 당신은 모든 문장이 들어 있는 어떤 언어의 사전을 살 수가 없는데, 왜냐하면 어떤 사전도 모든 가능한 문장을 담을 수는 없기 때문이다. 언어를 안다는 것은 결코 전에는 사용된 적이 없는 새로운 문장을 만들어 내고, 결코 전에는 들어본 적도 없는 문장을 만들어 낼 수 있음을 의미한다.

해설
- enable + 목적어 + to + R 구문이다
- mean to + R~ : ~할 의도이다
- mean + 동명사~ : ~하는 것을 의미하다
- be able to + 동사원형에 병치 관계를 문맥으로 하고 있다.

정답 to combine / being / to understand

24

Knowledge of a language enables you [to combine / combining] words to form phrases, and phrases to form sentences. You can't buy a dictionary of any language with all its sentences, because no dictionary can list all the possible sentences. Knowing a language means [to be / being] able to produce new sentences never spoken before and [understanding / to understand] sentences never heard before.

25

Her condition never got better and she kept doing stupid things. She left her wallet at stores twice and forgot [meeting / to meet] people for lunch and other appointments. She didn't feel like [to cook / cooking] and she spent a lot of time sleeping.

25

어휘
- get better 좋아지다
- meet 충족하다

해석 그녀의 상태는 결코 좋아지지 않았고 그녀는 어리석은 일을 계속해서 했다. 그녀는 자신의 지갑을 2번씩이나 상점에 두고 왔으며 점심을 먹기 위해 사람들을 만나야 하는 약속도 잊기도 했다. 그녀는 요리를 하고 싶은 마음도 없었고 그녀는 잠을 자면서 많은 시간을 보냈다.

해설
- forget(remember) to + R~ : ~해야 할 일을 잊다(기억하다)
- forget(remember) + 동명사~ : ~했던 일을 잊다(기억하다)
- feel like + ~ing : ~하고 싶다.

정답 to meet / cooking

교육이란 사람이 학교에서 배운 것을 잊어버린 후에 남은 것을 말한다.

– 알버트 아인슈타인 –

제 3 편

독해
(Reading Comprehension)

제1장	독해의 접근 방법
제2장	대의 파악
제3장	주제 파악
제4장	세부 사항 파악
제5장	결론 도출
제6장	논조 이해
제7장	글의 상호관계 분석
제8장	영문 국역
실전예상문제	

우리 인생의 가장 큰 영광은 결코 넘어지지 않는 데 있는 것이 아니라
넘어질 때마다 일어서는 데 있다.

— 넬슨 만델라 —

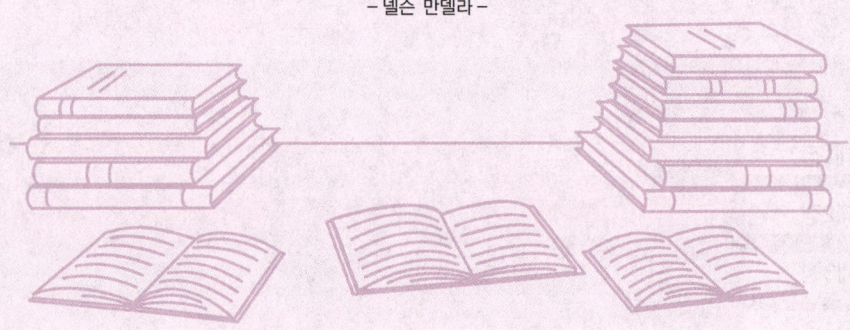

보다 깊이 있는 학습을 원하는 수험생들을 위한
시대에듀의 동영상 강의가 준비되어 있습니다.
www.sdedu.co.kr ➜ 회원가입(로그인) ➜ 강의 살펴보기

제 1 장 | 독해의 접근 방법

핵심 01 글의 주제 또는 제목을 찾는 유형

제시된 글에서 내용의 중심이 되며 반복되는 내용을 **주제**라 하며, 글은 두괄식 문장이나 미괄식 문장이 지배적이다. 또한 **제목**은 글의 주제나 요지를 한꺼번에 가장 압축하여 나타내는 것을 말하며, 제목은 글의 장르에 따라 달라질 수 있다.
하나의 단락은 보통 하나의 주제(topic)를 갖고 있다. 즉 그 단락이 '무엇에 관한 글'인지를 분명히 밝히고, 그 주제를 일관성 있게 다루고 있다. 하지만 경우에 따라서는 **글 전체를 읽고 종합하여 파악하거나 함축된 내용을 추론하여 주제를 파악해야 하는 경우도 있다.**
논설문이나 설명문은 그 핵심 내용으로 제목을 정하며, 소설, 수필 등은 제재(핵심 소재)를 제목으로 할 수 있다. 제목은 독자의 관심을 끌 수 있어야 하고 다양한 방식으로 구사할 수 있다. 그러나 제목이 전달하는 범위가 주어진 단락의 내용에 비해 너무 광범위해서도 안 되고 너무 좁아서도 안 되므로 전반적인 내용을 나타내는 글을 찾는다.

학습 방법

① 주제나 제목은 '무엇에 관한 내용이냐'가 초점이므로 '무엇을 중심적으로 다루고 있는가?'의 답을 찾는 것임을 염두에 두자.
② 주제 진술의 내용이 너무 지엽적이거나 지나치게 비약적인 것은 배제한다. 전체와의 조화 속에서 전체를 포괄할 수 없는 것은 주제나 제목이 될 수 없음을 상기하자.
③ 논리적인 글은 대개 주제와 제목이 일치하므로 주제문을 찾아 요약하고 글 속에서 자주 반복되는 핵심어와 연결된 제목을 찾는다. 따라서 문단의 첫 문장이나 마지막 문장을 주의해서 읽는다.
④ 주제가 글의 표면에 나타나지 않는 글인 경우에는 주제를 암시하는 말이나 요지를 파악한다.

주제문이 있는 위치(문두, 문미, 문중)

주제문	※ 이유, 원인의 내용	글감에 따른 분류

※ for example
  = such as
※ in addition
※ furthermore
	※ as a result
	※ due to
	  = because of
	주제문
		주제문
		
		내용에 따른 분류

 글의 주제를 찾는 방법 1

① 글의 서술방식을 알고 해석하자. 즉 시간순서, 인과관계, 비교, 열거형 등 글의 전개방식의 유형을 분석해보면 주제문을 찾는 시간을 줄일 수 있다. 평소 이러한 몇몇의 분류방식으로 독해 연습을 해두면 실제 새로운 지문을 독해하는 경우 시간단축에 도움이 된다.
② 자주 등장하는 핵심어(key word)를 유의해서 본다.
③ 예시(for example)의 앞 문장이 주제문이다.
④ 의문문이 나온 경우 이에 답한 답변이 주제문이다.
⑤ as a result의 뒤가 보통 주제문이다.
⑥ because of 앞의 문장이 보통 주제문이다.
⑦ 주제문은 통상 구체적이어야 한다. 하지만 너무 포괄적이거나 너무 구체적인 문장은 주제문이 아니다. 즉, 시간, 공간, 이름 등이 너무 구체적으로 나오는 문장은 주제문이 아닐 가능성이 높다.
⑧ 통계나 예시는 주제문이 될 수 없다.

 글의 주제를 찾는 방법 2

상반개념의 후반의 문장	추가항목
but yet nevertheless on the other hand however on the contrary despite although otherwise in fact rather	again another second also as well as and besides

결론내용 문장	주제문 문장
thus therefore and so accordingly consequently in conclusion after all in the end	I believe 　think 　insist 　mean In my opinion my belief is the result[consequence] is remember, keep in mind matter, count the best the most important necessary, essential extremely must, have to, should, ought to, need to 명령문 등장

핵심 02 글의 요지를 찾는 유형

> 글의 요지는 필자가 주제를 가지고 **궁극적으로 이야기하거나 주장하려고 하는 내용**을 말한다. 즉 주제를 뒷받침한다. 다시 말하면 글의 요지는 중심 사상을 내포한 압축된 요점이며, 그 단락의 결론에 해당한다. 그리고 요지 진술은 대개 문장 형태로 한다.

학습 방법

① 주어진 단락의 전체적인 내용을 파악한 다음 글의 대의 파악을 바탕으로 하여 핵심어와 주제문을 찾아보고 주제를 파악한다.
② 예시, 부연 설명 문장은 필자가 말하고자 하는 중심 내용의 근거 자료이므로 요지를 요약할 때는 배제시킨다.

요지 찾는 방법

① 대조 접속사(but, however, on the other hand, in contrast)를 찾으면 그 다음에 요지가 있다.
② 예시(for example), first of all 이하의 문장은 글의 요지와는 직접적인 관련이 없다.

③ 요약의 접속사(in short, in a word, in brief)의 문장에 요지가 숨어있다.
④ 당연, 필요, 주장의 문장에 요지가 숨어있다(need to, should, ought to, I believe).
⑤ 강조구문은 주제문일 가능성이 있다.
⑥ colon(:)은 다음의 내용에 이어지는 부분이므로 관심을 두지 말자.
⑦ 도표, 통계, 연구는 요지가 될 수 없다. 다만, 그 결과는 요지문장이 될 수 있다.
⑧ 전체 내용이 긍정인지 부정인지를 확인하자.
⑨ 비교(비유)를 나타내는 문장 연결어(similar to, similarly, like + 명사, likewise)가 있을 때, 비교하는 대상과 비유되는 대상의 공통점을 찾으면 그것이 주제(제목)이다.
⑩ 결과를 나타내는 문장 연결어(so, hence, thus, consequently, therefore, as a result) 뒷부분이 주제(제목) 부분이다.

핵심 03   지칭추론 유형

영어에서는 문맥의 일관성과 응집성을 갖도록 하기 위해 이미 나온 단어나 구, 절을 **대명사**로 표현하는 경우가 많다. 이러한 지칭 추론의 경우 시험에서는 크게 주어진 글 속에서 가리키는 대상을 찾는 **문단 내 지칭 문제**와 제시된 내용 중 필요한 정보를 선택해 지시어가 가리키는 것을 알아내는 **순수 지칭 문제**가 있다.
① **문단 내 지칭 문제**는 한 번 언급된 명사(구)를 대명사로 바꾸어 그 가리키는 대상을 주어진 글 속에서 찾는 유형으로, 주로 밑줄 친 부분 즉 **대명사가 문단 가운데 또는 뒷부분에 나오는 문제**가 이에 속한다.
② **순수 지칭 문제**의 경우 대명사나 특정 명사(구) 등의 지시어가 문단 처음부터 제시되어 **가리키는 대상이 본문에 명확히 언급되지 않은 문제**이다.

학습 방법

① 우선 글의 대략적인 흐름을 파악해 가며 읽되, 지시어의 속성에 대해 진술하는 부분을 선택하여 판단의 근거가 되는 자료로 삼는다.
② 대명사나 지시어는 보통 앞에 나온 대상을 가리키므로, 글의 앞부분에 나온 명사(구)를 중심으로 지시 대상을 찾아본다.
③ 수(단수, 복수)나 성(남성, 여성)이 일치하는 것 중에서 글의 흐름상 가장 잘 어울리는 지시 대상을 찾아 대명사에 대입한 후, 다시 한 번 속독으로 글을 읽고 확인해 본다.
④ 모든 진술을 만족시키는 선택지를 고른다. 정답이 아닌 경우, 그렇게 판단되는 근거를 찾는다.
⑤ 지시어가 가리키는 것은 일상적으로 누구나 쉽게 접해서 그 속성을 잘 아는 사물인 경우가 많다. 신속한 확인을 위해 선택한 정보를 밑줄로 표시하여 두는 것이 좋다.

핵심 04   글 분위기를 묻는 유형

글의 분위기는 필자가 글의 소재를 다루는 방식에 따라 생겨나는 정서적 효과라고 할 수 있다. 따라서 이 유형의 문제는 글 속의 여러 표현들을 종합하여 글 전체의 흐르는 어조 및 분위기를 판단하는 능력을 평가하기 위한 것이다. 글의 분위기를 묻는 문제는 문학 작품이나 보도기사, 기행문과 같은 **묘사 위주의 글**을 대상으로 출제된다. 또한 **글의 종류를 묻는 문제**는 시나 소설과 같은 문학적인 소재가 아니라 안내문, 광고문, 기행문 등 **실용적인 글**을 제시하는 것이 보통이다. 이 유형의 문제를 잘 풀기 위해서는 평소 글의 각 종류의 특유한 형태와 구성 요소를 눈여겨봐 두는 것이 좋다. 또는 문제를 풀기 위해서는 글쓴이가 독자에 대해 갖는 태도나 전하려고 하는 내용이 무엇인가를 생각해 본다.

학습 방법

① 먼저 글 속에 묘사되는 정경이나 상황을 머릿속에 그려 가며 글을 읽는다.
② 특히 형용사, 부사, 명사 등의 어휘들이 주는 공통적인 느낌에 착안하여, 글 속의 사실적 정보, 추론적 정보를 종합하여 전체적인 느낌을 그려낸다.
③ 글의 어조에 있어서는 우선 글의 분위기를 파악하고, 그에 맞는 어조, 즉 말의 느낌을 찾는다.
④ 글의 종류의 경우, 우선 글의 주제나 요지를 찾는다. 즉, 어떤 구체적인 정보를 알리려 하는 것인지(설명문, 안내문, 광고문), 어떤 문제에 대한 자기주장을 전개하는 것인지(논설문, 평론문), 개인의 경험을 회고하려는 것인지(일기문, 기행문)에 따라 글의 종류가 다르게 파악된다.
⑤ 이 문제 또한 세부 사항에 신경 쓰지 말고 글의 전체적인 흐름을 파악하여 해결한다.

핵심 05   작자의 심정을 묻는 유형

글의 내용이나 글에서 묘사되는 상황을 기초로 하여 **등장인물의 심경을 파악하는** 유형이다. 기본적인 독해 능력과 더불어, 이 유형의 문제는 주어진 글을 읽고 그 글 속의 정보들을 근거로 전체 내용을 종합 및 분석하여 **필자가 특정사항에 대해 어떤 감정을 가지고 있는지**를 판단해 내는 능력을 묻는 것이다.

학습 방법

① 일반적으로 단락의 서두에 제시되는 필자나 등장인물이 처한 상황에 주목하여 읽는다. 또한 단락의 중간이나 끝부분에 제시되는 필자나 등장인물의 반응을 반드시 파악해야 한다.

② 주어진 글에서 필자의 심경 및 감정 유추에 단서가 되는 형용사 및 부사에 주목하여, 이들 단어들의 공통점을 찾아 선택지의 단어와 하나하나 비교해 본다.

핵심 06 　 추론 유형

이 유형의 문제는 주어진 단락에 나타난 **중요한 사실들을 얼마나 정확하게 파악하고 있는가**를 측정하기 위한 것이다. 다시 말해 단락 속의 세부적인 내용 즉 사건, 행위, 등장인물, 사물, 어떤 행위에 대한 원인(이유), 목적, 결과, 수치, 시간, 사람 수, 장소 등에 대해 얼마나 잘 이해하고 있는가를 구체적으로 질문하는 것으로 사실적 이해가 핵심을 이루며 다양한 방식으로 출제된다.

학습 방법

① 밑줄 친 어구가 숙어인 경우 그 어구의 기본적인 의미를 찾는다.
② 그리고 문장 내에서 주어진 특별한 의미를 묻는 경우라면, 그 어구는 글의 요지나 주제문의 술부가 되거나 부사구가 되는 경우가 많으므로 글 전체의 윤곽을 파악하면 보다 쉽게 찾을 수 있다.
③ 혹시라도 막히는 단어나 어구가 나오더라도 앞·뒤 문맥 및 문장의 흐름을 통해 글의 내용을 파악하도록 한다.
④ 마지막으로 문제가 되는 어구의 의미를 다시 한 번 강조하는 문장이 없는지 살펴본다. 즉, 경우에 따라 앞에 반대의 의미를 가진 문장이나 뒤따라오는 부연의 의미를 가진 문장과 짝을 이루어 전개되는 수도 있다.

핵심 07 　 연결 어구를 찾는 유형

연결 어구를 고르는 문제는 문단의 전체적인 흐름 속에서 **앞뒤 내용의 논리적인 연결 관계를 파악할 수 있는 능력**을 측정하기 위한 것이다. 이 유형의 문제를 해결하기 위해서는 연결어가 들어갈 문장의 **전·후 문장이 서로 어떤 관계인가를 파악**하는 것이 중요하다. 다시 말해서 그 관계가 역접, 예증 또는 대조의 관계인지를 파악해야 한다. 또한 이러한 여러 관계를 나타내는 **연결 어구**를 미리 익혀 두는 것이 필요하다.

학습 방법

① 기본적으로 주제를 파악하자.
② 가장 중요한 것은 빈칸 앞 문장과 뒤 문장의 관계이다.
③ 글의 서술방식(시간순서, 인과관계, 비교, 열거, 대조)을 알고 구조적으로 해석하면 정답을 찾기가 수월하다.

핵심 08 전후 문장을 찾는 유형

단락과 단락 사이에는 논리적인 일관성이 있다. 따라서 주어진 한 단락의 글을 읽고, 앞·뒤 단락에 전개된 그리고 전개될 내용을 추론할 수 있다. 이 유형의 문제는 바로 글의 단락이 어떤 논리적 구조 속에서 전개되고 있는지를 파악하는 능력을 알아보기 위한 것이다.

학습 방법

① 앞에 나온 단락의 내용을 추론하는 문제의 열쇠는 대개 첫 문장에 있다. 마찬가지로 다음에 이어질 글의 내용을 추론하는 문제의 열쇠는 마지막 문장에 있다.
② 앞 단락과의 연결을 나타내는 지시어나 연결어를 찾아 그 의미를 따져 추론해 본다.
③ 첨가(furthermore, in addition, moreover, …)의 연결어가 나오면 앞 단락에 대한 부연 설명이 나오게 되며, 역접(but, however, …)의 연결어가 나오면 앞 단락과 상반되는 내용이 이어진다.
④ 주어진 단락에서 해결되지 않고 논의의 여지를 남겨둔 문제점이 무엇인지 생각해 본다.
⑤ 마지막 문장의 내용이 다음에 이어질 내용에 대해 어떠한 전제에서 쓰인 것인지 추론해 본다.

전후 내용을 추론하는 방법

① 앞에 올 내용이 긍정의 내용인지 아니면 부정의 내용인지를 파악한다. 특히 대조의 연결어에 주목한다.
② 가장 중요한 명사, 즉 글의 소재를 찾는다.
③ 앞에 올 내용은 첫줄을 읽고서 핵심단어를 찾아서 대입한다.
④ 뒤에 올 내용은 마지막 줄을 읽고 핵심단어로 푼다.
⑤ also, another + 단수명사 등과 같이 첨가를 나타내는 문장 연결어가 첫 부분에 있으면 첫 부분의 내용과 앞 문단의 내용이 같다.

⑥ 만약에 대조를 나타내는 접속어가 온다면 그 내용은 반대가 와야 한다는 것은 기본이다. 그 중에서도 but, however, on the other hand 이외에도 still, though, in spite of, despite 역시 역접의 접속사라는 것을 이해하자.

핵심 09 어순 배열 유형

글에는 각 단락마다 주제문과 그 주제문을 뒷받침해 주는 세부 사항들(supporting details)이 들어있는 문장들이 있다. 이 뒷받침하는 문장들은 주제문을 향해 통일성(unity)을 이루고 있어야 한다. 따라서 통일성 있는 단락이라면 주제문에 어긋나는 문장이 있어서는 안 된다.

학습 방법

① 단락의 내용을 파악한 후 주제와 주제문을 찾아본다.
② 그 주제와 동떨어진 또는 관계없는 문장을 고른다.
③ 무관한 문장을 골라낸 후 그 문장 없이도 글의 흐름이 자연스럽게 연결되는지 확인한다.

흐름과 관계없는 문장 찾는 방법

① 글의 통일성 문제 접근은 크게 글감을 통해 구분하는 방법과 주제를 통해 구분하는 방법으로 나눌 수 있다.
② 앞에서 제시된 글감을 반드시 찾는다. 그 글감에 대한 저자의 관점을 살피면 그 안에 답이 있다.
③ 정의, 대조, 비교, 결론, 추론, 인과, 열거, 순서, 반박 등의 서술관계를 따져본다.
④ 연결사를 조심해서 보며 등장인물의 관점에서 이해하라.

핵심 10 재진술 유형

논리적인 문장의 흐름을 잘 지키고 있는 글은 설득력과 감동을 주게 마련이다. 따라서 감동을 주고, 설득을 통해서 독자의 마음을 사로잡고 이해시키는 글이야말로 참의미를 부여할 수 있다. 글을 읽고 난 후 독자가 각기 다른 생각으로 또는 전혀 다른 방향으로 이해할 수도 있으므로 제시된 최초의 문장을 바꾸어 쓰더라도 글의 핵심이 바뀌지 않는 글을 찾는 것이 재진술(restatement)의 목적이다.

학습 방법

동일한 의미를 전달하는 언어의 특징을 이해하고 동의적 개념, 반의적 개념, 유사 개념들의 다양한 표현을 정리하고 익히는 숙달이 필요하다.

핵심 11 내용 일치 유형

주어진 단락의 내용과 일치하느냐 또는 일치하지 않느냐 하는 형식으로 출제되며, 이런 유형의 문제는 여러 가지 세부 사항을 한 문제 안에서 물어볼 수 있기 때문에 출제자에게 선호되는 문제 유형이라고 볼 수 있다. 간단한 문제인 것 같지만 **보기 문항은 글의 내용을 그대로 옮겨놓은 것이 아니기 때문에 신중한 판단**이 요구된다.

학습 방법

① 대체로 보기에 주어지는 예문의 순서는 단락 속의 내용의 전개 순서와 일치하는 경우가 많기 때문에 문제의 보기를 먼저 읽어보는 것도 상당히 도움이 될 수 있다.
② 보기에 주어진 내용들은 반드시 지문에 있는 사실적 내용을 근거로 판단해야 한다. 따라서 아래의 보기 내용이 나온 본문 부분에 밑줄을 긋고 확인한다.
③ 단락에서 핵심어나 동사(구)는 예문에서 동의어로 바뀌는 것이 보통이므로 어휘력을 기르는 것도 필요하다.
④ 각 보기의 내용을 본문과 꼼꼼히 대조하며, 본문 사실에 초점을 맞추어 지나친 유추나 비약된 내용, 혹은 사실과 모순된 진술이라고 판단하려면 반드시 본문에서 그 근거를 찾아야 한다.

제 2 장 | 대의 파악

01 다음 글의 요지에 해당하는 것을 고르시오.

> All nations modify their history. Disasters are refined as victories. Bitter turns to sweet. The British turned the painful retreat from Dunkirk into a triumph of the spirit. The Japanese are much like other peoples when it comes to dealing with their past. Japans' ruthless invasion of China, for example, is described as 'an advance into China'. Most offensive incidents are also wholly ignored perhaps hoping that not discussing the unpleasant will somehow make it disappear.

① 역사의 법칙
② 역사의 교훈
③ 역사의 가치
④ 역사의 왜곡

어휘 when it comes to ~ing ~하는 거라면

해석 모든 국가는 그들의 역사를 수정한다. 재앙은 승리로 다시 정의된다. 쓰라림은 달콤함으로 변한다. 영국은 Dunkirk로부터 고통스러운 퇴각을 정신의 승리로 바꾸었다. 일본인들도 그들의 역사를 다루는 거라면 다른 사람들과 아주 비슷하다. 예를 들어 중국에 대한 일본의 무례한 침략은 '중국에 대한 진출'로서 묘사되었다. 대부분의 공격적인 사건들은 불쾌한 것으로 논의되지 않거나 그것이 사라지기를 희망하면서 전체적으로 무시되었다.

정답 ④

02 다음 글의 필자가 주장하는 요지로 바른 것은?

> Sometimes certain eras or events from our past receive little or no attention. This might be because there is little information available on these subjects, or because the subjects are controversial or shameful, and we are reluctant to face them. But when we ignore or deny a part of our past, we fail to learn the lessons that history can teach us, and we neglect people who are part of that history. These people and their history can become 'invisible', and in time we can forget that they ought to be part of what we think of as history.

① History tends to repeat itself.
② Historians should not write about disputed matters.
③ More people should study history.
④ No part of history should be ignored.

어휘 era 시대 / controversial 논쟁을 일으키는 / face 직면하다

해석 때때로 과거로부터 어떤 시대나 사건들이 거의 또는 전혀 주목을 받지 못하고 있다. 이것은 이 주제에 관하여 이용할 수 있는 정보가 거의 없기 때문일지 모르고, 그 주제가 논쟁을 불러일으키거나 치욕적이어서 우리가 그들을 직면하기를 꺼려하기 때문일지 모른다. 그러나 우리가 과거의 일부를 무시하거나 부인할 때 역사가 우리에게 가르쳐 주는 교훈을 배우지 못하고 그 역사의 일부인 사람들을 무시하게 된다. 즉, 이 사람들과 그들의 역사가 눈에 보이지 않게 될 수가 있다. 시간이 경과하면서 그들이 우리가 역사라고 간주하는 것의 일부이어야 한다는 것을 우리는 잊을 수 있다.

정답 ④

03 다음 글의 요지를 가장 잘 나타낸 것은?

> Advertisers get psychologists to study the way consumers think and their reasons for choosing one brand instead of another. These experts tell advertisers about the motives of self-image. They also inform that certain colors on the package of an attractive product will cause people to reach out and take that package instead of buying an identical product with different colors. Also certain words attract our attention. These words can pull our eyes and hand toward the package.

① 광고의 양은 제품의 판매량과 비례한다.
② 소비자의 심리를 이용한 광고는 효과가 크다.
③ 과대광고는 소비자의 판단을 흐리게 한다.
④ 제품의 선택에 광고는 큰 역할을 하지 못한다.

어휘 advertiser 광고주 / reach out 손을 내밀다

해석 광고주들은 심리학자들에게 소비자들이 생각하는 방식과, 다른 것 대신에 한 브랜드를 선택하는 그들의 이유를 연구하게 한다. 이런 전문가들은 광고주들에게 자체 이미지의 동기에 관해서 말해준다. 그들은 또한 다양한 색깔을 가진 동일한 상품을 사는 대신에, 매력적인 상품의 포장지의 어떠한 색깔들이 사람들로 하여금 손을 뻗어 그 포장지를 잡게 하는지도 알려준다. 또한 상품의 어떤 글들은 우리의 시선을 끈다. 이런 글들이 그 포장지를 향해 우리의 눈과 손을 끌어당길 수 있다.

정답 ②

04 다음 글의 필자가 주장하는 요지로 바른 것은?

> No matter what road is chosen, the travelers who started from different valleys will all meet on the top of the mountain, provided they keep on ascending. No one must pride himself on having chosen the best route or force his neighbor to follow him. Everyone takes the path which suits him best, imposed by the structure of the brain, by heredity, by traditions.

① 목적은 수단을 정당화한다.
② 모든 일에 자부심과 긍지를 가져라.
③ 목표를 정했으면 끝까지 이루도록 노력해야 한다.
④ 사람들은 저마다 자신에게 적합한 방식대로 일을 해야 한다.

어휘 keep on ~ing 계속해서 ~하다 / heredity 유전
해석 비록 어떤 길을 선택할지라도 다양한 계곡으로부터 출발한 여행자들은 그들이 올라간다면 모두가 산 정상에서 만나게 될 것이다. 아무도 가장 좋은 길을 선택했다고 자랑하거나 그의 이웃에게 그를 따르도록 강요하지 말아야 한다. 모든 사람은 두뇌의 구조, 유전, 전통에 의하여 강요받은 채, 그에게 가장 잘 어울리는 길을 선택하게 한다.

정답 ④

05 다음 글의 요지로 알맞은 것을 적으시오.

> I believe that only one person in a thousand knows the trick of really living in the present. Most of us spend 59 minutes an hour living in the past with regret for lost joys, or shame for things badly done or in a future which we either long for or dread. The only way to live is to accept each minute as unrepeatable miracle.

어휘 trick 기술 / shame 치욕 / long for 갈망하다 / miracle 기적
해석 천 명 중에서 단지 한 명만이 실제로 현재를 살아가는 기술을 알고 있다고 나는 믿는다. 우리 대부분은 잃어버린 즐거움이나 나쁘게 행하여진 일들에 대한 후회로 과거 속에 살거나 우리가 절망하거나 두려워하는 미래 속에 살면서 한 시간에 59분을 보낸다. 살아가는 유일한 방법은 각각의 분을 반복될 수 없는 기적으로 받아들이는 것이다.
해설 첫 문장에서 주제문을 제시하여 설득하려는 글이다.

정답 진정으로 현재를 살아가는 방법을 아는 사람은 많지 않다.

제 3 장 주제 파악

01 주어진 보기의 글 다음에는 어떤 주제의 글이 이어지겠는가?

> ・보기・
> 'A sound mind in a sound body' has been a medical ideal since ancient times. The phrase was originally intended simply to emphasize the importance of a balanced concern toward physical plus mental health. However, as scientists continue to unravel the layers of interdependence between these two delicately entwined parts of ourselves, it becomes clearer that a strong, fit healthy body is an essential element in a happy, secure, psychologically healthy human being.

① how to make a body strong and healthy.
② the importance of mental health.
③ a balance between physical and mental health.
④ scientific researches on the ancients.

어휘 emphasize 강조하다 / interdependence 상호의존
해석 '건전한 육체 속에 건전한 마음'은 고대부터 의학적인 이상이었다. 그 말은 원래에 단순히 육체적인 것에 덧붙인 정신적인 건강에 대한 균형 잡힌 관심의 중요성을 강조하기 위함이었다. 그러나 과학자들이 우리 자신에게 이 두 개의 섬세하게 얽혀진 부분 사이의 상호 의존의 층을 계속 풀어감에 따라서 강하고 건강한 육체가 행복하고 안전하고, 심리적으로 건강한 인간에게 필수적인 요소라는 것이 더 명확하게 되었다.
해설 마지막 문장을 해석하면 된다. 강하고 건강한 육체가 행복하고 안전하고 심리적으로 건강한 인간의 필수적인 요소이다.

정답 ①

02 다음 글의 주제는?

> Life is seldom as exciting as we think it ought to be. It is the other fellow's life which seems full of adventure. No matter what your profession, or how happy you may be in it, there are moments when you wish you had chosen some other career.

① 사촌이 논을 사면 배가 아프다.
② 이열치열
③ 남의 입의 떡이 커 보인다.
④ 직업에는 귀천이 없다.

어휘 adventure 모험 / profession 직업
해석 삶은 우리가 생각하는 것만큼 흥미롭지 못하다. 모험으로 가득 찬 것처럼 보이는 것은 다른 친구의 삶이다. 당신의 직업이 무엇이든지, 당신이 그것에서 아무리 행복할지라도 다른 직업을 선택했으면 하고 원하는 순간이 있다.

정답 ③

03 다음 글의 뜻을 잘 나타내는 주제를 표현한 격언은?

> There are many kinds of work in life. We must choose among them because our power and intelligence are limited. He who wants to do everything will never do anything. We ought to decide upon a point of attack and concentrate our forces there. Once the decision is made, let there be no change unless a serious accident happens. Let's do our best to achieve our aim.

① Make hay while the sun shines.
② You can't eat your cake and have it.
③ Things done by halves can never be done.
④ There is no will, there is no way.

어휘 concentrate 집중하다
해석 삶에는 많은 종류의 직업이 있다. 우리는 우리의 힘과 지성이 제한되어 있기 때문에 그들 사이에서 선택해야 한다. 모든 것을 하기를 원하는 사람은 결코 어떤 것도 하지 못할 것이다. 우리는 공격점을 결정하고, 거기에 우리의 힘을 집중시켜야 한다. 일단 결정이 이루어지면 어떤 심각한 사건이 일어나기 전까지는 바꾸지 말라. 목적을 성취하기 위하여 최선을 다하자.

04 다음 글에 적용될 수 있는 가장 적절한 격언(maxim)은?

> Prejudice means literally prejudgment, the rejection of a contention out of hand before examining the evidence. Prejudice is the result of powerful emotions, not of sound reasoning. If we wish to find out the truth of a matter, we must approach the question with as nearly open a mind as we can and with a deep awareness of our own limitations and predispositions. On the other hand, if after carefully and openly examining the evidence we reject the proposition, that is not prejudice. It might be called 'post-judice.' It is certainly a prerequisite for knowledge.

① It takes one to know one.
② Never judge a book by its cover.
③ Still waters run deep.
④ Words are the gateway to knowledge.

어휘 prejudice 편견 / predisposition 기질, 성질

해석 편견은 문자 그대로 미리 판단하는 것, 즉 증거를 조사하기 전에 즉석에서 논쟁을 거절하는 것을 의미한다. 편견은 올바른 논증이 아니라 강력한 감정의 결과이다. 우리가 어떤 문제의 진실을 알아내기 원한다면 가능한 한 마음을 열고, 우리 자신의 한계와 기질을 깊게 인식하고서 그 문제에 접근해야 한다. 다른 한편으로 신중하게, 공개적으로 그 증거를 조사한 후 우리가 그 명제를 거절한다면 그것은 편견이 아니다. 그것은 '후 판단'이라고 불리어질 수 있다. 그것은 확실히 지식의 선결 조건이다.

정답 ②

05 다음 글의 내용을 잘 나타낸 주제를 사자성어로 적으시오.

> As he lay thinking, he saw a spider over his head making ready to weave her web. He watched her toiling slowly and with great care. Six times she tried to throw her frail thread from one beam to another, and six times it fell short. "Poor thing!" said Bruce : "You, too, know what it is to fail."
> But the spider did not lose hope with the sixth failure. With still more care, she made ready to try for the seventh time. Bruce almost forgot his own troubles as he watched her again. Would she fail again? No! The thread was carried safely to the beam, and fastened there. "I, too, will try a seventh time!" cried Bruce.

어휘 beam 기둥 / frail 연약한

해석 그가 누워서 생각할 때 그는 그의 머리 위쪽에서 거미 한 마리가 그 거미집을 짤 준비를 하고 있는 것을 보게 되었다. 그는 거미가 천천히 그리고 아주 주의 깊게 애를 쓰고 있는 것을 보았다. 여섯 번째로 그 거미는 연약한 실을 한 기둥으로부터 다른 기둥에 던지려고 노력했다. 그리고 여섯 번째 것은 부족했다. "불쌍한 것" Bruce가 말했다. "너도 또한 실패란 게 뭔지 알겠지" 그러나 그 거미는 여섯 번의 실패에도 희망을 잃지 않았다. 훨씬 더 주의 깊게 거미는 일곱 번째로 시도할 준비를 했다. Bruce는 그 거미가 그 자신을 다시 던지는 것을 보고 거의 그 자신의 문제를 잊어버리게 되었다. 그 거미가 다시 실패 할까? "아니!" 그 실이 그 기둥에 안전하게 날라졌고 거기에 달라붙게 되었다. "나도 또한 일곱 번째 다시 시도할거야." Bruce가 외쳤다.

해설 거미의 끊임없는 도전을 묘사하고 있다.

정답 칠전팔기

제4장 | 세부 사항 파악

01 다음 중 교통사고 발생에 기여하는 원인으로 언급되지 않은 것은 무엇인가?

> In addition to poor highway design, people's attitudes about driving also contribute to the high rate of traffic accidents. Some people persist in believing that they can drink and be alert drivers. Yet alcohol is estimated to be a factor in at least half of all fatal highway accidents. Refusing or forgetting to wear safety belts also increases fatalities. A negative attitude about wearing seat belts is inconsistent with statistics showing that the chances of being seriously hurt or dying in a car accident are greater when a seat belt is not worn.

① Drunk drivers
② Highway cares
③ Highway designers
④ Drivers refusing to wear seat belts

어휘 attitude 태도 / safety belt 안전벨트 / highway cares 고속도로 관리
해석 형편없는 고속도로의 설계 외에도 운전에 관한 사람들의 태도가 높은 교통사고 발생률에 기여하고 있다. 일부 사람들은 그들이 술을 마시고 주의 깊은 운전자가 될 수 있다고 계속해서 믿는다. 그렇지만 술은 모든 치명적인 고속도로 교통사고에서 최소한 절반의 요인이라고 추정되고 있다. 안전벨트 착용에 관한 부정적인 태도는 교통사고에서 심각하게 부상을 입거나 죽을 가능성이 안전벨트를 착용하지 않았을 때 더 크다는 것을 보여주는 통계자료와 모순이 된다.

  정답 ②

02 다음 글의 내용과 일치하지 않는 것은?

> A recent investigation by scientists at the U.S. Geological Survey shows that strange animal behavior might help predict future earthquakes. Investigators found such occurrences in a ten-kilometer radius of the epicenter of a fairly recent quake. Some birds screeched and flew about wildly; dogs yelped and ran around uncontrollably. Scientists believed that animals perceive these environmental changes as early as several days before the mishap.
> In 1976, after observing animal behavior, the Chinese were able to predict a devastating quake. Although hundreds of thousands of people were killed, the government was able to evacuate millions of other people and thus keep the toll at a lower level.

① Some animals may be able to sense an approaching earthquake.
② By observing animal behavior, scientists perhaps can predict earthquakes.
③ The Chinese have successfully predicted an earthquake and saved many lives.
④ All birds and dogs in ten-kilometer radius of the epicenter went wild before the quake.

어휘 investigation 조사 / devastate 파괴하다 / epicenter 진앙지 / evacuate 이주시키다

해석 미국에 지질협회에 있는 과학자들에 의한 최근의 조사가 동물의 이상한 행동이 미래의 지진을 예언하는 데에 도움을 준다는 것을 보여주고 있다. 조사원들은 상당히 최근 지진의 진앙지 반경 10Km 이내에서 그런 일들을 발견했다. 몇몇의 새들은 꽥꽥 울어대고 주변을 거칠게 날아다녔고, 개들도 고함을 치고 통제할 수 없을 정도로 주변을 돌아다녔다. 동물들은 그 재앙이 있기 전만큼 일찍이 이런 환경에 변화를 감지한다고 과학자들이 믿었다. 1976년에 동물의 행동을 관찰한 후 중국 사람들은 대단히 파괴적인 지진을 예상할 수 있었다. 수십만의 사람들이 죽었지만 정부는 수백만의 다른 사람들을 이주시키고 희생자 수를 낮은 수준으로 유지할 수 있었다.

정답 ④

03 다음 글의 내용과 일치하는 것은?

> The cat has probably been associated with Man since it was first given a place by his fire in return for keeping the cave free of rats and mice. The relationship between the cat and Man has not been constant, however, Man's attitude has ranged through indifference and neglect to the extremes of persecution and worship.

① Man has constantly been friendly toward cats.
② Man's attitude towards cats has been through many changes.
③ Rats and mice were allowed to dwell in the cave with Man.
④ Man first gave the cat a place to make a fire.

어휘 persecution and worship 박해와 숭배 / in return for ~의 답례로, 보답으로 / indifference 무관심, 냉담

해석 고양이가 동굴에서 쥐를 없애 주는 대가로 불가의 자리를 제공받은 이래로 인간과 관련성을 맺어 왔을 것이다. 그러나 고양이와 인간과의 관계는 지속적이지는 못했다. 인간의 태도는 무관심과 소홀로부터 박해와 숭배라는 극단적인 관계에까지 미쳤다.

정답 ②

04 다음 글의 내용과 일치하는 것은?

> Egoism is the mainspring of human nature. It is the one quality from which we can never escape(I do not like to call it a vice, though it is the ugliest of our vices, because it is also the marrow of our virtues), for it determines our existence. Without it we should be nought. And yet our constant effort must be to check its claims and we can only live well if we do our best to suppress it.

① 이기심은 벗어날 수 있다.
② 이기심은 악덕일 뿐이다.
③ 이기심은 억누르지 않으면 안 된다.
④ 이기심이 없으면 문화는 더 발전한다.

어휘 egoism 이기주의 / suppress 억압하다
해석 이기주의는 인간 본성의 주된 부분이다. 그것은 우리가 결코 피할 수 없는 하나의 특징이다(나는 비록 그것이 우리의 악덕 중 가장 추한 것이지만 악덕이라고 부르는 것을 좋아하지 않는다. 왜냐하면 또한 그것이 우리 미덕의 동반자이기 때문이다). 왜냐하면 그것이 우리의 존재를 결정해 주기 때문이다. 그것이 없다면 우리는 무용지물이 될 것이다. 그렇지만 우리는 그것의 주장을 억제하기 위해서 지속적인 노력을 해야 한다. 그리고 만약 그것을 억압하기 위해 최선을 다한다면 우리는 잘 살 수 있다.

정답 ③

05 이 글의 전체 내용을 잘 표현하도록 간단히 적으시오.

> When you are an infant you need the protection of strong and loving parents. In the same manner a new country should expect to have older, more powerful countries take control and run its affairs.

해석 당신이 유아일 때 당신은 강한 보호와 사랑하는 부모를 필요로 한다. 같은 방법으로 새로운 나라는 더 오래되고 힘이 센 국가에게 통제력을 갖게 하고 그 일들을 운영하게 해야 한다.
정답 (힘이 센 국가가 새로운 국가를 지배하도록 해야 한다는) 모순되는 이야기이다.

06 다음 글의 내용과 일치하도록 빈칸에 들어갈 가장 알맞은 단어를 쓰시오.

> Language is so much a part of our daily activities that some of us may come to look upon it as a more or less automatic and natural act like breathing or winking. Of course, if we give the matter any thought at all, we must realize that there is nothing automatic about language. Children must be taught their native tongue and the necessary training takes a long time. Language is not something that is inherited; it is an art that can be passed on from one generation to the next only by intensive education. Language is not inherited, but is acquired by _____.

어휘 inherit 상속하다

해석 언어는 우리의 일상 활동에 너무 많은 부분을 차지하고 있어서 우리들 중의 일부는 언어를 호흡하거나 윙크하는 것처럼 다소간 자동적이고 자연스러운 행위로서 간주하게 되었다. 물론 우리가 그 문제에 대하여 생각을 해본다면 우리는 언어에 대하여 자동적인 것은 아무것도 없다는 것을 깨닫게 된다. 아이들은 그들의 모국어를 배워야 하고, 그에 필요한 교육은 오랜 시간이 걸리게 된다. 언어는 유전되는 것이 아니라 훈련에 의하여 얻어지는 것이다.

정답 training

제5장 결론 도출

01 다음 빈칸에 들어갈 알맞은 결론을 고르시오.

> The government organs could be easily corrupted. Criminal elements in society have found out that public works contracts are a great source of money, which is, in their eye, second only to the drug trade, and much less risky. It is well known that the Mafia have worked closely with political machines whose principal task is to _____ _____.

① spend large sums of money
② supervise the public works contractors
③ keep the electral votes in line
④ carry out the directives of President

어휘 corrupt 타락하다 / risky 위험한 / drag trade 마약거래
해석 정부기관은 쉽게 타락할 수 있다. 사회의 범죄 집단들은 공익사업 계약이 그들의 눈으로는 마약사업 다음으로 큰 돈벌이가 되고, 위험이 훨씬 덜하다는 것을 알게 되었다. 마피아들은 <u>공익사업 계약자들을 감독하는</u> 정당조직과 밀접하게 일을 하고 있다고 알려져 있다.

정답 ②

02 다음 빈칸에 들어갈 가장 적절한 결론의 단어를 고르시오.

> The central part of Australia is one of the most inaccessible areas in the world. Although the eastern coast is modern, the native inhabitants of the central part of Australia are physically and culturally primitive. Their basic way of life has remained the same for centuries, remarkably untouched by the modern world. The people of central Australia demonstrate the effects of the area's _____.

① smallness
② resources
③ cultures
④ isolation

어휘 native inhabitant 원주민 / demonstrate ~을 보여주다
해석 오스트레일리아 중앙지역은 세계에서 가장 접근하기 어려운 지역 중의 하나이다. 동쪽 해안이 현대화되었지만 오스트레일리아의 중앙지역의 원주민들은 육체적, 문화적으로 원시적이다. 그들의 기본적인 삶의 방식은 수 세기 동안 똑같이 남아있고 현대 세계에 의하여 주목할 정도로 접촉되지도 않았다. 중앙 오스트레일리아의 사람들은 그 지역 고립의 효과를 보여주고 있다.

정답 ④

03 다음 밑줄 친 곳에 가장 알맞은 결론을 고르시오.

> Public goods are those commodities from whose enjoyment nobody can be effectively excluded. Everybody is free to enjoy the benefits of these commodities, and one person's utilization does not reduce the possibilities of anybody else's enjoying the same goods. _____.

① Computers are public goods
② National defense is not a public good
③ Apples are public goods
④ Traffic lights are public goods

어휘 public goods 공익상품
해석 공익상품은 누구라도 즐거움으로부터 배제될 수 없는 그런 상품이다. 누구든지 이 상품의 혜택을 자유롭게 즐기고 어느 한 사람이 이용하는 것이 다른 사람이 상품을 즐길 가능성을 줄이지는 않는다. 신호등은 공공재이다.

정답 ④

04 빈칸에 알맞은 것을 고르시오.

> A mother and son were washing dishes while the father and daughter were watching TV in the den. Suddenly, there was a crash of breaking dishes, then complete silence. The girl looked at her father and said, "It was Mom.", "How do you know?" "She _____."

① scolded the son
② didn't say anything
③ complained about it
④ told her son to be careful

어휘 den 거실

해석 아버지와 딸이 거실에서 TV를 시청하는 동안에 어머니와 아들이 설거지를 하고 있었다. 갑자기 접시가 깨지는 소리가 났고, 다음은 완전한 침묵이었다. 딸이 아버지를 쳐다보고 "엄마예요."라고 말했다. "너는 어떻게 아니?" "그녀는 아무 말도 하지 않았어요."

정답 ②

05 다음 밑줄 친 곳에 가장 알맞은 동사구를 만들어 쓰시오.

> The people of India have found that it is best not to change the proportions set by nature of various kinds of animals. Just as the owl and hawk are the friends of farmers here, the tiger performs a service for the Indian farmer by killing the deer that eat the crops. If all the tigers were killed, the deer would eat the crops; and, if all the deer were killed, the tiger would eat the farmers. The wise thing to do is _____.

어휘 the proportion 비율 / deer 사슴

해석 인도 사람들은 다양한 동물의 본성에 의하여 정해진 비율을 바꾸지 않는 것이 최상이라는 것을 알게 되었다. 올빼미와 매가 여기 농부들의 친구이듯이, 호랑이는 농작물을 먹는 사슴을 죽임으로써 인도 농부들에게 도움을 준다. 모든 호랑이가 죽는다면 사슴이 농작물을 먹을 것이고, 모든 사슴이 죽는다면 호랑이가 농부들을 먹을 것이다. 현명한 것은 간섭하지 않는 것이다.

정답 not to interfere

제 6 장 | 논조 이해

01 글 속에서 필자가 가지는 심경은?

> The other day I paid a visit to the house of a newly-married friend. My friend is a man of great wealth but vulgarity. When he had set about buying bedsteads, tables, chairs and so on, it occurred to him to buy also a library. Whether he can read or not, I do not know, but he observed that most respectable and decent people usually had a lot of books in their houses. So he bought several book-cases and filled them with all manner of new books.

① contemptuous ② envious
③ respectful   ④ pleased

어휘 and so on 기타 등등
해석 일전에 새롭게 결혼한 친구의 집을 방문했다. 나의 친구는 아주 부유하나 저속한 사람이었다. 그가 침대, 테이블, 의자 등등을 사기 시작했을 때 또한 서재를 사는 것이 그에게 갑자기 떠올랐다. 그가 책을 읽을 수 있는지 없는지는 모르나 가장 존경할 만하고 품위 있는 사람들은 일반적으로 집에 많은 책을 가지고 있다는 것을 그는 관찰하게 되었다. 그래서 그는 여러 개의 책꽂이를 사고 여러 종류의 새로운 책들로 가득 채웠다.

정답 ①

02 다음 글에서 she의 심경은?

> As <u>she</u> stood on the little grass plot before the house and felt the cold rain on her body, a mad desire to run naked through the streets took possession of her. She thought that the rain would have some creative and wonderful effect on her body. Not for years had she felt so full of youth and courage. She wanted to leap and run, to cry out, to find some other lonely human and to embrace him.

① passive   ② timid
③ thoughtful ④ passionate

어휘 run naked 벌거벗은 채로 달리다 / take possession of ~을 사로잡다
해석 그녀가 집 앞 작은 잔디밭에 서서 그녀 몸에 차가운 비를 느낄 때, 거리를 통해서 벌거벗은 채 미친 듯 달리고 싶은 갈망이 그녀를 사로잡았다. 그녀는 비가 그녀의 육체에 어떤 창조적이고 경이로운 영향을 미친다고 생각했다. 여러 해 동안 그녀는 그렇게 젊음과 용기로 가득 찬 것을 느껴본 적이 없다. 그녀는 뛰고 달리고 소리치고 어떤 다른 외로운 사람을 찾아가 그 사람을 포옹하기를 원했다.

정답 ④

03 다음 글 속에서 작가의 서술 방식은 무엇인가?

> In the spring when the rains have passed and before the long hot days of summer have come, the country about Winesburg is beautiful. The town lies in the midst of open fields, but beyond the field are pleasant patches of woodlands. In the wooded places are many little, quite places where lovers go to sit on Sunday afternoons. Through the trees they look out across the fields and see farmers at work about the barns or people driving up and down on the roads. In the town bells ring and occasionally a train passes, looking like a toy thing in the distance.

① descriptive
② creative
③ instructive
④ critical

어휘 barn 헛간 / toy 장난감
해석 비가 지나가고 기나긴 뜨거운 여름이 오기 전 봄날에 윈즈버그 근처의 교외는 아름답다. 그 도시는 들판의 한가운데에 위치해 있지만 그 들판 너머에는 쾌적한 산림지역이 있다. 나무가 우거진 지역에는 연인들이 일요일 오후마다 와서 앉는 작고 조용한 장소들이 많이 있다. 나무들 사이로 그들은 그 들판을 바라보며, 헛간 주위에서 일하는 농부들이나 도로를 차로 오르내리는 사람들을 본다. 그 도시에서는 종이 울리고 이따금 기차가 지나가는데, 이것은 멀리서 볼 때 장난감 같은 것으로 보인다.

정답 ①

04 다음 글의 성격을 가장 잘 나타내는 말은?

> I belong to that classification of people known as wives. I am a 'wife'. And, not altogether incidentally, I am a mother. Not too long ago a male friend of mine appeared fresh from a recent divorce. He had one child, who is, of course, with his ex-wife. He is obviously looking for another wife. As I thought about him while I was ironing one evening, it suddenly occurred to me that I, too, would like to have a wife. Why do I want a wife? I would like to go back to school so that I can become economically independent, support myself, and, if need be, support those dependent upon me. I want a wife to keep track of the children's doctor and dentist appointments.

① familiar
② serious
③ talkative
④ ironical

어휘 classification 분류 / a male friend 남자친구 / ironical 반어적인, 비꼬는

해석 나는 아내라고 알려진 사람들의 부류에 속한다. 나는 '아내'이다. 그리고 이것과 아주 무관하지 않게 나는 어머니이다. 얼마 전에 나의 한 남자친구가 막 이혼을 하고 나타났다. 그는 아이가 하나 있었는데 물론 그 아이는 그의 전부인과 함께 살고 있다. 그는 물론 새 아내를 찾고 있다. 어느 날 저녁 다림질을 하면서 그 사람에 대해 생각하던 중 갑자기 나도 아내를 하나 가지고 싶다는 생각이 들었다. 왜 내가 아내를 원하는가? 나는 경제적으로 독립을 하여, 자립을 하고, 그리고 필요하다면 나에게 딸린 부양가족들도 도와줄 수 있게, 학교로 돌아가서 공부하고 싶다. 나는 일을 해서 나를 학교에 보내줄 아내를 원한다. 내가 학교에 다니는 동안 아이들을 돌봐줄 아내를 원한다. 병원이나 치과의 약속날짜에 맞춰 아이들을 데리고 다닐 아내를 원한다.

정답 ④

제7장 글의 상호관계 분석

01 글의 흐름으로 보아 주어진 문장이 들어갈 가장 알맞은 곳을 고르시오.

> This is the law of the jungle.

> Animals kill animals to live. This is the rule of wildlife. (①) This helps keep all wildlife strong. (②) Only vigorous animals escape being eaten. (③) Predators catch the old, the sick, and sometimes, the young. (④) But this keeps the prey animal from growing too large in number. When the predator is injured or old, it dies of age and hunger. Nature is cruel, but nature loves a balance.

어휘 wildlife 야생 / vigorous 강건한 / predator 육식동물
해석 동물들은 살기 위하여 다른 동물들을 죽인다. 이것이 야생의 법칙이다. ① 이것이 정글의 법칙이다. 이것이 모든 야생 동물을 강하게 만드는 데 도움을 준다. ② 오직 강건한 동물들만이 잡아 먹혀지는 것을 피하게 된다. ③ 육식 동물들은 늙고, 병들고, 때로는 어린 동물들을 잡아먹는다. ④ 그러나 이것은 먹잇감이 되는 동물이 수적으로 너무 많이 증가하는 것을 막아준다. 육식 동물이 부상당하거나 늙으면, 고령이나 굶주림으로 죽는다. 자연은 잔인하나 또한 균형을 좋아한다.

정답 ①

02 다음 글을 읽고 본문 전체의 흐름과 관계가 없는 문장을 고르시오.

> A healthy diet is important for children as well as adults. ① When adults have poor eating habits their children usually do too. ② After all, children eat the same way as their parents do. ③ We know that the food we eat affects us in different ways. ④ When parents eat healthy food, the children will think it tastes good.

어휘 habits 습관 / affect 영향을 미치다
해석 건강한 식단은 성인뿐만 아니라 아이들에게도 중요하다. ① 성인들이 나쁜 식사 습관을 가질 때 일반적으로 아이들도 또한 그렇게 된다. ② 결국 아이들도 부모와 같은 방식으로 밥을 먹는다. ③ 우리는 우리가 먹는 음식이 여러 면에서 영향을 미친다는 것을 알고 있다. ④ 부모님이 건강한 음식을 먹을 때 아이들도 그것이 맛이 좋다고 생각할 것이다.

정답 ③

03 글의 흐름으로 보아, 주어진 문장이 들어가기에 가장 적절한 곳은?

But there are some people who are unusually sensitive to weather.

Rain or snow can bring on sadness and depression in some people. (①) This feeling may be caused by staying indoors for too long during bad weather. (②) Rather than just feeling blue on a cold, dreary day, for example, they actually find is difficulty to carry out their daily routine. (③) Even going to work or to school becomes a big job for these people (④) Some people also become very depressed during the dark days of winter. They suffer from a sickness called 'seasonal affective disorder' or SAD.

어휘 sensitive 민감한 / bring on 초래하다 / depression 우울함, 의기소침함 / dreary 쓸쓸한 / carry out 수행하다 / routine 판에 박힌 일, 일상사 / suffer from 질병을 앓다 / affective 감정적인, 정서적인 / disorder 장애

해석 비나 눈은 어떤 사람들에게 슬픔이나 우울함을 야기할 수 있다. 이러한 느낌은 궂은 날씨에 너무 오래 집 안에만 머무르면서 생기는 느낌일지도 모른다. 그러나 유달리 날씨에 민감한 사람들도 있다. 예컨대 춥고 음산한 날에 단지 우울함을 느끼는 정도를 벗어나, 이 사람들은 실제로 그들의 일상조차 수행해 나가기가 어렵다는 것을 알게 된다. 직장이나 학교에 가는 것조차도 이 사람들에게는 큰일이다. 몇몇 사람들은 겨울의 우중충한 날에 매우 의기소침해지기도 한다. 이들은 '계절적 정서 장애' 즉 SAD라고 불리는 질병을 앓고 있다.

정답 ②

04 다음에 주어진 글이 들어가기에 알맞은 곳을 고르시오.

Sometimes we exchange tender words.

We say and hear innumerable words. Sometimes we reply harsh words in a second. (①) Living with and through language, we seldom see language as a cosmos of fantastic order. (②) Although often impressed by the miracle of language in literature, we seldom try to search for the origin of language, the abstract power. (③) In or from what was language originated? (④) Was it a gift from God for human?

어휘 exchange 주고받다 / innumerable 셀 수 없이 많은 / harsh 심한, 거친

해석 우리는 수많은 단어를 말하고 듣는다. 어떤 때는 심한 말을 듣고는 즉시 대꾸를 하기도 한다. 어떤 때는 부드러운 말을 주고받는다. 말과 함께 말을 통해서 살면서도, 우리는 언어를 일련의 환상적인 질서를 갖춘 것으로서 좀처럼 간주하지 않는다. 문학 작품에서는 종종 언어의 기적에 감동을 받을지라도, 추상적인 힘인 언어의 기원을 찾으려는 시도는 거의 하지 않는다. 언어는 어디에서 혹은 어디로부터 기원했을까? 그것은 인간에 대한 신의 선물이었던가?

정답 ①

05 다음 중 본문 전체의 흐름과 관계가 없는 문장을 고르고 이유를 간단히 적으시오.

> ① In order to attract and keep their customers, supermarkets have tried to make shopping as pleasant as possible. ② Some of them have flowers and trees in the parking lots. ③ Some are crowded with woman shoppers pushing a cart as she fills it with groceries. ④ Some have roofs over the walks so that the shoppers can walk from their cars to the store without having to worry about snow or rain. Some have fronts that are made with colorful marble and tile.

어휘 parking lots 주차장 / marble 대리석

해석 ① 고객들을 끌어 모으고 유지하기 위하여, 슈퍼마켓들은 쇼핑을 가능한 한 즐겁게 만들기 위해 노력했다. ② 일부 슈퍼마켓들은 주차장에 꽃과 나무를 심어 놓은 곳도 있다. ③ 어떤 곳은 채소를 채운 카트를 밀고 가는 여성 고객들로 가득 차 있다. ④ 어떤 곳은 비나 눈을 맞을 일을 걱정할 것 없이 차에서 내려 상점 안으로 들어갈 수 있도록 걷는 곳에 지붕을 설치해 놓은 곳도 있다. 어떤 상점은 화려한 대리석과 타일로 장식된 프런트를 만들어 놓았다.

정답 ③ 고객 유치와 상관없는 문장이다.

제8장 영문 국역

01 다음 글의 의미를 올바르게 나타낸 것은?

> Insurance companies are normally willing to insure anything. Insuring public or private property is a standard practice in most countries in the world. Needless to say, the bigger the risk an insurance company takes, the higher the premium you will have to pay.

① 우리는 거의 모든 것에 대한 보험증권을 살 수 있으나 공공재산은 보험에 들 수 없다.
② 보험은 거의 모든 것을 망라한다. 그러나 들어 있는 보험액이 높으면 높을수록 보험료를 더 많이 지불해야 한다.
③ 보험회사는 어떤 종류의 보험증권을 팔고 있으나, 보험으로 할 수 없는 것들이 있다.
④ 보험증권은 많은 돈이 든다. 그러므로 어떤 사정 하에서는 보험증권을 전혀 사지 않는 것이 현명하다.

해석 보험회사들은 일반적으로 어떤 것도 기꺼이 보험에 들게 한다. 공적이나 사적인 재산을 보증하는 것은 세계의 대부분의 나라에서 일반적인 관행이다. 말할 필요도 없이, 보험회사가 떠맡는 위험이 크면 클수록 당신이 지불하는 보험료가 더 많아지게 된다.

정답 ②

02 다음 글의 의미를 올바르게 나타낸 것은?

> Many times a day I realize how much my own outer and inner life is built upon the labours of my fellow-men, both living and dead, and how earnestly I must exert myself in order to give in return as much as I have received.

① 살아있는 사람들의 노고에만 감사할 뿐 죽은 이들의 혜택은 생각할 필요가 없다.
② 타인의 신세를 지고 산다는 생각은 하루에 어쩌다가 한 번씩 들 뿐이다.
③ 남의 신세에 고마운 생각을 자주 하면서도 갚아야겠다는 생각은 좀체 나지 않는다.
④ 나는 타인의 신세를 많이 지고 살기에 신세를 갚아야겠다는 생각이 간절하다.

해석 하루에도 여러 번씩 나의 외적이나 내적인 삶이 살아있는 그리고 죽은 나의 동료들의 노고에 의하여 얼마나 많이 이룩되고 있는가, 그리고 내가 받은 것만큼 돌려주기 위해서 얼마나 열심히 노력해야 하는가를 깨닫게 된다.

정답 ④

03 다음 문장과 가장 가까운 의미를 지닌 것을 고르시오.

> Revolutionary developments in transportation and communications have narrowed distances across the ocean.

① The distances across the ocean are cut off by transportation and communications.
② The narrowed distances are extended across the ocean due to revolutionary developments in transportation and communications.
③ The distances are made short by the progressive developments of transportation and communications.
④ Though the distances across the ocean are far they are developed by transportation and communications.

해석 수송과 통신에서의 엄청난 발달이 대양 너머의 거리를 단축시켰다.

정답 ③

04 주어진 문장과 같은 취지의 문장을 고르시오.

> If there were no mountains or oceans, and if the winds circled the earth with perfect regularity, then the amount of heat and the length of the farmers' growing season would progress at the same rate from north to south.

① A uniform, consistent weather pattern would be of much value to the farmers of the world.
② Mountains, oceans and winds determine the world's weather patterns and the length of crop-producing seasons.
③ High mountain and gentle breezes provide ideal weather conditions for everyone.
④ Approximately 50% of the earth's surface is covered with land masses that affect world weather patterns.

해석 산이나 바다가 없고, 바람이 아주 규칙적으로 지구를 순환한다면, 열의 양과 농작물의 재배기간이 북쪽으로부터 남쪽까지 일정한 비율로 진행될 것이다.

정답 ②

05 다음 글의 내용과 일치하는 것은?

> One might anticipate an act of terrorism in New York, America's media capital, especially after the Trade Center blast and a plot to blow up the United Nations and city's bridges and tunnels and its federal office buildings.

① New York is not appropriate as America's media capital due to an act of terrorism.
② An act of terrorism can take place even in New York.
③ They might fail to blow up the United Nations even if they had more careful plot.
④ America's media capital might be preserved from an act of terrorism.

어휘 anticipate 예상하다 / a plot 음모 / blow up 폭파하다
해석 무역센터의 폭파와 UN 건물과 도시의 다리와 터널, 그리고 연방 사무실의 건물을 폭파하려는 음모가 있은 후에 우리는 뉴욕, 즉 미국의 언론매체의 중심지에서 테러행위를 예상할 수도 있다.

정답 ②

06 다음 지문을 읽고 대명사에 주의하면서 우리말로 해석하시오.

> Elevators are very important to us. Why? Think about all buildings. Maybe one of them has twenty floors. Maybe another has fifty or more. Who can walk up <u>all those stairs</u>? Maybe people can climb them one time. Can someone climb thirty floors to an office every day? Can small children walk up to their apartment on the twenty-fourth floor? Of course not. We can have high buildings because we have elevators. We could not have all the beautiful tall buildings in the world without elevators. <u>They</u> are really wonderful.

해석 엘리베이터는 우리에게 매우 중요하다. 그 이유는 무엇인가? 고층건물을 생각해 보라. 그중에는 20층짜리 건물도 있을 수 있으며, 또한 50층 혹은 그 이상의 높은 건물도 있을 수 있다. 누가 <u>그 계단을 다</u> 걸어서 올라갈 수 있을 것인가? 아마 사람들은 한 번쯤은 그것을 올라갈 수 있을지도 모른다. 누군가가 30층에 있는 사무실로 매일 걸어서 올라갈 수 있을까? 어린아이들이 24층에 있는 아파트로 걸어 올라갈 수 있을까? 물론 그럴 수는 없다. 우리는 엘리베이터가 있기 때문에 고층 건물을 지을 수 있는 것이다. 만약 엘리베이터가 없다면 우리는 그 모든 아름다운 고층 건물을 소유할 수 없을 것이다. <u>그것</u>은 정말로 끝내주는 것이다.

07 다음 지문을 읽고 준동사에 주의하면서 우리말로 해석하시오.

> It is interesting to observe sources of frustration. A man may be perfectly happy with his old used car until his neighbor buys a new sports car. A woman may be perfectly content with her job until her friend in the next office gets a promotion. Many people who are quite successful and well-liked suffer frustration because a brother or sister is even more successful and popular. This shows that many human frustrations stem basically from envy.

해석 좌절의 원인을 살피는 것은 흥미롭다. 한 남자는 그의 이웃이 신형 스포츠카를 살 때까지는 비록 중고차를 가지고 있어도 더할 나위 없이 행복할 것이다. 한 여자는 옆 사무실에 있는 자기 친구가 승진하기 전까지는 더할 나위 없이 만족할 것이다. 상당한 성공을 거두고 인기 있는 많은 사람들이 형제자매가 훨씬 성공하고 인기가 있기 때문에 좌절을 겪는다. 이것은 많은 인간의 좌절이 근본적으로 시기심에서 생긴다는 것을 보여준다.

08 다음 지문을 읽고 종속절에 주의하면서 우리말로 해석하시오.

> Like most languages, English has expanded over the years through assimilation of words from other tongues. As people of different languages intermingle, inevitably some of the words of one language become words of the other. These days English vocabulary, particularly as it relates to technical subjects, is spreading. And while English now may be giving more words to other languages than it is absorbing, which wasn't always the case, for 80% of the English vocabulary derives from other tongues.

해석 다른 대부분의 언어와 마찬가지로, 영어도 수년에 걸쳐 다른 언어로부터 유입된 단어들이 동화되어 어휘 범위가 넓어졌다. 각기 다른 언어를 사용하는 사람들이 섞이면서, 한 언어의 몇몇 단어들이 불가피하게 다른 언어의 단어들이 되기도 한다. 근래에는 영어 어휘 중 특히 기술 분야와 관련된 어휘들이 확산되고 있다. 현재 영어는 받아들이는 것보다 더 많은 영어 단어를 다른 언어에 전파하고 있는데 항상 그랬던 것은 아니다. 왜냐하면 영어 어휘의 80%는 다른 언어에서 유래했기 때문이다.

09 다음 지문을 읽고 관계절에 주의하면서 우리말로 해석하시오.

> When a person is exposed to cold, the body's normal response is to slow the loss of heat and preserve its core temperature. To maintain this temperature, the blood vessels that control blood flow to the skin surface move blood from arteries near the surface to veins deeper in the body. For people who have Raynaud's phenomenon, this normal body response is intensified by the sudden spasmodic contractions of the small blood vessels that supply blood to the fingers and toes. The arteries of the fingers and toes may also collapse. As a result, the blood supply to the extremities is greatly decreased, causing a reaction that includes skin discoloration and other changes.

해석 사람이 추위에 노출되면, 몸은 보통 열 손실을 줄여서 몸 속 체온을 유지하려고 한다. 체온을 유지하기 위해서 피부 표면으로 흐르는 피를 통제하는 혈관은 피를 표면 근처의 동맥으로부터 몸속 깊은 곳의 정맥으로 이동시킨다. 레이노 발작 현상이 있는 사람들의 경우, 손가락이나 발가락에 피를 공급하는 모세혈관이 갑작스런 발작성 수축을 일으켜 이러한 정상적인 신체반응이 격렬해진다. 손가락이나 발가락의 정맥도 갑작스럽게 쇠약해질 수 있다. 그 결과 사지로 가는 피가 많이 줄어들어서 피부색이 변하거나 그 이외의 다른 변화가 생기게 된다.

10 다음 지문을 읽고 핵심명사에 주의하면서 우리말로 해석하시오.

> The city's rapid growth means our health care system must deal with more patients and more kinds of diseases. But the shortage of nurses adversely affects patients in hospitals. They fail to get adequate care and vigilance. Studies have revealed that in the past few years, greater numbers of patients are dying in the hospitals due to negligence. The ailing men and women do not take medicines on time and there are no nurses to keep an eye on them all round the clock and instigate them to take their doses regularly. Thus, the health care has received a major setback due to the diminishing number of registered nurses these days.

해설 도시의 급속한 성장은 우리의 건강관리 제도가 더 많은 환자들과 더욱 다양한 종류의 질병을 다루어야 함을 의미한다. 그러나 간호사들의 부족은 병원에서 환자들에게 나쁜 영향을 미친다. 그들은 적절한 보호와 관심을 받지 못한다. 지난 수년 동안 보다 많은 수의 환자들이 병원에서 방치로 인해 죽어가고 있다고 연구에 의해 밝혀졌다. 병을 앓는 사람들은 제시간에 약을 받지 못하고, 그들이 규칙적으로 약을 복용하도록 24시간 그들을 지켜 보호해 줄 간호사가 없다. 따라서 근래 들어 정식 등록 간호사 수의 감소로 인해 보건 관리는 심각한 방해를 받게 되었다.

11 다음 지문을 읽고 핵심명사어구에 주의하면서 우리말로 해석하시오.

Various types of fog are essentially clouds that are formed at the earth's surface, produced by <u>temperature differences</u> and moisture in the air. As warm, moisture-laden air cools, its relative humidity(the amount of moisture that air can contain, which depends on the temperature) increases. Warm air can hold more water vapor than cold air. So if the air is cooled sufficiently it will reach saturation, or the dew point, at which point the moisture begins to condense out of the air and form water droplets, creating fog.

해설 다양한 유형의 안개는 본질적으로 지구의 표면에서 형성되고 공기 중의 온도 차이와 습기에 의해 생성된 구름들이다. 따뜻하고 습기를 포함하고 있는 공기가 차가워짐에 따라 그 상대 습도(이것은 공기가 가질 수 있는 습기의 양으로 온도에 의존한다)는 증가한다. 따뜻한 공기는 차가운 공기보다 더 많은 수증기를 가질 수 있다. 따라서 만약 공기가 충분히 냉각되면 그것은 포화 상태, 즉 이슬점에 도달할 것이다. 이슬점에서는 습기가 공기로부터 응축하고 작은 물방울들을 형성하기 시작하는데, 이것이 바로 안개이다.

12 다음 지문을 읽고 핵심어구에 주의하면서 우리말로 해석하시오.

> It seems that the public believe it is very difficult for young mother to work, take care of the household, and <u>be primarily responsible for</u> raising children. There just is not enough time to do it all. And there is no doubt that most women in the future are going to choose to work, marry, and be mothers. Therefore, people conclude, tradition must be changed and husbands must do many things that their fathers and grandfathers would not have agreed to do. Women, especially young women, are determined to see <u>these changes come about</u>. Even more interesting is that males, particularly teenage boys, agree with the women.

해석 사람들은 젊은 엄마가 직장에 다니고, 가사를 돌보고, 육아에 <u>주된 책임을 갖는다</u>는 것이 매우 어려운 일이라고 생각하는 것 같다. 그 모든 것을 하기에는 충분한 시간이 없다. 그리고 미래에 대부분의 여성들은 틀림없이 일하고, 결혼하고, 어머니가 되려고 할 것이다. 그러므로 전통은 바뀌어야 하고 남편들은 그들의 아버지와 할아버지들이 하려 하지 않았던 많은 일들을 해야 한다고 사람들은 결론짓는다. 여성들, 특히 젊은 여성들은 그런 변화가 오는 것을 지켜보겠다고 결심했다. 훨씬 더 흥미로운 것은 남성들, 특히 십대 소년들이 그러한 여성들에게 동조하는 것이다.

13 다음 지문을 읽고 연결어구에 주의하면서 우리말로 해석하시오.

> Just as people vary greatly in their outward physical makeup, they vary greatly in their inner wiring : wide individual differences exist in glandular activity and sensitivity of the autonomic nervous system — as well as in the activity of the brain centers concerned with emotion. These differences may incline one person to be more easily aroused and more intensely emotional than another. <u>Hence</u>, some people, because of their inherited biological makeup, probably experience a great deal more emotional and physical wear and tear than others.

[해석] 마치 사람들이 자신들의 외부의 신체적인 체격 면에서 크게 다른 것처럼, 그들의 내적인 배선(配線)면에서 있어서도 크게 다르다. 즉, 감정과 관련된 뇌의 중추의 활동은 물론이고 선(腺) 관련 활동이나 자율신경계의 활동 면에서도 폭넓은 개인차가 존재한다. 이들 차이점들은 한 개인이 다른 사람들에 비하여 더욱 더 쉽사리 감정이 일어나게 하고 더욱더 격렬하게 감정적으로 되게 한다. 이러하므로, 그들의 타고난 생물학적인 체질로 인해서, 어쩌면 일부 사람들은 다른 사람들보다 훨씬 더 감정이 되고 신체적인 소모를 경험하게 된다.

14 다음 지문을 읽고 우리말로 해석하시오.

> Science seeks to explain the endlessly diverse phenomena of nature by ignoring the uniqueness of particular events, concentrating on what they have in common and finally abstracting some kind of 'law', in terms of which they make sense and can be effectively dealt with. For example, apples fall from the tree and the moon moves across the sky. People had been observing these facts from time immemorial. They were convinced that an apple is an apple whereas the moon is the moon. It remained for Isaac Newton to perceive what these very dissimilar phenomena had in common, and to formulate a theory of gravitation in which certain aspects of the behavior of apples, of the heavenly bodies and indeed of everything else in the physical universe could be explained and dealt with.

[해석] 과학이란 특정 사건의 특이한 점을 배제하고 그들의 공통점에 집중한 다음 어떤 법칙을 유출해 내서 무궁무진하게 다양한 자연의 현상을 설명하고자 노력하는 것이다. 그리하여 그러한 법칙의 관점에서 비로소 특정 사건들이 이해되고 효율적으로 다루어질 수 있게 된다. 예를 들면 사과가 나무에서 떨어지고 달이 하늘에서 움직인다. 사람들은 이러한 현상들을 태초부터 관찰해 왔다. 그러면서도 사과의 운동과 달의 운동은 별개의 것이라고 굳게 믿었다. 그러다가 Isaac Newton에 이르러 비로소 이렇게 전혀 다르게 보이는 현상들이 사실은 공통점이 있다는 사실을 깨닫게 되었고 그런 다음 중력이론을 구성하게 되었다. 그리하여 사과의 운동, 천체의 운동 더 나아가서 이 우주의 모든 다른 운동이 갖는 어떤 양상을 이러한 이론으로 설명하고 해결할 수 있게 되었다.

15 다음 지문을 읽고 연결어구에 주의하면서 우리말로 해석하시오.

> The use of most metals does not destroy them, although rusting may reduce their quantities by a small amount when they are in use. As commercial products, some metals are found in such large quantities in urban areas that their new concentration may exceed that which existed while they were in the ground. Cities, <u>therefore</u>, may be considered as ore deposits for certain minerals. At present it is cheaper to mine new ores than to recycle used or waste metals with some exceptions, such as aluminum, <u>but</u> this economic balance does not take into account the cost of disposing of the metallic wastes that accumulate in urban regions. Thus, it is likely that sometime in the future many metals now considered as exhaustible, nonrenewable resources will be treated as recyclable resources.

해석 대다수 금속은 사용하고 나면 소량 정도 녹이 슬어 줄어들지만 다 없어지는 것이 아니다. 어떤 금속은 상업용 제품으로 도회지에 아주 대량으로 있게 되므로 과거 이 금속이 지하에 묻혀있을 때보다 더 많은 양이 한꺼번에 모여 있을 수도 있다. <u>그러므로</u> 도시는 어떤 광물의 저장소로 생각될 수도 있을 것이다. 지금 당장은 중고 금속이나 폐기 금속을 재활용하는 것보다 새 광물을 캐는 것이 값이 더 저렴할 수도 있지만 알루미늄과 같은 예외도 있다. <u>그러나</u> 이러한 경제적 계산은 도시 지역에 축적되는 금속 폐기물의 처리 비용을 고려하지 않은 것이다. 따라서 현재는 고갈될 정도로 사용되고 재생이 불가능한 자원으로 인식되는 많은 금속들이 앞으로 언젠가는 재활용이 가능한 자원으로 다뤄지게 될 것이다.

제3편 | 실전예상문제

01 다음 글의 빈칸에 들어갈 말로 가장 적절한 것은?

> Many of us don't know what to ask for. Either we don't know what is available to us because _____. When you're used to getting just a piece of bread for a meal, you don't realize that you can ask for a plate of pasta. You have never seen a plate of pasta. You don't even know it exists. So, to ask for it is totally out of your reality. Hopefully, at some point, either someone shows you a plate of pasta, you read about it, or you hear about it enough so that it becomes real, and it's not just a fantasy anymore, and then you start thinking "Hey, I want that pasta."

① we no longer need or want it
② we have never been exposed to it
③ we are unaware of our natural desires
④ we are programmed to do so by our parents

01

어휘
- available 가능한, 이용할 수 있는
- expose 노출시키다
- a plate of pasta 파스타 한 접시
- fantasy 환상, 공상
- be unaware of ~를 눈치 못 채다, 모르다

해석 많은 사람들은 무엇을 요청해야 하는지 모른다. 그것을 접해본 적이 없기 때문에 우리는 무엇이 가능한 것인지도 역시 알지 못한다. 식사로 단 몇 개의 빵에 익숙해져 있을 때, 당신은 파스타를 요청할 수 있다는 것을 깨닫지 못한다. 당신은 파스타 요리를 본 적이 없다. 당신은 심지어 그것이 존재하는지조차 모른다. 그래서 그것을 요청하는 것은 완전히 현실 밖의 일이다. 다행히, 어떤 순간에 누군가가 당신에게 파스타 요리를 보여주거나 당신이 그것에 대해 읽거나 그것에 대해 충분히 듣게 되고, 그렇게 되면 그것은 현실이 되어 더 이상 단지 환상이 아닌 것이 되고, 결국 "이봐, 난 저 파스타를 먹고 싶어."라는 생각을 하게 된다.

정답 01 ②

02   다음 글의 빈칸에 들어갈 말로 가장 적절한 것은?

> Antarctica knows no rot, rust or mold. There are no bacteria to spoil meat, no spores to turn bread moldy. In 1947, Admiral Cruzen visited the camp at Cape Evans that had been abandoned by Captain Scott more than 35 years before. From the camp's appearance, the occupants might have just left. Boards and rafters of the cabin looked as if they were fresh from the sawmill; there was no rot in the timbers, not to speak of rust on the nailheads. A hitching rope looked new and proved as strong as ever when it was used to hitch the helicopter. Biscuits and canned meat were _____.

① a little salty
② still edible
③ totally decayed
④ broken to pieces

02

어휘
- Antarctica 남극 대륙
- rot 썩음, 부패; 썩다, 부패하다
- rust 녹; 녹슬다, 부식하다
- mold 곰팡이
- moldy 곰팡이가 핀
- occupant 점유자
- rafter 서까래
- sawmill 제재소
- timber 재목, 목재
- nailhead 못대가리
- hitch 매다, 잡아당기다
- edible 먹을 수 있는
- decay 부식하다, 썩다
- exceedingly 대단히, 매우

해석 남극은 부패, 녹, 곰팡이를 모른다. 고기를 상하게 하는 박테리아나 빵에 곰팡이를 피게 하는 포자가 없다. 1947년에 Cruzen 제독은 35년 이상 Scott 선장에 의해 버려져 있었던, Cape Evans에 있는 캠프를 방문했다. 캠프의 외양으로는, 거주자들이 막 떠난 것 같았다. 오두막의 널빤지나 서까래는 제재소에서 방금 나온 것처럼 보였다. 못대가리 위의 녹은 말할 것도 없고 목재도 전혀 썩지 않았다. 얽어매는 줄은 새 것처럼 보였고, 헬리콥터를 매려고 사용되었을 때와 똑같이 튼튼한 것으로 증명되었다. 비스킷과 통조림 고기도 여전히 먹을 수 있었다.

정답 02 ②

03

어휘
- account for 설명하다
- shift 이동
- decline 쇠락, 쇠퇴
- dissolution 해체
- trace ~의 자취를 쫓다
- indifferent 무관심한
- combine 결합하다
- culminate 정점에 이르다, ~한 결과에 이르다(in)
- collapse 붕괴; 붕괴하다, 무너지다
- come apart 무너지다, 분해되다
- moral 도덕의
- corruption 부패, 타락

해석
종종 역사책은 위대한 고대 문명을 마치 커튼이 어느 날 그 문명 위에서 걷혔다가 몇 백 년 후에(처음 시작됐을 때처럼) 갑자기 내려지는 것처럼 묘사한다. 하지만 연대표가 역사의 진정한 기폭제가 되는 상황의 미세한 변화를 설명하지는 못한다. 고대 로마는 절벽에서 떨어지듯이 갑자기 몰락한 것이 아니었다. <u>그것은 점차로 해체되어갔다.</u> 몰락의 원인에는 분명하게 사회적, 정치적 이유가 있지만 거기에는 환경의 영향도 있다. 로마 해체의 상당 부분은 천연 자원 관리에 무관심했던 것에서 원인을 찾을 수 있다. 물론 다른 요소들과 결합하여 사회의 농업 기반이 취약해진 것이 로마를 멸망에 이르게 하였다.

03 다음 글의 빈칸에 들어갈 말로 가장 적절한 것은?

Often history books describe great ancient civilizations as though a curtain had one day risen on them, and then fallen just as suddenly hundreds of years later. But time-line charts don't account for subtle shift in conditions that are the true catalysts of history. Ancient Rome did not fall as if it fell from a cliff; it _____. While there are clearly social and political reasons for the decline, there are environmental reasons as well. A large part of Rome's dissolution can be traced to its indifferent natural resources management: the agriculture base of society weakened, combining with other factors, of course, to culminate in the collapse of Rome

① gradually came apart
② greatly respected the farmers
③ had many different kinds of resources
④ was very different from the ancient Greece

정답 03 ①

04 다음 글의 빈칸에 들어갈 말로 가장 적절한 것끼리 짝지은 것은?

> A duty exists whether or not the facts and conditions are so and so. What is obligatory and what is licit would not change with any change in the facts of the world. __(A)__, this idealized approach to deontic notions has lead to a huge array of severe paradoxes: Good Samaritan paradox, gentle murder paradox, etc. The core question involved in such a paradoxes is the consequent obligations; I.e duties that arise as a result of an antecedent factual situation. Many duties are cases of the lesser evil. Thus __(B)__, resorting to war is forbidden in accordance with current international law, but, in case such a prohibition is transgressed, new obligations arise as regards how to conduct the war in accordance with international humane conventions, such as the Red Cross agreements.

	(A)	(B)
①	Conversely	eventually
②	In addition	in this manner
③	In other words	as a rule
④	However	for instance

05

어휘
- concern 관심사, 용건, 사건
- be justified in ~을 정당화하다
- play out 녹초가 되다
- imaginary 상상의, 가상의
- confrontation 직면, 대면, 대결
- compassion 연민, 동정
- enormous 거대한, 막대한
- the lion's share of ~의 가장 큰 몫
- pay dividend 뒤에 보답을 받다
- lose touch with ~와 접촉[연락]이 끊기다
- a sense of inferiority 열등감

해석 우리는 자주 작은 문제나 염려에 골몰한다. 예를 들면, 낯선 사람이 운전 중에 앞에 끼어들었다고 치자. 그냥 가게 놔두고 우리의 하루를 보내려고 하기보다는 화를 내는 것이 정당하다고 스스로를 확신시킨다. 우리는 마음속 상상의 대결 속에서 행동을 한다. 그렇게 하는 대신, 어째서 그 사람을 동정하려고 노력하지 않고 그렇게 서두르는 것이 얼마나 괴로운 것인지를 기억하지 못하는가? 이런 식으로 해야 우리는 스스로의 행복감을 유지할 수 있고 다른 사람의 문제를 개인적으로 받아들이는 것을 피할 수 있다. 우리가 줄을 서서 기다려야 했거나 산더미 같은 일에 파묻혀 있어야 했던 간에, 만약 우리가 작은 일에 대해 걱정하지 않는다면 엄청난 이득이 생길 것이다. 너무나 많은 사람들이 자신의 인생 에너지를 사소한 일에 목숨 거는데 사용하고 있어서 인생의 매력과 아름다움을 완전히 놓치고 있다.

05 다음 글의 빈칸에 들어갈 말로 가장 적절한 것은?

Often we focus on little problems and concerns. A stranger, for example, might cut in front of us in traffic. Rather than let it go, and go on with our day, we convince ourselves that we are justified in our anger. We play out an imaginary confrontation in our mind. Why not instead simply try to have compassion for the person and remember how painful it is to be in such an enormous hurry? This way, we can maintain our own sense of well-being and avoid taking other people's problem personally. Whether we had to wait in line or do the lion's share of the work, it pays enormous dividends if we learn not to worry about little things. So many people spend so much of their life energy _____ _____ that they completely lose touch with the magic and beauty of life.

① sweating the small stuff
② trying to get public recognition
③ avoiding the threat posed by others
④ promoting a new and better lifestyle

정답 05 ①

06 다음 글의 내용을 한 문장으로 요약할 때, 빈칸에 가장 적절한 것은?

We see many people who murmur that they lack the ability to do something or that their difficulties are too great to be overcome. However, this only shows that they have lost heart. Why do people feel frustrated even though they are capable of doing something? There are two main reasons. First, these people don't have a correct estimation of themselves. Second, they overestimate the difficulties. On the other hand, successful people expect periodic defeats, learn what goes wrong and why, and make necessary adjustment and try again with faith in themselves. It is the key to success that we should never underestimate our abilities.

→ Instead of __(A)__ our own abilities, we should endeavor to succeed with __(B)__ .

	(A)	(B)
①	boasting of	skills
②	questioning	honesty
③	complaining about	confidence
④	exaggerating	diligence

06

어휘
- murmur 불평을 하다, 투덜대다
- lose heart 낙담하다, 용기를 잃다
- estimation 평가
- overestimate 과대평가하다
- periodic 종종 발생하는, 주기적인
- defeat 패배, 좌절
- adjustment 조절, 조정
- underestimate 과소평가하다
- endeavor 노력하다, 수고하다
- boast 자랑하다
- exaggerate 과장하다

해석 우리는 자신이 무엇인가를 할 수 있는 능력이 없다거나 자신의 어려움이 극복하기에는 너무 크다고 투덜대는 많은 사람들을 본다. 하지만 이것은 단지 그들이 낙담하였음을 보여줄 뿐이다. 왜 이 사람들은 그들이 무언가를 할 수 있는 능력이 있으면서도 좌절을 느끼는 것일까? 거기에는 두 가지 주요한 원인이 있다. 우선, 이 사람들은 자기 자신에 대한 정확한 평가를 하지 못하고 있다. 두 번째로, 그들은 어려움을 과대평가하고 있다. 반면에, 성공한 사람들은 종종 있을 좌절을 예상하고, 무엇이 잘못되고 왜 잘못되었는가를 배우고, 필요한 수정을 하여 자신에 대한 신뢰를 가지고 다시 시도한다. 절대로 우리의 능력을 과소평가해서는 안 된다는 것이 성공에 이르는 열쇠이다.
→ 우리는 자기 자신의 능력에 대해 <u>불평하는</u> 대신에, <u>자신감</u>을 가지고 성공하기 위해 노력해야 한다.

정답 06 ③

07 다음 글에서 전체 흐름과 관계없는 문장은?

If you see a pelican standing with its flat feet on a sandy beach, you may not think that he is much of a flier. But he is. Watch him as he swings into his flight path and moves along at about twenty-six miles an hour, almost touching the tops of the waves. ① When he sees a fish of the right size, he moves forward, folds his wings, and heads for the water in the best power he can manage. ② The pelican can scoop an amazing 2.5 gallons of water into its pouch. ③ Often he flies with his companions in a long line. ④ They follow one another up, over and down the waves. They move their wings together and maintain the same distance from on another.

07

어휘
- flier 나는 것, 비행사
- swing 방향을 바꾸다, ~을 흔들다
- scoop 국자, 삽; 퍼올리다
- pouch 작은 주머니
- companion 동료, 상대, 친구

해석 만약 펠리컨이 평평한 발로 모래 해변 위에 서 있는 것을 본다면, 당신은 펠리컨이 잘 날지 못하는 새라고 생각할 것이다. 그러나 펠리컨은 아주 잘 날 수 있다. 펠리컨이 비행 항로에 접어들어 거의 파도에 닿을 듯이 시속 약 26마일로 움직이는 것을 보라. 펠리컨이 알맞은 크기의 물고기를 보면, 앞으로 이동하여 날개를 접고 낼 수 있는 모든 힘을 다해 물로 뛰어 든다. 펠리컨은 부리 주머니에 무려 2.5갤런의 물을 떠낼 수 있다. 종종 펠리컨은 무리와 함께 긴 대열로 날아간다. 그들은 파도의 위아래를 넘나들며 서로를 따라간다. 그들은 날개를 함께 움직여 서로의 간격을 일정하게 유지한다.

정답 07 ②

08 글의 흐름으로 보아, 주어진 문장이 들어가기에 가장 적절한 곳은?

> Today's children have a sense that there is a line past which their parents are not allowed to go, even if they are not exactly sure where that line is.

In past generations, children knew there was a line over which they could not go. (①) They were afraid of the punishment they would receive. (②) They know at a very early age about something called 'child abuse'. (③) Although children no longer meet the standard for obedience that only the fear of harsh punishment can produce, parents have and always will have sufficient power and influence to produce children who behave most of the time as we want them to. (④) This power comes from the automatic child-to-parent love relationship. Because this relationship is so strong, the power that arises from it is more than enough to achieve all the goals of child raising. Furthermore, this power and influence never depends upon kids being afraid of their parents.

08

어휘
- abuse 남용, 오용; 학대
- obedience 복종, 순종
- harsh 거친; 심한, 모진

해석 과거 세대에서는, 아이들은 자신들이 넘을 수 없는 선이 있다는 것을 알았다. 그들은 받게 될 처벌을 두려워했다. 오늘날의 아이들은 비록 그 경계선이 어디에 있는지 정확하게 알지는 못하지만 부모가 넘지 못하는 선이 있다는 것을 알고 있다. 그들은 아주 어렸을 때, '아동 학대'라고 일컬어지는 어떤 것에 대하여 인식하고 있다. 비록 아이들이 더 이상 가혹한 처벌에 대한 두려움만이 만들어 낼 수 있는 복종의 기준에 미치지 않더라도, 부모들은 자신들이 원하는 대로 행동하는 아이들을 만들 수 있는 충분한 힘과 영향력을 가졌고 언제나 가질 것이다. 이런 힘은 무의식적인 부모 자식 간의 사랑의 관계에서 비롯된다. 이런 관계는 매우 견고해서 그것에서 나오는 힘은 자녀 양육의 모든 목표를 달성하기에 충분하고도 남는다. 게다가, 이런 힘과 영향력은 결코 아이들이 그들의 부모를 두려워하는 것에 의존하지 않는다.

정답 08 ②

09 주어진 글 다음에 이어질 글의 순서로 가장 적절한 것은?

> When Richard Masters worries about how much digital information is lost to posterity every day, he thinks back to 1972.

(A) That year Landsat began transmitting a steady stream of infrared images of Earth, giving scientists their first clear view of how the planet's surface changes over time.

(B) NASA stored the images for posterity on reels of tape, which ages so badly that researchers almost lost these priceless images. A clever NASA engineer recently revived the tape by baking the reels in an oven.

(C) Unfortunately, this success saved only a cupful of the rising flood of data our digital age is producing — and which is in danger of being lost on countless broken hard drives and corrupted floppy disks and other ephemeral storage media.

① (A)-(B)-(C)
② (A)-(C)-(B)
③ (B)-(A)-(C)
④ (B)-(C)-(A)

09

어휘
- posterity 자손, 후세, 후대
- think back to 상기하다, 생각해내다
- transmit 전하다
- infrared 적외선(의)
- priceless 대단히 귀중한, 돈으로 살 수 없는
- a cupful of 한 컵 분량의
- countless 셀 수 없는, 무수한
- ephemeral 수명이 짧은, 단명의

해석 Richard Masters는 얼마나 많은 디지털 정보가 매일 후세에 전해지지 못하고 상실되는지 걱정이 될 때면 1972년 상황을 떠올린다.
(A) 근래 Landsat(지구 자원 탐사 위성)이 지구의 적외선 이미지를 연속 전송하기 시작함으로써 과학자들은 시간이 흐르면서 지구 표면이 어떻게 변하는지를 사상 처음으로 명확하게 관측하게 됐다.
(B) NASA는 후세를 위해 그 이미지들을 릴테이프에 보관했다. 그러나 테이프가 심하게 낡아 연구원들은 이 귀중한 이미지들을 거의 잃을 뻔했다. 최근 NASA의 한 명석한 엔지니어가 릴을 오븐에 넣어 구워 테이프를 복구했다.
(C) 불행하게도 이런 성공은 디지털 시대가 생산해내는 점증하는 데이터의 홍수 중 겨우 한 컵 분량만을 구했을 뿐이다. 이 데이터들은 무수히 많은 고장난 하드 드라이브, 오류가 발생한 플로피 디스크, 다른 수명이 짧은 저장 매체 등에서 상실될 위기에 직면해 있다.

정답 09 ①

10 주어진 글 다음에 이어질 글의 순서로 가장 적절한 것은?

> The highest number of what doctors call 'repeated motion syndrome' occurs among workers in meat factories, who chop meat from dawn to dusk.

> (A) Backache, neckache, and eye strain are among the most common injuries and numb fingers and wrist pain caused by keyboard working are also common.
> (B) Currently, however, office workers who use computers are also suffering from repeated motion syndrome.
> (C) According to the doctors who treat these complaints, the human arm wasn't designed to be in the same position for hours on end.

① (A)-(C)-(B)
② (B)-(A)-(C)
③ (B)-(C)-(A)
④ (C)-(A)-(B)

주관식 문제

01 다음 글의 주제를 간단히 적으시오.

> Because cloning promotes genetic uniformity, making our genes more like each other's, cloning increases the danger that at some time a disease might arise against which the 'common' cloned form has no resistance. Genetic variation is the chief defense our species has against an uncertain future. To strip ourselves of it, even partially, is to endanger our species. Asexual reproduction, which all offspring are genetically identical clones, is common in nature in both plants and animals, but usually only in extreme or high-risk environments, where survival is uncertain. It is, thus, the very nature of our species that places such value on variation among individuals. We need to consider the implications of human cloning before proceeding.

01

어휘
- promote 증진시키다, 증가시키다
- genetic 유전적인
- gene 유전자
- arise 발생하다
- resistance 저항
- variation 다양성
- defense 방어
- uncertain 불확실한
- strip A of B A에게서 B를 박탈하다
- offspring 후손
- implication 암시, 내포
- proceed 진행하다

해석 복제는 우리의 유전자를 서로 같게 만들면서 유전적 동일성을 증가시키기 때문에, 복제는 언젠가 '공통의' 복제된 형태가 저항할 항체가 없는 질병이 발생할지도 모른 위험성을 증가시킨다. 유전 변이는 우리의 종이 불확실한 미래에 맞서 가지고 있는 주요한 방어 수단이다. 우리 자신에게서 그것을 앗아가는 것은 부분적이라도 우리의 종을 위험에 빠지게 한다. 모든 자손이 유전적으로 동일한 복제체인 무성 생식은 식물과 동물에서 본래 흔하지만, 대개 생존이 불확실한 극한 상황이나 위험성이 높은 환경에서만 발생한다. 따라서 종의 다양성에 가치를 부여하는 것은 바로 우리 종의 본질이다. 우리는 (인간 복제를) 진행하기에 앞서 인간 복제가 암시하는 것을 생각해봐야 한다.

정답 the problem of genetic uniformity in cloning(복제와 관련한 유전적 통일성의 문제)

02 다음 글의 제목을 간단히 적으시오.

Where do we start when we talk about the history of acting? Surely we have always acted; it is an instinct. Some of us are better at it than others, but we all do it. The child plays games. The child cries when tears are the order of the day, endears himself to avoid criticism, smiles when necessary; he predicts what reactions we require. Look behind those eyes which are giving the beholder the laughter he expects, and you will see the veil of the actor. We have all, one time or another been performers, and many of us still are. We wear the robes that we have designed for ourselves, and then act out other people's fantasies.

02

어휘
- instinct 본능
- endear oneself 사랑받다
- beholder 구경꾼, 보는 사람
- veil 가면
- robe 예복, 관복
- act out 연기하다, 실행에 옮기다

해석 우리가 연기의 역사에 대해서 이야기할 때 우리는 어디에서 출발하는가? 분명 우리는 항상 연기를 하고 있다. 그것은 본능이다. 우리 중 일부는 다른 사람들보다 더 잘한다. 그러나 우리 모두 연기를 한다. 아이가 놀고 있다. 아이는 눈물을 흘려야 할 때 울고, 비난을 피하기 위해 귀여움을 받고, 필요할 때 미소를 짓는다. 그는 우리가 어떤 반응을 필요로 하는지 예상한다. 보는 이에게 그가 기대하는 웃음을 보내고 있는 그 눈을 보라. 그러면 당신은 연기자의 가면을 볼 것이다. 우리는 한 번쯤은 연기자였고 우리 중 많은 사람들이 여전히 그렇다. 우리는 스스로 디자인한 예복을 입고, 다른 사람들의 환상을 연기한다.

정답 Actors : What We Have Always Been(연기자들 : 우리들의 평상시 모습)

03

어휘
- behavior 행동
- world view 세계관
- determine 결정하다
- make sense of 이해하다
- be unaware of ~을 알지 못하다
- firsthand 직접, 바로
- perspective 시각; 투시; 견해
- misinterpret 곡해하다, 오해하다
- merit 가치, 장점, 우수성

해석 우리가 살고 있는 문화와 우리가 말하기 위해 배우는 모국어는 우리의 행동과 세계관을 형성하는 데 있어 강력한 요인이 된다. 그것들로부터 우리는 세상에서 어떻게 행동해야 하고 세상을 어떻게 이해해야 하는지를 결정한다. 대개 우리는 직접 다른 문화를 경험하거나 다른 언어를 말하는 것을 배울 때까지 언어와 문화의 영향력을 깨닫지 못한다. 이러한 일들은 우리가 우리 자신의 문화에 대한 시각을 얻고, 무언의 강력한 규칙들을 알 수 있게 도와준다. 이러한 일들은 또한 우리로 하여금, 두 문화가 만났을 때, 한 문화가 다른 문화를 오해하거나 곡해할 수도 있다는 사실을 깨닫게 해준다.

정답 The Influence of Culture and Language(언어와 문화의 영향)

---

03 다음 글의 제목으로 가장 적절한 것은?

Both the culture we live in and the first language we learn to speak are powerful forces in shaping our behavior and world view. From them we determine how to act in the world and how to make sense of it. Usually, we are unaware of the influence of language and culture until we experience firsthand a different culture or learn to speak a different language. These activities help us to gain a perspective on our own culture and to see some of its unspoken but powerful rules. They also make us aware that, when two culture meet, one culture can misunderstand or misinterpret the other.

04 다음 글의 주제를 간단히 적어 보시오.

> It's been an age-old dilemma how to protect your children when you die, making sure they don't squander your hard-earned money. Someone doesn't think their kids should manage their own inheritance until he or she think they are ready. It's far more important, however, for an average person to have a trust to protect the kids than for someone who's extremely wealthy. To the extremely wealthy, although some of money is lost, the kids can still go to college. For the average family, if that money is diminished, the kids may not go to college. Many estate planners recommend you put time delays on your money. The better approach is to give a third of the money at 25, 30, and 35.

04

어휘
- age-old 오래된
- dilemma 진퇴양난, 딜레마, 궁지
- squander 낭비하다
- inheritance 상속, 상속 재산
- diminish 감소하다, 감소시키다
- estate 토지 재산

해석 여러분이 사망할 때 어렵게 번 돈을 자식들이 낭비하지 않도록 하면서 자녀들을 어떻게 보호할 수 있을까 하는 것은 정말 오래된 딜레마이다. 어떤 이는 자식들이 유산을 관리할 준비가 되기 전에는 유산에 관여하게 해서는 안 된다고 생각한다. 그러나 일반 서민이 자녀 보호를 위한 신탁기금을 만드는 것은 아주 잘 사는 사람의 경우보다 훨씬 더 중요하다. 아주 잘 사는 사람들에게 돈이 일부 없어지더라도 자녀들은 여전히 대학에 갈 수 있다. 그러나 서민들 입장에서는 돈이 줄어들면 자녀들이 대학을 못 갈 수도 있다. 많은 자산 관리자들은 여러분의 유산증여 시기를 유보하기를 권유한다. 더 나은 접근법은 돈을 25, 30, 35세에 각 3분의 1씩 지급하는 것이다.

정답 유산 상속의 현명한 방법

05

어휘
- temperance movement 금주 운동
- rest on ~에 기초를 두다, (증거 등에) 의거하다
- argument 논의, 주장
- foremost 맨 먼저의
- stress 강조하다
- implication 관계, 관련
- tipple (독한 술을) 조금씩 습관적으로 마시다
- agrarian 농업의
- humanitarian 인도주의자
- propaganda 선전, 선전하는 주장
- afflict 괴롭히다

해석 금주 운동은 수많은 주장에 근거를 두었다. 맨 먼저 '열성적인 기독교 전도자들'이 비난받지 않는 삶을 살아가야 한다는 종교계의 요구가 있었다. 다른 사람들은 술에 취한 노동자들과 경제의 밀접한 관련을 강조했다. 공장과 철도가 엄격한 스케줄로 가동되는, 역동적인 새로운 경제에서는 노동자들의 잦은 음주로 취해 있는 것이 단순 농업경제에서 그랬던 것보다 훨씬 더 큰 문제가 되었다. 인도주의자들은 음주와 가난 사이의 관계를 강조했다. 그 운동에서 주장하는 것들 중 많은 부분이 무고한 엄마와 아이들이 겪게 되는 고통에 초점을 맞추었다. Sons of Temperance에서 나온 소책자에서 "음주는 가족을 괴롭히는 거의 모든 악의 (직접 또는 간접적인) 원인이다."라고 언급했다.

정답 금주 운동을 적극적으로 전개해야 한다.

05 다음 글의 요지를 간단히 적어 보시오.

> The temperance movement rested on a number of arguments. First and foremost was the religious demand that 'soldiers of the Cross' lead blameless lives. Others stressed the economic implications of drunken workers. The dynamic new economy, with factories and railroads moving on strict schedules, made tippling by the labor force a far greater problem than it had been in a simple agrarian economy. Humanitarians emphasized the relations between drinking and poverty. Much of the movement's propaganda focused on the suffering of innocent mothers and children. "Drink," said a pamphlet from the Sons of Temperance, "is the source (directly or indirectly) of nearly all the ills that a afflict the human family."

06 다음 글의 필자가 주장하는 바를 적어 보시오.

When you call 911 in an emergency, some police departments have a way of telling your telephone number and address without your saying a word. The chief value of this, say the police, is that if the caller is unable to communicate for any reason, the dispatcher knows where to send help. But don't be duped by such paternalistic explanations. This technology is despicable invasion of privacy, for callers may be unaware of the insidious device. Even if they are some persons who wish anonymity, they may be reluctant to call for emergency help. Remember that the names of complaints and witnesses are recorded in many communities' criminal justice systems. A fairer and more effective system seemingly would include an auxiliary number for callers who wish anonymity.

06

어휘
- emergency 비상사태
- dispatcher 배차원, 급파하는 사람
- dupe 속이다
- paternalistic 가족주의의, 온정주의의
- despicable 비열한, 치사한
- insidious 교활한
- anonymity 익명성
- reluctant 꺼려하는, 마지못해
- auxiliary 보조의

해석 당신이 응급 상황에서 911에 전화를 할 때, 어떤 경찰부서는 당신이 한마디도 안 했는데도 당신의 전화번호와 주소를 아는 방법이 있다. 경찰이 말하는 이것의 주요한 가치는 만약 전화를 거는 사람이 어떤 이유에서건 말을 할 수 없을 때, 경찰을 파견하는 사람이 어디에 도움을 보내야하는지 안다는 것이다. 하지만 그런 온정주의적 설명에 속지 마라. 이러한 기술은 비열한 사생활 침해이다. 왜냐하면 전화를 건 사람이 교활한 장치를 의식하지 못할 수도 있기 때문이다. 비록 그들이 익명성을 바라는 사람일지라도, 그들은 어쩔 수 없이 응급 구조를 요청할 것이다. 고소인과 증인의 이름들이 많은 공동체의 사법 체계에 기록되고 있다는 것을 기억하라. 좀 더 공정하고 좀 더 효율적인 체계라면 익명을 요구하는 사람들을 위한 부가적 번호를 포함할 것이다.

정답 사생활을 보호할 수 있는 응급 구호 체계가 필요하다.

07

어휘
- operate 작동하다; 수술하다
- release 떼어놓기; 해방, 석방
- ATM 자동 현금 인출 장치

해석 휴가를 즐기던 중에 카지노에서 도박을 하고 싶은 호기심이 생겼다. 슬롯 머신은 처음이라서 어떻게 기계가 작동하는지 확실히 알지 못했다. "실례합니다. 어떻게 이 기계가 작동하는지 알려주시겠습니까?" 나는 카지노 종업원에게 물었다. 그는 지폐를 넣고 버튼을 누르고 손잡이를 작동하는 방법을 보여주었다. "그러면 돈은 어디서 나오죠?" 내가 물었다. 그는 웃으면서 멀리 있는 벽을 향해 몸짓을 하며 말했다. "대개 현금 지급기에서요."

정답 도둑이 제 발 저리다
(A guilty conscience needs no accuser).

---

07 다음 글의 내용을 담은 속담을 우리말로 적어 보시오.

> I was on vacation and I have a curiosity to play in a casino. It was my first time with the slot machines, and I wasn't sure how the machines operated. "Excuse me," I said to a casino employee. "Can you tell me how this machine works?" The worker showed me how to insert a bill, hit the spin button and operate the release handle. "And where does the money come out?" I asked. He smiled and motioned to a far wall before saying, "Usually the ATM."

08 다음 글의 요지를 우리말로 간단히 적어 보시오.

Our popular conception of the president as the central figure of national government, devising a legislative program and commanding a large staff of adviser, is very much a product of the modern era and of the enlarged role of government. In the past the presidency only became powerful during a national crisis or because of an extraordinary personality. Since the 1930s, however, the presidency has been powerful no matter who occupies the office and whether or not there is a crisis. Because government now plays such an active role in our national life, the president is the natural focus of attention and the real head of a huge federal administrative system.

08

어휘
- conception 개념; 인식
- figure 인물; 숫자; 그림
- devise 고안하다
- legislative 법률을 제정하는, 입법상의
- command 지휘하다, 통솔하다
- era 시대; 연대
- presidency 대통령직, 대통령의 지위
- occupy 점유하다; 차지하다

해석 대통령을 국가 정부의 중심인물이고 법적 제도를 만들고 다수의 보좌관들을 거느리는 인물이라고 여기는 우리의 일반적인 개념은 현시대의 산물이며 정부의 확장된 역할과 관련이 있다. 과거에 대통령의 권한은 오로지 국가적 위기에 처할 때, 또는(대통령 개인의) 별난 개성 때문에만 강력해졌을 뿐이다. 그러나 1930년대 이래로 대통령의 권한은 누가 그 직책을 차지하고 있든지, 위기가 있거나 없거나에 상관없이 강력하다. 현재는 정부가 우리의 국가적 대사에 있어서 아주 적극적인 역할을 하고 있기 때문에 대통령은 자연적으로 관심의 초점이 되고 있으며 거대한 연방정부 체계의 실질적인 수장이 되고 있다.

정답 정부의 힘이 커지면서 대통령의 위상도 강화되고 있다.

09

어휘
- coherent 논리적인; 조리에 맞는
- generate 일으키다, 초래하다
- leave out 배제하다
- gymnastic 체조의
- feat 재주, 묘기
- vendor 행상인, 노점상

해석 목적을 결정하지 않으면 논리적인 보고서를 작성하기를 기대할 수 없다. 왜냐하면 목적은 당신이 무엇을 포함할 것인가와 무엇을 배제할 것인가를 결정하기 때문이다. 그 목적은 보고서에 초점을 제공한다. 예를 들면, 당신의 목적이 전진 패스를 묘사하는 것이라면, 치어리더가 관중들을 흥분하게 만드는 것에 대해서 논하지 않을 것이다. 당신의 목적은 특정 플레이를 묘사하는 것이며, 당신은 가능한 가장 명확한 방법으로 그것을 할 것이다. 반면에 만약 당신의 목적이 독자에게 미식축구 경기를 관람하는 것이 그 스포츠에 대해 잘 알지 못하는 사람에게도 즐거울 수 있다는 것을 알려주려는 것이라면 당신은 치어리더의 체조 묘기를 언급할 뿐만 아니라 샌드위치를 파는 사람이나 관중들도 묘사할 것이다.

정답
(A) for example 예를 들면
(B) on the other hand 다른 한편으로, 반면에

09 다음 글의 (A)와 (B)에 들어갈 연결사를 적어 보시오.

You cannot hope to write a coherent paper until you have decided on your purpose, because that purpose will determine what you will include and what you will leave out. The purpose gives focus to your paper. If, ___(A)___, your purpose is to describe a forward pass, you will not discuss the excitement cheerleaders can generate in a crowd. Your purpose is to describe a particular play, and you will do just that in the clearest manner possible. If, ___(B)___, your purpose is to convince a reader that attending a football game can be exciting even to one who knows little about the sport, you might very well mention not only the gymnastic feats of cheerleaders, but you might also describe the sandwich vendors and the crowd.

제 4 편

영작문
(writing)

제1장　영작문(writing)
실전예상문제

얼마나 많은 사람들이 책 한 권을 읽음으로써 인생에 새로운 전기를 맞이했던가.

− 헨리 데이비드 소로 −

  보다 깊이 있는 학습을 원하는 수험생들을 위한
시대에듀의 동영상 강의가 준비되어 있습니다.
www.sdedu.co.kr ➜ 회원가입(로그인) ➜ 강의 살펴보기

제1장 영작문(writing)

> 필수 구문 50을 이용한 영작에 도전해보자.

(1) A하기만 하면 반드시 B한다 [부정어구 but(that) + S + V]

　　예 I can't see this picture but I think of my old girlfriends.
　　　 이 사진을 보기만 하면 반드시 나는 나의 옛 여자 친구들이 생각난다.

(2) 머지않아 곧 ~할 것이다 [It'll not be long before + S + V(현재)]

　　예 It will not be long before the Winter Olympic Games are held in Korea.
　　　 머지않아 곧 동계올림픽이 개최될 것이다.

(3) A하자마자 곧 B했다 [hardly / scarcely had + S + p.p ~ when(before) + S + V(과거)]

　　예 He had hardly reached the house when he knew the fact.
　　　 그는 집에 도착하자마자 그 사실을 알았다.

(4) 채(미처) A 하기도 전에 B 했다 [hadn't + p.p ~ when(before) + S + V(과거)]

　　예 He hadn't gone a mile when he was caught in a shower.
　　　 그는 미처 1마일도 가지 못해서 소나기를 만났다.

(5) ~했음에 틀림이 없다 (must have + p.p ~)

　　예 He must have finished the work. 그는 그 일을 끝냈음에 틀림이 없다.

(6) ~했을 리가 없다 (can't have + p.p ~)

　　예 He can't have arrived at the place. 그는 그 장소에 도착했을 리가 없다.

(7) A 하고나서야 비로소 B 했다 (not until A that B ~)

　　예 It was not until in 1999 that he was a major leaguer.
　　　 1999년이 되고나서야 그는 메이저 선수가 되었다.

(8) B하느니 차라리 A하는 게 더 낫다 [may as well A(R) as B(R) ~]
　예 We may as well die as live like a dog or pig.
　　우리는 개·돼지처럼 사느니 차라리 죽는 게 더 낫다.

(9) 항상 ~한 것은 아니다 (not ~ always)
　예 The rich are not always happy.
　　부자라고 항상 행복한 것은 아니다.

(10) 반드시 ~한 것은 아니다 (not ~ necessarily ~)
　예 Being married doesn't necessarily mean living happily forever.
　　결혼을 한다는 것이 반드시 영원히 행복해진다는 것을 의미하지는 않는다.

(11) 결코 ~할 사람이 아니다 (the last man to + V ~)
　예 He is the last man to tell a lie.
　　그는 결코 거짓말을 할 사람이 아니다.

(12) 아무리 ~할지라도 모든 것을 ~할 수는 없다 (the + 최상급의 양보 의미)
　예 The wisest man can't solve everything.
　　아무리 현명한 사람일지라도 모든 것을 해결할 수는 없다.

(13) 어느 누구도 ~보다 더 ~하지는 않는다 (부정주어 + 동사 + 비교급 ~ than ~)
　예 No (other) man is smarter than he.
　　어느 누구도 그보다 더 영리하지는 않다.

(14) 어느 누구도 ~만큼 역시 ~하지는 않다 (부정주어 + 동사 + so ~ as)
　예 No (other) man is so smart as he.
　　어느 누구도 그만큼 영리하지는 않다.

(15) ~하는 것은 결코 불가능하다 (there is no ~ing)
　예 There is no working round the clock.
　　하루 종일 일하는 것은 불가능하다.

(16) ~하는 것을 학수고대하고 있다 (be looking forward to ~ing)
　예 We are looking forward to seeing you!
　　우리는 당신을 만나기를 학수고대하고 있다.

(17) ~하는 데 익숙하다 (be used to ~ing)

　예) He is used to staying up all night.
　　　그는 밤을 새우는 데 익숙하다.

(18) ~할 필요는 없다 (don't have to + R ~)

　예) You don't have to go there right now.
　　　당신은 당장 거기에 갈 필요는 없다.

(19) ~하는 것도 당연하다 (may well + R ~)

　예) You may well be proud of your parents.
　　　당신이 당신의 부모님을 자랑스러워하는 것도 당연하다.

(20) ~하는 것이 더 낫다 (may as well + R ~)

　예) You may as well stay at home in this weather.
　　　당신은 이런 날씨에 집에 머무르는 것이 더 낫다.

(21) ~할 수밖에 없다, ~하지 않을 수 없다 (can't help ~ing)

　예) She can't help falling in love with him.
　　　그녀는 그와의 사랑에 빠질 수밖에 없다.

(22) 아무리 ~해도 지나치지 않다 [can't ~ too(much) ~]

　예) You can't be too careful about your health.
　　　당신은 당신의 건강에 관해서 아무리 주의해도 지나치지 않다.

(23) 너무나 ~해서 ~할 수가 없다 (so ~ that can't + R ~)

　예) He is so young that he can't enlist in the army.
　　　그는 너무나 어려서 군대에 입대할 수 없다.

(24) 아무리 ~하더라도 ~할 수 있다 (부정주어 + 동사 + too ~ to ~)

　예) No man is too old to learn.
　　　어느 누구도 나이가 많아 배울 수 없는 사람은 없다(아무리 나이가 많더라도 배울 수 있다).

(25) ~한 지 ~가 되었다 (It has been ~ since)

　예) It has been three years since he died.
　　　그가 죽은 이래로 3년이 흘렀다.

(26) 반드시 ~하다, 규칙적으로 ~하다 (make it a rule to + V ~)
예 She makes it a rule to keep all the receipts.
그녀는 모든 영수증을 보관하는 것을 규칙으로 삼는다.

(27) ~할 만큼 ~어리석지는 않다 (know better than to + V ~)
예 He knows better than to go out in this weather.
그는 이런 날씨에 외출할 만큼 어리석지 않다.

(28) ~하는 데 ~한 시간이 걸린다 (takes + 사람 + 시간 + to + V)
예 It takes me two hours to finish it.
그것을 마치는 데 2시간이 걸린다.

(29) 대단히 ~하게도 ~하다 (have + the 추상명사 + to + V ~)
예 He had the kindness to help me with my work.
그는 대단히 친절하게도 나의 일을 도와주었다.

(30) ~하는 데 어려움을 겪다 (have a difficult time (in) ~ing)
예 She has a difficult time in persuading her supervisor.
그녀는 그녀의 상관을 설득하는 데 어려움을 겪는다.

(31) ~라고들(~했다고들) 말한다 (It is said that ~)
예 It is said that friendship is forever.
우정은 영원한 것이라고들 말한다.

(32) ~하는 데 얼마나 걸립니까? (Will it take ~ ?)
예 How long will it take for you to finish it?
당신이 그것을 마치는 데 얼마나 걸립니까?

(33) 얼마나 빨리 ~할 수 있습니까? (How soon ~ ?)
예 How soon can you finish it?
당신은 그것을 얼마나 빨리 마칠 수 있나요?

(34) 내가 해야만 하는 것은 ~뿐이다 (All that I have to do ~)
예 All I have to do is (to) send a letter.
내가 해야만 하는 것은 편지 한 통을 보내는 것이다.

(35) ~하기를 기대했었는데 (사실) ~하지 못했다 (expected to have + p.p)
  예 I expected to have seen the comedian yesterday.
  나는 어제 그 코미디언을 볼 것이라 기대했었다.

(36) ~하지 않는 사람은 없다 (no man but ~)
  예 There is no man but loves his country.
  그의 나라를 사랑하지 않는 사람은 없다.

(37) A와 B와의 관계는 C와 D와의 관계와 같다 (A is to B what C is to D)
  예 Leaves are to the plant what lungs are to the animal.
  나뭇잎과 식물의 관계는 폐와 동물의 관계와 같다.

(38) ~라면 어떻게 하지? (what if ~ ?)
  예 What if all things will happen at the same time?
  모든 일들이 동시에 발생한다면 어쩔 것인가?

(39) 그래서 ~한 것이다 (That's why ~)
  예 That's why I love you.
  그것이 내가 당신을 사랑하는 이유이다.

(40) A가 B가 아니듯 C도 D가 아니다 (A is no more B than C is D)
  예 He is no more a fool than she (is a fool).
  그가 바보가 아니듯 그녀도 바보는 아니다.

(41) A라기보다는 오히려 B이다 (not so much A as B)
  예 He is not so much a genius as a hard worker.
  그는 천재라기보다는 오히려 근면한 근로자이다.

(42) ~하지 않기 위해서 ~했다 (lest should ~)
  예 He studies hard lest he should fail in the next exam.
  그는 다음 시험에 실패하지 않기 위해서 열심히 공부한다.

(43) A뿐만 아니라 B도 역시 ~하다 (Not only A but also B)
  예 He is not only a teacher, but also a musician.
  그는 선생님일 뿐만 아니라 음악가이다.

(44) A가 아니라 B하다(이다) (not, A but B)
　예 The rumor is not true, but fake.
　　그 소문은 사실이 아니라 거짓이다.

(45) ~하는 경우에 대비해서 ~하라! (in case of ~)
　예 In case of rain, you should take an umbrella with you.
　　비가 오는 경우에 대비하여, 당신은 우산을 챙겨가야만 한다.

(46) ~가 있다 / ~가 없다 (Here is~ / There is no~)
　예 Here is a chance for you!
　　여기에 당신을 위한 기회가 있다.
　예 There is no chance for you!
　　당신에게는 기회가 없다.

(47) 대단한 ~은 아니다 (not much of ~)
　예 She is not much of a beauty.
　　그녀는 대단한 미인은 아니다.

(48) 매우 ~하다 (as ~ as can be)
　예 He is as kind as can be.
　　그는 매우 친절하다.

(49) 그런 일은 결코 없을 것이다
　예 That'll be the day.
　　설마, 그럴 수가 있을까!(그런 일은 결코 없을 것이다)

(50) 아무것도 아니다 (매우 쉽다 = nothing to it)
　예 There's nothing to it.
　　매우 쉽다(이보다 더 쉽지는 않다).

주관식 레벨 UP

※ 두 개의 선택지 중에서 적절한 답을 쓰시오. (01 ~ 20)

01 To read a foreign language is one thing and to speak it is [another / the other].

구문 A와 B는 별개의 문제다(A is one thing and B is another).
해석 외국어를 읽는 것과 그것을 말하는 것은 별개의 문제다.

정답 another

02 She makes it a rule [keep / to keep] her room clean.

구문 ~하는 것을 규칙으로 삼다
해석 그녀는 그녀의 방을 청소하는 것을 규칙으로 삼는다.

정답 to keep

03 I didn't even speak to her, much [more / less] discuss your problem.

구문 하물며 ~은 말할 것도 없고 [much less(부정문)]
해석 나는 그녀에게 말조차 하지 못했다, 하물며 당신의 문제를 토론하는 것은 말할 것도 없고.

정답 less

04 Put the milk in the refrigerator [lest / so that] it should go bad.

구문 ~하지 않도록, ~하지 않기 위해서
해석 상하지 않도록 우유를 냉장고에 넣어라.

정답 lest

05 You should know better than [to go / go] swimming just after a big meal.

구문 ~할 만큼 어리석지 않다
해석 당신은 식사를 많이 하고 바로 수영을 할 만큼 어리석어서는 안 된다.

정답 to go

06

Hardly [she had stopped / had she stopped] the diet when she began to put on weight.

구문 ~하자마자 곧 …했다
해석 그녀가 다이어트를 중단하자마자 곧 그녀는 체중이 늘기 시작했다.

정답 had she stopped

07

What do you say to [take / taking] a trip to China during summer vacation?

구문 ~하는 게 어때? (what do you say to + R)
해석 여름 방학기간 동안 중국으로 여행을 가는 게 어때?

정답 taking

08

Having many books in your home [do / does] not always do you good.

구문 항상 ~한 것은 아니다
해석 당신의 집에 많은 책이 있다고 항상 당신에게 이로운 것은 아니다.

정답 does

09

He [must / cannot] have been sick yesterday. I saw him at the ball park.

구문 ~했을 리가 없다
해석 그는 어제 아팠을 리가 없다. 나는 그가 야구장에 있는 것을 보았다.

정답 cannot

10

I took it for granted [if / that] she would agree with me.

구문 ~하는 것을 당연하게 받아들이다 (take it for granted that + S + V)
해석 그녀가 내 의견에 동의한 것은 당연하다고 여겼다.

정답 that

11

It took me a long time [finding / to find] the book that was for beginners like me.

구문 ~하는 데 ~한 시간이 걸린다 (take + 사람 + 시간 + to + V)
해석 나 같은 초보자들을 위한 그 책을 찾는 데 오랜 시간이 걸렸다.

정답 to find

12

It [believes / is believed] that he has gone to America.

구문 ~라고들 믿는다 (It is believed that~)
해석 그가 미국으로 가고 현재 이곳에 없다고들 믿는다.

정답 is believed

13

Of the two toys, her child chose [less / the less] expensive one.

구문 둘 중에서 더(덜) ~하다 (of the two ~ the + 비교급~)
해석 두 소년들 중에서 그녀의 아이는 덜 비싼 것을 선택하였다.

정답 the less

14

No sooner [she had been / had she been] back at home than she realized her mistake.

구문 ~하자마자 곧 …했다 [No sooner had + S + p.p ~ than S + V(과거) ~]
해석 그녀가 집으로 돌아오자마자 곧 그녀의 실수를 깨달았다.

정답 had she been

15

He is so proud that he doesn't like [criticizing / being criticized] by others.

구문 너무나 ~해서 결국 …하지 못하다
해석 그는 너무나 자존심이 강해서 다른 사람들한테 비난을 듣고 싶어 하지 않는다.

정답 being criticized

16

[So / Such] was her eloquence that everybody was moved to tears.

구문 너무나 ~해서 결국 …하다
해석 그녀의 웅변술은 아주 대단해서 모든 사람이 감동의 눈물을 흘렸다.

정답 Such

17

Not only [I heard / did I hear] about it, but also I saw it.

구문 ~뿐만 아니라 역시 ~도
해석 나는 그것에 관하여 들었을 뿐만 아니라, 보기도 했다.

정답 did I hear

18

He is the [last / least] man in the world that I want to see.

구문 결코 ~할 사람이 아니다
해석 그는 세상에서 결코 보고 싶지 않은 사람이다.

정답 last

19

He led too [a busy life / busy a life] to have much time for reflection.

구문 너무나 ~해서 ~할 수 없다 [too + 형용사(부사) + to + R]
해석 그는 너무나 바빠서 휴식을 위한 많은 시간을 할애할 수 없다.

정답 busy a life

20

When it comes to [play / playing] the piano, you can't beat Ally who majored in piano in University.

구문 ~에 관해서라면 [when it comes to 명사(동명사)]
해석 피아노 연주에 관해서라면 당신은 대학에서 피아노를 전공한 알리를 능가할 수 없다.

정답 playing

제4편 실전예상문제

01 다음 중 우리말을 영어로 잘못 옮긴 것은?

① 비록 그는 가난하지만, 그런 일을 할 사람이 아니다.
→ Poor as he is, he is the last man to do such a thing.
② 내가 말을 걸 많은 손님들이 있다.
→ There are so many guests for me to speak.
③ 그녀는 숙제하느라 바쁘다고 말했다.
→ She told me that she was busy doing her homework.
④ 연극에서 대부분 사람들은 연극을 즐기는 것처럼 보인다.
→ Most of the people at the play seemed to enjoy it.

02 다음 중 우리말을 영어로 잘못 옮긴 것은?

① 머지않아 아버지께서 미국에서 돌아오실 것이다.
→ It will not be long before father returns back from America.
② 나는 이 사진을 보면 언제나 학창시절이 생각난다.
→ Whenever I see this photograph, I am reminded of my school days.
③ 스캔들과 관련된 사람들은 경찰에 의해서 거의 체포되었다.
→ The people involving in the scandal were almost arrested by the police.
④ 상식을 가진 그 누가 불쌍한 여자에게 화를 낼 수 있는가?
→ Who that has common sense can get angry with the poor girl?

---

01 ② There + V + S 수일치에 유의한다. For me to speak to so many guests에서 so many guests가 앞으로 나가 도치된 문장이므로 to speak to가 옳다.
① the last man to + V~ 결코 ~할 사람이 아니다(부정적 의미)
③ tell + 간접목적어 + 직접목적어 be busy ~ing '~하느라 바쁘다'
④ Most of + 전체를 나타내는 명사에 따라서 주어와 동사의 수일치가 달라진다.

02 ③ involve는 타동사이므로 목적어를 가져야 한다. 목적어가 없으면 과거분사 involved가 옳다.
① '머지않아서 곧 ~할 것이다' = It will not be long before~
② be reminded of~ ~을 생각하다
④ 의문사 who가 주어일 때는 관계대명사 that으로만 수식한다.

정답 01 ② 02 ③

| 03 | 다음 중 우리말을 영어로 **잘못** 옮긴 것은?

① 그들은 내가 환영회에 참석할 것을 당연하게 여겼다.
   → They took it for granted that I would attend the reception.
② 아이들은 오전 8시 30분까지 등교해야만 한다.
   → The children are supposed to be at school by 8:30 a.m.
③ 네가 숲속에서 길을 잃었을 때, 너는 틀림없이 아주 무서웠을 거야.
   → When you got lost in the forest, you should have been very frightened.
④ 길을 건널 때는 아무리 조심해도 지나치지 않다.
   → We cannot be too careful while crossing the street.

| 04 | 다음 중 우리말을 영어로 **잘못** 옮긴 것은?

① 그 제도는 단순히 벌을 주는 대신, 범법자들이 자신들의 행동을 고치도록 격려한다.
   → Instead of simply punishing them, the system encourages offenders to modify their behavior.
② 이 책들을 내 책상 위에 둔 사람이 당신입니까?
   → Was it you who put these books on my desk?
③ 나는 내 여권을 가져와야 한다는 사실을 알지 못했다.
   → I was not aware of the fact that I was supposed to bring my passport.
④ 개인 휴대전화가 등장한 이후 공중전화 사용자 수가 줄었다.
   → The number of public phone users have decreased since cellular phone showed up.

해설

03 ③ '~했음에 틀림이 없다' = must have p.p를 써야한다.
should have p.p : ~했어야만 했는데 (하지 않아서) 유감이다, 후회된다
① take it for granted that절~ ~을 당연히 여기다
② be supposed to + V~ ~해야만 한다
④ can't ~ too(much) 아무리 ~해도 지나치지 않다

04 ④ the number of 복수명사는 the number가 주어이므로 단수 취급한다. 따라서 has decreased가 옳다.
① punishing과 the system의 관계는 능동적 관계이다.
encourage + 목적어 + to + V의 구문을 주의하라.
② It was 강조대상 who~ 구문이다.
③ the fact that절은 동격구문이다. / be supposed to + V~ ~해야만 한다.

정답 03 ③ 04 ④

05 다음 중 우리말을 영어로 잘못 옮긴 것은?

① 나는 진심으로 당신을 곧 만나기를 고대하고 있습니다.
  → I am looking forward with pleasure to seeing you soon.

② 이 문제를 해결할 수만 있다면 당신은 인정받을 것입니다.
  → Only if you can solve this problem will you be admitted.

③ 마침내 산 정상에 도달했지만, 거기에서 우리는 주변에 구름밖에 볼 수 없었다.
  → We finally reached the mountaintop, which we could see nothing but clouds all around.

④ 그 일을 끝마치려면 시간이 얼마나 걸립니까?
  → How long will it take you to finish the work?

05 ③ which는 불완전한 문장을 이끌고, where는 완전한 문장을 이끈다. 따라서 which 대신 where를 써야 한다.
① look forward to –ing ~하기를 학수고대하다
② only if~ ~하기만 하면, only 구문이 주절보다 앞에 등장하면 주절은 반드시 도치한다.
④ It + take + 사람 + 시간 + to + V 구문의 의문문이다.

06 다음 중 우리말을 영어로 잘못 옮긴 것은?

① 나는 우연히 Smith라는 미국인과 친하게 되었다.
  → I happened to make friends with an American named Smith.

② 그가 결혼할 여인은 나의 누님이다.
  → The lady, whom he is going to marry with, is my elder sister.

③ 그는 무일푼으로 떠났던 마을로 돌아왔다.
  → He returned to the village which he had left penniless.

④ 그녀를 향한 그의 사랑이 점점 강해지듯이, 그녀를 보고 싶은 그의 욕구가 점점 빈번해진다.
  → As his love for her grows stronger, so does his need to see her more frequently.

06 ② marry는 타동사이므로 전치사를 제거해야 한다.
① happen to + V~ 우연히 ~하다
③ he had left the village penniless의 문장을 생각해 본다.
④ as + S + V~, so + V + S / so + S + V '~하듯이 역시 ~하다' 구문이다.

정답 05 ③ 06 ②

07 ② 전치사구가 문두에 등장하여 도치(inversion)가 발생한 구문이다. 따라서 주어와 동사의 수일치는 is the very special tree가 옳다.
① A number of = many의 뜻
③ plan to + V 구문에서 to + V의 수동형을 기억하라
④ so + 형용사 + 관사 + 명사 + that절을 이루는 구문이다.

07 다음 중 우리말을 영어로 **잘못** 옮긴 것은?

① 우리 학교의 많은 학생들은 새로운 놀이공원에 갔다 왔다.
  → A number of students in our school have been to the new amusement park.
② 나무들 사이에 내가 스스로 심었던 바로 그 특별한 나무가 있다.
  → Among the trees are the very special tree that I planted for myself.
③ 그와 결혼하기로 계획했으나 나의 부모님이 결혼을 허락하지 않았다.
  → I planned to be married to him, but my parents didn't permit the marriage.
④ 그녀는 너무나 익살맞은 대답을 해서 모든 사람이 웃음을 터트렸다.
  → She gave so witty an answer that everyone burst out laughing.

08 ③ 아파서 병원에 갔다는 얘기가 논리적이므로 아픈 상태가 먼저 발생한다. 따라서 had been이 옳다.
① make + it(가목적어) + known (목적격보어) + that절(진목적어)
② occur to + 사람
  ~에게 우연히 떠오르다
④ have but to + V~
  ~하기만 하면 된다.

08 다음 중 우리말을 영어로 **잘못** 옮긴 것은?

① 그는 정치에 입문하고 싶다고 부인에게 알렸다.
  → He made it known to his wife that he wanted to enter politics.
② 그에게 우연히 좋은 생각이 떠올랐다.
  → A bright idea has occurred to him by chance.
③ Jack은 병원에 보내졌을 때 일주일 동안 아팠다.
  → Jack has been ill for a week when he was sent to hospital.
④ 당신은 들은 대로 일만 열심히 하면 된다.
  → You have but to work hard as you were told to.

정답 07 ② 08 ③

09 다음 중 우리말을 영어로 잘못 옮긴 것은?

① 윤리적인 관점에서 우리는 그 문제를 논하기를 반대한다.
→ In terms of ethics, we are opposed to discussing the matter.

② 나는 어제 집에 돌아오는 길에 소나기를 만나 흠뻑 젖었다.
→ Yesterday I was caught in a shower on the way to home and drenched to the skin.

③ 아침 일찍 떠났기 때문에 우리는 그 날 안에 목적지에 도착했다.
→ Starting early in the morning, we got to our destination the same day.

④ 그들은 그 문제에 관해 무엇인가 행해져야 한다고 요구했다.
→ They requested that something be done about the matter.

09 해설
② on the way to home은 home이 부사라서 전치사 to를 앞에 붙일 수 없다. 따라서 on the way home으로 표기해야 한다.
① in terms of~ ~의 측면에서
be opposed to ~ing ~하는 것에 반대하다(= object to ~ing)
③ starting의 의미상 주어(we)와 논리적인 관계를 확인해 본다.
④ request(요구하다) 동사는 that 절을 이끌 때 당위성의 의미를 전달하고 (should) be done의 의미를 가지고 있다.

10 다음 중 우리말을 영어로 잘못 옮긴 것은?

① 사람들은 그가 미국에 가고 여기 없다고 믿는다.
→ It is believed that he has gone to America.

② 이것이 우리가 2년 전에 처음 만났던 레스토랑이다.
→ This is the restaurant where we first met two years ago.

③ 나는 너의 문제 토론은 말할 것도 없이 그녀에게 말을 걸지도 못했다.
→ I didn't even speak to her, much less discuss your problem.

④ 어떤 상황에서도 방문객은 사진 촬영이 허락되지 않는다.
→ Under no circumstances visitors are allowed to take pictures.

10 해설
④ under no circumstances는 부정의미의 뜻(= never)이므로 주절은 반드시 도치구문을 이끈다.
① It is believed that~ ~이라고들 믿는다 / have gone to + 장소 : 현재 완료된 결과의 의미를 전달한다.
② 관계부사 where는 완전한 문장을 이끌고 있다.
③ 부정문 등장, much less~ ~은 말할 것도 없이 ※ much less 대신에 still less도 가능하다.

정답 09 ② 10 ④

11

11 ④ this baggage와 it는 같다. 따라서 to + V의 목적어 it은 지운다.
① say what you may~ 당신이 무슨 말을 할지라도~ (양보 의미의 부사절)
② there is no doubt of~ ~이 확실하다
③ once 일단 ~하기만 하면

11 다음 중 우리말을 영어로 잘못 옮긴 것은?

① 당신이 무슨 말을 할지라도, 나는 거기에 갈 것이다.
　→ Say what you may, I will go there.
② 그가 나의 생일을 잊었던 것은 확실하다.
　→ There is no doubt of his having forgotten my birthday.
③ 그 소식이 일단 알려지면, 그 회사의 주가는 급상승할 것이다.
　→ Once the news becomes known, the price of the company's stock will rise sharply.
④ 이 짐은 너무 무거워서 역까지 가져갈 수가 없다.
　→ This baggage is too heavy for me to carry it to the station.

12

12 ② keep은 지속동사일 때 keep + 목적어 + ~ing를 쓴다. 다만 방해·금지의 의미일 때는 keep + 목적어 + from + ~ing를 쓴다. 그러므로 from waiting은 waiting으로 써야 한다.
① 의문사 what의 강조구문이다.
③ The reason이 주어이면 보어는 that절로 받는다. because절로 받지 못한다.
④ catch + 목적어 + by the + 신체 일부를 쓴다. ask + 목적어 + to + V 구문을 쓴다.

12 다음 중 우리말을 영어로 잘못 옮긴 것은?

① 어제 네가 그녀에게 준 것이 무엇이었니?
　→ What was it that you gave her yesterday?
② 어제 두 시간동안 당신을 기다리게 해서 죄송합니다.
　→ I am sorry to have kept you from waiting for two hours yesterday.
③ 그녀가 여기에 온 이유는 나를 좋아했기 때문이었다.
　→ The reason why she came here was that she liked me.
④ 그는 나의 팔을 붙잡고 도와달라고 요청했다.
　→ He caught me by the arm and asked me to help him.

정답 11 ④ 12 ②

13 다음 문장을 영어로 올바르게 옮긴 것은?

> 영어에 관한 한 그는 그의 학급에서 누구에게도 뒤지지 않는다.

① So far as English is concerned, he is second to none in his class.
② As far as English concerned, he is the first but one in his class.
③ In English knowledge, he is surpassed by all in his class.
④ Speaking of English, he is superior than all in his class.

13 ① as(so) far as + S + be concerned
S에 관한 한
second to none 최고의
② is concerned /
the first but one 2등
③ is surpassed by → surpasses
④ superior than → superior to

14 다음 중 우리말을 영어로 잘못 옮긴 것은?
① 애기가 너무 사랑스러워 나는 뽀뽀할 수밖에 없었다.
→ The baby was so lovely that I could not help kissing it.
② 우리는 당신이 보고서를 제출한 후에 상황을 철저히 토론할 것이다.
→ We will discuss about the situation thoroughly after you submit your report.
③ 당신은 그에게 정원에 물을 주어야 함을 상기시켜야 한다는 것을 기억해야만 한다.
→ You must remember to remind him that the garden needs watering.
④ 나는 하루에 두 번 양치질하는 것을 규칙으로 삼고 있다.
→ I make it a rule to brush my teeth twice a day.

14 ② discuss(vt) ~을 토론하다
① could not help -ing
~하지 않을 수 없었다.
③ remind A that절~
A에게 that절을 상기시키다
④ make it a rule to + V
~하는 것을 규칙으로 삼다

정답 13 ① 14 ②

15 ② 주어와의 논리성을 일치시켜야 하므로 to be evaluated로 해야 한다.
① to have behaved는 완료 부정사로 '~로 행동했었다'라는 먼저 발생한 동작을 의미한다.
③ every not~ : 부분 부정의 의미로 '모두가 ~한 것은 아니다'라고 해석한다.
④ It was 강조어구(장소) where~ 구문이다.

16 ② to take my picture → to have my picture taken
① now that~ ~이니까
③ 가정법 과거의 구문이다
④ talk A into ~ing
A를 설득해서 ~하게 하다 /
talk A out of ~ing
A를 설득해서 ~하지 못하게 하다

정답 15 ② 16 ②

---

15 **다음 중 우리말을 영어로 잘못 옮긴 것은?**

① 그가 어제 반에서 무례하게 행동했었다고 하더라.
→ He is said to have behaved rudely in his class yesterday.

② 사람의 가치는 그의 재산보다는 그 인품에 따라 평가해야 한다.
→ A man's worth is to evaluate not so much by his wealth as by his character.

③ 그 법이 우리의 운전자들에게 어떤 영향을 줄지 모든 사람이 아는 것은 아니다.
→ Everyone does not know what effect the law will have on our drivers.

④ 우리가 커피를 마시면서 그 문제를 논의한 곳이 이 공원이었다.
→ It was in this park where we talked about the matter over a cup of coffee.

16 **다음 중 우리말을 영어로 잘못 옮긴 것은?**

① 내가 너와 함께 있으니까 너는 걱정할 것이 없다.
→ Now that I am here with you, you have nothing to worry about.

② 나는 사진을 찍기 위하여 사진관에 갔다 왔다.
→ I have been to the photographer's to take my picture.

③ 만일 내가 백만 달러를 받는다면 그의 입장이 되지는 않을 것이다.
→ I wouldn't be in his shoes if I were offered a million dollars.

④ 그녀는 남편을 설득해서 새 차를 사게 했다.
→ She talked her husband into buying a new car.

17 다음 우리말을 영어로 옮긴 것으로 옳지 않은 것은?

① 빛이 좋은 건강에 필요하듯 신선한 공기도 역시 필요하다.
→ Light is no less necessary than fresh air to good health.

② 나는 이 사진을 보면 언제나 학창시절이 생각난다.
→ Whenever I see this photograph, I remind of my school days.

③ 새 자동차가 필요한 사람은 바로 나의 동생이다.
→ It is my brother that is in need of a new car.

④ 나는 어렸을 때, 격일마다 해변가에 가곤 했었다.
→ When a child, I used to go to the seashore every two days.

17 ② ~이 생각나다 = be reminded of
　　　　　= think of~
　① A is no less ~ than B
　　 A는 B만큼 ~하다
　③ It is 강조어구 that절~
　④ every two days
　　 = every second day
　　 = every other day 격일마다

18 다음 우리말을 영어로 가장 바르게 옮긴 것은?

집에 돌아와 보니 우편함에 편지 한 통이 와 있었다.

① Upon returning home, he found a letter in the mailbox.
② After returning home, a letter was found in the mailbox.
③ When he returned to home, he found a letter in the mailbox.
④ Having returned home, the mailbox had a letter in it.

18 ① 왕래발착 동사와 home이 만나면 home은 부사 취급한다.
　② 준동사의 의미상 주어는 논리적으로 일치해야한다.
　③ 왕래발착동사(return)와 home이 만나면 home은 부사라서 앞에 전치사 to를 붙일 수 없다. 따라서 when he returned home이 옳다.
　④ returning과 the mailbox는 비논리적이다.

정답 17 ② 18 ①

| 19 | ③ as is often the case는 관용표현으로 which is often the case로 표기할 수 없다.
① as he does의 does는 look을 받은 대동사이다.
② used to + V ~하곤 하였다
be thought of as~
~로서 여겨지다
④ what + 주어 + be동사 : 사람의 인격
what + 주어 + have동사 : 사람의 재산 |

19 다음 중 우리말을 영어로 잘못 옮긴 것은?

① 그가 나에게 우습게 보이는 것처럼 나도 그에게 그렇게 보이는지 궁금하다.
→ I wonder if I look as funny to him as he does to me.

② 콜레스테롤은 성인에게만 문제인 것으로 생각되었다.
→ Blood cholesterol used to be thought of as a problem only for adults.

③ 젊은이가 흔히 그렇듯이 그는 유혹을 뿌리칠 수 없었다.
→ He could not resist the temptation, which is often the case with young men.

④ 사람의 행복은 그의 재산보다 인격에 훨씬 더 좌우된다.
→ A man's happiness depends more on what he is than on what he has.

| 20 | ③ 사람(선행사) + who + 주어 + 동사 + 동사의 구조를 분석해 보자!
① contrary to~ ~와는 반대로
look + 형용사(like + 명사) ~처럼 보이다
② whoever + 동사
whomever + 주어 + 동사
④ Not only가 문두에 등장하면 주절은 반드시 도치한다. Not only could they see nothing의 의미이다. |

20 다음 중 우리말을 영어로 잘못 옮긴 것은?

① 내가 생각했던 것과는 달리, 그녀는 매우 차분해 보였다.
→ Contrary to what I thought, she looked very calm.

② 상은 가장 좋은 점수를 얻은 누구에게나 주어지게 될 것이다.
→ The prize will be given to whoever will make the best grades.

③ 그녀는 부지런하다고 생각하는 한 남자를 고용했다.
→ She employed a man whom she thought was diligent.

④ 그들은 앞을 전혀 볼 수 없었을 뿐만 아니라 지치고 병이 들었다.
→ Not only could they see nothing in front of them, but they became tired and ill.

정답 19 ③ 20 ③

21 다음 중 우리말을 영어로 잘못 옮긴 것은?

① 음식과 더불어 수천 개의 물병이 임시보호소에 배분되었다.
  → In addition to food, thousand of water bottles were distributed to the emergency shelter.
② 양팔이 없는데도 불구하고 그는 훌륭한 화가이다.
  → In spite of the fact that he does not have arms, he is a great painter.
③ 어째서 너와 John 둘 다 내 파티에 오지 않는 거지?
  → How come neither you nor John came to my party?
④ 1995년에 새로 지어진 이래로 이 가게는 그 주인이 운영했다.
  → This shop has been run by the owner since it was rebuilt in 1995.

22 우리말을 영어로 가장 잘 옮긴 것을 고르시오.

> 그 집단의 모든 사람에게 동일한 연구 과제를 수행하게 하는 너의 계획에 지금 내가 동의하는 것은 어렵다.

① At this time it is difficult for me agreeing with your plan of having everyone in the group working on the same project.
② At this time I find it difficult to agree to your plan of having everyone in the group working on the same project.
③ At this time for my agreement with your plan is difficult for everyone in the group working on the same project.
④ At this time I seem finding it difficult to agree to your plan of having everyone in the group working on the same project.

---

21 ① thousands of + 복수명사 : 수천 개(막연한 수 표현을 기억하자)
② the fact that절은 동격의 의미를 전달한다.
③ How come + 주어 + 동사의 어순을 확인하자!
④ since + 과거시점일 때, 주절은 반드시 현재완료의 형태를 취한다. / run(vt) ~을 경영(운영)하다

22 ② find + 가목적어(it) + 목적보어 + 진목적어 구문을 확인하자!
① It is difficult to + V 구문을 확인하자!
③ 주어가 없는 문장이다.
④ seem to find의 의미를 확인하자!

정답 21 ① 22 ②

23

④ turn out to be~ ~임이 판명되다
① It is about ten years since I began(과거동사)~ ~시작한 이후로 대략 10년이다
② It was + 강조어구 + that절
③ used to + V ~하곤 하였다(과거의 규칙적 습관)

24

④ There were few people 주어와 동사 수일치 확인 / not so much as~ ~조차 없다, ~조차 않다
① convenient는 사람 주어가 불가능하다.
② every other day = every two days = every second day 격일로
③ Given 전치사 or 접속사 기능이 가능, '~을 고려해 보면'

정답 23 ④ 24 ④

---

23. 다음 중 우리말을 영어로 잘못 옮긴 것은?

① 이 연구에 내가 몰두하기 시작한 지 10년이 된다.
→ It is about ten years since I began to devote myself to this research.

② 열차에서 내려서야 비로소 지갑이 도난당한 것을 알았다.
→ It was not until I got off the train that I realized my purse had been stolen.

③ 이 공원은 그녀와 함께 몇 시간씩 보내곤 했던 공원이다.
→ This is the park in which I used to spend hours with her.

④ 그 상점에서 내가 산 테이프 레코더는 좋은 것이라고 판명되었다.
→ The tape recorder I bought at that store turned out being a good one.

24. 다음 중 우리말을 영어로 잘못 옮긴 것은?

① 편할 때 언제라도 자유롭게 방문해 주세요.
→ Feel free to visit me whenever it is convenient for you.

② 나는 처방된 대로 이 약을 격일로 먹고 있다.
→ I take this medicine every second day as prescribed.

③ 나의 훌륭한 자격을 고려해보아 나는 그 일자리를 가질 만하다.
→ Given my excellent qualifications, I am entitled to the job.

④ 그가 자신의 이름조차 쓸 줄 모른다는 사실을 알았던 사람들은 거의 없었다.
→ There was few people who knew the fact that he could not so much as write his own name.

25 다음 우리말을 영어로 가장 바르게 옮긴 것은?

> 문법은 우리로 하여금 제한된 수의 낱말을 가지고 무한한 수의 문장을 만들 수 있게 해준다.

① Grammar makes us to form many sentences from a limited number of words.
② Grammar is able to form a number of meaningful sentences from a limited number of words.
③ Grammar enables us to form a lot of meaningful sentences from a finite number of words.
④ Grammar allows us form lots of sentences from a finite number of words.

25 ③ enable + 목적어 + to + V가 적당하다.
① make가 사역동사이므로 form이 적당하다.
② be able to는 사람 주어를 원칙으로 한다.
④ allow + 목적어 + to + V가 옳다.

26 다음 중 우리말을 영어로 <u>잘못</u> 옮긴 것은?

① 나는 내 옆에 앉아있는 사람을 힐끗 보았다.
→ I glanced at the man seated next to me.
② 그는 우리에게 자기의 실패를 말하지 말라고 요구했다.
→ He asked us not to mention his failure.
③ 나의 선생님은 보고서가 내일까지 제출되어야한다고 요구했다.
→ My teacher required that the report is given in by tomorrow.
④ 다음 대통령은 누가 당선되리라 생각합니까?
→ Who do you think will be elected the next President?

26 ③ require(주요명제) 동사가 that절을 이끌 때 that절은 당위적 개념을 전달하고 (should) be given이 옳다.
① the man who was seated에서 who was 생략
② ask + 목 + to + V 구문 / to + V의 부정은 not to + V으로 쓴다.
④ 의문사 + 생각동사 / 의문문 + 주어 + V의 어순을 확인하자!

정답 25 ③ 26 ③

27 ② 막연한 수의 표현은 명사복수 + of + 복수명사의 구조를 쓴다. watched는 과거분사의 형태로 목적어(the soccer game)를 가지는 구조는 현재분사(watching)을 써야 한다.
① take it for granted that절~ ~하는 것을 당연하게 여기다
③ 이유/원인 어구가 수식하는 비교급은 반드시 the를 붙인다. (the better)
④ carry (신문, 방송에서) 다루다, 보도하다

28 ③ compared with~ ~와 비교해서
① It is said that~ ~라고들 한다
② As + S + V~, so + V + S / so + S + V ~하듯이 ~하다
④ in spite of oneself 자신도 모르게 / make는 사역동사로 목적격 보어 자리에 원형부정사가 옳다.

정답 27 ② 28 ③

27 다음 중 우리말을 영어로 잘못 옮긴 것은?

① 나는 부모가 자식을 사랑하는 것을 당연한 것으로 여긴다.
→ I take it for granted that parents should love their children.

② 수만 명의 관중들이 그 축구를 보면서 흥분했다.
→ Tens of thousands of spectators were excited watched the soccer game.

③ 나는 그가 외아들이기 때문에 더욱 더 그를 사랑한다.
→ I love him all the better because he is my only son.

④ 신문은 매일의 사건들에 대해 가능한 많은 정보를 싣는다.
→ Newspapers carry as much information as possible about daily events.

28 다음 중 우리말을 영어로 잘못 옮긴 것은?

① 한강물은 물고기가 살 만큼 깨끗하다고들 한다.
→ It is said that the water of the Han is clear enough for fish to live in.

② 폭력이 폭력을 낳듯이 무지는 편견을 낳는다.
→ As violence begets violence, so ignorance breeds prejudice.

③ 일본어 발음은 한국어의 발음에 비해 간단하다.
→ The pronunciation of Japanese is simple comparing with that of Korean.

④ 그는 그 퉁명스런 말에 자신도 모르게 웃고 말았다.
→ The blunt comment made him laugh in spite of himself.

29 다음 중 우리말을 영어로 잘못 옮긴 것은?

① 이 상자는 경제적으로 사용되면, 적어도 석 달 동안 유지될 것이다.
→ If used economically, this box will last at least for three months.

② 여기에서 역까지 얼마나 되는지를 나에게 말해주세요.
→ Please tell me how long it is from here to the station.

③ 마누라는 나에게 설거지할 그릇들을 남겨놓은 채로 침실로 갔다.
→ My wife went to the bedroom, left me with the dishes to do.

④ 그는 너무 자존심이 강해 다른 사람들에 의해 비판받는 것을 좋아하지 않는다.
→ He is so proud that he doesn't like being criticized by others.

30 다음 중 우리말을 영어로 잘못 옮긴 것은?

① 내가 아는 한, 그는 그런 어리석은 짓을 할 바보가 아니다.
→ As far as I know, he knows better than do such a foolish thing.

② 상식만큼 사회생활에 중요한 것은 없다.
→ Nothing is so important to social life as common sense.

③ 빛이 좋은 건강에 필요하듯 신선한 공기도 역시 필요하다.
→ Light is no less necessary than fresh air to good health.

④ 무엇을 할 것인가와 어떻게 할 것인가는 별개의 문제이다.
→ What to do is one thing, and how to do is another.

---

29 ③ left → leaving + 목적어(me)
① this box와 used의 관계는 수동적 관계다.
② tell + 간·목 + 직·목(의문사절) (4형식 문장구조)
④ so + 형용사/부사 … + that절~ 너무나 …해서 ~하다 / like(vt) + 동명사 ~하는 것을 좋아하다

30 ① know better than to + V ~할 만큼 어리석지 않다
② 부정주어 + V + so(as) ~ as
③ A is no less ~ than B A가 ~하듯 B도 역시 ~하다
④ What to do / How to do는 명사구로 주어의 역할을 한다.

정답 29 ③   30 ①

주관식 문제

01 다음 빈칸에 알맞은 단어를 써넣으시오.

① Jim은 사람들에 대해서 나쁜 말을 거의 하지 않는다.
→ Seldom _____ anything bad about people.

② 열심히 일한 후에만 휴식을 진정으로 즐길 수 있다.
→ Only after hard work _____ truly enjoyed.

③ 그 모임에 참석한 대부분의 손님들은 지겨워했다.
→ Most of the guests present at the meeting ____ _____.

④ 친구들뿐만 아니라 신부도 행복하지 않았다.
→ The bride _____ her friends was unhappy.

01

해설
① 준 부정어 seldom이 문두에 나왔으므로 주절은 반드시 도치한다.
② only after '~하고 나서야 비로소' 의미가 문두에 등장하면 반드시 can rest be가 등장할 때 도치한다.
③ the guests (who were) present at the meeting의 문장과 부분표시(Most)가 주어이므로 동사는 were이다. 왜냐하면 guests가 복수명사이기 때문이다.
④ The bride (as well as her friends) 동사(was)이다.

정답
① does Jim say
② can rest be
③ were bored
④ as well as

02 다음 우리말을 영어로 옮길 때 빈칸에 알맞은 말을 써넣으시오.

재활용 종이를 사용할 때마다, 숲 속의 나무를 보존하게 되면서, 나무는 공기를 정화시키고 지구온난화 가스가 축적되는 것을 막을 수 있다.

Every time you use _____ paper, you preserve trees in the forests, where they can clean the air and keep _____ gas from building up.

02

해설
- 재활용 종이 recycled paper
- 지구온난화 가스 global warming gas

정답 recycled / global warming

03 다음 우리말을 영어로 옮길 때 빈칸에 알맞은 말을 써넣으시오.

> 미국 우주비행사들을 대상으로 실험한 결과 강하고 튼튼한 뼈를 유지하기 위해서는 신체활동이 매우 중요하다는 것이 입증되었다.

> An experiment done with American astronauts made it clear _____ in maintaining strong, healthy bones.

03
[해설] 간접의문문은 명사절로 의문사 + 주어 + 동사 어순이다. 의문부사 + 형용사/부사 + S + V 어순
[정답] how important physical activity is

04 다음 우리말을 영어로 옮길 때 빈칸에 알맞은 말을 써넣으시오.

> 그는 훔친 보석을 인정했지만, 절도에 가담한 것은 부인했다.

> _____ that he had received the stolen jewelry, he denied _____ the robbery.

04
[해설] 주절의 주어가 행위를 하는 것이므로 Admitting,
deny는 동명사를 목적어로 취한다.
→ having taken part in~
[정답] Admitting / having taken part in

05

해설
① say~ ~라고 쓰여 있다
② whom 대신에 people를 대입해 본다. most of whom은 meet의 목적어 역할을 한다.
③ 유사관계대명사 but은 부정의 의미를 지니고 있으므로 부정 어구를 다시 쓰지 않는다.
④ as large as that of the world의 that은 the population을 의미한다.

정답
① says
② whom
③ but
④ that

05 우리말을 영어로 옮길 때 빈칸에 알맞은 말을 써넣으시오.

① 주차가 불법이라고 쓴 표지판이 없습니다.
→ There is no sign that _____ parking is illegal.

② 당신이 결코 만나지도 않을 대다수의 사람들은 당신을 돕지 않을 것이다.
→ Many people, most of _____ you will never meet, won't help you.

③ 그런 상에 모든 것을 걸지 않을 사람은 거의 없다.
→ There are few men _____ will risk everything for such a prize.

④ 중국의 인구는 세계 인구의 약 5분의 1의 규모이다.
→ The population of China is about one fifth as large as _____ of the world.

06

해설
① 첫 번째 단어로 had가 보이면 가정법의 조건절의 if 생략을 의심해 보자!
② insist는 that절에 should be conscious의 의미를 유도하는 동사이다(주장·요구·명령·제안 동사), 하지만 여기서는 insist가 당위의 내용이 아닌 '과거의 사실'을 표시하고 있으므로 당연히 be 대신에 was를 쓴다.
③ hand in 제출하다
④ 가정법 미래의 '강한 의심'의 구문에서 if절의 if가 생략되면 should가 등장한다.

정답
① taken, be
② was
③ unless
④ should

06 우리말을 영어로 옮길 때 빈칸에 알맞은 말을 써넣으시오.

① 그가 나의 충고를 들었더라면, 그는 아직 살아있을 텐데.
→ Had he _____ my advice, he might still _____ alive.

② 경찰에서는 무단횡단 딱지를 발부했을 때 그가 제정신이었다고 주장한다.
→ The police insist that he _____ conscious when they gave him a ticket for jaywalking.

③ 네가 과제를 제출하지 않으면 채점을 하지 않을 것이다.
→ _____ you hand in your homework, I won't mark it.

④ 혹시라도 누가 저를 찾으면 제게 휴대전화로 전화하세요.
→ _____ anyone ask for me, call me on my cell phone.

07 우리말을 영어로 옮길 때 빈칸에 알맞은 말을 써넣으시오.

① 그의 성공은 그 때문이 아니라 그의 부모님 때문이다.
→ His success is _____ because of him _____ because of his parents.

② 나는 옛날보다 여름이 더 덥다고 생각한다.
→ I suppose the summers are much hotter _____ they used to be.

③ 두 연필 중에서 이것이 더 길다.
→ _____ the two pencils, this one is the longer.

④ Jane은 Mark의 농담에 끼어들 만큼 어리석지 않았다.
→ Jane knew _____ interrupt one of Mark's jokes.

07
해설 ① not so much A as B
A라기보다는 오히려 B하다
② very는 비교급 앞에 쓸 수 없다. 따라서 much 또는 still을 쓴다.
③ Of the two가 수식하는 비교급은 the를 반드시 붙인다.
④ know better than to + V
~할 만큼 어리석지 않다
정답 ① not so much, as
② than
③ of
④ better than to

08 우리말을 영어로 옮길 때 빈칸에 알맞은 것을 써넣으시오.

① 네가 자동차를 운전하지 못하는 것과 같이 나도 자전거를 타지 못한다.
→ I can _____ ride a bicycle _____ you can drive a car.

② 이러한 결의가 없었다면, 그녀는 엄청난 고민으로 죽어 버렸을 것이다.
→ Had it _____ this determination, she might have died of sheer agony.

③ 그는 전망이 좋은 별장에서 여름휴가를 보낼 예정이다.
→ He is going to spend the summer vacation in the villa _____ commands a fine view.

④ 그에게 흔히 있는 일이지만, 그는 오늘도 수업에 늦었다.
→ As is _____ with him, he was late for class today.

08
해설 ① no more ~ than 양자부정의 의미를 이끄는 구문이다.
② If it had not been for~ '만일 ~이 없었다면'의 의미를 지니는 가정법 과거완료의 구문이다.
③ commands라는 동사가 보이고 불완전한 문장이므로 which를 쓴다.
④ As is often the case '흔히 있는 경우이지만'으로 관용적으로 표현한다.
정답 ① no more, than
② not been for
③ which
④ often the case

09	
해설	① have been to + 장소 ~에 가본 적 있다. ~에 갔다 왔다
	② A number of 는 many의 뜻이고, 지각동사의 수동태 be seen to + V가 옳다
	③ need repairing / to be repaired 가 옳다
	④ look forward to + ing ~하는 것을 학수고대하다
정답	① been to
	② A number
	③ repairing / to be repaired
	④ learning

09 우리말을 영어로 옮길 때 빈칸에 알맞은 말을 써넣으시오.

① 편지를 등기로 부치려고 우체국에 갔다 왔다.
→ I have just _____ the post office to have my letter registered.

② 많은 낙타들이 사막의 풀을 뜯어먹는 모습이 보였다.
→ _____ of camels were seen to grazing on the desert grass.

③ 내 디지털 카메라는 즉시 수리해야 한다.
→ My digital camera needs _____ at once.

④ 이번 여름, 난 정말로 스쿠버다이빙하는 법을 배우고 싶다.
→ This summer, I'm really looking forward to _____ how to scuba-dive.

부록

최종모의고사

최종모의고사
정답 및 해설

지식에 대한 투자가 가장 이윤이 많이 남는 법이다.

– 벤자민 프랭클린 –

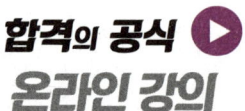

보다 깊이 있는 학습을 원하는 수험생들을 위한
시대에듀의 동영상 강의가 준비되어 있습니다.
www.sdedu.co.kr → 회원가입(로그인) → 강의 살펴보기

부록 | 최종모의고사 | 실용영어

01 다음 대화를 읽고 질문에 맞는 답을 고르시오.

A: Did you have a good time at the reception? I wish I had had a chance to meet the governor.
B: An embarrassing thing happened. I was helping myself to some punch when the cup slipped out of my hand. The carpet can be cleaned, thank goodness, but the cup is in a hundred pieces.

Q: Why is the B unhappy?

① Because he ruined the carpet.
② Because he was not offered any punch.
③ Because he broke a punch cup.
④ Because he didn't meet the governor.

02 다음 대화의 빈칸에 들어갈 가장 알맞은 것을 고르시오.

A: Did your son get on admission?
B: Yes! He got into the school he wanted. I just got the news.
A: Have you told him yet?
B: No, not yet.
A: When are you going to let him know?
B: I'll tell him the good news _____.

① if the shoe fits
② where there's a will
③ when the cat's away
④ when the time is ripe

03 다음 대화의 빈칸에 들어갈 가장 알맞은 것을 고르시오.

> A : Let's have lunch at a new restaurant down there.
> B : I'm sorry, but I can't afford to.
> A : Come on. Lunch is on me.
> B : Okay, _____ thank you.

① When it comes to lunch
② When you're available
③ If you insist
④ If I were you

04 다음 대화의 흐름으로 보아 빈칸에 가장 알맞은 것을 고르시오.

> A : How much did you pay for it?
> B : I paid $300.
> A : _____.
> B : What makes you say so?
> A : I just paid $150 for the same thing.

① That's a deal
② You read my mind
③ You must mark up the price
④ That's a rip-off

05 밑줄 친 부분에 들어갈 가장 적절한 어휘를 고르시오.

> The role of competition in our political system is an inherently _____ one, since different political parties often feel obliged to quarrel about politics they in fact agree about.

① credulous
② complacent
③ contrite
④ contradictory

06 밑줄 친 부분에 들어갈 가장 적절한 표현을 고르시오.

> Every month we have to plan our budget carefully in order to ____ _____.

① be broke
② make ends meet
③ pick up the tab
④ cost an arm and a leg

07 우리말을 영어로 옮긴 것 중 가장 알맞은 것을 고르시오.

① 훌륭한 생각을 얻는 가장 좋은 방법은 많은 아이디어를 모은 후 마음에 들지 않는 것을 버리는 것이다.
→ The best way to get great ideas is to get lots of ideas and throwing the bad one away.

② 과체중인 10대들의 숫자가 지난 30년 사이에 3배가 되었다.
→ The number of teenagers who is overweight has tripled in the past 30 years.

③ 허리케인 동안 따뜻한 물이 공기를 데워서 급속도로 상승하게 된다.
→ During a hurricane, warm water heats the air and causes it to rise really quickly.

④ 그의 도움이 없었다면 그들은 아마도 굶어 죽었을 것이다.
→ Had it not have been for his assistance, they would probably have died of starvation.

08 우리말을 영어로 옮긴 것 중 가장 알맞은 것을 고르시오.

① 그는 뒤에서 강력한 팔에 의해 잡히는 것을 느꼈다.
→ He felt himself seizing by a strong arm from behind.

② 이 책은 너무 어려워서 당신이 하루에 읽을 수는 없다.
→ This book is too difficult for you to read it in a day.

③ 그는 나를 방문할 때는 언제든지 멋진 선물을 선사한다.
→ He never visits me without presenting me of a nice gift.

④ 너와 나를 제외하고 모든 사람이 콘서트에 참가하는 듯싶다.
→ Everybody except you and me seems to take part in the concert.

09 다음 중 문법상 틀린 부분을 고르시오.

> A big raise would make you ① feel happy about your workplace. If jobs are so important, wouldn't salary size be a gauge of job satisfaction? Americans think so. A survey ② conducting last year found that ③ almost 70 percent of the re-spondents said they would be happier if their families had ④ twice as much as household income.

10 밑줄 친 부분과 의미가 가장 가까운 것을 고르시오.

> A skillful combination of trenchant study and historical analysis sheds new light on the way we conceptualize war today.

① distinct
② fertile
③ exhausted
④ dominant

11 밑줄 친 부분과 의미가 가장 가까운 것을 고르시오.

> There is no doubt that he was being obstinate and suspicious, but his competence had been proved by his latest publication.

① prodigy
② capability
③ competition
④ significance

12 밑줄 친 부분과 의미가 가장 가까운 것을 고르시오.

> If the policy does not succeed in reviving the economy, he will resign of his own accord.

① willingly
② reluctantly
③ regretfully
④ automatically

13 밑줄 친 부분에 들어갈 가장 적절한 표현을 고르시오.

> _____ making any real progress in his studies, he felt he was losing ground.

① Because of
② In addition to
③ Far from
④ As a result of

14 다음 중 문맥상 문법이 적합하지 않은 문장을 고르시오.

① I don't want to accuse him of lying, much less of stealing.
② You might as well throw your money away as lending it to him.
③ It is about ten years since I began to devote myself to this research.
④ It was not until I got off the train that I realized my purse had been stolen.

15 다음 글을 읽고, 빈칸에 들어갈 어구로 가장 적절한 것을 고르시오.

> Sometimes the literal meanings of figurative expressions are clear. We can confidently interpret the statement, "The ground is thirsty." to mean "The ground is dry." because we know that the ground cannot literally feel thirst. Other times, it is harder to pinpoint the meaning. If someone says, "When I first saw her, my soul began to quiver." he might intend to say, "When I first saw her, I began to fall in love." or "When I first saw her, I began to panic." or something entirely different. Whereas the ground's thirst can only sensibly apply to its dryness, the soul's quivering could refer to a whole range of feelings, including _____ ones that are exemplified above. Only someone familiar with the speaker's feelings could accurately interpret this statement.

① totally unrealistic
② mutually exclusive
③ traditionally accepted
④ obviously impersonal

16 다음 글을 읽고, 빈칸에 들어갈 내용으로 가장 적절한 것을 고르시오.

> We humans devote much of our time and energy to helping others. We send money to help famine victims halfway around the world, or to save whales. Why do we do these things? What motivates us? Bernard Mandeville said, "There is no merit in saving an innocent baby ready to drop into the fire. The action is neither good nor bad. We only oblige ourselves, for to see it fall, and not to strive to hinder it, would cause a pain that our self-preservation compels us to prevent." According to Mandeville, altruism - a motivation with the goal of increasing another's welfare - is a myth. The motivation for everything we do is egoistic. Our ultimate goal is always to increase our own welfare. We help others only to the extent that _____ _____.

① we can help them
② it makes them happy
③ we prevent their deaths
④ helping them benefits us

17 빈칸 (A), (B)에 들어갈 말로 가장 적절한 것끼리 짝지은 것을 고르시오.

> An effective written argument sets forth its position calmly, respectfully, and logically. When you choose a topic for a written argument, be sure that it is open to debate. Be careful not to confuse facts with matters of debate. When writing an argument about your college courses, __(A)__, a fact is the name of a college course or how many credits are required in a college curriculum. An essay becomes an argument when it takes a position concerning the fact or other information. Some might think college students should be free to choose whatever courses they want, while others might think certain courses should be required of all students. A written argument could take one of these opposing positions and defend it. If you cannot decide what position to agree, do not get blocked. __(B)__, concentrate on the merits of one position, and present that position as effectively as you can.

	(A)	(B)
①	for example	Instead
②	for example	Therefore
③	however	Instead
④	however	Therefore

18 다음 글의 요지로 가장 적절한 것을 고르시오.

In the past, young boys born into poverty could rise to riches through a combination of determination and initiative from nothingness. I want to convince you that theses kinds of personal explanations of success don't make sense now. People don't rise from nothing. It makes a difference where we grew up. The culture we belong to and the legacies passed down by our ancestors shape the patterns of our achievement in ways we cannot imagine. Biologists often talk about the 'ecology' of an organism. the tallest oak in the forest is the tallest not just because it grew from the hardiest acorn. It is also the tallest because no other trees blocked its sunlight and the soil around it was deep and rich. We all know that successful people come from hardy seeds. But do we know enough about the sunlight that warmed them and the soil in which they put down the roots?

① 성장 환경이 성공의 중요한 요소이다.
② 타고난 재능이 있어야 성공할 수 있다.
③ 성공하려면 결단력과 창의력이 필요하다.
④ 성공 요인은 시대와 개인의 성향과 관련이 적다.

19 다음 글의 제목으로 가장 적절한 것을 고르시오.

Health care in rural America is deteriorating. Many small towns have only a part-time physician who serves several communities, and some have no doctors at all. Small town schools are also in trouble. With dwindling numbers of students, the cost of educating a single student often becomes prohibitive, and many small districts have been forced to merge. In combining school districts, students may be forced to travel 50 miles back and forth to school each day. In addition, a recent study of Iowa farmers found that one in three suffered symptoms of depression. Another study, of rural adolescents, found that they are far more likely to have suicidal thoughts than their urban counterparts are.

① Ways of Life in Rural America
② Adolescent Problems in Rural America
③ Which Life Is Better: Rural or Urban?
④ Crises in the American Countryside

20 주어진 글 다음에 이어질 글의 순서로 가장 적절한 것을 고르시오.

> Parents who want to have a single child argue that there are advantages for the child as well as the parents.

> (A) This often leads to increased self-esteem which, combined with increased independence, can lead to the child being more confident.
> (B) Moreover, with only one child, the parents can give, and the child can receive, more quality time and attention.
> (C) With just one child, they suggest, there is less potential for family arguments arising from sibling jealousy.

① (A) − (B) − (C)
② (B) − (C) − (A)
③ (C) − (B) − (A)
④ (B) − (A) − (C)

21 글의 흐름으로 보아, 주어진 문장이 들어가기에 가장 적절한 곳을 고르시오.

> Following this argument, the British Prime Minister has promised to look again at the goverment's goals for use of biofuels.

> Biofuels have been developed to help prevent global warming by cutting down the greenhouse gas emissions produced by regular fuels. However, they have also been criticized for using land and resources that could be used for food production. (①) For example, biofuels are made from various natural materials such as corn, soybeans, wheat and sugar cane. (②) Prices of a number of food types used for biofuels have doubled in the last couple of years. (③) Thus the World Bank and the United Nations argued that there should be a review of the approach to biofuels. (④) On the other hand, the Thai Prime Minister attacked the World Bank and the United Nations, saying that they criticized biofuel producers while supporting oil exporters.

22 다음 글에서 전체적인 흐름과 관계없는 문장을 고르시오.

Many of the Asian metropolises now have such an increase of malls that they appear to have long crossed a saturation point. ① My main contention with those shopping centers is not that they are often massive concrete blocks that don't take into account the architectural nuances or cultural background of a city, or that they promote ultra-consumerism at a time when our planet can ill afford it. ② My main complaint with the excess of malls is that they don't really seem to make us happy. ③ The large advertisements outside the stores could deceive us to think that if we hung out at this cafe drinking expensive coffee, then we could feel more fulfilled. ④ Shopping centers symbolize dizzying economic growth, and demonstrate how fast we have developed in such a short period of time. But once we buy one thing, we only want to buy another - as everyone already knows.

23 다음 글의 주제로 가장 적절한 것을 고르시오.

We all have emotional attachment to our first draft, so we can't believe that it wasn't born perfect. However, the possibility is close to 100 percent that it wasn't. Most writers don't initially say what they want to say and can't say it as well as they can. The newly hatched sentence almost always has something wrong with it. It's unclear, illogical, and boring. It's full of cliches. It lacks rhythm. The point is that clear writing is the result of a lot of tinkering. Many people assume that professional writers don't need to rewrite just because the words fall into place. On the contrary, careful writers can't stop fiddling. I've never thought of rewriting as an unfair burden. Writing is like a good watch - it should run smoothly and have no extra parts. Some students think of rewriting as punishment. If you are such a student, please think of it as a gift from now on. You can't write well until you understand that writing is an evolving process, not a finished product.

① the importance of rewriting
② the benefit of essay writing
③ the value of short writing
④ the purpose of the first draft

24 다음 문장의 빈칸에 가장 적절한 것을 고르시오.

Hundreds of thousands of persons each year fall prey to some type of cancer, but new methods of radiation therapy have enabled doctors to save more lives than ever before. Medical researchers have developed several experimental forms of this time-honored cancer treatment that seem effective in fighting the disease. One promising approach involves exposing cancer cells to radiation by implanting a radioactive source directly into the malignant tissue. This process greatly increases the dosage and thus the effectiveness of the treatment. Another technique utilizes drugs to make cancer cells more susceptible to the effects of radiation and to make normal cells more resistant. Certain drugs are able to neutralize the genetic framework of cancer cells, thus making them more easily affected by radiation. Both techniques have seen some positive results in the treatment of inoperable brain tumors. These and other methods have helped to raise the recovery rate for cancer victims from 30 percent 40 years ago to around 50 percent today. This is encouraging news for those who fall prey to one of the world's leading killers.

→ According to the passage, radiation therapy is most effective when _____.

① drugs are used to relax the cancer patient
② the cancer is directly exposed to the radioactive material
③ It is used to as many patients as possible
④ the cancer cells are resistant to treatment

주관식 문제

01 다음 지문을 읽고, 질문에 맞는 답을 직접 적으시오.

> Now, I would like to tell Major League Baseball to you pointblank and bluntly. It's time ① _____ Major League Baseball to go to an expanded roster, one that makes sense for the way the game has evolved. Make it a 25-man game roster, but expand the overall roster to 28. Major League Baseball spokesman Pat Courtney said there ② _____ been discussions on the topic but ③ <u>nothing has been advanced</u>. Yet the dialogue continues, and ④ <u>as the game evolves into one in which players keep getting hurt</u>, it would behoove MLB to create a roster that fits the times.

① 빈칸에 알맞은 전치사를 적으시오.

② 빈칸에 알맞은 동사를 적으시오.

③ 밑줄 친 부분을 우리말로 해석하시오.

④ 밑줄 친 부분을 우리말로 해석하시오.

02 다음 지문을 읽고, 질문에 맞는 답을 직접 적으시오.

> Despite the prevailing conception of science as being concerned only with facts, science seems to be full of opinions and interpretations. ① _____, the development of scientific theories is seldom a process of first observing a lot of facts and then making straightforward generalizations from these observations. Richard Feynman, a Nobel Prize winner in physics, emphasized the importance of imagination and guessing in science. ② <u>Most scientists believe, for example, that all matter is composed of curious particles called quarks</u>. The existence of quarks was first hypothesized in 1963. But no scientist has ever seen a quark. So why do they believe that quarks exist? They believe it because some ingenious scientists invented quarks, noticing that if quarks did exist, they could explain some other puzzling things.

① 빈칸에 들어갈 알맞은 연결 어구를 적으시오(문장의 첫 단어라서 대문자로 시작해서 답을 써야 함).

② 밑줄 친 문장을 우리말로 해석하시오.

③ 이 글 속에서 노벨상을 받은 물리학자가 과학에 있어서 강조한 것은 무엇인지 간단히 적으시오.

④ 이 글의 제목이나 주제를 간단히 영어로 적으시오.

① 빈칸에 알맞은 연결사를 적으시오.

② 밑줄 친 부분을 우리말로 해석하시오.

③ 밑줄 친 부분의 우리말들을 영어의 적절한 어구(한 단어 / 두 단어)로 적으시오.

④ Vatican City의 눈에 띄는 특징을 간단히 3가지로 명시해 보시오.

03 다음 지문을 읽고, 질문에 맞는 답을 직접 적으시오.

> The country with the highest rate of crime in the world is Vatican City, with 1.5 crimes per resident. ① _____, this high ratio is due to the country's tiny population of only around 840 people. ② It is likely that the vast majority of the crimes, which consist mainly of pick-pocketing and shop-lifting, are ③ "저질러지다" by outsiders. The Vatican has a special police force with 130 members ③ "책임이 있는" criminal investigation, border control and protection of the pope. There is no prison in Vatican City, with the exception of a few detention cells to hold criminals before trial. The majority of criminals are tried by Italian courts.

04 다음 대화를 읽고, 질문에 맞는 답을 직접 적으시오.

> A : ① <u>Why are you making such a long face?</u>
> B : My computer ② _____ again. "제 컴퓨터가 다시 <u>고장이 났습니다</u>."
> A : So, how's the computer?
> B : It's fine now, but it makes me really mad. I lost about three hours' work. I just want to know ③ "<u>왜 그런 일이 일어났는지</u>".
> A : Well, we'll never why it happens, but it is always to happen when you have important work to do.
> B : ④ "<u>정말 그래요(당신 말이 맞아요)</u>". I really don't know how I'm going to finish this annual report, though.
> A : Maybe I can help you.

① 밑줄 친 부분을 우리말로 적으시오.

② 빈칸에 우리말에 맞게 영어로 적으시오.

③ 빈칸에 우리말에 맞게 영어로 적으시오.

④ 빈칸에 우리말에 맞게 영어로 적으시오.

정답 및 해설 | 실용영어

01	02	03	04	05	06	07	08	09	10	11	12
③	④	③	④	④	②	③	④	②	①	②	①
13	14	15	16	17	18	19	20	21	22	23	24
③	②	②	④	①	①	④	③	④	④	①	②

주관식 정답

01	① for ② had ③ 진전된 것은 아무것도 없다. / 아무것도 진전된 것은 없다. ④ 그 경기가 선수들이 계속해서 부상을 당하는 경기로 진전되어감에 따라서
02	① Moreover / Besides / In addition / Further / Into the bargain / What is more ② 예를 들어, 대부분의 과학자들은 모든 물질은 쿼크라고 불리는 신비한 입자들로 구성된다고 믿는다. ③ 추측과 상상력의 중요성 ④ the essence of science
03	① However / Nevertheless(주의 : 문두에 시작으로 콤마를 동반하고 있으므로 But이나 Though는 쓸 수 없다) ② ~할 가망성이 높다 / ~할 가능성이 있다 / ~할 듯싶다 ③ committed / responsible for ④ ⓐ 인구가 840명이다. / ⓑ 세계에서 가장 높은 범죄율을 가지고 있다. / ⓒ 교도소가 없다.
04	① 왜 그렇게 침울한(우울한) 표정을 지으십니까? / 무슨 일 있나요? ② broke down / has broken down / is(was) out of order ③ why it happened / why the thing happened / why such a thing happened(간접의문문 : 의문사 + 주어 + 동사) ④ Exactly / Absolutely / That's so true / That's for sure / I agree 100% / I couldn't agree with you more / You said it / You are telling me / That's exactly what I think / I suppose so / Tell me about it / You can say that again

01

정답 ③

해석 A : 당신은 환영행사에서 즐거운 시간을 보내셨나요? 나도 지사님과 만날 기회가 있었다면 얼마나 좋았을까요.
B : 황당한 일이 벌어졌지요. 저는 펀치를 약간 마시고 있었는데, 그때 제 손에서 컵이 미끄러졌습니다. 고맙게도, 카펫은 더럽혀지지 않았지만, 유리잔이 산산조각이 났어요.

해설 Q : 왜 B는 마음이 편치 않은가?
① 그가 카펫을 망쳤기 때문이다.
② 그가 한 잔의 펀치도 받지 못했기 때문이다.
③ 그가 펀치 잔을 깨부수었기 때문이다.
④ 그가 지사를 만나지 못했기 때문이다.

어휘
- punch 펀치(물, 과일즙, 향료에 보통 포도주나 다른 술을 넣어 만든 음료)
- help oneself 자기 스스로 하다, 스스로 어떻게 하다
- slip 미끄러지다
- thank goodness 고맙다

02 정답 ④

해석 A : 당신의 아들은 입학에 성공하셨나요?
B : 예. 그는 그가 원하던 대학에 들어갔습니다. 저는 방금 소식을 받았습니다.
A : 당신은 벌써 그에게 얘기를 하셨어요?
B : 아뇨, 아직입니다.
A : 언제쯤 그가 알도록 하실 건가요?
B : 저는 _____ 그에게 좋은 소식을 알려 줄 겁니다.

해설 ④ when the time is ripe 시간이 무르익었을 때, 기회가 오면, 마침 좋은 때에
① if the shoe fits 자신에게 맞는다면, 자신에게 맞는지 아닌지
② where there's a will 뜻이 있는 곳에
③ when the cat's away 고양이가 없을 때

어휘 • get on 성공하다
• get into 들어가다, 시작하다

03 정답 ③

해석 A : 저쪽 아래 새로운 식당에서 같이 점심하자.
B : 미안하지만 나는 점심을 먹을 돈이 없어.
A : 왜 그래, 내가 점심 살게.
B : 좋아, <u>그렇게 원한다면</u> 고마워.

해설 ③ If you insist 정 그렇다면, 그렇게 원한다면
① When it comes to lunch 점심에 관한 한
② When you're available 네가 편한 시간에
④ If I were you 만약에 내가 너라면

어휘 • It is on me 내가 낼게

04 정답 ④

해석 A : 당신은 그것을 얼마 주고 사셨어요?
B : 300불 주었습니다.
A : <u>바가지 쓰셨군요.</u>
B : 왜 그런 말씀을 하시지요?
A : 저는 똑같은 것을 사는 데 단지 150불 주었습니다.

해설 ④ That's a rip-off. (그것은) 바가지다.
① That's a deal. 알겠습니다, 거래가 성사되었습니다, 좋아요.
② You read my mind. 네가 내 마음을 읽었구나, 네가 나의 의도를 알았구나.
③ You must mark up the price. 당신은 가격을 표시해야 합니다.

어휘 • mark up 가격을 올리다, 교정 표시를 하다
• rip-off 바가지 쓰다

05 정답 ④

해석 우리의 정치 시스템에서 경쟁 기능은 근본적으로 <u>모순된</u> 것이다. 왜냐하면 각각의 정당들이 사실은 서로 동의하는 정책에 관해서도 대립해야만 할 것처럼 느끼기 때문이다.

해설 ④ contradictory 모순된, 자가당착의
① credulous 쉽사리 믿는
② complacent 만족한, 자기만족의
③ contrite 회개하는

06 정답 ②

해석 <u>수지를 맞추기</u> 위하여 매달 우리는 예산을 조심스럽게 계획해야 한다.

해설 ② make ends meet 수입과 지출의 끝을 맞추다, 수지를 맞추다
① be broke 파산하다
③ pick up the tab 계산서(tab)를 집어 들다, 자기가 계산하다
④ cost an arm and a leg 팔·다리 하나씩 잘라줘야 할 만큼 비싸다

07 정답 ③

해설 ③ during + 특정기간 / cause + 목적어 + to부정사 / rise는 자동사
① and throwing → and (to) throw : 병렬구조
② who is → who are : 관계대명사의 동사는 선행사에 따른다. 여기서 선행사는 해석상 the number가 아니라 teenagers이다.
④ 만일 ~이 없었다면(가정법 과거완료) : if it had not been for ~ 또는 had it not been for ~

08 정답 ④

해설 ④ every~ + 단수동사 / 전치사 + 목적격 / seem to부정사
① feel(지각동사) + 목적어 + P.P(수동관계) → He felt himself seized by a strong arm from behind.
② to부정사의 목적어인 대명사가 주어와 같을 때는 it을 쓰지 않는다. 그러므로 This book is too difficult for you to read in a day가 맞다.
③ never ~ without ~ ~할 때는 언제나 ~하다 / present A with B A에게 B를 선사하다 → presenting me with a nice gift

09 정답 ②

해석 대폭적인 급료 인상은 당신이 직장에 대해 행복을 느끼게 해 준다. 일이 그렇게 중요한 것이라면, 급료 수준이 직업적 만족의 척도가 아닐까? 미국인들은 그렇게 생각한다. 지난해 실시된 한 여론 조사에서, 응답자 가운데 거의 70%가 만약 가계 소득이 두 배가 된다면 더 행복해질 것이라고 대답했다.

해설 ② '지난해에 실시된'이라는 수동의 의미이므로 현재분사가 아니라 과거분사가 와야 함 → conducted
① make(사역동사) + 목적어 + 동사원형 (능동관계) / feel(감각동사) + 형용사
③ 수에는 most가 아니라 almost가 맞음
④ 배수 + as ~ as

10 정답 ①

해석 명확한 연구와 역사상 분석의 능숙한 결합이 우리가 오늘날 전쟁을 개념화하는 방식을 새로이 밝혀주고 있다.

해설 ① distinct 명확한, 독특한, 뚜렷한
② fertile 비옥한, 상상력이 풍부한
③ exhausted 지친, 고갈된
④ dominant 지배적인, 우세한

어휘 • trenchant 날카로운, 명확한, 뚜렷한

11 정답 ②

해석 그가 유난히 고집부리고 수상하게 굴었다는 것에는 의심의 여지가 없지만, 그의 능력은 그가 가장 최근에 펴낸 출판물을 통해 증명되었다.

해설 ② capability 능력
① prodigy 천재(성)
③ competition 경쟁
④ significance 중요성

어휘 • competence 능력, 역량

12 정답 ①

해석 만약 그 정책이 경제를 살리는 데 성공하지 못한다면, 그는 자진해서 사임할 것이다.

해설 ① willingly 자진해서
② reluctantly 마지못해서
③ regretfully 애석해하며

어휘 • of one's own accord 자진해서

13 정답 ③

해석 그는 연구에서 실질적인 진전이 있기는커녕, 쌓아 놓은 연구 기반도 잃어가고 있음을 느꼈다.

해설 ③ Far from 결코 ~이 아닌
① Because of ~ 때문에
② In addition to ~뿐만 아니라
④ As a result of ~의 결과로

14 정답 ②

해설 ② [may(might) as well 동사원형 + as + 동사원형]이므로 lending 대신 lend를 쓴다.
① accuse A of B B에 대해 A를 비난하다 / '~은 말할 것도 없이': much(still) more(긍정문), much(still) less(부정문)
③ since가 '이후로'일 때 현재완료를 써야 하나, [It(비인칭 주어) + is(has been) + 시간 명사]일 때는 is나 has been 둘 다 맞다. / begin은 부정사나 동명사를 목적어로 취한다. / devote oneself to ~에 전념하다
④ not until 구문이다. It is(was) not until ~ that(강조구문) + 주어 + 동사

15 정답 ②

해설 가끔 비유적 표현의 문자 그대로의 의미는 분명하다. 우리는 땅이 문자 그대로 갈증을 느낄 수는 없다는 것을 알고 있기 때문에, "땅이 목마르다."라는 말을 "땅이 건조하다."라는 의미로 자신 있게 해석할 수 있다. 다른 경우에는 그 의미를 정확하게 짚어 내기가 더 어렵기도 하다. 만약 누군가가 "내가 처음 그녀를 봤을 때 내 영혼은 흔들리기 시작했다."라고 말한다면, 그는 "내가 그녀를 처음 봤을 때 나는 사랑에 빠지기 시작했다." 혹은 "내가 그녀를 처음 봤을 때 나는 겁에 질렸다." 또는 전혀 다른 무언가를 말하길 의도했을 수도 있다. 땅의 갈증은 땅의 건조함이라는 것에만 타당하게 적용될 수 있는 반면에, 영혼의 흔들림은 위에 예시된 상호 배타적인 것들을 포함해서 다양한 감정을 나타낼 수 있다. 화자의 감정을 잘 알고 있는 사람만이 이 말을 정확하게 해석할 수 있다.

해설 위에 예시된 "사랑에 빠졌다."와 "겁에 질렸다."는 의미가 완전 반대이며 양립할 수 없다. 따라서 빈칸에는 ②가 적절하다.

어휘
• pinpoint 정확하게 지적하다
• quiver 흔들리다, 떨리다
• exemplify 예시하다

16 정답 ④

해석 우리 인간들은 다른 사람들을 돕는 데 많은 시간과 힘을 바친다. 우리는 지구 반대편에 있는 기아에 허덕이는 사람들을 돕기 위해서, 또는 고래를 구하기 위해서 돈을 보낸다. 왜 우리는 이런 행동들을 하는 것일까? 우리의 동기는 무엇인가? Bernard Mandeville은 "불속으로 떨어지려는 천진난만한 아기를 구하는 데 가치란 것은 존재하지 않는다. 그 행동은 좋은 것도 아니고 나쁜 것도 아니다. 우리는 다만 스스로에게 강요할 뿐인데, 왜냐하면 아기가 떨어지는 것을 보면서 그것을 막기 위해 노력하지 않는 것은 고통을 가져올 것이며, 우리의 자기 보호는 우리로 하여금 그 고통을 미리 막도록 강요하기 때문이다."라고 말했다. Mandeville에 따르면, 다른 사람의 복지를 증진시키는 것을 목적으로 하는 행위의 동기인 이타주의는 신화에 불과하다. 우리가 하는 모든 행위의 동기는 이기적이다. 우리의 궁극적인 목표는 항상 우리 자신의 복지를 증진시키는 것이다. 우리는

그들을 돕는 것이 우리에게 이익이 되는 한도까지만 다른 사람을 돕는 것이다.

해설 다른 사람을 돕지 않음으로써 느끼게 될 마음의 고통을 미리 막는 것도 결국 자신을 위한 것이므로, 빈칸에는 ④가 적절하다.

어휘
- famine 기아, 기근
- oblige 강요하다
- strive 노력하다, 싸우다
- compel 억지로 시키다
- altruism 이타주의
- egoistic 이기적인

17 정답 ①

해설 효과적으로 쓰인 주장은 조용하게, 공손하게, 그리고 논리적으로 그것의 입장을 말한다. 당신이 글로 쓰인 주장을 위한 주제를 선택할 때, 그것이 토론의 여지가 있다는 것을 분명히 하라. 사실과 토론의 문제를 혼동하지 않도록 주의하라. 예를 들어, 당신의 대학 교육 과정에 대한 주장을 쓸 때, 대학 교육 과정의 명칭이나 얼마나 많은 학점이 대학 커리큘럼에 요구되는지가 사실에 해당한다. 에세이는 그것이 사실이나 다른 정보에 관하여 입장을 취할 때 논쟁이 된다. 어떤 사람들은 대학생들이 그들이 원하는 과정은 무엇이든지 자유롭게 선택해야 한다고 생각할지도 모르는 반면, 다른 사람들은 어떤 과정은 모든 학생들에 대해 필수가 되어야 한다고 생각할지도 모른다. 글로 쓰인 주장은 이러한 서로 대립되는 입장 중 하나를 택해서 그것을 옹호할 수 있을 것이다. 당신이 어떤 입장에 동의할지 결정할 수 없다면 막히지 말아라. 대신에, 한 입장의 장점에 집중하고, 할 수 있는 한 효과적으로 그 입장을 보여줘라.

해설 (A)의 앞에서는 사실과 토론의 문제를 혼동하지 말라고 하고 뒤에서는 사실의 예가 나오므로, (A)에는 for example이 적절하다. (B)의 뒤에는 "막히지 말고 대신 한 입장에 집중하라"라는 의미가 연결되므로, (B)에는 Instead가 적절하다.

18 정답 ①

해설 과거에는 가난하게 태어난 어린 소년은 무에서 결단력과 독창력의 조합을 통해 부자가 될 수 있었다. 이제 성공에 대한 이런 종류의 개인적인 설명이 이해되지 않는다는 것을 나는 여러분에게 확신시켜 주고 싶다. 사람들은 무에서 일어나지 않는다. 우리가 어디에서 성장했느냐가 차이를 만든다. 우리가 속하는 문화와 우리의 조상에 의해 물려받은 유산이 우리가 상상할 수 없는 방식으로 우리의 성취 유형을 만든다. 생물학자들은 종종 유기체의 '생태 환경'에 대해 말한다. 숲에 있는 가장 키가 큰 떡갈나무는 그것이 가장 튼튼한 도토리로부터 자랐기 때문만은 아니다. 그것은 어떤 다른 나무도 햇볕을 차단하지 않았고 그것 주변의 토양이 깊고 비옥했기 때문에도 키가 가장 크다. 성공하는 사람들이 튼튼한 씨앗으로부터 나온다는 것을 우리 모두는 알고 있다. 그러나 성공하는 사람들을 따뜻하게 했던 햇볕과 그들이 뿌리를 내렸던 토양에 대해 우리는 충분히 알고 있는가?

해설 "It makes a difference where we grew up."에 필자가 말하려는 요지가 잘 나타나 있다.

어휘
- initiative 독창력, 창업의 재간
- legacy 유산
- ecology 생태학, 생태 환경
- organism 유기체
- acorn 도토리, 상수리

19 정답 ④

해석 미국의 시골 지역의 건강관리 상황이 악화되고 있다. 많은 작은 마을들에는 몇몇 동네를 진료하는 시간제 의사 한 명이 있을 뿐이며, 일부 마을들에는 아예 의사가 없다. 작은 마을의 학교들 또한 어려움에 처해 있다. 줄어드는 학생 수 때문에, 학생 한 명을 교육시키는 비용이 종종 엄청나게 비싸져서, 여러 작은 학군들이 통합되어야만 했다. 학군을 통합하면서, 학생들은 매일 등·하굣길에 50마일을 이동해야만 하게 될 수도 있다. 그에 더하여, 아이오와주 농부들에 대한 최근 연구에서는 세 명 중 한 명이 우울증 증세를 겪고 있다는 것이 발견되었다. 시골 청소년들에 대한 또 다른 연구에서는, 이들이 도시 청소년들보다 자살 생각을 할 가능성이 훨씬 높다는 것이 발견되었다.

해설 이 글은 의료 체계와 교육, 정신건강 면에서 미국의 시골이 처한 위기에 대한 글이다.

어휘
- health care 건강관리, 의료
- rural 시골의
- deteriorate 약화되다, 나빠지다
- be in trouble 곤란한 처지에 있다
- dwindle 줄다, 감소하다
- prohibitive 금지하는, 엄청나게 비싼
- district 구역
- merge 합병하다, 통치하다
- school district 학군
- back and forth 앞뒤(좌우)로의, 여기저기의, 오락가락하는
- adolescent 청소년, 청소년의
- suicidal 자살의
- urban 도시의
- counterpart 짝의, 한쪽, 상대물, 대응물

20 정답 ③

해석 한 명의 자녀를 갖기를 원하는 부모들은 부모뿐만 아니라 아이에게도 이로운 점들이 있다고 주장한다.
- (C) 그들은 단지 한 아이만 있으면 형제자매간 시기로 인해 발생되는 가족간의 논쟁이 생길 가능성이 적다고 제시한다.
- (B) 게다가, 한 아이만 있으면, 부모는 보다 의미 있는 시간과 관심을 주고, 아이는 이것을 받을 수 있다.
- (A) 이것으로 인하여 아이는 점점 더 자긍심을 가지게 되고, 자긍심은 증가된 독립심과 맞물려 아이는 좀 더 자신감을 가지게 된다.

해설 주어진 문장 다음에는 한 자녀 가정의 장점이 언급될 것이다. (A)의 this는 아직 이야기되지 않았고, (B)의 Moreover는 먼저 장점을 한 가지 이야기한 다음에 할 이야기이다. (C)는 주어진 문장의 이점을 설명하고 있으며 (B)는 (C)에 대한 부연 설명이고 (A)에서 This는 (B) 내용 전체를 받고 있다.

어휘
- self-esteem 자긍심, 자존감
- combine 결합시키다, 화합하다
- sibling 형제(의), 자매(의)
- jealousy 시기, 질투

21 정답 ④

해석 생물 연료는 보통의 연료에 의해 만들어지는 온실가스의 방출을 줄임으로써 지구 온난화를 예방하는 데 도움을 주기 위해 개발되어 왔다. 그러나 그것들은 또한 식량 생산을 위해 사용될 수 있는 땅과 자원을 사용하는 것 때문에 비판을 받아 왔다. 예를 들어, 생물 연료는 옥수수, 콩, 밀과 사탕수수와 같은 다양한 천연자원으로부터 만들어진다. 생물 연료를 위해 사용되는 많은 형태의 식량 가격은 지난 2~3년 사이에

배로 올랐다. 그리하여 세계은행과 유엔은 생물 연료에 대한 접근 방법에 재검토가 있어야 한다고 주장했다. <u>이런 주장에 따라, 영국 수상은 생물 연료의 사용에 대한 정부의 목표를 다시 살펴보기로 약속했다.</u> 반면에, 태국 수상은 세계은행과 유엔이 석유 수출업자들을 지지하면서 생물 연료 생산자들을 비판한다고 말하며 세계은행과 유엔을 공격했다.

해설 주어진 문장의 this argument는 세계은행과 유엔이 생물 연료에 대한 접근 방법에 재검토가 있어야 한다고 주장했다는 내용을 가리키므로, 주어진 문장은 ④에 들어가야 한다.

어휘
- biofuel 생물 연료
- emission 방출
- soybean 콩

22 정답 ④

해설 많은 아시아의 대도시에 이제는 쇼핑센터가 많이 늘어나서 포화점을 한참 지난 것처럼 보인다. 그런 쇼핑센터에 대한 나의 주된 주장은 그것들이 흔히 한 도시의 건축 뉘앙스나 문화적 배경을 고려하지 않는 거대한 콘크리트 덩어리라거나 우리의 행성이 감당할 수 없는 시기에 극도의 소비주의를 조장한다는 것이 아니다. 지나치게 많은 쇼핑센터에 대한 나의 불만은 그것들이 우리를 정말로 행복하게 만드는 것 같지 않다는 것이다. 상점 밖에 있는 큰 광고들은 우리가 값비싼 커피를 마시며 이 카페에서 시간을 보내면 더 많은 만족감을 느낄 수 있을 것이라고 생각하도록 우리를 속일 수도 있을 것 같다. <u>쇼핑센터는 어지러울 정도로 빠른 경제 성장을 상징하며, 아주 짧은 시간 내에 우리가 얼마나 멀리 왔는지를 보여 준다.</u> 하지만 일단 뭔가를 사면 우리는 단지 또 다른 것을 사고 싶어지게 되며, 그것은 이미 모든 사람들이 알고 있는 바이다.

해설 쇼핑센터가 지나치게 많이 늘어나는 것에 대해 부정적으로 생각한다는 요지의 글이므로, 쇼핑센터의 증가는 빠른 경제 성장의 지표라는 ④의 내용은 글의 흐름과 무관하다.

어휘
- metropolis 수도, 대도시
- saturation 포화(상태)
- contention 논쟁, 주장
- nuance 뉘앙스, 미묘한 차이
- consumerism 소비주의, 소비자 중심주의
- hang out 시간을 보내다

23 정답 ①

해설 우리 모두는 우리가 처음에 쓴 초안에 대한 감정 섞인 애착을 갖고 있어서, 그것이 완벽하게 태어나지 않았다는 것을 믿지 못한다. 그러나 그것이 완벽하게 태어나지 않았을 가능성은 100퍼센트에 가깝다. 대부분의 작가들은 그들이 말하고 싶어 하는 것을 처음에 말하지 않고 그들이 할 수 있는 만큼 그것을 잘 말할 수도 없다. 새로 생각해 낸 문장은 거의 언제나 그것에 무엇인가 잘못된 것이 있다. 그것은 분명하지 않고 비논리적이며 지루하다. 그것은 진부한 표현으로 가득하다. 그것은 리듬이 결여되어 있다. 요지는 분명한 글쓰기는 어설프게 만지작거린 것이 많음의 결과라는 것이다. 많은 사람들은 말들이 단지 들어맞기 때문에 전문적인 작가들이 글을 고쳐 쓸 필요가 없다고 생각한다. 반면에 주의 깊은 작가들은 만지작거리는 것을 멈출 수 없다. 나는 글을 고쳐 쓰는 것을 불공평한 부담으로 결코 여겨본 적이 없다. 글쓰기는 좋은 시계와 비슷해서-그것은 부드럽게 돌아가야 하고 군더더기 부품이 전혀 없어야 한다. 일부 학생들은 글을 고쳐 쓰는 것을 별로 생각한다. 만일 당신이 그런 학생이라면 이제부터 부디 그것을 선물로 생각하라. 당신은 글쓰기가 완제품이 아니라 진화의 과정이라는 것을 이해할 때 글을 잘 쓸 수 있다.

해설 어떤 작가도 초안을 완벽하게 잘 쓰지 못하고 고쳐 쓰게 되는 경우를 비유하여, 글을 고쳐 쓰는 것이 중요하다고 말하고 있으므로 ①이 글의 주제로 적절하다.

어휘
- draft 초안
- hatch 생각해 내다
- cliche 진부한 표현, 상투적인 문구
- tinker 서투르게 수선하다, 어설프게 만지다
- fall into place 제대로 맞다, 들어맞다
- fiddle 만지작거리다, 만지다

24 정답 ②

해석 매년 수십만 명의 사람들이 여러 형태의 암에 희생되고 있지만, 새로운 방사선 치료법으로 의사들은 이전보다 더 많은 생명을 구하고 있다. 의료 연구원들은 질병과 싸우는 데 있어 효과적으로 여겨지는 이러한 전통적인 암 치료법의 몇 가지 실험적인 형태를 발전시켜 왔다. 하나의 유망한 접근법은 악성 조직에 방사성 물질을 직접 주입함으로써 암세포를 방사선에 노출시키는 것을 포함하고 있다. 이러한 방법은 방사선 조사량(照射量)을 크게 증가시킴으로써 치료 효과를 높인다. 또 다른 기술은 암세포가 방사선 효과에 보다 더 영향을 잘 받도록 하기 위하여, 그리고 정상적인 세포가 더 저항력을 갖게 하기 위하여 약을 사용하는 것이다. 어떤 약은 암세포의 유전적인 구조를 중화시킬 수 있어서 암세포가 방사선에 보다 쉽게 영향을 받도록 한다. 두 가지 기술 모두 수술이 불가능한 뇌종양의 치료에 긍정적인 결과를 보였다. 이러한 방법과 다른 여러 가지 치료 방법들로 암환자의 회복률은 40년 전의 30%에서 오늘날 50% 정도까지 올랐다. 이는 사람들의 주된 사망의 원인 중 하나, 즉 암에 희생되는 사람들에게는 고무적인 소식이다.

해설 '암세포를 방사선에 노출시키는 것, 즉 이 방법은 방사선 조사량(照射量)을 크게 증가시킴으로써 치료 효과를 높인다'라고 언급되어 있다. 그래서 방사선 치료법은 ② '암세포가 방사선 물질에 직접적으로 노출될 때' 가장 효과적이라고 할 수 있다.

어휘
- radiation 방사능
- therapy 치료법
- promising 전도유망한
- malignant 악의 있는, (병이) 악성의
- dosage 투약, 조제, 1회분의 투여량, (X-선 등의) 조사(照射) 적정량
- inoperable 수술이 불가능한
- tumor (악성) 종양

주관식 해설

01 정답
① for
② had
③ 진전된 것은 아무것도 없다. / 아무것도 진전된 것은 없다.
④ 그 경기가 선수들이 계속해서 부상을 당하는 경기로 진전되어감에 따라서

해설 이제, 나는 MLB 메이저리그 야구에 관해서 여러분에게 단도직입적이고 직설적으로 말하고 싶다. 메이저리그 야구는 그 경기가 발달해 온 방법으로 보아 이치에 맞는 등록부인, 확대된 명단 등록을 제시할 때이다. 그것을 25명의 게임 로스터로 만들어야 하지만, 전체 로스터를 28명으로 확대하라. 메이저리그 대변인인 Pat Courtney가 주제에 대해서 토론이 있어 왔지만 진전된 것은 아무것도 없다는 말을 했다. 그렇지만 대화는 계속되고 있으며, 그 경기가 선수들이 계속 부상을 당하는 경기로 진전되어

감에 따라서 MLB가 시대에 맞는 로스터를 만들어 내는 것은 의무이다.

해설 ① to부정사의 의미상 주어를 표기할 때 'for + 목적어 + to + V'을 쓰는 구조를 알아야 한다.
② 주어와 동사의 수 일치 문제로 주어 (discussions)와 호응하여 have가 와야 한다. 하지만 주절의 동사가 과거(said)이므로 said 뒤에 that절인 종속절의 동사도 had been discussions로 일치해야 한다.
③ nothing(아무것도 ~ 아니다, 없다) has been advanced(진전되다)
④ as(~함에 따라서) / one in which에서 선행사 one은 game을 의미한다.

02 정답 ① Moreover / Besides / In addition / Further / Into the bargain / What is more
② 예를 들어, 대부분의 과학자들은 모든 물질은 쿼크라고 불리는 신비한 입자들로 구성된다고 믿는다.
③ 추측과 상상력의 중요성
④ the essence of science

해설 과학은 단지 사실에만 연관되어진다는 일반적 개념에도 불구하고, 과학은 의견들과 해석들로 가득한 것처럼 보인다. 더군다나, 과학적 이론의 발달은 먼저 많은 사실들을 관찰하고 그 후 이런 관측으로부터 직접적인 일반화를 만드는 과정인 경우는 드물다. 리처드 파인만은 물리학의 노벨상 수상자로, 과학에 있어서 추측과 상상력의 중요성을 강조했다. 예를 들어, 대부분의 과학자들은 모든 물질이 쿼크라고 불리는 신비한 입자들로 구성된다고 믿는다. 쿼크의 존재는 가장 먼저 1963년에 가설로 세워졌다. 하지만 그 어떤 과학자도 아직까지 쿼크를 목격한 적은 없다. 그렇다면 그들은 왜 쿼크가 존재한다고 믿는가? 몇몇의 영특한 과학자들은 쿼크가 존재한다면 그것들이 일정한 다른 당혹스러운 것들을 설명해 줄 수 있다는 것에 주목하고 그것들을 발명했기에, 그것들을 믿고 있는 것이다.

해설 서두에서, 과학은 사실로만 구성되어 있다고 믿어지지만 사실상 의견들과 해석들로 가득하다고 주장한다. 당혹스러운 것들을 해결해 줄 수 있는 실마리로, 한 번도 증명이 안 된 입자 'quarks'를 예로 들어, 과학의 본질을 설명하고 있다.

어휘
• quarks 양성자, 중성자와 같은 소립자를 구성하고 있다고 여겨지는 기본 입자
• prevailing 널리 퍼진, 만연한
• interpretation 해석
• straightforward 똑바른, 정직한, 솔직한
• make generalization 일반화하다
• hypothesize 가정하다, 가설을 세우다
• ingenious 영특한

03 정답 ① However / Nevertheless(주의 : 문두에 시작으로 콤마를 동반하고 있으므로 But이나 Though는 쓸 수 없다)
② ~할 가망성이 높다 / ~할 가능성이 있다 / ~할 듯싶다
③ committed / responsible for
④ ⓐ 인구가 840명이다. / ⓑ 세계에서 가장 높은 범죄율을 가지고 있다. / ⓒ 교도소가 없다.

해설 세계에서 가장 높은 범죄율을 가지고 있는 나라는 인구 한 명당 1.5건에 달하는 바티칸 시티다. 그렇지만 이 높은 비율은 그 나라의 단지 대략 840명이라는 인구 때문이다. 범죄의 대부분은 주로 소매치기와 절도로 구성되어 있고, 외부 사람들에 의해 저질러질 가능성이 높다. 바티칸은 특별한 경찰부대를 가지고 있고 그것은 범죄조사, 국경관리 그리고 교황의 신변보호에 책임이 있는 130명으로 구성되어 있다. 바티칸

시티에는, 재판 이전에 범죄자들을 가두어 두는 몇 개의 감방을 제외하고는 교도소가 없다. 범죄자들의 다수는 이탈리아 법정에서 재판을 받는다.

해설 바티칸 시티의 인구 구성과 치안 등을 설명하는 글이다.

어휘
- shop-lifting 절도
- trial 재판
- consist of 구성되다
- criminal 범죄의
- pope 교황
- with the exception of ~을 제외하고
- detention 감금, 구금
- trial 재판

04 **정답** ① 왜 그렇게 침울한(우울한) 표정을 지으십니까? / 무슨 일 있나요?
② broke down / has broken down / is(was) out of order
③ why it happened / why the thing happened / why such a thing happened(간접의문문 : 의문사 + 주어 + 동사)
④ Exactly / Absolutely / That's so true / That's for sure / I agree 100% / I couldn't agree with you more / You said it / You are telling me / That's exactly what I think / I suppose so / Tell me about it / You can say that again

해설
A : 당신은 왜 그렇게 우울한 표정을 짓고 계십니까?
B : 컴퓨터가 다시 고장이 났습니다.
A : 그래서 그 컴퓨터는 어떻습니까?
B : 지금은 괜찮지만, 그것은 저를 정말 미치게 합니다. 저는 약 세 시간 동안 작업한 것을 날렸습니다. 저는 단지 왜 그런 일이 일어났는지 알고 싶습니다.

A : 글쎄요, 우리는 왜 그런 일이 일어나는지 결코 알지 못할 것입니다. 하지만 그런 일은 항상 당신이 중요한 작업을 할 때만 일어나는 것 같군요.
B : 정말 그래요. 저는 정말로 이 연례 보고서를 어떻게 끝낼지 모르겠습니다.
A : 아마도 제가 당신을 도와줄 수 있겠지요.

행운이란 100%의 노력 뒤에 남는 것이다.

– 랭스턴 콜먼 –

년도 학위취득종합시험 답안지(객관식)

컴퓨터용 사인펜만 사용

★ 수험생은 수험번호와 응시과목 코드번호를 표기(마킹)한 후 일치여부를 반드시 확인할 것.

전공분야

성 명

수험번호

(1) 4 - - - - -

(2) ① ② ③ ●

※ 감독관 확인란

관리번호
(연번)
(응시자수)

응시과목

과목코드

교시코드 ① ② ③ ④

1 ① ② ③ ④   14 ① ② ③ ④
2 ① ② ③ ④   15 ① ② ③ ④
3 ① ② ③ ④   16 ① ② ③ ④
4 ① ② ③ ④   17 ① ② ③ ④
5 ① ② ③ ④   18 ① ② ③ ④
6 ① ② ③ ④   19 ① ② ③ ④
7 ① ② ③ ④   20 ① ② ③ ④
8 ① ② ③ ④   21 ① ② ③ ④
9 ① ② ③ ④   22 ① ② ③ ④
10 ① ② ③ ④   23 ① ② ③ ④
11 ① ② ③ ④   24 ① ② ③ ④
12 ① ② ③ ④
13 ① ② ③ ④

답안지 작성시 유의사항

1. 답안지는 반드시 컴퓨터용 사인펜을 사용하여 다음 보기와 같이 표기할 것.
   보기 잘된표기: ● 잘못된표기: ⊙⊗①◐○
2. 수험번호 (1)에는 아라비아 숫자로 쓰고, (2)에는 "● " 와 같이 표기할 것.
3. 과목코드는 뒷면 "과목코드번호"를 보고 해당과목의 코드번호를 찾아 표기하고, 응시과목란에는 응시과목명을 기재할 것.
4. 교시코드는 문제지 전면의 교시를 해당란에 " ● "와 같이 표기할 것.
5. 한번 표기한 답은 긁거나 수정액 및 스티커 등 어떠한 방법으로도 고쳐서 아니되고, 고친 문항은 "0"점 처리함.

과목코드

응시과목
1 ① ② ③ ④   14 ① ② ③ ④
2 ① ② ③ ④   15 ① ② ③ ④
3 ① ② ③ ④   16 ① ② ③ ④
4 ① ② ③ ④   17 ① ② ③ ④
5 ① ② ③ ④   18 ① ② ③ ④
6 ① ② ③ ④   19 ① ② ③ ④
7 ① ② ③ ④   20 ① ② ③ ④
8 ① ② ③ ④   21 ① ② ③ ④
9 ① ② ③ ④   22 ① ② ③ ④
10 ① ② ③ ④   23 ① ② ③ ④
11 ① ② ③ ④   24 ① ② ③ ④
12 ① ② ③ ④
13 ① ② ③ ④

[이 답안지는 마킹연습용 모의답안지입니다.]

년도 학위취득 종합시험 답안지(주관식)

★ 수험생은 수험번호와 응시과목 코드번호 표기(마킹)한 후 코드번호를 반드시 확인할 것.

전공분야

성명

수험번호

과목코드

교시코드
① ② ③ ④

번호	※1차점수	※1차채점	※1차확인	응시과목	※2차확인	※2차채점	※2차점수
1	⓪①②③④⑤	⑥⑦⑧⑨⑩				⓪①②③④⑤	⑥⑦⑧⑨⑩
2	⓪①②③④⑤	⑥⑦⑧⑨⑩				⓪①②③④⑤	⑥⑦⑧⑨⑩
3	⓪①②③④⑤	⑥⑦⑧⑨⑩				⓪①②③④⑤	⑥⑦⑧⑨⑩
4	⓪①②③④⑤	⑥⑦⑧⑨⑩				⓪①②③④⑤	⑥⑦⑧⑨⑩
5	⓪①②③④⑤	⑥⑦⑧⑨⑩				⓪①②③④⑤	⑥⑦⑧⑨⑩

답안지 작성시 유의사항

1. ※란은 표기하지 말 것.
2. 수험번호 (2)란, 과목코드, 교시코드 표기는 반드시 컴퓨터용 싸인펜으로 표기할 것.
3. 교시코드는 문제지 전면의 교시를 해당란에 컴퓨터용 싸인펜으로 표기할 것.
4. 답란은 반드시 흑·청색 볼펜 또는 만년필을 사용할 것. (연필 또는 적색 필기구 사용불가)
5. 답안을 수정할 때에는 두줄(=)을 긋고 수정할 것.
6. 답란이 부족하면 해당답란에 "뒷면기재"라고 쓰고 뒷면 추가답란에 문제번호를 기재한 후 답안을 작성할 것.
7. 기타 유의사항은 객관식 답안지의 유의사항과 동일함.

※ 감독관 확인란

[이 답안지는 마킹연습용 모의답안지입니다.]

----- 절취선 -----

년도 학위취득종합시험 답안지(객관식)

년도 학위취득 종합시험 답안지(주관식)

전공분야

성 명

수 험 번 호

답안지 작성시 유의사항

1. ※란은 표기하지 말 것.
2. 수험번호 (2)란, 과목코드, 교시코드 표기는 반드시 컴퓨터용 싸인펜으로 표기할 것
3. 교시코드는 문제지 전면의 교시를 해당란에 컴퓨터용 싸인펜으로 표기할 것.
4. 답란은 반드시 흑·청색 볼펜 또는 만년필을 사용할 것. (연필 또는 적색 필기구 사용불가)
5. 답안을 수정할 때에는 두줄(=)을 굿고 수정할 것.
6. 답란이 부족하면 해당답란에 "뒷면기재"라고 쓰고 뒷면 '추가답란'에 문제번호를 기재한 후 답안을 작성할 것.
7. 기타 유의사항은 객관식 답안지의 유의사항과 동일함.

※ 감독관 확인란

[이 답안지는 마킹연습용 모의답안지입니다.]

년도 학위취득종합시험 답안지 (객관식)

전공분야

성 명

★ 수험생은 수험번호와 응시과목 코드번호를 표기(마킹)한 후 일치여부를 반드시 확인할 것.

수험번호

※ 감독관 확인란

관리번호
(역번)
(응시자수)

답안지 작성시 유의사항

1. 답안지는 반드시 컴퓨터용 사인펜을 사용하여 다음 보기와 같이 표기할 것.
   보기) 잘 된 표기: ●
   잘못된 표기: ⊙ ⊗ ◐ ○ ◯
2. 수험번호 (1)에는 아라비아 숫자로 쓰고, (2)에는 "●"과 같이 표기할 것.
3. 과목코드는 뒷면 "과목코드번호"를 보고 해당과목의 코드번호를 찾아 표기하고,
   응시과목란에는 응시과목명을 한글로 기재할 것.
4. 교시코드는 문제지 전면의 교시를 해당란에 "●"과 같이 표기할 것.
5. 한번 표기한 답은 긁거나 수정액 및 스티커 등 어떠한 방법으로도 고쳐서는
   아니되고, 고친 문항은 "0"점 처리함.

과목코드

교시코드

응시과목

	①	②	③	④			①	②	③	④
1	①	②	③	④		14	①	②	③	④
2	①	②	③	④		15	①	②	③	④
3	①	②	③	④		16	①	②	③	④
4	①	②	③	④		17	①	②	③	④
5	①	②	③	④		18	①	②	③	④
6	①	②	③	④		19	①	②	③	④
7	①	②	③	④		20	①	②	③	④
8	①	②	③	④		21	①	②	③	④
9	①	②	③	④		22	①	②	③	④
10	①	②	③	④		23	①	②	③	④
11	①	②	③	④		24	①	②	③	④
12	①	②	③	④						
13	①	②	③	④						

[이 답안지는 마킹연습용 모의답안지입니다.]

년도 학위취득 종합시험 답안지(주관식)

전공분야

성명

★ 수험생은 수험번호와 응시과목 코드번호를 표기(마킹)한 후 일치여부를 반드시 확인할 것.

답안지 작성시 유의사항

1. ※란은 표기하지 말 것.
2. 수험번호 (2)란, 과목코드, 교시코드 표기는 반드시 컴퓨터용 싸인펜으로 표기할 것
3. 교시코드는 문제지 전면 의 교시를 해당란에 컴퓨터용 싸인펜으로 표기할 것.
4. 답란은 반드시 흑·청색 볼페 또는 만년필을 사용할 것. (연필 또는 적색 필기구 사용불가)
5. 답안을 수정할 때에는 두줄(=)을 긋고 수정할 것.
6. 답란이 부족하면 해당답란에 "뒷면기재"라고 쓰고 뒷면 '중가답란'에 문제번호를 기재한 후 답안을 작성할 것.
7. 기타 유의사항은 객관식 답안지의 유의사항과 동일함.

[이 답안지는 마킹연습용 모의답안지입니다.]

시대에듀 독학사 4단계 교양공통 실용영어

개정2판1쇄 발행	2025년 01월 08일 (인쇄 2024년 10월 02일)
초 판 발 행	2019년 09월 06일 (인쇄 2019년 06월 28일)
발 행 인	박영일
책 임 편 집	이해욱
편 저	오권영
편 집 진 행	송영진
표지디자인	박종우
편집디자인	차성미 · 고현준
발 행 처	(주)시대고시기획
출 판 등 록	제10-1521호
주 소	서울시 마포구 큰우물로 75 [도화동 538 성지 B/D] 9F
전 화	1600-3600
팩 스	02-701-8823
홈 페 이 지	www.sdedu.co.kr
I S B N	979-11-383-7953-3 (13740)
정 가	25,000원

※ 이 책은 저작권법의 보호를 받는 저작물이므로 동영상 제작 및 무단전재와 배포를 금합니다.
※ 잘못된 책은 구입하신 서점에서 바꾸어 드립니다.

독학사 시험 합격을 위한
최적의 강의 교재!

심리학과 · 경영학과 · 컴퓨터공학과 · 간호학과 · 국어국문학과 · 영어영문학과

심리학과 2·3·4단계

2단계 기본서 [6종]
이상심리학 / 감각 및 지각심리학 /
사회심리학 / 발달심리학 / 성격심리학 /
동기와 정서

2단계 6과목 벼락치기 [1종]

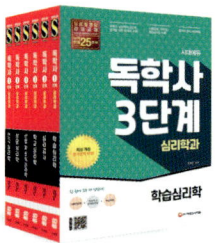

3단계 기본서 [6종]
상담심리학 / 심리검사 / 산업 및 조직심리학 /
학습심리학 / 인지심리학 / 학교심리학

4단계 기본서 [4종]
임상심리학 / 소비자 및 광고심리학 /
심리학연구방법론 / 인지신경과학

경영학과 2·3·4단계

2단계 기본서 [7종]
회계원리 / 인적자원관리 / 마케팅원론 /
조직행동론 / 경영정보론 / 마케팅조사 /
원가관리회계

2단계 6과목 벼락치기 [1종]

3단계 기본서 [6종]
재무관리론 / 경영전략 / 재무회계 /
경영분석 / 노사관계론 / 소비자행동론

4단계 기본서 [2종]
재무관리 + 마케팅관리 / 회계학 + 인사조직론

핵심요약집 120% 활용 방안

교수님 코칭!

독학사 시험은 매년 정해진 평가영역에서 개념 위주의 문항이 출제됩니다. 결코 어렵게 출제되는 것이 아니기에 기본적인 사항 위주로 개념을 잘 정리해 둔다면 충분히 합격 점수인 60점 이상을 획득할 수 있습니다.

정리되지 않은 학습으로는 기울인 노력 대비 좋은 결과를 얻지 못합니다. 본서에 있는 핵심요약집은 각 단원별로 중요한 내용을 한 번 더 정리한 것으로, 다음과 같이 활용한다면 효율적인 학습에 도움이 될 것입니다.

정리 노트로 활용!

핵심요약집은 기본서의 핵심 내용이 단원별로 정리·요약되어 있으므로 중요 부분을 확인하기 쉬우며, 나만의 정리 노트로 활용할 수 있습니다.

자투리 시간에 활용!

바쁜 일상에서 공부할 시간을 따로 내는 것은 어려운 일입니다. 자투리 시간을 활용하여 정리된 요약집으로 틈틈이 복습한다면, 효과적으로 학습 시간을 확보할 수 있을 것입니다.

복습에 활용!

새로운 내용을 파악할 때 예습보다는 복습의 효과가 비교적 더 큽니다. 기본서 학습 후 복습할 때 핵심요약집을 통해 중요 내용을 떠올려본다면 보다 효과적으로 정리할 수 있습니다.

시험 직전에 활용!

시험 직전에 많은 내용을 짧은 시간 안에 확인하려면 평소 정리 및 준비를 잘 해두어야 합니다. 핵심요약집을 활용하여 시험 직전에 중요 부분을 확인한다면 합격에 도움이 될 것입니다.

제 5 편

생활영어 핵심요약집

제1장	인사 표현
제2장	일상 표현
제3장	사교 표현
제4장	업무 표현

시/험/전/에/ 보/는/ 핵/심/요/약/ 키/워/드/

또 실패했는가? 괜찮다. 다시 실행하라. 그리고 더 나은 실패를 하라!

– 사뮈엘 베케트 –

보다 깊이 있는 학습을 원하는 수험생들을 위한
시대에듀의 동영상 강의가 준비되어 있습니다.

www.sdedu.co.kr ➜ 회원가입(로그인) ➜ 강의 살펴보기

제 1 장 | 인사 표현

01 소개

1 처음 만났을 때

① 처음 뵙겠습니다.
   How do you do?
② 만나서 반갑습니다.
   • Nice to meet you.
   • I'm glad to see you.
   • I'm very glad to meet you.
   • I'm glad to know you.
   • I'm honored to meet you.
③ 당신을 알게 되어 기쁩니다.
   Glad to get to know you.
④ 저 역시 만나서 반갑습니다.
   Glad to meet you, too.
⑤ 만나 뵙게 되어 대단히 반갑습니다.
   Pleased to meet very nice to meet you.
⑥ 제가 오히려 반갑습니다.
   The pleasure is mine.

2 자신을 소개할 때

① 제 소개를 드리겠습니다.
   • Let me introduce myself.
   • May I introduce myself?
   • Perhaps I should introduce myself.
② 저희 집은 대(소)가족입니다.
   We have a large(small) family.
③ 저는 부모님과 함께 살고 있습니다.
   I live with my parents.
④ 누나가 둘 있는데 형은 없습니다.
   I have two sisters but no brothers.
⑤ 전 외아들(외동딸)입니다.
   I'm the only son(daughter).
⑥ 전 장남(맏딸)입니다.
   I'm the oldest son(daughter).
⑦ 전 독신입니다.
   I'm single.
⑧ 저는 서울에서 왔습니다.
   I'm come from Seoul.
⑨ 저는 제주에서 태어났습니다.
   I was born in Jeju.
⑩ 저는 대학교에 다니고 있습니다.
   I am now attending college.
⑪ 저의 전공은 영문학입니다.
   My major is English Literature.
⑫ 저는 아직 미혼입니다.
   I'm still single.
⑬ 저는 이미 결혼을 했습니다.
   I'm already married.
⑭ 저는 아이가 셋 있습니다. 하나는 딸이고 둘은 아들입니다.
   I had three kids, one daughter, two sons.

3 이름을 말할 때

① 이름이 뭐에요?
- What's your name?
- May(Could) I have your name, please?

② 이름(성)을 다시 말씀해 주세요?
What was your first(last) name again?

③ 존입니다.
I'm John.

④ 김이라 불러 주세요.
Please just call me Kim.

⑤ 별명이 있나요?
Do you have a nickname?

4 사람을 부를 때

① 어떻게 불러야 할까요? (이름을 묻고자 할 때)
- What should I call you?
- How should I address you?
- What do they call you?

② 영희라 불러주세요. 그게 제 이름입니다.
Please call me Young-Hee. That's my first name.

③ 브라운 씨. (남자를 지칭할 때)
Mr. Brown.

④ 브라운 씨 부인. (결혼한 타인의 부인을 지칭할 때)
Mrs. Brown.

⑤ 카렌 양. (미혼인 여성을 지칭할 때)
Miss. Karen.

⑥ 여보세요. (모르는 남자를 부를 때)
Sir? / Excuse me, Sir.

⑦ 저, 여보세요. (모르는 여자를 부를 때)
Ma'am? / Excuse me, ma'am.

⑧ 이봐! (아랫사람이나 친근한 사이에 쓰임)
Hey!

⑨ 이봐! (친한 친구 사이에 쓰임)
Hey! / Hey Buddy!

⑩ 신사숙녀 여러분!
Ladies and gentleman!

⑪ 여러분!
Everyone. / You all.

⑫ 아빠(아버지)
daddy / dad / papa / pa

⑬ 엄마(어머니)
mommy / mom / mama / ma

⑭ 할아버지, 할머니
Grandpa! Grandma!

⑮ 삼촌, 이모
Uncle, Aunt

⑯ 의사 선생님
Doctor!

⑰ 교수님!
Professor!

⑱ 경관님!
Officer!

5 상대를 소개할 때

① 카렌 씨, 제 친구 탕을 소개할게요.
Miss. Karen, I'd like you to meet my friend Tang.

② 처음 뵙겠습니다. 박 선생님.
How do you do, Mr. Park?

③ 제 친구 미스터 박을 소개하죠.
Let me introduce my friend, Mr. Park.

④ 두 분이 서로 인사 나누셨나요?
Have you two met each other yet?

⑤ 이쪽은 저의 동료 존슨입니다.
This is a colleague of mine, Mr. Johnson.

⑥ 저는 미스터 박이고, 이쪽은 저의 아내 미시즈 김입니다.
I'm Mr. Park and this is my wife, Mrs. Kim.

⑦ 마이클 씨, 이분이 미스터 박입니다.
Mr. Michael, this is Mr. Park.

⑧ 누구시더라?
　　Do I know you?
⑨ 전에 한 번 뵌 적이 있는 것 같습니다.
　　• I think I've seen you before.
　　• Haven't we met before?
　　• I must have seen you somewhere before.
⑩ 매우 낯익어 뵙니다.
　　You look very familiar.
⑪ 우리는 여러 차례 당신 이야기를 했습니다.
　　We have talked of you often.
⑫ 저 사람이 바로 당신이 말하던 그 사람입니까?
　　Is that the man you told me about?
⑬ 미스터 한입니다. 잘 부탁해요.
　　I'm Mr. Han at your service.
⑭ 미스터 김이 당신에 대해서 자주 말씀하셨어요.
　　Mr. Kim often speaks of you.
⑮ 성함을 정확히 듣지 못했습니다.
　　• I didn't quite catch your name.
　　• I'm sorry. I didn't get your name.
⑯ 저는 한 번 본 사람은 꼭 기억합니다.
　　I never forget a face.
⑰ 오래전부터 한 번 찾아뵙고 싶었습니다.
　　I've been wanting to see you for a long time.

6 기타 표현

① 이건 제 명함입니다.
　　This is my business card.
② 당신에 관한 이야기를 많이 들었습니다.
　　I've heard a lot about you.
③ 만나 뵙고 싶었습니다.
　　• I wanted to see you.
　　• I've been wanting to meet you for a long time.
④ 저는 시대고시에서 일합니다.
　　I work for SIDAEGOSI.
⑤ 우리 좋은 친구가 되었으면 합니다.
　　I hope we become good friends.
⑥ 국적이 어디시죠?
　　What's your nationality?
⑦ 명함 한 장 주시겠습니까?
　　May I have your business card?
⑧ 고향이 어디시죠?
　　Where are you from?
⑨ 나는 그를 얼굴만 알고 있습니다.
　　I know him by sight.
⑩ 만나서 매우 반가웠습니다.
　　I was very glad to meet you.

02 안부

1 일상 안부

① 어떻게 지내십니까?
　　• What's up?
　　• Anything new?
　　• How have you been?
　　• How are you?
　　• How's it going?
　　• How are you feeling today?
　　• How are you doing these days?
　　• How's your day doing?
　　• How's everything with you?
② 잘 지냅니다.
　　• Couldn't be better!
　　• Pretty good.
　　• Not too bad.
　　• Fine, thanks!
　　• Not bad!

③ 덕분에 잘 지냅니다. 당신은요?
- I'm fine. thank you. And you?
- I'm good. How about you?
- Good, thanks. And you?

④ 그저 그렇습니다.
- Just so so.
- Nothing much(special)!
- Well, about the same.
- Same as usual.

⑤ 별로 안 좋아요.
- I feel terrible.
- Not so good.
- I'm not very well.

2 근황 안부

① 어떻게 지내셨습니까?
- How have you been doing?
- How have you been getting along lately?

② 하시는 일은 잘 되어갑니까?
How is your business going?

③ 만사가 잘 되고 있으세요?
How's everything with you?

④ 새로 하시는 일은 어떻습니까?
How's your new business?

⑤ 일은 순조롭게 진행되고 있나요?
Are you making any progress?

⑥ 그런대로 할 만합니다.
I can't complain too much.

⑦ 덕분에 만사가 좋습니다.
- I've been fine, thank you.
- So far so good.

⑧ 그저 한가하게 소일하고 있습니다.
I'm just taking one day at a time.

⑨ 가족들은 잘 계신가요?
- I hope your family are all well.
- How's everybody at your house?
- How's your family doing?

⑩ 새로 태어난 기분입니다.
I feel like a new man.

⑪ 부모님은 평안하신지요?
How are your parents?

⑫ 당신의 어머니(아버지)는 어떻습니까?
How is your mother(father)?

⑬ 모두들 잘 지내시는지요?
How's everyone getting along?

⑭ 모두 잘 있습니다.
They are all very well.

⑮ 존슨 씨가 당신께 안부를 전했습니다.
Mr. Johnson asked me to give his regards to you.

⑯ 그는 어떻게 지내고 있습니까?
How's he getting along?

⑰ 그 사람은 건강하게 지냅니다.
He's in the pink.

⑱ 모르겠어요, 하지만 괜찮을 겁니다.
No news. But I bet he's OK.

⑲ 무엇 때문에 그렇게 바쁘십니까?
What's keeping you so busy?

⑳ 존슨 씨가 안부 전하더군요.
Mr. Johnson sends his regards.

제 2 장 | 일상 표현

01 희·노·애·락 및 기타 감정

① 무척 기뻐요!
- I'm very happy.
- I'm overjoyed.
- Oh! How glad I am!

② 기분이 끝내 주는군!
- What a great feeling!
- I'm about ready to jump out my skin.
- I jumped for joy.
- I'm flying.
- I'm walking on air now.
- I'm so happy, I don't know what to say.

③ 내 인생에 이보다 더 기쁜 적은 없습니다.
I've never been happier in my life.

④ 무엇이 그리 기쁜가요?
What makes you so happy?

⑤ 너무 즐거워요.
- I'm having fun.
- What a lark!

⑥ 좋아서 미칠 지경이에요.
I'm tickled pink.

⑦ 콧노래라도 부르고 싶습니다.
I feel like humming.

⑧ 제 아들이 성공해서 무척 기쁩니다.
I'm very pleased with my son's success.

⑨ 난 정말 만족합니다.
I'm completely.

⑩ 마음이 아주 편합니다.
My mind is completely at ease.

⑪ 난 정말 그것에 만족합니다.
I'm really happy with it.

⑫ 더 이상 기쁠 수가 없어요.
I couldn't be happier with it.

⑬ 그 소식을 들으니 정말 기쁩니다.
I'm glad to hear that.

⑭ 대단한 소식이야!
What wonderful news!

⑮ 네가 잘돼서 나도 기쁘다!
I'm really happy for you.

⑯ 듣던 중 반가운데요.
That's nice to hear.

⑰ 그거 반가운 소식입니다.
That's good news.

⑱ 정말로 기쁘시겠습니다.
How glad you must be!

⑲ 그 소식을 들으면 그가 얼마나 기뻐할까요.
How glad he will be to hear that!

⑳ 만나서 즐거웠습니다.
It was nice meeting you.

㉑ 너무 화가 나서 터질 것만 같아요.
I'm so angry I could blow.

㉒ 참는 것도 한도가 있어요
My patience is worn out.

㉓ 제 자신에게 화가 났어요.
I'm mad at myself.

㉔ 알았어, 알았다고!
All right, I will.

㉕ 내게 말하지 마!
Don't talk to me.

㉖ 당신 때문에 미치겠어요.
You drive me crazy.

㉗ 더 이상은 못 참겠어요.
  Enough is enough.
㉘ 저 사람은 정말 무례해.
  That person is so rude.
㉙ 너 어떻게 그렇게 무례할 수가 있니?
  How rude can you be?
㉚ 그 남자의 처신은 정말 불쾌해.
  I'm really displeased with his behavior.
㉛ 그 사람 당신한테 화가 났어요.
  He got angry at you.
㉜ 무엇 때문에 그가 그렇게 화가 났나요?
  What's got him so angry?
㉝ 그는 화를 잘 냅니다.
  He's gets upset very easily.
㉞ 그래서 나한테 화가 나셨나요?
  Are you angry with me on that score?

㉟ 나는 울고 싶어.
  I feel like crying.
㊱ 나는 희망이 없어요.
  I'm hopeless.
㊲ 저는 비참해요(우울해요).
  I'm miserable(depressed).
㊳ 그 소식을 들으니 정말 우울해진다.
  The news has really gotten me down.
㊴ 저를 우울하게 만들지 마세요.
  Don't let it make my brown eyes blue.
㊵ 어머나, 가엾어라!
  • What a pity!
  • Oh, poor thing!
  • Oh, my God.

02 숫자(날짜, 가격, 거리 등)

1 시간에 대하여

① 시간을 일러주다
• It's 7 o'clock in morning.
  오전 7시입니다.
• It's 9 a.m.
  오전 9시입니다.
• It's a quarter after(or past) 8 in the morning.
  오전 8시 15분입니다.
• It's 2 : 30(two-thirty) in the afternoon.
  오후 2시 반입니다.
• It's 2 : 30(two-thirty) p.m.
  오후 2시 반입니다.
• It's 10 minutes to 8 in the evening.
  오후 8시 10분 전입니다.

• It's still only seven o'clock.
  아직 7시밖에 안 되었어요.
• It's almost 6 : 30(six-thirty).
  6시 반이 다 되어갑니다.
• I guess it's around 5 : 30(five thirty).
  5시 반 정도 된 것 같아요.

② 몇 분 후에(몇 분 전에)
• in(or After) 30 minutes.
  30분 후에(지나서).
• in 30 minutes.
  30분 후에(지나서).
• in(or After) a quarter an hour.
  15분 후에(지나서).
• in two hour and a half.
  두 시간 반 후에(지나서).

- in one hour.
  한 시간 후에(지나서).
- We arrived there thirty minutes before the game started.
  시합이 시작되기 30분 전에 우리는 그곳에 도착했습니다.

③ 시계(시간)가 빠르다
- Does your watch good time?
  시계가 정확한가요?
- I'm afraid my watch is five minutes or so fast.
  제 시계는 5분 정도 빠른 것 같아요.
  어휘 be afraid ~인 것 같다, 걱정하다, 염려하다
- My watch is three minutes fast.
  제 시계는 3분 빨라요.
- The time of the meeting was advanced from 9 p.m. to 7 p.m.
  회의 시간이 오후 9시에서 7시로 앞당겨졌습니다.

④ 시계(시간)가 늦다
- I'm afraid my watch is three minutes or so slow.
  제 시계는 3분 정도 늦는 것 같아요.
- My watch is five minutes slow.
  제 시계는 5분 늦습니다.
- My watch loses five minutes a day.
  제 시계는 하루 5분씩 늦습니다.
- The train has arrived in Seoul three hour behind schedule due to an accident.
  기차는 사고로 인해 서울에 예정시간보다 3시간 늦게 도착했습니다.
  어휘 due to(= because of) ~에 기인하는, ~의 탓으로 돌려야 할 / 문어체에서는 owing to를 자주 쓴다.

⑤ 시계를 확인하다
- Is your watch right?
  시계가 맞습니까?
- Is your watch correct?
  당신의 시계는 정확합니까?

⑥ 시간을 할애하다
- Could you spare me a minute, please?
  잠시 시간을 내주시겠습니까?
- How long could you spare me?
  얼마 정도 시간을 내주시겠습니까?

⑦ 시간이 없다
- I'm in a hurry.
  시간이 없는데요(바빠요).
- I've no time to lose.
  낭비할 시간이 없습니다.
- My schedule's pretty tight.
  저의 예정이 꽉 차 있어요.
- I need more time.
  좀 더 시간이 필요합니다.

⑧ 시간을 낭비하다
- I'm taken too long.
  너무 오래 시간이 걸렸습니다.
- I've taken up a lot of time.
  시간이 너무 많이 걸렸어요.
- It was a time-consuming discussion for nothing
  무익하게 시간만 낭비한 토의였습니다.
  어휘 for nothing 거저, 무료로, 무익하게, 헛되이
  예 I did not go to college for nothing. 대학을 다닌 보람은 있었다.

⑨ 근무 시간
- Usually, we work eight hours a day from nine to six.
  보통 우리는 9시에서 6시까지 하루에 8시간 근무합니다.
- Sometimes we work two or three hours' overtime.
  때때로 두세 시간 정도 잔업을 합니다.

- We can take a one-hour lunch break.
  점심시간은 1시간입니다.
- We're working a six-day week.
  우리는 1주에 6일 근무합니다.
- We work a 44-hour week, in other words a six-day week.
  우리는 1주에 44시간, 바꿔 말하자면 6일 근무합니다.
- The union is demanding a 38 hour week.
  조합은 주 38시간 노동을 요구하고 있습니다.

⑩ 교대제 근무
- We work on a three-shift system.
  우리는 3교대제로 근무합니다.
  어휘 shift 교대제 근무 시간, 교체
- This factory operates for 24 hours on triple shift.
  이 공장은 3교대제로 24시간 가동됩니다.

⑪ 통근 시간
- How does your commuting time compare with other people's?
  다른 사람들과 비교하여 당신의 통근 시간은 어떻습니까?
- It takes about two hours from my home to the office by train.
  집에서 사무실까지 기차로 두 시간 정도 걸립니다.
- From home to the office it takes me about an hour altogether.
  집에서 사무실까지 모두 한 시간 정도 걸립니다.

⑫ 소요 시간
- It's five minutes' walk from the station.
  역에서 걸어서 5분 걸립니다.
- It's a 30 minute ride.
  승차 시간은 30분 동안이다.

- It takes almost three hours from Seoul to Busan.
  서울에서 부산까지는 거의 3시간이 걸립니다.
- How many hours does the flight take?
  비행기로 몇 시간 걸립니까?
- How long will it take from New York to Honolulu?
  뉴욕에서 호놀룰루까지 얼마나 걸립니까?

⑬ 출발 시간
- What time does the last train(flight) for Paris leave?
  파리 행 마지막 기차(비행기)는 몇 시에 떠납니까?
- Will I be in time for the train(flight)?
  기차(비행기)시간에 맞춰 도착할 수 있을까요?

⑭ 접수 시간
- What time is check-in?
  몇 시에 체크인(숙박 수속)합니까?
- What time is check-out?
  몇 시에 체크아웃(퇴출 수속)합니까?

⑮ 개점, 폐점 시간
- What time do you open?
  몇 시에 개점합니까?
- What time do you close?
  몇 시에 폐점합니까?

⑯ 문 닫는 시간
- Eleven in the evening is the time limit at this dormitory.
  이 기숙사의 문 닫는 시간은 밤 11시입니다.
- You have to come back here by 10 p.m.
  밤 10시까지 이곳에 돌아와야 합니다.

2 날짜에 대하여

① 시일이 걸리다
- It will take about three months to obtain approval from the government.
  정부로부터 승인을 받는 데 3달 정도 걸립니다.
  어휘 approval 승인, 인가, 면허 v. approve
- It will take some one week before our management make a decision on this issue.
  경영진이 이 문제에 대해 결정하는 데 1주 정도 걸릴 것입니다.
  어휘 some(about) (수사 앞에서) 대략, ~쯤
- The expedition lasted exactly two years and three months.
  탐험은 정확히 2년 3개월간 계속되었습니다.
- I need two weeks to prepare the documents.
  서류를 준비하는 데 2주일이 필요합니다.
- We need about three months' preparation before starting this work.
  이 일에 착수하기 전에 3달 정도의 준비 기간이 필요합니다.
- You will need three months or so to get used to the new machine.
  새로운 기계에 익숙해지는 데 3개월 정도 필요할 것입니다.
- The new project requires three months or so to get used to new machine.
  새 계획은 석 달 정도의 준비 기간을 필요로 합니다. 그러면 새로운 기계에 익숙해 질것입니다.
  어휘 startup (조업) 개시
- It took almost two years to complete the new plant.
  새 공장을 준공하는 데 거의 2년이 걸렸습니다.
- Change the oil every six months.
  오일은 6개월마다 교환해 주십시오.
- There will be a five months delay.
  5개월간 지연될 것입니다.
- It took two days to read the book.
  그 책을 읽는 데 두 시간 걸렸다.

② 여유를 주다
- Give me three days before we decide on the matter.
  이 일을 결정하는 데 3일간의 여유를 주십시오.
- Please give me five days to prepare for the next meeting.
  다음 회의를 준비할 수 있도록 5일간의 여유를 주십시오.
- Can't you give me time until the end of this month?
  이달 말까지 시간을 주실 수 없으십니까?

③ 시일이 경과하다
- Two months have passed(or elapsed) since I came here.
  여기에 온 지 두 달이 지났습니다.
- It's two months since I came here.
  여기에 온 지 두 달입니다.

④ 시기
- In a few days I'll call you.
  며칠 후에 전화하겠습니다.
- I'm going to visit France around the last of May.
  5월 하순 경에 프랑스를 방문할 예정입니다.
- The board meeting is held every two weeks.
  이사회는 격주(2주일마다)로 열립니다.
  어휘 board 이사회, 위원회, 회의 / every : 매, 마다
  예 every other day 격일로

⑤ 기간
- Usually, we're open Monday through Friday.
  보통 월요일에서 금요일까지 영업합니다.
- Not to be sold after 2/28.
  판매기간은 2월 28일까지

⑥ 근속
- He's been working with this company for seven years.
  그는 7년 동안 이 회사에 근속해 왔습니다.
- He's senior by three years.
  그는 제 3년 선배입니다.
- He is three years older than I.
  그는 저보다 3년 선배입니다.

⑦ 휴가, 결근
- You're entitled to five days' paid leave.
  당신은 5일간의 유급 휴가를 얻었습니다.
  어휘 paid leave 유급 휴가
- He's been absent for five days.
  그는 5일간 결근했습니다.

⑧ 교섭, 지연
- We're reached a conclusion after three days of negotiation.
  우리는 3일간의 교섭 끝에 결론에 도달했습니다.
- The walkout caused a two-day delay in the shipment.
  파업으로 인해 선적이 이틀 지연됐습니다.
  어휘 walkout 스트라이크, 파업

⑨ 체류 기간
- How long have you been in Korea?
  한국에 얼마 동안 체류하셨습니까?
- How long are you going to stay in Korea?
  한국에 얼마 동안 체류할 예정입니까?
- I want to extend my stay for five days.
  체류기간을 5일 더 연장하고 싶습니다.

⑩ 기한
- Your monthly repayment for the month of July will become due on July 19th.
  6월분 상환금은 7월 19일이 지급기일입니다.
  어휘 due 지급 기일이 된, 만기가 된

- You cannot withdraw the money for a period of ten months because this is a ten-month time deposit.
  이것은 10개월 예금이므로 열 달 동안은 돈을 인출할 수 없습니다.

⑪ 기한까지
- Please complete this report by the end of this week.
  이번 주말까지 이 보고서를 완성하여 주십시오.
- Please send your reply by April 15th.
  4월 15일까지 답장을 보내시오.
- Can you finish it by June 10th.
  6월 10일까지 끝낼 수 있습니까?
- The deadline for shipping is the 30th of April.
  선적 마감 기일은 4월 30일입니다.
- I hope you will submit the report within two weeks.
  2주일 이내에 보고서를 제출하시기 바랍니다.

⑫ 유효 기한
- The contract holds good for three years.
  그 계약은 3년간 유효합니다.
  어휘 hold good 유효하다, 진짜이다
- The contract is valid until December 31st, 1995.
  이 계약은 1995년 12월 31일까지 유효합니다.
- This ticket is good for five days.
  이 표는 5일간 유효합니다.

⑬ 기한이 만기되다
- The expired ticket is not refunded.
  기한이 지난 표는 환불되지 않습니다.
- Your driver's license expired three months ago.
  당신의 운전면허증은 3달 전에 기한이 만료되었습니다.

⑭ 기한을 연장하다
- The term shall be extended for two years upon agreement between both sides.
  쌍방의 동의하에 그 기한을 2년 더 연장할 것입니다.
- You may be given a chance to renew the contract for two year if the company need you.
  만약 회사가 당신을 필요로 한다면 2년 더 계약을 갱신할 수 있는 기회가 주어집니다.

⑮ 기한이 지나다
- You are requested to pay a fixed rate of interest after the date of repayment is due.
  상환 기한을 경과하면 일정한 이자를 지불하라는 요구를 받습니다.
- After the period, the ticket is no longer valid.
  기한이 지나면, 그 표는 무효가 됩니다.

3 비율, 비교에 대하여

① 비율
- The Koreans own cars a rough rate of one in every ten persons.
  한국인은 대략 10명에 1명 꼴로 차를 소유하고 있습니다.
- In the US, the rate is one car for every two persons.
  미국에서는 그 비율이 2명에 1대 꼴입니다.
- Over 10 percent of Korean families own one car or more.
  한국 가정의 10% 이상이 한 대 이상의 차를 소유하고 있습니다.
- Five percent of Korean households own two or more cars.
  한국 가정의 5%가 2대 이상의 차를 소유하고 있습니다.

② 비교
- This is twice as large as that, isn't it?
  이것은 저것의 2배 크기로군요.
- The Korean people are buying rice almost 5 times higher in price than that in foreign countries.
  한국인은 외국보다 쌀을 5배 정도 비싸게 구입합니다.
- The average rice price in the world market is about one-fifth of the price in Korea.
  국제 시장의 평균 쌀 시세는 한국의 1/5 가격입니다.
- The Korean auto industry produces some ten million cars annually, marking it No.3 in the world.
  한국의 자동차 산업은 연간 약 천만 대를 생산하여 세계 3위를 기록하고 있습니다.

4 금전에 대하여

① 가격, 요금
- How much is it?
  얼마입니까?
- How much do I owe you?
  얼마입니까?
- What do you want for it?
  얼마입니까?
- What's the price?
  가격은 얼마입니까?
- What's your rate?
  가격은 얼마입니까?
- What's the charge?
  가격은 얼마입니까?
- How much is the fare?
  요금(운임)은 얼마입니까?
- How much does that come to altogether?
  전부 얼마입니까?

- How much will it be with tax?
  세금까지 전부 얼마입니까?

② 하루에 얼마입니까?
- What's the charge per day?
  하루에 얼마입니까?
- How much per day?
  하루에 얼마입니까?
- What is the rate for a room per night?
  하룻밤의 방값은 얼마입니까?

③ 가격을 말하다
- It's 60,000(sixty thousand) won.
  6만 원입니다.
- It's just 250(two hundred fifty) won.
  단지 250원입니다.
- The total is 5,000 won.
  총액이 5,000원입니다.

④ 각자 부담
- Let's split the bill.
  비용은 각자 부담합시다.
- Let's go fifty-fifty on the bill.
  비용은 반반씩 부담합시다.
- Let's go Dutch.
  각자 비용을 지불하도록 합시다.
- How much is mine?
  저의 몫은 얼마지요?

⑤ 금액
- 7,200(seventy two hundred) won, please.
  7,200원입니다.
- I'm afraid I only have a 10,000 won bill.
  미안합니다. 만 원짜리 지폐밖에 없습니다.
- $3.95(three dollars and ninety-five cents) isn't much to pay.
  3달러 95센트는 대단한 지불 금액이 아닙니다.

- The bill came to $7.50 and I left a 75c tip.
  계산서가 7달러 50센트였으므로 나는 팁으로 75센트를 놔두었다.
- I want to have 500 dollars in 25 ten-dollar bills, 40 five-dollar bills, and 50 one-dollar bills.
  500달러를 10달러짜리로 25장, 5달러짜리로 40장, 1달러짜리로 50장을 주십시오.
- Please break two dollars into four quarters and ten dimes.
  2달러를 25센트 동전으로 4개, 10센트 동전으로 10개 나누어 주십시오.
- Will you include small change?
  잔돈을 포함해서 드릴까요?
- Please give me three one-dollar stamps and three fifteen-cent stamps.
  1달러짜리 우표 3장과 15센트 우표 3장을 주십시오.
- I want to send one hundred dollars by postal money order(telegraphic transfer).
  우편환(전신환)으로 100달러를 송금하고 싶습니다.

  어휘 money order 우편환,
  　　　telegraphic transfer 전신환

⑥ 환율
- What's the current exchange rate?
  현재 환율은 얼마입니까?
- What's the exchange rate today?
  오늘의 환율은 얼마입니까?
- Today's rate is quoted at 4.119.
  오늘의 환율은 4.119로 되어 있습니다.

  어휘 quote ~에 시세를 매기다, ~을 견적하다
- What's a dollar worth in won?
  1달러에 몇 원입니까?
- What's the won's exchange rate to the U.S. dollar?
  원의 대달러 환율은 얼마입니까?

  어휘 exchange rate 환율

⑦ 이자, 이익
- This time deposit bring you a nine percent interest per year.
  이 정기 예금은 연간 9%의 이자가 붙습니다.
- The net profit is 3,000 dollars.
  순이익은 3,000달러입니다.

5 단위와 계산에 대하여

① 조
- Five trillion.
  5조
- Five hundred trillion.
  500조
- Ten trillion, nine hundred thirty-four billion, five hundred sixty-seven million, four hundred ten thousand, five hundred seventy-three.
  10조 9,345억 6,741만 573
- That star is a trillion miles away in space.
  저 별은 1조 마일 떨어진 우주 저쪽에 있다.

② 억
- Two hundred million.
  2억
- Five billion.
  50억
- Fifty billion.
  500억
- China's populations fly over one billion.
  중국의 인구는 현재 10억을 넘고 있다.

③ 만
- Twelve thousand.
  1만 2천
- Four hundred thousand.
  40만
- Two million.
  200만
- Eleven million.
  천백만
- Five hundred thousand-two thousand.
  50만 2,000
- Ninety million, six hundred eighty-four thousand, thirty-two.
  9,068만 4,032
- A million dollars! you must be rich.
  백만 달러라구요! 큰 부자시군요.

④ 소수
- Two point seven.
  2.7
- Eighty-five point five two.
  85.52
- Nine thousand seven hundred eighty-two point three five.
  9,782.35
- Twenty-one thousand four hundred eighty-nine point one two four.
  21,489.124
- Seventy-six thousand, sixty-four point eight.
  76,064.8
- Three hundred thousand five point four three two.
  300,005.432
- Four ten thousandth.
  0.0004
- Zero point zero zero zero four.
  0.0004
- 0.05 looks small, but it may be very important.
  0.05는 작은 수 같지만, 아주 중요하다.

⑤ 더하기
- One and one is two.
  1 + 1 = 2
- Five and four make(or are) nine.
  5 + 4 = 9
- Seven plus two is nine.
  7 + 2 = 9

⑥ 빼기
- Thirty minus five equals twenty-five.
  30 − 5 = 25
- Thirty minus five is twenty-five.
  30 − 5 = 25
- Twenty take away twelve is eight.
  20 − 12 = 8

⑦ 곱하기
- Four fives are twenty.
  4 × 5 = 20
- Two multiplied by nine makes eighteen.
  2 × 9 = 18
- Three times six is eighteen.
  3 × 6 = 18

⑧ 나누기
- Eighteen divided by nine equals two.
  18 / 9 = 2
- Four into sixteen goes four.
  16 / 4 = 4

⑨ 거듭제곱
- Two squared is four.
  2의 제곱 = 4
- Two cubed is eight.
  2의 세제곱 = 8
- The square of 10 is 100.
  10의 제곱은 100이다.
- The area of a circle is 3.14 × r squared.
  원의 면적은 3.14 × r 제곱이다.

03　날씨 · 환경 · 건강

1 날씨에 대해서 말할 때

① 날씨가 참 좋지 않습니까?
   Isn't it a wonderful day?
② 바깥 날씨가 어떻습니까?
   How is the weather out there?
③ 오늘 날씨가 어때요?
   What's the weather like today?
④ 서울 날씨는 어떻습니까?
   What's the weather like in Seoul?
⑤ 이런 날씨 좋아하십니까?
   Do you like this kind of weather?
⑥ 그곳 날씨는 어떻습니까?
   What's the weather like there?
⑦ 오늘은 날씨가 화창합니다.
   It's a beautiful day today.
⑧ 올해는 황사의 수치가 가장 높다고 합니다.
   Yellow dust readings are the highest in this year.
⑨ 날씨가 정말 비로 인해 칙칙합니다.
   It's lovely weather for ducks.
⑩ 비가 올 것 같습니다.
   It's looks like it's going to rain.
⑪ 비가 오락가락 하는데요.
   It is raining on and off.
⑫ 비가 그칠 때까지 기다립시다.
   Let's wait till the rain stops.

⑬ 비가 올듯하니 우산을 챙겨가세요.
  Since it looks like raining, take your umbrella.
⑭ 이런 더위를 어떻게 생각하십니까?
  What do you think of this heat?
⑮ 정말 덥습니다.
  It's really hot.
⑯ 푹푹 찌는군요!
  What a scorcher!
⑰ 이 안은 무척 덥습니다.
  It sure is hot in here.
⑱ 정말로 후덥지근합니다.
  It's a very muggy day.
⑲ 정말로 덥습니다.
  It's very sultry.
⑳ 너무나 덥군요.
  It's boiling hot.
㉑ 날씨가 점점 추워지고 있습니다.
  It's getting colder and colder.
㉒ 오늘은 정말 춥습니다, 그렇지요?
  It's really cold today, isn't it?
㉓ 눈이 올 것 같은 날씨에요.
  It looks like snow.
㉔ 눈이 펑펑 쏟아집니다.
  The snow falls fast.
㉕ 함박눈이 내립니다.
  It snows in large flakes.
㉖ 지독합니다. (너무 춥거나, 덥거나)
  It's terrible!
㉗ 바람이 붑니다.
  • It's windy.
  • How it blows.
㉘ 안개 때문에 아무것도 안 보입니다.
  I can't see anything because of the fog.
㉙ 안개는 곧 걷힐 듯합니다.
  The fog will soon lift.
㉚ 억수같이 비가 내립니다.
  It's pouring like cats and dogs.

2 건강에 대해서 말할 때

(1) 환자를 위로할 때
① 기분이 어떠세요?
  How are you feeling?
② 좀 나아지셨습니까?
  Are you feeling better?
③ 정말 유감입니다.
  I'm sorry to hear that.
④ 어쩌다가 다치셨나요?
  How did you get hurt?
⑤ 곧 나아지길 바랍니다.
  I hope you feel better soon.
⑥ 몸조리 잘하시길 바랍니다.
  Take good care of yourself, please.
⑦ 와 주셔서 감사합니다.
  Thank you for coming by.

(2) 입원 소식을 들었을 때
① 존슨 씨가 입원해 있습니다.
  Mr. Johnson has been in the hospital.
② 어느 병원에 입원해 있습니까?
  Which hospital is he in?
③ 그는 병원으로 급히 후송되었습니다.
  He was rushed to the hospital.
④ 병원에 같이 가 봅시다.
  Let's stop by the hospital.
⑤ 그에게 무엇을 갖다 주면 좋을까요?
  What should we bring her?

(3) 환자 증세에 대해서 말할 때
① 그녀는 회복할 가능성이 있습니까?
  Is there any chance for him to recover?
② 그녀는 언제 퇴원할 수 있을까요?
  When will she get out of the hospital?
③ 그녀는 매일 조금씩 좋아지고(나빠지고) 있습니다.
  Every day she's getting a little better(worse).

④ 나는 많이 좋아졌습니다.
　I feel much better now.
⑤ 그녀는 곧 퇴원할 겁니다.
　She will soon be out of hospital.
⑥ 그녀는 1주일 후면 퇴원할 겁니다.
　She'll be discharged in a week.
⑦ 나는 내일이면 집에 갈 수 있을 겁니다.
　I can go home tomorrow.

⑧ 수술이 성공적입니다.
　The surgery went well.
⑨ 그녀는 지금은 회복실에 있습니다.
　She's in the recovery room right now.
⑩ 환자의 상태는 좋습니다.
　The patient is doing well.

04　가족 · 친구 · 학교 · 고향

1 가족에 대해서 말할 때

① 가족은 몇 분이세요?
　• How large(big) is your family?
　• How many people are there in your family?
　• How many family members are there?
② 대가족이신가요?
　Do you have a large family?
③ 우리는 대가족입니다.
　We have a large family.
④ 우리 식구는 일곱 명입니다.
　There are seven in my family.
⑤ 형제나 자매가 있습니까?
　Do you have any brothers and sisters?
⑥ 난 독자입니다. 당신은요?
　I'm an only child. How about you?
⑦ 저는 부모님, 조부님과 함께 삽니다.
　I live with my parents and grandparents.
⑧ 당신 아버지는 무슨 일을 하십니까?
　• What does your dad do?
　• What business is your father in?
⑨ 가족이 너무나 그립습니다.
　I feel homesick for my family.
⑩ 남편이 하시는 일은 무엇입니까?
　What does your husband do for a living?

2 자녀에 대해서 말할 때

① 아이들은 몇 명이나 되시나요?
　How many children do you have?
② 저희는 아이가 없습니다.
　We have no children.
③ 아이는 언제 가지실 예정입니까?
　When are you going to have children?
④ 언제가 출산 예정일입니까?
　When is the blessed event?
⑤ 자녀는 있는 게 좋습니다.
　You should have children.
⑥ 7살 된 아들이 하나 있습니다.
　I have a seven-year-old son.
⑦ 딸이 몇 살인지 물어봐도 될까요?
　May I ask how old she is?
⑧ 아이들이 몇 살이지요?
　• How old are they?
　• What are their ages?
⑨ 아이들은 학교에 다닙니까?
　Do they go to school?
⑩ 아닙니다. 애들은 아직 어립니다.
　No, they don't. They're still young.

3 친구에 대해서 말할 때

① 친구 좋다는 게 뭐에요.
- That's what friends are for.
- What are friends for?

② 그는 나의 가장 친한 친구입니다.
- He is one of my best friends.
- He is a close friend of mine.

③ 그 친구는 허튼 소리를 잘해요.
He's talking through his hat.

④ 그는 내 친구의 친구입니다.
- I met him through a friend.
- He is a friend of my friend's.

⑤ 어려울 때 친구가 진짜 친구다.
A friend in need is a friend indeed.

⑥ 친구 사이에 돈거래는 하지 말라.
Lend your money and lose your friend.

⑦ 친구의 돈을 빨리 갚아야 우정이 오래 지속된다.
Short accounts make long friends.

⑧ 나쁜 친구와 함께 하느니 혼자 있는 편이 낫다.
Better to be alone than in bad company.

⑨ 친구를 보면 그 사람을 알 수 있다.
A man is known by the company he keeps.

⑩ 역경이 있을 때 친구를 안다.
Even reckoning makes lasting friends.

⑪ 여자 친구한테 차였어요.
I got rejected by my girlfriend.

⑫ 당신의 친구를 위로해 주세요.
Comfort your friend.

⑬ 우리 사이는 잘 진행되고 있는 중이다.
- We're getting along fairly well.
- We're getting on fairly well.

⑭ 애인 있으세요?
- Do you have any special girlfriend?
- Do you have any boyfriend(girlfriend)?

⑮ 이제 우리는 헤어졌어요.
- We're through, aren't we?
- We're finished.

⑯ 여자 친구와는 잘 되어 가고 있니?
How are you getting along with your girlfriend?

⑰ 새로운 친구 좀 사귀었나요?
Did you make any new friends?

⑱ 그녀와 연애 중입니다.
I'm in love with her.

⑲ 나는 그녀와 첫눈에 사랑에 빠졌습니다.
I fell in love with her at first sight.

⑳ 그들은 최근에 헤어진 것 같아요.
They seem to have broken up recently.

4 학교에 대해서 말할 때

(1) 출신학교와 전공에 대해서 말할 때

① 어느 학교에 다니시나요?
Where do you go to school?

② MIT에 다니고 있습니다.
I'm attending MIT.

③ 오리건 주립대학에 다닙니다.
I go to Oregon State University.

④ 어느 학교를 졸업하셨습니까?
What school did you graduate from?

⑤ 몇 학년이세요?
What year are you in?

⑥ 대학교 4학년(3학년, 2학년, 1학년)입니다.
I'm a senior(junior, sophomore, freshman).

⑦ 전공이 현재 무엇입니까?
What are you majoring at?

⑧ 교육학을 전공하고 있습니다.
I'm majoring at Education.

⑨ 저는 MIT 대학 졸업생입니다.
I'm Graduate of MIT university.

⑩ 그녀는 독학으로 대학을 나왔습니다.
She worked her way through college.

(2) 학교생활에 대해서 말할 때

① 그는 수업 준비하느라 바쁩니다.
  He's busy preparing for class.
② 이번 학기에는 몇 과목을 수강 신청하셨습니까?
  How many courses are you taking this semester?
③ 그녀는 저의 학교 선배입니다.
  She's ahead of me in school.
④ 나는 장학금을 신청했습니다.
  I applied for a scholarship.
⑤ 아르바이트를 하는 학생들이 많습니다.
  Many students are working at part time jobs.
⑥ 이게 저에게 어려운 학과였습니다.
  This has(is) been a hard course for me.
⑦ 저는 수학적인(언어학적인) 머리가 없는 것 같아요.
  I don't think I have a mathematic(linguistic) brain.
⑧ 그는 학교 성적이 매우 좋아진 듯합니다.
  He seems to be getting on very well at school.
⑨ 그는 동급생 중에서 두드러집니다.
  He is a cut above his classmates.
⑩ 게시판에 뭐라고 쓰여 있나요?
  What does the board say?

(3) 공부와 시험에 대해서 말할 때

① 시험이 임박했어요.
  Examination are at hand.
② 그녀는 밤늦게까지 공부를 합니다.
  She is burning the midnight oil.
③ 영어 시험에서 100점을 받았습니다.
  I got a hundred on the English test.
④ 이제 공부를 좀 해야 할 것 같아요.
  I think I have to hit the books now.
⑤ 난 그 시험 결과에 기대를 걸고 있습니다.
  I'm bent on the outcome of the experiment.

5 고향과 주거지에 대해서 말할 때

① 고향은 어디세요?
  Where are you from?
② 서울입니다.
  I'm from Seoul.
③ 국적은 어디입니까?
  What's your nationality?
④ 미국입니다.
  I'm from The United States.
⑤ 어디에서 자라셨습니까?
  Where did you grow up?
⑥ 태어나서 자란 곳은 어디입니까?
  Where were you born and raised?
⑦ 서울에서 자랐습니다.
  I grew up in Seoul.
⑧ 서울 토박이입니다.
  I was born and bred in Seoul.
⑨ 고향이 무척 그립습니다.
  I really miss my hometown.
⑩ 서울 교외지역에 삽니다.
  I live in the suburbs of Seoul.
⑪ 본적지가 어디십니까?
  What's your permanent address?
⑫ 어디에서 살고 계세요?
  Where are you living now?
⑬ 이 근처에 살고 있습니다.
  I'm living near here.
⑭ 여기서 먼 곳에 사십니까?
  Do you live far from here?
⑮ 그곳에서 얼마나 사셨습니까?
  How long have you lived there?
⑯ 주소가 어떻게 되시나요?
  What's your address?
⑰ 저는 교통이 편한 곳에 살고 있습니다.
  I live where transportation is convenient.
⑱ 저희 집 주변은 시끄럽습니다.
  My neighborhood is noisy.

⑲ 그곳까지 얼마나 걸립니까?
How long does it take to get there?

⑳ 당신이 사는 곳까지 대중교통은 편하고 저렴한가요?
Is public transportation cheap and convenient to your living place?

05 취미 · 직업 · 계획

1 취미에 대해서 말할 때

① 취미가 무엇입니까?
What is your hobby?
② 특별한 취미가 있으신가요?
Do you have any particular hobbies?
③ 우표 수집을 좋아합니다.
I go in for stamp collecting.
④ 무엇에 흥미가 있으세요?
What are you interested in?
⑤ 저의 취미는 영화감상입니다.
My hobby is watching movies.

2 여가에 대해서 말할 때

① 주말에는 주로 무엇을 합니까?
What do you usually do on weekend?
② 주말에는 주로 TV를 보면서 시간을 보냅니다.
• I pass the time watching TV on weekends.
• I'm always just couch potato on weekends.
③ 여가에 무엇을 하세요?
What do you do in your spare time?
④ 여가를 어떻게 보내세요?
How do you spend your leisure time?
⑤ 기분전환으로 무엇을 하십니까?
• What do you do for relaxation?
• What do you do for a change?
⑥ 주말에 무슨 계획이 있으세요?
Do you have any plans for the weekend?
⑦ 주말에는 그저 TV만 보며 있습니다.
I am just a couch potato on weekends.

⑧ 휴일에는 무엇을 하십니까?
What are you going to do for the holiday?
⑨ 일과 후에는 무엇을 하십니까?
What do you do when you have time off?
⑩ 어디 여행이라도 갈까 합니다.
I figure I'll take a trip somewhere.

3 스포츠에 대해서 말할 때

① 어떤 스포츠를 좋아하세요?
What's your favorite sport?
② 무슨 스포츠를 좋아하세요?
What sports are you good at?
③ 어떤 스포츠를 좋아하는지 여쭤봐도 될까요?
May I ask your favorite sport?
④ 당신은 얼마나 자주 운동을 좋아하세요?
How often do you work out?
⑤ 그는 운동 신경이 발달되어 있습니다.
He's got good motor skills.
⑥ 저는 스포츠 광입니다.
I'm sports nut.
⑦ 저는 운동을 잘 못합니다.
I'm not very good at sports.
⑧ 나는 스포츠에 관심이 없습니다.
I'm not interested in sports.
⑨ 나는 겨울 스포츠를 좋아합니다.
I love winter sports.
⑩ 나는 스포츠 중에서 농구를 가장 좋아합니다.
I like basketball best of all sports.

4 스포츠 관전에 관해서 말할 때

① 어느 팀이 이길 것 같습니까?
   Which team looks like it will win?
② 점수가 어떻게 되었어요?
   What's the score?
③ 누가 이기고 있습니까?
   Who's wining?
④ 우리 팀이 아직 이기고 있습니다.
   Our team's still ahead of the game.
⑤ 그 경기는 무승부로 끝났습니다.
   The game ended in a tie.
⑥ 우리 팀이 3대1로 이겼어요.
   The score was three to one in our favor.
⑦ 그 시합 볼만했나요?
   Was the game worth watching?
⑧ 오늘밤 그 경기가 중계됩니까?
   Is the game on tonight?
⑨ 언제 중계가 됩니까?
   When is it on?
⑩ 이 게임은 생중계입니까?
   Is this game live?
⑪ 당신은 어느 팀을 응원하고 있지요?
   What team are you pulling for?
⑫ 시합 결과는 어떻게 되었나요?
   How did the game turn out?
⑬ 우리가 2 : 0으로 이겼습니다.
   We won the game 2 to nothing.
⑭ 우리가 3 : 4로 패했습니다.
   We lost the game 3 to 4.
⑮ 막상막하의 경기였습니다.
   It was neck and neck.

5 그 이외 스포츠에 대해서 말할 때

① 골프 치는 것을 좋아하세요?
   Do you like playing golf?
② 골프는 별로 좋아하지 않습니다.
   I'm not much of a golf fan.
③ 그 선수 타율이 어떻습니까?
   What is the player's batting average?
④ 지금 몇 회입니까?
   What inning is it?
⑤ 지금 만루입니다.
   The bases are loaded(full).
⑥ 나는 축구팀의 후보 선수입니다.
   I'm just a bench warmer on the football team.
⑦ 매일 아침 조깅하러 갑니다.
   I go jogging every morning.
⑧ 테니스 칠 줄 아세요?
   Can you play tennis?
⑨ 코트를 빌리는 데 얼마입니까?
   How much is it to rent the court?
⑩ 테니스 레슨을 받은 적 있으세요?
   Have you ever taken tennis lesson?
⑪ 몇 세트로 승부할까요?
   How many sets should we play?
⑫ 토스로 서브를 정합시다.
   Let's toss for service.
⑬ 가끔 스키를 타러 가세요?
   Do you go skiing sometimes?
⑭ 스키를 타 본 적이 없습니다.
   I never went skiing.
⑮ 저는 스키를 잘 탑니다.
   I'm a good skier.
⑯ 스키에는 관심이 없습니다.
   I have no interest in ski.
⑰ 어떤 자세의 수영을 좋아하십니까?
   What style of swimming do you like best?
⑱ 얼마나 멀리 수영을 할 수 있습니까?
   How far can you swim?
⑲ 저는 수영을 잘 합니다.
   I swim like a fish.
⑳ 저는 수영을 잘 못합니다.
   I am a poor swimmer.

6 직업에 대해서 말할 때

① 직업이 무엇입니까?
- What do you do?
- What's your business?
- What kind of job do you have?
- What's your occupation?
- What is you job?

② 어떤 업종에 종사하십니까?
What line of business are you in?

③ 출판업에 종사하고 있습니다.
I'm in the publishing industry.

④ 저는 자영업자입니다.
I'm self-employed.

⑤ 저는 봉급생활자입니다.
I'm a salaried worker.

⑥ 저는 지금 실업자입니다.
I'm unemployed right now.

⑦ 저는 공무원입니다.
I'm a public officer.

⑧ 저는 정비사입니다.
I'm a mechanic.

⑨ 저는 프리랜서입니다.
I'm a freelancer worker.

⑩ 저는 전업주부입니다.
I'm a homemaker.

7 계획에 대해서 말할 때

① 나는 내일 그곳에 갈 계획이다.
I'm planning to go there tomorrow.

② 나는 항상 미리 계획을 세운다.
I always plan ahead(in advance).

③ 이번 주말을 위한 계획들을 세웠다.
I made plans for this weekend.

④ 나는 계획대로 내일은 영어를 공부할 것이다.
I'll study English tomorrow as planned.

⑤ 내 생각으로는 그 계획이 성공하지 않을 것 같다.
I don't think the plan will be successful.

⑥ 나는 계획대로 소풍을 갈 것이다.
I'll go on a picnic as planned.

⑦ 계획이 흐지부지 끝나지 않도록 할 것이다.
I'll try that my plan keeps on going.

⑧ 계획을 망쳤다.
The plan is ruined(spoiled).

⑨ 나의 계획은 일장춘몽으로 돌아갔다.
My plan ended up as nothing.

⑩ 내 계획을 지키도록 노력해야겠다.
I'll make an effort to keep my plan.

06 교통수단

1 길을 물을 때

① 서울역까지 가는 길을 알려주세요.
Please tell me the way to the seoul station.

② 여기서 가까운가요?
Is it near here?

③ 경찰서는 어디에 있습니까?
Where's the police station?

④ 국립중앙박물관으로 가려면 어떻게 가야 합니까?
How can I get to the national central Museum?

⑤ 거기까지 걸어서 갈 수 있나요?
Can I walk there?

⑥ 여기에서 멉니다.
It's far from here.

⑦ 이 주위에 지하철역이 있습니까?
Is there a subway station around here?

⑧ 걸어서 몇 분 정도 걸립니까?
   How many minutes by walking?
⑨ 미안합니다만, 한강공원은 어느 방향입니까?
   Pardon me, Hang River park which direction is it?
⑩ 잠깐 실례합니다만, 인사동은 이 길로 가면 됩니까?
   Excuse me, but is this the right way to Insa-dong?
⑪ 제가 있는 곳이 어디입니까?
   Can you tell me where I am?
⑫ 가장 가까운 지하철역으로 가는 길을 가르쳐 주시겠어요?
   How can I get to the nearest subway station?
⑬ 이 길이 시청으로 가는 길이 맞습니까?
   Is this the right way to the City Hall?
⑭ 길을 잃었습니다. 여기가 어디입니까?
   I've lost my way. Where am I now?
⑮ 거기까지 가려면 시간이 얼마나 걸립니까?
   How long does it take to get there?

2 길을 가르쳐줄 때

① 곧장 가세요.
   - Go straight ahead.
   - Walk straight on.
   - Keep going please.
   - Keep on this road.
   - It's way down the street.
② 100미터 정도 곧장 걸어가세요.
   Walk straight on for about 100 meters.
③ 길(다리)을 건너세요.
   Cross the street(bridge).
④ 저기입니다.
   - It's over there.
   - That building.
   - It's quite close.
⑤ 여기서 가깝습니다.
   - It's near(here).
   - It's not far from here.
   - It's not so far from here.
⑥ 건물(다리)(공원) 맞은편입니다.
   It's beyond the(that) building(bridge)(park).
⑦ 미안합니다. 저도 초행입니다.
   I am sorry. I'm a stranger around here.
⑧ 미안합니다. 저도 잘 모릅니다. 다른 사람한테 물어보세요.
   I'm afraid, I can't tell you. Ask the others.
⑨ 되돌아가세요.
   You should turn back.
⑩ 걸어서 5분 거리입니다.
   Only about five minutes.
⑪ 왼쪽에 맥도날드가 있습니다.
   There's a Mcdonald on the left.
⑫ 오른쪽에서 그 병원을 찾을 수 있을 겁니다.
   - You can't miss the hospital on your right.
   - You'll find the hospital on your right.
⑬ 이 건물 뒤에 있습니다.
   It's behind this building.
⑭ 편의점 뒤쪽 건물입니다.
   It's the building at the back of the convenience store.
⑮ 저도 같은 방향으로 가는 중입니다. 저를 따라 오세요.
   - I'm going that way. Come with me(follow me).
   - I'm going in that direction, so let's go together.
⑯ 여기서 상당히 먼 거리입니다.
   It's quite a distance from here.
⑰ 여기서 2블록 앞에 있습니다.
   It's two blocks away from here.
⑱ 이 주변인 것 같은데요.
   It's somewhere around here.

⑲ 내가 아는 한 아닙니다.
　Not that I know of.
⑳ 첫 번째 모퉁이에서 도세요.
　Turn at the first corner.
㉑ 그 모퉁이를 돌아서면 바로 거기입니다.
　It's just around corner.
㉒ 첫 번째 모퉁이에서 오른쪽으로 도세요.
　Turn to the right at the first corner.
㉓ 버스노선을 따라 가세요.
　Follow the bus line.
㉔ 도중까지 함께 갑시다.
　I'll go with you part of the way.
㉕ 거기로 데려다 드릴게요.
　I'll take you there.
㉖ 내가 길을 알려드릴게요.
　I'll show you the way.
㉗ 지도를 그려드리지요.
　I'll draw a map for you.
㉘ 주소를 가지고 계세요?
　Do you have the address?
㉙ 길을 잘못 들었습니다.
　You took the wrong way.
㉚ 당신은 반대방향으로 가고 있습니다.
　You're going in the opposite direction.

3 버스를 이용할 때

① 이 근처에 버스 정류장이 어디에 있습니까?
　Where's the bus stop near here?
② 가장 가까운 버스 정류장이 어디에 있습니까?
　Where's the nearest bus stop?
③ 저쪽 모퉁이에 있습니다.
　At the corner over there.
④ 360버스는 얼마나 자주 운행합니까?
　How often does bus 360 run?
⑤ 강남까지 몇 정거장이나 됩니까?
　How many stops before Gang Nam?

⑥ 경복궁 가려면 어디서 내리죠?
　Where do I get off for Gyeongbokgung?
⑦ 갈아타야 하나요?
　Do I have to transfer?
⑧ 도착하면 가르쳐 주세요.
　Please tell me when we arrive there.
⑨ 여기서 내리겠습니다.
　I'll get off here.
⑩ 시내 관광버스가 있나요?
　• Do you have a sightseeing bus of the city?
　• Is there a bus of the city tour?

4 지하철을 이용할 때

① 지하철 입구가 어디입니까?
　Where is the entrance for subway?
② 이 근처에 지하철역이 있습니까?
　Is the underground station near here?
③ 가장 가까운 지하철역이 어디죠?
　Where's the nearest underground station?
④ 어디서 갈아타나요?
　Where should I transfer?
⑤ 어느 역에서 갈아탑니까?
　What station do I transfer?
⑥ 몇 호선이 시청으로 가나요?
　Which line goes to City Hall?
⑦ 2호선을 타세요.
　Take number line 2.
⑧ 시청으로 가는 출구가 어디입니까?
　Where is the exit for City Hall?
⑨ 여기서 시청까지 몇 번째 역입니까?
　How many stops are there to City Hall?
⑩ 도봉산은 몇 호선입니까?
　Which line is for Do Bong Mountain?

5 택시를 이용할 때

① 택시를 타면 얼마나 걸립니까?
　How long does it take by taxi?
② 공항까지 요금이 얼마나 나올까요?
　How much will it cost to the airport?
③ 택시로 가는 것은 꽤 비싸군요.
　It's rather expensive to go by taxi.
④ 다음 블록에 택시 승강장이 하나 있습니다.
　You can find a taxi stand in the next block.
⑤ 밤에는 요금이 더 나옵니까?
　Are you rates more expensive at night?
⑥ 어디로 가십니까?
　• Where to?
　• Where are you going?
⑦ 빨리 가 주세요.
　• Hurry up, please.
　• Step on it. please.
⑧ 이 주소로 데려다 주세요.
　To this address, please.
⑨ 지름길로 가 주세요.
　Please take a short cut.
⑩ 여기서 세워주세요.
　Stop here, please.
⑪ 이 근처에 적당히 세워주세요.
　Let me get off anywhere near here, please.
⑫ 저 편의점 앞에서 잠깐만 세워주세요.
　• I want to stop at the convenience store over there.
　• Could you please wait at the convenience for a while?
⑬ 다 왔습니다.
　Here we are, sir.
⑭ 제 가방 좀 내려주시겠습니까?
　Could you take out my bags?
⑮ 고맙습니다. 잔돈은 가지세요.
　Thanks. Keep the change.

6 열차를 이용할 때

① Boston까지 편도(왕복) 1장 주십시오.
　A one-way ticket(a round-trip ticket) to Boston, please.
② 실례합니다만, 차표 파는 곳이 어디입니까?
　Excuse me, but where is the booking office?
③ 몇 등석으로 드릴까요?
　Which class do you want?
④ 일등석입니까? 이등석입니까?
　First or second class?
⑤ 이 열차가 부산행 맞나요?
　• Is this the right train to Busan?
　• Am I on the right train to Busan?
⑥ 이 열차는 예정대로 출발합니까?
　Is this train on schedule?
⑦ 차표 좀 보여주시겠습니까?
　May I see your ticket, please?
⑧ 왼쪽 출구로 나가주십시오.
　Take the exit on the left.
⑨ 미안하지만 차표가 매진되었습니다.
　I am sorry, but all seats are sold.
⑩ 부산 행 기차는 언제 떠나요?
　When does the train for Busan leave?
⑪ 창문을 열어도 될까요?
　• Would you mind opening the window?
　• May(Can) I open the window?
⑫ 식당차는 어디에 있습니까?
　Where's the dining car?
⑬ 파리까지 몇 시간입니까?
　How long is it to Paris?
⑭ 언제쯤 도착합니까?
　When do we arrive?

7 렌터카를 이용할 때

① 이곳에 렌터카 데스크는 어디입니까?
　Where's the rent a car desk(counter) here?

② 예약을 하셨습니까? 예. 예약했습니다.
　　Do you have a reservation?
　　Yes, I have a reservation.
③ 어떤 차종을 원하십니까?
　　What type of a car would you like?
④ 소형차를 2주일간 빌리고 싶습니다.
　　A compact car for two weeks, please.
⑤ 3일 동안 차를 빌리고 싶습니다.
　　I want to rent a car for three days.
⑥ 여기 제 국제 면허증이 있습니다.
　　Here's my international driver's license.
⑦ 오헤어 공항에 차를 반납하고 싶은데요.
　　I'd like to drop it off in O' Hare Airport.
⑧ 보증금은 얼마인가요?
　　How much is the deposit?
⑨ 길을 잃은 것 같아요.
　　I seem to be lost.
⑩ 출·퇴근 시간은 항상 이래요.
　　It's always like this during the rush hour.

07 공공기관 · 은행 · 병원

1 관공서

① 담당부서를 가르쳐주세요?
　　• Would you direct me to the right section?
　　• Which department should I go to?
② 부서를 바로 찾아오셨습니다.
　　You came to the right section.
③ 이 일은 어느 분이 담당하나요?
　　Who am I supposed to see about this?
④ 그 분은 지금 안 계십니다.
　　He is not here at the moment.
⑤ 우선 신청부터 하셔야 합니다.
　　You have to apply for it first.
⑥ 번호를 받으시고 자리에 앉아계세요.
　　Please take a number and have a seat.
⑦ 문서로 작성하셔야 합니다.
　　You have to put it down in writing.
⑧ 제가 작성해야 할 서류가 뭐죠?
　　• Which form am I supposed to fill out?
　　• What documents do I have to fill out?
⑨ 여기 복사기가 있나요?
　　Do you have a photocopier here?
⑩ 공중전화는 어디에 있습니까?
　　Where is the public telephone?
⑪ 여기에 서명하시고 날짜를 쓰세요.
　　Just sign here and date it.
⑫ 다 완료되었습니다.
　　You're all set!
⑬ 그 밖에 제가 다른 것이 필요한가요? 아니면 완료된 건가요?
　　Do I need anything else or am I all set?
⑭ 신청서를 작성했어요.
　　I've filled out the form.
⑮ 어느 분께서 비자 등록을 담당하세요?
　　Do you know who's in charge of visa certifications?

2 우체국

① 우표는 어디서 살 수 있습니까?
　　Where can I buy stamps?
② 이 소포를 한국으로 보내고 싶은데요.
　　I'd like to send this parcel to Korea.
③ 파리까지 항공편으로 보내주십시오.
　　By airmail to Paris, please!
④ 뉴욕까지 배편으로 보내주세요.
　　By sea mail to New York, Please!
⑤ 요금은 얼마입니까?
　　How much is the postage?

3 은행

① 나는 달러를 한국 돈으로 바꾸고 싶습니다.
   I want to exchange these dollars in the Korean money.
② 잔돈을 섞어주시겠습니까?
   Will you include some small change?
③ 이것을 잔돈으로 바꿀 수 있을까요?
   Can you break this into small money?
④ 오늘의 환율은 얼마입니까?
   What's the exchange rate today?
⑤ 환전은 어디서 합니까?
   Where can I change money?
⑥ 이 여행자 수표를 현금으로 바꿀 수 있습니까?
   Can you cash this traveler's check?
⑦ 수표를 현금으로 바꾸고 싶습니다.
   I want to cash these checks.
⑧ 수수료는 얼마입니까?
   What rate of commission do you charge?
⑨ 계좌를 개설하고 싶습니다.
   I would like to open an account.
⑩ 연회비는 얼마인가요?
   What's your annual fee?

08 외식

1 식당 예약

① 오늘 저녁에 자리를 예약하고 싶습니다.
   I'd like to reserve a table for evening.
② 자리를 하나 예약하고 싶습니다.
   I want to make a reservation for a table.
③ 어른 둘과 아이 둘을 예약하고 싶습니다.
   I would like to make a reservation for two adults and two children.
④ 일행은 몇 분입니까?
   • How large is your party?
   • How big is your party?
⑤ 복장에 대해서 제약은 없습니까?
   Is there a dress code?

2 예약 취소

① 오늘 저녁 6시 예약을 취소하고 싶습니다.
   I'd like to cancel my reservation for 6 p.m this evening.
② 오늘 저녁 식당에 제시간에 못갈 것 같습니다.
   We won't be able to make it to your restaurant.
③ 죄송합니다. 예약을 취소해 주세요.
   I'm sorry. Please cancel the reservation.
④ 오늘에 그곳 식당에 못갈 것 같습니다.
   We won't be coming to your restaurant tonight.
⑤ 선생님의 예약을 취소해 드리겠습니다.
   I'll cancel your reservation.

3 식당 입구

① 무엇을 도와드릴까요?
   May I be of service?
② 저, 두 사람 자리를 예약했는데요. 존슨입니다.
   Well, we have reservation for two. Johnson.
③ 예약은 하지 않았습니다.
   I don't have a reservation.
④ 두 사람 좌석을 원합니다.
   I'd like a table for two.
⑤ 흡연석으로 하시겠습니까? 금연석으로 하시겠습니까?
   Would you like smoking or non-smoking?

⑥ 흡연석은 없습니다.
There is no smoking here!
⑦ 창가 쪽으로 부탁드립니다.
Can I get a window seat?
⑧ 금연석을 부탁드립니다.
Non-smoking section, please.
⑨ 지금 자리가 다 찼습니다.
No tables are available now.
⑩ 몇 분만 기다리시면 자리가 납니다.
It'll be just a few minutes.

4 음식 주문

① 메뉴 좀 볼 수 있을까요?
Can I see the menu, please?
② 주문하시겠습니까?
- May I take your order?
- Would you like to order now?
- Shall I take your order?
- Are you ready to order?
- Have you been served?
③ 주문할게요.
We are ready to order.
④ 추천 요리는 무엇입니까?
What's your suggestion?
⑤ 무엇이 빨리 나오나요?
What can you serve quickly?
⑥ 이것으로 부탁드립니다.
I'll take this one.
⑦ 저도 같은 것으로 주세요.
- I'll have the same.
- Same here.
- The same for me.
⑧ 연어 튀김을 먹어보겠어요.
I'll try fried salmon.
⑨ 연어구이도 있습니까?
Could I have baked salmon?

⑩ 무엇을 주문해야 할지 모르겠어요.
I still don't know what to order.
⑪ 잠시 후에 주문을 받으시겠습니까?
Could you take our orders a little later?
⑫ 오늘의 특별요리는 무엇이 있습니까?
- What's today's special?
- What's the special of the day?
⑬ 저 사람이 먹고 있는 것은 무엇입니까?
What's that person having?
⑭ 어떤 음식을 추천하시겠어요?
- What do you recommend?
- Any suggestion?
- Do you have any recommendations?
⑮ 요리는 어떻게 익혀 드릴까요?
How would you like it?

5 식당에서 클레임

① 주문한 음식이 아직도 안 나오네요.
- My order hasn't come yet.
- What happened to my order?
- We're still waiting for our food.
- Will it take much longer?
② 이건 주문하지 않았습니다.
I didn't order this.
③ 스프(음식)에 뭔가 들어 있네요.
There's something in the soup(the food).
④ 다시 가져다주세요.
Could you take it back, please?
⑤ 이 고기는 충분히 익지 않았네요.
I'm afraid this meat is not done enough.
⑥ 좀 더 구워주시겠어요?
Could I have it broiled a little more?
⑦ 이 우유 맛이 이상합니다.
This milk tastes funny.
⑧ 이 음식은 상한 것 같습니다.
I'm afraid this food is stale.

⑨ 주문을 바꿔도 될까요?
Can I change my order?
⑩ 주문을 취소하고 싶은데요.
I want to cancel my order.

6 추가 주문 or 부탁

① 다른 것을 더 드시겠습니까?
Will you have something else?
② 뭐 다른 것을 가져다 드릴게 있습니까?
- Is there anything else I can get you?
- Would you care for anything else?
③ 디저트 좀 드실래요?
Would you like some dessert?
④ 얇게 썬 토마토 좀 주실래요?
Could you bring me some sliced tomatoes?
⑤ 고맙지만 사양하겠습니다. 맛있었습니다.
No, thanks. It was delicious.
⑥ 식탁 좀 치워주시겠어요?
Could you please clear the table?
⑦ 테이블 위에 물 좀 닦아 주세요.
Wipe the water off the table, please.
⑧ 접시들 좀 치워주세요.
Would you take the dishes away?
⑨ 물 좀 더 주시겠어요?
May I have more water?
⑩ 커피를 한 잔 더 드릴까요?
Can I offer you another cup of coffee?
⑪ 지금 디저트를 주문하시겠어요?
Would you like to order some dessert now?
⑫ 커피 좀 더 주시겠어요?
Could I have more coffee, please?
⑬ 음식이 전부 괜찮은가요?
Is everything all right?
⑭ 이걸 좀 싸주시겠어요?
Could you wrap this, please?
⑮ 전 새우를 못 먹습니다. 알레르기가 있습니다.
I can't eat shrimp. I'm allergic.

7 식당에 관한 대화

① 이 식당에 자주 오십니까?
Do you come here often?
② 이 식당은 음식을 아주 잘해요.
This restaurant serves good meals and drinks.
③ 이 식당은 항상 붐빕니다.
This restaurant is always crowded.
④ 이 집은 연어가 일품입니다.
This place has delicious salmon.
⑤ 이 식당은 생선요리를 아주 잘합니다.
They do fish very well in this restaurant.

8 음식의 맛 표현

① 맛이 어떻습니까?
How does it taste?
② 아주 맛이 좋습니다.
- It's delicious.
- It's very good.
- It's tasty.
③ 이 음식은 너무 맵습니다.
This food is spicy.
④ 군침이 돕니다.
My mouth is watering.
⑤ 생각보다 맛이 있군요.
It's better than I expected.
⑥ 이건 맛이 별로 없군요.
This is not good.
⑦ 이것은 제 입맛에 맞지 않습니다.
This food doesn't suit my taste.
⑧ 맛이 별로 없어요.
It's tasteless.
⑨ 싱거워요.
It's bland.
⑩ 순해요.
It's mild.

⑪ 구역질나요.
It's disgusting.
⑫ 비린내가 나요.
It's fishy.
⑬ 짭니다.
It's salty.
⑭ 신선해요.
It's fresh.
⑮ 신선하지 않아요.
It's stale.
⑯ 연해요.
It's tender.
⑰ 질겨요.
It's tough.
⑱ 끈적끈적해요.
It's sticky.
⑲ 기름기가 없어요.
It's lean.
⑳ 기름기가 많아요.
It's fatty.

9 음료나 술에 관련된 표현

① 마실 거는 무엇으로 하시겠어요?
- Will you have something to drink?
- Would you care for anything to drink?
- Something to drink?
- What would you like coffee or tea?

② 저는 커피로 주세요.
- Well, I'll have a coffee then.
- I'd rather have coffee.

③ 커피는 어떻게 해 드릴까요?
How would you like it?

④ 카페인이 없는 커피로 주세요.
I'd like some decaf.

⑤ 설탕과 크림을 넣어주세요.
With sugar and cream. please.

⑥ 그것으로 2잔 만들어 주세요.
Make that two.

⑦ 지금 커피를 가져다 드릴까요?
Would you like me to get your coffee now?

⑧ 물 좀 주실래요?
Can you get me a glass of water?

⑨ 오늘밤 한 잔 하실래요?
- How about having a drink tonight?
- Let's have a drink?

⑩ 한 잔 사고 싶은데요.
Let me buy you a drink.

⑪ 무엇으로 마실래요?
What do you want to drink?

⑫ 우리에게 맥주 두 잔 가져다주실래요?
Will you get us two beers?

⑬ 맥주 한 병 더 주세요.
Another bottle of beer for me, please.

⑭ 얼음을 타 주세요.
On the rocks, please.

⑮ 이 술은 독한가요?
Is it strong?

⑯ 안주는 무엇이 있나요?
What food do you have to go with your wine?

⑰ 제가 한 잔 따라드리겠습니다.
Let me pour you a drink.

⑱ 아니오, 괜찮습니다. 과음했습니다.
No, thanks. I'm too drunk.

⑲ 2차 갑시다.
Let's go another round!

⑳ 내가 살게.
I'm buying.

㉑ 건배합시다.
- Let's have a toast!
- Let's toast!

㉒ 당신을 위해서 건배!
Here's to you! - Cheers!

㉓ 건배!(행운을 빕니다)
Happy landings!

㉔ 우리들의 행복을(건강을) 위하여!
- To happiness for all of you!
- To our health!

㉕ 저는 술을 좋아합니다.
I'm a drinker.

㉖ 술을 입에 대지 않기로 했습니다.
I don't touch alcohol.

㉗ 술을 끊는 것이 좋겠습니다.
I advise you to quit drinking.

㉘ 술을 끊을 수 없습니다.
I can't give up drinking.

㉙ 이 맥주는 맛이 끝내주는군요.
This beer hits the spot.

㉚ 저는 생맥주가 더 좋아요.
I prefer draft beer.

㉛ 주량은 어느 정도이십니까?
How much do you usually drink?

㉜ 저는 술고래입니다.
I'm a heavy drinker.

㉝ 저는 술을 별로 안 좋아합니다.
I'm a light drinker.

㉞ 저는 술을 한 잔만 마셔도 얼굴이 빨개집니다.
A single cup of wine makes me flushed.

㉟ 저는 술을 천천히 마시는 편입니다.
I like to nurse my drinks.

㊱ 술을 끊었습니다.
I gave up drinking.

㊲ 점심 맛있게 드셨어요?
Do you enjoy your lunch?

㊳ 아주 맛있었습니다.
I enjoyed it very much.

㊴ 남은 요리를 가지고 가고 싶은데요.
Do you have a doggie bag?

㊵ 잘 먹었습니다. 고맙습니다.
It was very good. thank you!

㊶ 지금 계산할까요?
Do I pay you?

㊷ 아닙니다. 카운터에서 계산해주십시오.
No, sir. please pay the cashier.

㊸ 계산서 좀 주세요.
May I have the bill, please?

㊹ 내가 내겠습니다.
I'll pay for it.

㊺ 나누어 냅시다.
Let me share the bill.

㊻ 각자 계산합시다.
Let's go Dutch, shall we?

㊼ 이번에는 제가 낼게요.
Let me treat you this time.

㊽ 두 분 따로 계산해드릴까요?
Would you like separate checks?

㊾ 하나로 내실건가요? 따로 내실건가요?
Would this be one check or separate?

㊿ 봉사료는 포함되어 있나요?
Is it including the service charge?

09 쇼핑

1 가게 방문

① 매장 안내소는 어디입니까?
Where is the information booth?

② 여성복은 몇 층에 있습니까?
Which floor is the women's wear on?

③ 그건 어디서 살 수 있습니까?
Where can I buy that?

④ 윈도우 쇼핑을 하고 있습니다.
- I am just window shopping.
- I am just browsing.

⑤ 면세품 상점이 있나요?

Is there a tax-free shop?

2 매장 방문

① 무엇을 도와드릴까요?
- What can I do for you?
- May I help you?
- Anything I can help you?

② 무엇을 찾으시나요?

What are you looking for?

③ 괜찮습니다. 그냥 구경 좀 할게요.

No. thanks. I'm just looking around.

④ 그렇게 하세요. 천천히 둘러보세요.

I hope you will. Take your time.

⑤ 저거 좀 보여주시겠어요?

Would you show me that one?

⑥ 이거 만져 봐도 되나요?

May I touch this?

⑦ 마음에 드는 것이 없습니다.

Nothing for me.

⑧ 마침 그 물건은 다 팔렸습니다.

They're all sold out.

⑨ 그 상품은 재고가 없습니까?

Is the item out of stock?

⑩ 즉시 가져다 드리겠습니다.

I'll get it for you right away.

⑪ 그것은 중고품들입니다.

They are second hand.

⑫ 탈의실은 저쪽에 있습니다.

The changing rooms are over there.

⑬ 이것과 어울리는 바지가 혹시 있나요?

Do you have a pants to match this?

⑭ 싸게 드릴게요.

I'll give you a good price.

⑮ 맘에 드는 물건이 없군요.

I don't see anything I want.

3 물건 구입

① 한 번 입어 봐도 될까요?
- May I try this one?
- May I try it on?

② 내 사이즈에 맞는 게 있을까요?

Do you have this one in my size?

③ 탈의실이 어디에 있나요?

Where is the fitting room?

④ 당신에게 잘 어울립니다.

It goes well with you.

⑤ 이것은 너무 저에게 꽉 낍니다.

It's too tight(loose).

⑥ 이 재킷 사이즈 7 있나요?

Do you have this jacket in size 7?

⑦ 이 스웨터 흰색 있으세요?

Do you have this sweater in white?

⑧ 색깔이 마음에 안 들어요.

It's the wrong color.

⑨ 별로 마음에 안 듭니다.

I don't really like it.

⑩ 이 셔츠는 물세탁이 가능합니다.

This shirt is washable.

⑪ 이 바지는 다림질이 필요 없습니다.

These pants are drip-dry.

⑫ 구두가 너무 꼭 끼어서 아파요.

These shoes are so tight they hurt.

⑬ 이 사이즈로 다른 걸 보여주세요.

Please show me another one in this size.

⑭ 죄송합니다. 사이즈가 없습니다.

I'm sorry. we don't have that in your size.

⑮ 세일하는 건가요?

Is it on sale?

4 계산

① 이건 얼마인가요?
   How much is this?
② 얼마면 되겠습니까?
   How much are you asking?
③ 너무 비싸군요.
   It's too expensive.
④ 조금만 깎아줄래요?
   Can you give me a discount?
⑤ 더 싼 것은 없나요?
   Anything cheaper?
⑥ 깎아주면 살게요.
   I'll take it if you give me a discount.
⑦ 30달러로 안되겠습니까?
   To thirty dollars?
⑧ 값 좀 싸게 해 주세요.
   Can you come down on the prize?
⑨ 이것은 할인이 안 됩니다.
   We can't reduce the prize.
⑩ 현금으로 사면 깎아드릴게요.
   I'll give you discount if you pay in cash.
⑪ 이것 좀 계산해 주시겠습니까?
   Will you add these up for me?
⑫ 현금으로 하실 건가요? 카드로 하실 건가요?
   Will this be cash or charge?
⑬ 신용카드를 받습니까?
   Will you take credit cards?
⑭ 여행자 수표를 받습니까?
   Do you honor traveler's checks?
⑮ 신용카드로 계산하겠습니다.
   Let me pay for it with my card.
⑯ 여기 거스름돈 있습니다.
   Here is your change.
⑰ 거스름돈이 틀린데요.
   You gave me the wrong change.
⑱ 거스름돈이 모자라는 것 같군요.
   I think I was shortchanged.
⑲ 영수증을 주세요.
   Let me have a receipt, please.
⑳ 혹시 계산이 틀리지 않았나요?
   Isn't there a mistake in the bill?

10 여행

1 숙박 관련 표현

① 오늘밤 방이 있을까요? 예약을 부탁드립니다.
   Can I get a room for tonight? Reservation, please.
② 어떤 방을 원하세요?
   What kind of room are you looking for?
③ 욕실이 있는 싱글 룸을 원합니다.
   I'd like a single room with bath.
④ 1박에 얼마나 하나요?
   How much for a night?
⑤ 아침 식사는 포함되나요?
   Is breakfast included?
⑥ 성함이 어떻게 되시나요?
   May I have your name?
⑦ 조용한 방으로 부탁드립니다.
   I'd like to make it a quiet room.
⑧ 이 숙박 카드에 기입해 주세요.
   Please fill in the registration card.
⑨ 여기 방 카드 있습니다.
   Here is a room card.
⑩ 예약은 취소하지 마세요.
   Please don't cancel my reservation.
⑪ 이것이 예약 확인증입니다.
   This is the voucher.

⑫ 귀중품을 보관하고 싶습니다.
I want you to keep my valuables.
⑬ 열쇠를 보관해 주시겠습니까?
Will you keep my key?
⑭ 열쇠를 주시겠습니까?
Can I have my key?
⑮ 오늘밤 늦게 돌아올 예정입니다.
I'll be back late tonight.
⑯ 룸서비스를 부탁합니다.
Room service, please.
⑰ 내일 아침 식사를 부탁드립니다.
I want to have breakfast tomorrow morning.
⑱ 계란프라이와 커피를 부탁드립니다.
I'd like to have fried eggs and coffee.
⑲ 내일 아침 6시에 깨워주세요.
Wake me up at seven tomorrow morning, please.
⑳ 방에 열쇠를 두고 잠가버렸습니다.
I've locked my key in my room.
㉑ 열쇠가 잠겨 방에 들어갈 수 없습니다.
I locked myself out.
㉒ 뜨거운 물이 나오지 않습니다.
There's no hot water.
㉓ 화장실에 물이 내려가지 않습니다.
The toilet doesn't flush.
㉔ 타월을 좀 부탁드립니다.
Please give me a little more the towel.
㉕ 하룻밤 더 묵고 싶습니다.
I'd like to stay one more night.
㉖ 하루 일찍 떠나고 싶습니다.
I'd like to leave one day earlier.
㉗ 오후 늦게까지 방을 쓸 수 있을까요?
May I use the room till this afternoon?
㉘ 신용카드로 지불하고 싶은데요.
I'd like to pay with this credit card.
㉙ 체크아웃 하고 싶습니다.
Check out, please.

㉚ 고맙습니다. 즐겁게 보냈습니다.
Thank you. I enjoyed my stay.

2 관광 관련 표현

① 이 도시 관광은 어떤 것들이 있나요?
What does the city tour include?
② 관광 안내 책자를 하나 주시겠습니까?
Can I have a sightseer's pamphlet?
③ 이 도시의 주요 관광 명소는 어디입니까?
What are the major tourist attractions in this city?
④ 이 도시의 구경거리를 추천해 주실래요?
Would you suggest some interesting places to visit in this city?
⑤ 서울에서는 무엇이 볼만한가요?
What would you recommend me to see in Seoul?
⑥ 야시장은 어디에 있나요?
Where is the night market?
⑦ 씨티투어가 있나요?
Is there a city tour?
⑧ 투어 예약을 해야 하나요?
Do I have to book a tour?
⑨ 야간 관광도 있습니까?
Do you have a night tour?
⑩ 몇 시까지 버스로 돌아와야 합니까?
What time should I be back to the bus to?
⑪ 저희들 사진 좀 찍어주실래요?
Would you please take a picture for us?
⑫ 당신 사진을 찍어도 될까요?
May I take your picture?
⑬ 건물이 보이도록 사진을 찍어주세요.
Please take a photo to see the building.
⑭ 여기서 사진을 찍어도 됩니까?
May I take pictures here?
⑮ 여기는 사진 촬영이 금지되어 있습니다.
You're not allowed here taking pictures.

3 트러블 관련 표현

① 무슨 일이 있으십니까?
  What's the matter with you?
② 언제 어디서 분실했습니까?
  When and where did you lose it?
③ 택시 안에 가방을 두고 내렸습니다.
  I left my bag in a taxi.
④ 유실물 취급소는 어디입니까?
  Where is the lost and found?
⑤ 카드번호를 적어두었습니다.
  I keep the number of my card.
⑥ 분실한 짐을 찾으러 왔습니다.
  I'm here to pick up my luggage that I lost.
⑦ 여행 가방을 분실했습니다.
  I lost my suitcase.
⑧ 도난당한 물건이 있으십니까?
  Is anything missing?
⑨ 지갑(여권)을 도난당했습니다.
  I was robbed of my purse(passport).
⑩ 소매치기야! 저놈을 잡아줘요!
  Pickpocket. Catch him.
⑪ 도난 신고를 하고 싶습니다.
  I'd like to report a theft.
⑫ 한국대사관에 전화해 주세요.
  Please, call the Korean embassy.
⑬ 내 차가 꼼짝 못하게 되었습니다.
  My car has stalled.
⑭ 교통사고를 당했습니다.
  I had a traffic accident.
⑮ 충돌사고를 당했습니다.
  I had a collision.
⑯ 제 과실은 아닙니다.
  It wasn't my fault.
⑰ 보험 처리가 됩니까?
  Will the insurance cover it?
⑱ 도로 표지판 뜻을 몰랐습니다.
  I didn't know what that sign said.
⑲ 하마터면 큰일 날 뻔했군요.
  That was a close call.
⑳ 당신은 과속입니다(속도위반입니다).
  You were speeding.

4 기내·입국 관련 표현

① 공항까지 부탁합니다.
  To the airport, please.
② 어느 공항입니까?
  Which airport do you want?
③ 짐은 몇 개나 가지고 계세요?
  How many pieces of baggage?
④ 3개입니다. 큰 것은 트렁크에 넣어주세요.
  Three. Please put the baggage in the trunk.
⑤ 공항까지 어느 정도 걸립니까?
  How long will it take to get to the airport?
⑥ 공항까지 요금은 대략 얼마입니까?
  What is the approximate fare to the airport?
⑦ 서둘러 주세요. 늦었습니다.
  Please, hurry. I'm late, I am afraid.
⑧ 어느 항공사입니까?
  Which airlines?
⑨ 기사님, 호텔로 돌아가 주실래요? 중요한 것을 놓고 왔습니다.
  Driver, Would you go back to the hotel? I left something very important there.
⑩ 어디에 두셨는지 기억하고 계십니까?
  Do you remember where you left it?
⑪ 탑승 수속은 어디서 합니까?
  Where do I check in?
⑫ 탑승권을 보여주세요.
  May I have your ticket?
⑬ 여기서 체크인 할 수 있습니까?
  Can I check-in here?
⑭ 좌석을 좀 바꾸어도 될까요?
  May I change my seat?

⑮ 탑승 개시는 몇 시부터입니까?
When is the boarding time?
⑯ 면세점은 어디에 있나요?
Where is the duty-free shop?
⑰ 출국카드는 어디서 받습니까?
Where can I get an embarkation card?
⑱ 이것을 기내에 가지고 탈 수 있나요?
Can I carry this in the cabin?
⑲ 자리를 찾고 있습니다.
Looking for a seat.
⑳ 입국카드를 가지고 계십니까?
Do you have an immigration card?
㉑ 입국카드 작성법을 모르겠습니다.
I'm not sure how to fill out the immigration card.
㉒ 이것이 세관 신고서입니다.
This is customs declaration form.
㉓ 인천국제공항에 언제 도착합니까?
When do we land in Incheon international airport?
㉔ 제시간에 도착합니까?
Are we arriving on time?
㉕ 당신의 목적지는 인천입니까?
Is Incheon your destination?

5 귀국 관련 표현

① 예약 재확인을 하고 싶습니다.
- I want to reconfirm my reservation.
- I'd like to make a reconfirmation for my flight.

② 예약 재확인이 되었습니다.
You're reconfirmed.

③ 예약은 어디서 하나요?
Where can I make a reservation?

④ 가능한 한 빠른 편으로 해 주세요.
I want to fly as soon as possible.

⑤ 몇 시에 출발하는지 확인을 하고 싶습니다.
I want to make sure what time it's leaving.

⑥ 2등석을 부탁합니다. 1등석을 부탁합니다.
- Economy-class, please.
- Business-class, please.

⑦ 일정을 변경하고 싶습니다.
- I want to change the flight.
- Excuse me, I want to change the flight.

⑧ 10일 같은 편으로 해주세요.
I'd like to fly on the 10th, on the same flight.

⑨ 오후 비행기로 변경하고 싶습니다.
I'd like to change it to an afternoon flight.

⑩ 대기자(웨이팅)로 해주세요.
Would you put my name on the waiting list?

11 문화

① out of one's league : 자신의 팀보다 더 숙련되었거나 수준이 높은 팀 또는 사람에 대항해서 싸워야 하는 상황
  예 You have to take the prerequisite class before taking an upper-division history class. if you don't, you will be out of your league.
  당신은 상급반 역사 수업을 받기 전에 선행 수업을 이수해야만 합니다. 만약에 그렇지 못하면 당신은 상급반 역사 수업에서 애를 먹을 것입니다.

② go to bat for someone : 도와주다. 지지하다
  예 My boss went to bat for me when the company wanted to lower my job's hours.
  나의 상사는 회사 측이 나의 업무 시간을 낮추고자 했을 때 나를 도와주었습니다.

③ play hardball : (공격적이거나 경쟁적으로) 행동하다
　예 We thought it was a friendly company baseball game, but the other team was really playing hardball.
　우리는 그것이 우호적인 경기였다고 생각합니다만, 다른 팀은 진짜 실력으로 경기를 진행하였습니다.

④ touch base : 연락하다, 연락을 다시 하다
　예 I need to touch base with my group members and see what I need to do for our presentation.
　나는 나의 그룹의 멤버들과 연락을 취해서 우리의 발표를 위해 내가 해야 할 일을 알아봐야 할 필요가 있습니다.

⑤ throw someone a curve ball : 예상치 못한 어려움을 겪다, 문제를 겪게 하다
　예 The professor really threw us a curve ball on our quiz.
　그 교수님은 퀴즈에서 진정으로 우리가 예상치 못한 어려움을 겪도록 하셨습니다.

⑥ ballpark figure : (금액, 숫자, 총합에 대한) 어림잡은 (대략적) 추정치
　예 Could you please give me a ballpark figure of the project's total cost?
　당신이 나에게 그 프로젝트의 총 비용을 대략적으로 말씀해주실 수 있습니까?

⑦ Strike out : 실패하다, 성공하지 못하다
　예 He asked for her number, but she said no. We all strike out sometimes!
　그는 그녀의 번호를 물어봤지만 그녀는 "노"라고 대답했다. 우리 모두는 때때로 실패한다.

⑧ (hit a) home run / hit one out of the park : 어떤 것을 매우 잘 (수행)하다
　예 You hit one out of the park with your presentation! Congrats!
　당신은 당신의 발표를 잘 수행하셨습니다. 축하드립니다!

⑨ 거기까지 피자 배달을 위해서 시간이 얼마나 걸릴까요?
- How long does it take to get there for pizza?
- It should be there in 10 minutes of less.
10분이 채 안 걸릴 겁니다.
- It should be there in 10 minutes of more.
10분이 좀 더 걸릴 겁니다.

⑩ 여기까지 오는 데 얼마나 걸리셨나요?
How long did you take to get here?

⑪ 20달러 이상 지불해야 할 것입니다.
It will charge $20 or more.

⑫ 당신이 주문한 피자는 10분 안에 도착할 것입니다.
Your pizza order will be delivered within 10 minutes.

⑬ 네. 주문해주셔서 감사합니다.
Alright, Thanks for your order.

⑭ 피자가 도착한 듯합니다.
I think it's the pizza (delivery).

⑮ 들어오십시오.
Please come in.

⑯ 피자 배달입니다. 여기 있습니다.
Pizza delivery, here you are.

⑰ 감사합니다. 여기 팁이에요.
Thank you so much, Here is your tip.

⑱ 좋은 시간 되세요.
Have fun, bye.

⑲ 피자 맛있게 드세요.
- Enjoy your pizza.
- Enjoy!

⑳ Delegate : 대의원(대통령의 후보를 선출하는 사람들)

㉑ Caucus : 예비선거(당원들만 참가하는 대의원을 선출하는 당원 대회 : 대통령 선거의 첫 단계)

㉒ Primary : caucus와 유사하지만 이 대회는 일반인들도 참가할 수 있는 전당대회

㉓ Super Tuesday : 가장 많은 주에서 예비선거가 치러지는 요일(대세가 판가름)
㉔ Electoral College : 선거인단(미국 대통령 선거는 국민이 직접 선거하지 않고 선거인단이 선출하는 방식)
㉕ Cup of Joe : 커피 한 잔(a cup of coffee)을 의미하는 영어 슬랭
㉖ Brew : 커피, 차, 술을 만들다
㉗ Coffee beans : 커피 열매를 의미하며 간단히 Beans라고 부른다.
㉘ To grind coffee beans : 커피를 갈다 / grind-ground-ground
㉙ Coffee grinds : 커피를 갈은 정도
coarser grind : 적게 간 정도
finer grind : 많이 간 정도
㉚ coffee grounds : 커피를 갈고 남은 찌꺼기
㉛ Espresso : 곱게 간 커피 가루를 사용하여 만든 진한 커피 물이나 우유를 첨가해서 Latte나 Mocha로 마심
㉜ Latte : Espresso에 스팀 밀크를 더해서 위에 거품을 올린 커피
㉝ Mocha : Latte와 비슷하지만 chocolate이 더해진 상태에서 휘핑크림을 얹어 마심

12 편지·일기쓰기

① 편지해!
Drop me a line.
② 행운을 빕니다.
Good luck.
Best of luck.
③ 송별회
Farewell
④ 제가 제때 끝내지 못한 일을 끝낼 수 있도록 도와주셨던 것에 감사드립니다.
Thanks for all those times when you helped me in the task I wasn't able to do on time.
⑤ 당신의 공석으로 인해서 생기는 빈자리를 채우는 건 어려울 겁니다.
It will be difficult to fill the void created by your absence here.
⑥ 당신을 많이 보고 싶을 겁니다.
I'm really going to miss you.
⑦ 당신이 떠난다니 매우 안타깝습니다.
So sorry that you're leaving.
⑧ 당신이 정말 그리울 겁니다.
You'll be missed ever so much.
⑨ 당신의 미래에 행운을 빌며 계속 연락하고 지내기를 바랍니다.
Good luck in the future, and please stay in touch.
⑩ 동료로서 이렇게 좋은 친구를 찾을 수 있는 것도 드문 일입니다.
It is rare that one finds a good friend in a colleague.
⑪ 항상 기꺼이 도움의 손길을 아낌없이 주는 멋진 사람이 되어주셔서 감사합니다.
Thanks for being that wonderful person who always was willing to extend his helping hand.
⑫ 앞으로 멋진 인생을 살길 바라고 연락하며 지내고 싶습니다.
Have a great life ahead and keep in touch.
⑬ 당신이 없으면 점심시간도 재미가 없을 거고 일할 동기도 없을 겁니다.
Without you, there is no fun in lunch break, and no motivation at work.

⑭ 어렵더라도 앞으로 멋진 인생을 살고 많은 즐거움과 기회를 가질 수 있기를 바랍니다.
It is difficult, but I wish you a great life ahead with lots of fun and opportunities.

⑮ 당신의 앞날에 행운이 함께 하기를 바랍니다.
Wish you all the best for the future.

⑯ 우리 모두가 당신을 그리워 할 것입니다. 이 송별 편지가 당신에게 행운을 가져다주기를 빌게요.
All of us will miss you, and we would like to say we hope this farewell card brings you good luck each and every day!

⑰ 나는 이 소포를 한국으로 보내고 싶습니다.
- I'd like to send this parcel to Korea.
- I'm going to send this parcel to Korea.

⑱ 나는 이것을 속달로 보내고 싶습니다.
I'd like to send this through(by) express mail.

⑲ 나는 이것을 등기로 보내고 싶습니다.
I'd like to send through registered mail.

⑳ 나는 이것을 항공 우편으로 한국으로 보내고 싶습니다.
I'd like to send this to Korea by(through) airmail.

㉑ 한국으로 보내는 항공 우편은 얼마인가요?
How much is the airmail to Korea?

㉒ 이것을 한국으로 보내는 것은 얼마인가요?
How much will it cost to send this to Korea?

㉓ 이걸 보내는 데 우편요금은 얼마인가요?
- How much postage does this need?
- How much is the postage for this?

㉔ 물건이 언제 도착할까요?
When will it arrive?

㉕ 거기까지 도착하는 데 얼마나 걸릴까요?
How long will it take to get there?

㉖ 우표를 사고 싶은데요.
I'd like to buy stamps.

㉗ 우표를 어디서 살 수 있나요?
Where can I buy stamps?

㉘ 국제우표 하나 주세요.
I'd like an overseas stamp.

㉙ 이 우표는 얼마인가요?
How much is this stamp?

㉚ 이제 곧 크리스마스다!
It's almost Christmas!

㉛ 만세! 크리스마스다!
Hooray! it's Christmas.

㉜ 아직 아니야! 12월 25일이야!
Not yet, Honey. it's December 25.

㉝ 화이트 크리스마스가 되면 좋겠어요.
I wish for a white Christmas.

㉞ 크리스마스 캐럴을 부릅시다.
Let's sing a Christmas carol.

㉟ 나는 크리스마스가 제일 좋아요.
I love Christmas the most.

㊱ 크리스마스 트리를 만들자.
Let's put up our Christmas tree.

㊲ 우리 크리스마스 트리도 장식할까?
Shall we decorate the Christmas tree.

㊳ 우리 꼭대기에 별을 달자.
Let's put a star on the top.

㊴ 올해도 근사한 크리스마스 트리를 완성했군!
- That's a great-looking tree we made this year, too!
- We made a wonderful tree for Christmas this year, too!

㊵ 제가 쓴 크리스마스 카드를 읽어 보셨어요?
Did you read my Christmas card?

㊶ 너무나 감동적인 크리스마스 카드구나! 고마워. 하니!
Your Christmas card is very touching. Thank you, Honey.

㊷ 보세요! 산타 할아버지가 나무 아래에 선물을 두셨어요!
Look! Santa put a present under the tree!

㊸ 선물 풀어볼래요.

   I want to open my present.

㊹ 산타 할아버지가 제가 원하던 선물을 주셨어요.

   Santa gave me the gift I wanted.

㊺ 산타 할아버지는 진짜 계세요?

   Does Santa really exist?

제 3 장 | 사교 표현

01 칭찬·축하·감사

① 정말 훌륭합니다.
- How marvelous!
- Great!
- You're doing well!
- You did a fine job!
- I'm proud of you!
- You're the right man for the job.
- Only you can do it!

② 이 프로젝트를 잘 하셨어요.
- This is a really good project. Good job.
- That's the way.
- I didn't expect you to do such a good job.

③ 초보로서는 상당히 잘하는군요.
- For a beginner, you're pretty good.
- Even though it had no previous experience, you did it very well.

④ 혼자서 해내다니 놀라워요!
That's surprising to hear that you go it alone.

⑤ 당신은 능력이 대단하시군요.
You must be a man of ability.

⑥ 어떻게 그렇게 영어를 잘 하십니까?
- How come you speak such good English?
- You are in good command of English.

⑦ 멋지게 차려입으셨군요.
You're all dressed up!

⑧ 정말로 잘 어울리십니다.
It really looks good on you.

⑨ 어머, 멋있군요.
That's keen!

⑩ 건강해 보이십니다.
You look fit.

⑪ 패션에 안목이 있으시군요.
You have an eye for fashion.

⑫ 그는 소질이 있습니다.
He's got what it takes.

⑬ 당신은 정말 모르는 것이 없군요.
You must be a walking encyclopedia.

⑭ 그는 재치가 있어요.
He is quick-witted.

⑮ 못하는 게 없으시군요.
Is there anything you can't do?

⑯ 당신의 처지가 부럽습니다.
I wish I were in your shoes.

⑰ 당신이 나보다 한 수 위입니다.
You are a cut above me.

⑱ 칭찬해 주시니 고맙습니다(과찬이십니다).
- Thank you, I'm flattered.
- I'm so flattered.
- It's very nice of you to say so.

⑲ 비행기 태우지 마세요.
- Don't make me blush.
- Spare my blushes.

⑳ 저의 성공은 우리의 부모님 덕분입니다.
I owe my success to my parents.

02 의견(제안 · 권유 · 찬성 · 반대)

1 제안 · 권유

① 이 문제를 어떻게 생각하세요?
   - What do you think about this problem?
   - What should I do with this?
② 무슨 말을 하려는 거죠?
   What would you like to say?
③ 내게 설명 좀 해주시겠어요?
   Can you fill me in?
④ 뭐라고요? 다시 한 번 말씀해 주세요?
   Pardon me?
⑤ 제가 한 말씀 드리겠습니다.
   Let me tell you something.
⑥ 제 말 좀 들어보세요.
   Please, listen to me.
⑦ 그게 어때서 그렇지요?
   What's the matter with it?
⑧ 얼마나 있으면 끝날까요?
   How soon will it be over?
⑨ 그녀가 언제쯤 돌아올 것 같나요?
   When do you expect her back?
⑩ 자, 이제 어떻게 하면 될까요?
   Now, what am I going to do?
⑪ 잠깐 이야기 좀 할 수 있을까요?
   May I see you for a moment?
⑫ 공통점이 무엇인가요?
   What do you have in common?
⑬ 하시려는 말씀이 무엇인가요?
   What do you have in mind?
⑭ 제 말 이해하시겠어요?
   Do you understand what I mean?

2 찬성 · 반대

① 당신은 어느 편이십니까?
   Which side are you on?
② 진담이세요? 농담이세요?
   Are you serious or joking?
③ 이게 정말 그럴까요?
   Can this be true?
④ 그게 확실한가요?
   Are you sure about that?
⑤ 어떤 좋은 생각이 있으십니까?
   Can you come up with an idea?
⑥ 어떻게 생각하세요?
   What do you say?
⑦ 흥미 있는 얘기입니다.
   That sounds like fun.
⑧ 문제없습니다.
   - No problem.
   - Sounds great.
⑨ 제가 그것을 보장합니다.
   I give my word on it.
⑩ 제가 보기에는 그 생각은 아주 훌륭합니다.
   The idea strikes me as a good one.
⑪ 당신의 의견에 동의합니다.
   I'm for your opinion.
⑫ 당신이 좋으실 대로 하세요.
   I'd like you to make the choice.
⑬ 그렇게 해 주세요.
   Would you, please?
⑭ 나는 그렇게 생각해요.
   I suppose so.
⑮ 그렇게 말할 수도 있겠지요.
   You can put it that way.
⑯ 저는 상관없습니다.
   It's all right by me.

⑰ 둘 중 어느 것이라도 좋습니다.
　Either will be fine.
⑱ 그 문제는 저도 동감입니다.
　• I'm with you on that matter.
　• I'll bet you're right.

⑲ 알았습니다. 그만하면 충분합니다.
　I see, that's good enough.
⑳ 아! 무슨 말인지 이해가 됩니다.
　• Oh! I see what you mean.
　• I get the picture.

03　금지 · 명령 · 충고

① 학생들은 학교에 너무 늦게 와서는 안 된다.
　Students aren't allowed to come too late to school.
② 운전자는 여기에 차를 주차해서는 안 됩니다.
　Drivers mustn't park their cars here.
③ 주차는 이 출입구 사이에서 엄격히 금지됩니다.
　Parking is strictly prohibited between these gates.
④ 잔디밭에서는 걷는 것을 금지합니다.
　It is forbidden to walk on grass.
⑤ 병원에서는(여기서는) 흡연이 허용되지 않습니다.
　Smoking isn't permitted in hospitals(here).
⑥ 사람들이 여기에 쓰레기를 투기하는 것은 허용되지 않습니다.
　• People aren't permitted to throw rubbish here.
　• Don't litter here.
　• Do not litter!
⑦ 이번 금요일까지 확실히 끝내주십시오.
　Be sure to finish it by this Friday.
⑧ 그 사람의 지시를 따르십시오.
　Follow his instructions.
⑨ 그 사람을 빨리 데려오시오.
　Please bring him soon.
⑩ 당신한테 어떤 지시도 받지 않겠소.
　I'll take no orders from you.
⑪ 무슨 일이 있어도 그것을 하시오.
　Do it by all means.

⑫ 그것은 이렇게 하시오.
　Do it this way.
⑬ 무슨 일이든지 분부만 내리십시오.
　I'm always at your service.
⑭ 저는 누구의 지시도 받지 않습니다.
　I won't be dictated to.
⑮ 나를 실망시키지 말아요.
　Don't let me down.
⑯ 잊지 말고 꼭 기억하세요.
　Keep that in mind.
⑰ 하는 것이 좋으면 하세요.
　Do it if you see fit.
⑱ 자존심을 버리세요.
　Pocket your pride.
⑲ 나를 꼭 믿지는 말아요.
　Don't count on me.
⑳ 너는 진지해야만 한다.
　You should keep a straight face.

04 사과·변명

① 사과할게.
  I apologize.
② 나도 일부러 그런 것은 아니야!
  I didn't mean it.
③ 제 탓이에요.
  I'm to blame.
④ 그 말 취소할게.
  I take it back!
⑤ 내가 더 잘할게.
  I'll make it up to you.
⑥ 내가 무슨 생각으로 그런 말을 했는지 모르겠어.
  I don't know what I was thinking.
⑦ 감정 상하지 않기를 바랄게.
  No hard feelings, right?
⑧ 아까, 흥분해서 미안해.
  I'm sorry I was worked up.
⑨ 그럴 생각은 추호도 없었습니다.
  • I didn't do it on purpose.
  • I didn't mean it at all.
⑩ 미안해요, 어쩔 수가 없었어요.
  I'm sorry I couldn't help it!
⑪ 폐를 끼쳐서 죄송합니다.
  • I'm sorry to disturb you.
  • I feel sorry about it.
  • I can't tell you how sorry I am.
⑫ 기분 상하게 해드리지 않았는지 모르겠네요.
  I hope I didn't offend you.
⑬ 오래 기다리게 해서 죄송합니다.
  I'm sorry to have kept you waiting so long.

05 부탁·승낙·거절

① 부탁을 하나 해도 될까요?
  • Can I ask you a favor?
  • Could you do me a favor?
  • I have a big favor to ask you.
  • Could I ask you to do something for me?
  • Would you do me a favor?
② 잠깐 폐를 끼쳐도 될까요?
  • May I bother you for a moment?
  • Could I trouble you for a minute?
  • May I interrupt you for a second?
  • Could you spare me a few minutes?
  • May I inconvenience you for a second?
③ 저를 좀 태워다 주시겠어요?
  Would you mind giving me a ride?
④ 제가 좀 같이 해도 될까요?
  May I join you?
⑤ 저 좀 도와주실 수 있을까요?
  • Would you give me a hand?
  • I wonder if you can help me.
  • Could you lend me a hand?
⑥ 제 자동차 문 좀 열어주실래요?
  Would you please open my car door?
⑦ 내가 내일 차 좀 쓸 수 있을까요?
  Can I possibly have the car tomorrow?
⑧ 당신 것을 빌려 주시겠습니까?
  Would you lend me yours, please?
⑨ 문 좀 열어 주시겠습니까?
  Would you mind opening the door, please?
⑩ 저와 함께 가실래요?
  Would you like to join me?
⑪ 방해가 되지 않을지 모르겠어요.
  I hope I'm not in the way.

⑫ 주소 좀 가르쳐 주세요.
May I have your address?
⑬ 가능한 빨리 저에게 알려주세요.
Would you let me know as soon as possible?
⑭ 잠깐 제 대신 좀 해 주시겠어요?
Can you take my place for a while?
⑮ 제 곁에 있어주세요.
Please, stick with me.
⑯ 확인 좀 해주세요.
Please, make sure.
⑰ 내일은 쉬고 싶습니다.
I would like to vacate tomorrow.
⑱ 혼자 있게 해 주세요.
Please, leave me alone.
⑲ 네. 기꺼이 도와 드리겠습니다.
- Sure. What can I do for you?
- Yes, with my pleasure.
- Sure. I'd be glad to.
- Yes, certainly.
- I'll do my best for you.
- Go ahead.
- Of course.
- No problem.
- With great pleasure.
⑳ 고맙지만 사양하겠습니다.
No, thanks. I can handle it.
㉑ 뭐, 그 정도쯤이야!
It's no big deal.

㉒ 그렇게 하세요.
Be my guest.
㉓ 뭐든지 말씀만 해보세요.
You name it and I've got it.
㉔ 걱정하지 말고 말씀해 보세요.
Don't be worry and tell me everything.
㉕ 안될 것 같습니다.
I'd rather not.
㉖ 미안하지만, 지금은 안 됩니다.
I'm sorry, but I can't now.
㉗ 다음에 기회가 있겠지요.
Maybe some other time.
㉘ 존슨, 애매할 때 부탁을 하는군요.
You asked me at a bad time, Johnson.
㉙ 여기서 담배를 피워도 됩니까?
Would you mind if I smoke here?
㉚ 안됩니다. 이곳은 금연구역입니다.
Yes. This is the nonsmoking section.
㉛ 실례합니다.
- Excuse me.
- Would you excuse me for a moment?
- Forgive me for interrupting you, but…
㉜ 여기 앉아도 될까요?
Mind if I sit here?
㉝ 잠깐 자리 좀 비켜주시겠어요?
Could you excuse us for a second?
㉞ 좀 지나가겠습니다.
Could I get by, please?
㉟ 당신과 이야기를 할 수 있을까요?
Can I speak with you?

05 약속 · 초대 · 방문 · 배웅

① 이번 주말에 시간 있으세요?
Are you free this weekend?
② 시간 좀 있으세요?
Do you have a minute?
③ 잠깐 만날 수 있을까요?
Can I see you for a moment?
④ 언제 한번 만나요.
Let's together sometime.

⑤ 내일 약속 있으세요?

　Do you have any appointments tomorrow?

⑥ 무슨 일 있으세요?

　• Why do you ask?

　• What do you want to see me about?

⑦ 좋습니다. 시간 괜찮습니다.

　Yeah, I'm free.

⑧ 이번 주말에는 다른 계획이 없어요.

　I have no particular plans for this weekend.

⑨ 5시 이후에는 시간이 괜찮습니다.

　I'm free after 5 p.m.

⑩ 미안합니다. 오늘 제가 좀 바쁩니다.

　I'm sorry, I'm little busy today.

⑪ 이번 주말에 다른 계획이 있습니다.

　I already have plans for this weekend.

⑫ 오늘 누가 오기로 되어 있습니다.

　I'm expecting visitors today.

⑬ 미안해요. 제가 오늘은 스케줄이 꽉 차있어요.

　I'm sorry, I'm booked up today.

⑭ 몇 시로 할까요?

　• What time is good for you?

　• What time shall we make it?

　• What time will you be available?

　• When can we meet?

⑮ 5시 괜찮을까요?

　Is five o'clock OK for you?

⑯ 어디서 만날까요?

　Where should we make it?

⑰ 만날 곳이 어디 있을까요?

　What's good place get together?

⑱ 당신이 장소를 정하시지요.

　You pick the place.

⑲ 오늘 오후에 시간이 있으십니까?

　• Do you have time this afternoon?

　• Are you free this afternoon?

　• Are you doing anything afternoon?

　• What are you doing this afternoon?

⑳ 저녁 먹으러 우리 집에 오실 수 있나요?

　Will you come to my house for dinner?

㉑ 제 생일 파티에 오실 수 있나요?

　How about coming to my birthday party?

㉒ 그녀의 송별파티에 오셨으면 합니다.

　I'd like you to come to her farewell party.

㉓ 파티에 오실래요?

　Why don't you come to the party?

㉔ 제 초청을 받아 주시겠어요?

　Would you care to be my guest?

㉕ 그거 좋습니다.

　• That's great.　• I'd be happy to.

　• Good idea.　• That sounds great.

　• Sounds nice.　• That's fine with me.

㉖ 죄송하지만 그럴 수 없습니다.

　• I'm sorry, but I don't think I can.

　• I'm sorry, but I can't.

㉗ 정말 죄송합니다. 오늘은 너무 바빠서 어쩔 수가 없습니다.

　• I'm really sorry, but I'm tied up today.

　• I'm afraid not.

　• I wish I could.

㉘ 그러고 싶지만 오늘밤은 이미 계획이 있습니다.

　• I'd love to, but I already have plans tonight.

　• I'd rather not this evening.

㉙ 이쪽으로 오십시오.

　• Why don't you come this way?

　• Come with me this way.

㉚ 멀리서 와주셔서 감사합니다.

　Thank you for coming such a distance.

㉛ 오시는 길에 고생하지 않으셨어요?

　Did you have any trouble getting here?

㉜ 조그만 선물입니다.

　Here's something for you.

㉝ 편히 쉬세요.

　Make yourself at home.

㉞ 집을 보여드리겠습니다.

　Let me show you around our house.

㉟ 아주 멋진 집이군요.
   You have a very nice home.
㊱ 저녁 식사 준비가 되었습니다.
   Dinner is ready.
㊲ 뭐 좀 마시겠습니까?
   • What would you like to drink?
   • Would you like something to drink?
㊳ 식당으로 가시지요.
   Please come into the dining room.
㊴ 드시고 싶은 것 마음껏 드십시오.
   Help yourself to anything you like.
㊵ 어서 드십시오.
   Go ahead and start eating.
㊶ 좀 더 드세요.
   Why don't you help yourself to some more?

㊷ 잘 먹었습니다.
   • I've enough.
   • I'm satisfied, thank you.
   • This was a wonderful dinner.
   • This was a delicious meal.
㊸ 이만 돌아가 보겠습니다.
   • I've come to say goodbye.
   • I think I should be going now.
   • Oh, I'm late. I should be going.
㊹ 매우 즐거웠습니다.
   • I had a very good time.
   • I enjoyed talking with you.
㊺ 와주셔서 감사합니다. 또 방문해주세요.
   • I'm glad you come. I hope you will visit us again.
   • Next time you must come and visit me.

07　격려 · 위로 · 조문

① 걱정하지 마세요.
   • Don't worry.
   • You have nothing to worry about.
   • There's sunny days ahead.
② 결과에 대해 걱정하지 마세요.
   Don't worry about the results.
③ 너무 심각하게 받아드리지 마세요.
   Don't take it seriously.
④ 긍정적으로 생각하세요.
   Be positive.
⑤ 너무 걱정하지 마세요. 다 잘 될 겁니다.
   • Don't worry so. Everything will be all right.
   • Well, never mind.
   • Never say die.
⑥ 자, 힘을 내세요. 당신은 할 수 있습니다.
   • Come on, you can do that.
   • Cheer up. I bet you can make it.

⑦ 당신의 마음을 잘 압니다.
   I know how you feel.
⑧ 좀 더 힘내세요.
   • Be of better cheer!
   • Come on, snap out of it!
⑨ 보기보다 어렵지 않아요.
   It is not as difficult as it looks.
⑩ 당신은 결코 실패하지 않을 겁니다.
   It is impossible to associate failure with you.
⑪ 마음대로 하세요.
   Have it your own way.
⑫ 그런 사소한 일로 상심하지 마세요.
   Please don't brood over such a trivial matter.
⑬ 모두가 잘 될 겁니다.
   Everything's going to be all right.

⑭ 시간이 해결해 줄 겁니다.
　　Time will be able to help solve the problem.
⑮ 내가 옆에서 돌봐줄게요.
　　I'll stick by you.
⑯ 너무 우울해하지 마!
　　Don't get too down.
⑰ 기운 내!
　　Cheer up.

⑱ 너는 이겨 낼 거야!
　　You'll get through this.
⑲ 잠을 자고 슬픔을 잊어버리세요.
　　Sleep off your sorrow.
⑳ 부친께서 돌아가셨다니. 참 안타깝습니다.
　　I'm very sorry to hear that your father passed away.

제4장 업무 표현

01 인터뷰

① 당신을 소개해주시겠어요?
Tell me about yourself?

② 왜 지난번 직장을 그만두셨나요?
Why did you leave your last job?

③ 영·유아 교사로서 당신의 직업상 목표는 무엇입니까?
What are your career goals for early childhood teacher?

④ 당신의 가장 큰 약점은 무엇입니까?
What is your greatest weakness?

⑤ 영·유아 교사 일에 맞는 급여는 어느 정도라 생각하십니까?
What kind of salary are you looking for early childhood teacher?

⑥ 왜 당신은 영·유아 교사 일을 잘할 거라고 생각합니까?
Why do you think you would do well early childhood teacher?

⑦ 무엇이 영·유아 교사 일에 동기를 부여해 주나요?
What motivates you to do your best on the early childhood teacher?

⑧ 어떻게 영·유아 교사 일에 성공을 거두었다고 생각하시나요?
How would you know you were successful on this early childhood teacher?

⑨ 당신은 영·유아 교사 일에 충분한 자격이 있다고 생각합니까?
Do you think you are overqualified for early childhood teacher?

⑩ 당신이 학급에서 설명할 때 가르쳤던 방법 중에서 가장 성공을 거두었던 최고의 수업 중 하나를 설명하고, 성공적일 수 있었던 이유를 설명하시오.
Describe one of the most successful lessons you have taught in a class and explain why it worked so well?

⑪ 학생들 사이에서 그룹워크를 독려하기 위해서 당신은 어떤 전략을 사용하시나요?
What strategies do you use to encourage group work among your students?

⑫ 만약 수업이 잘 이루어지지 않으면 무엇을 하십니까?
What do you do if a lesson doesn't work well?

⑬ 교장 선생님으로서 어떤 자질을 가지고 있어야 한다고 보십니까?
What qualities do you look for in a principal?

⑭ 당신의 개인적인 그리고 전문적인 목표는 무엇입니까?
What are your personal and professional goals?

⑮ 당신의 교사 일의 성공을 어떻게 평가하십니까?
How do you evaluate the success of your teaching?

⑯ 영감을 주었던 선생님과 당신이 선생님에게서 무엇을 배웠는지를 말해주세요.
Tell me about a teacher who has inspired you and what did you learn from him or her.

⑰ 당신의 교육과정의 강점은 무엇입니까?
What are your areas of strength in the curriculum?
⑱ 당신은 당신의 과목을 어떻게 최신으로 하려고 노력하십니까?
How do you keep up to date on your subject?
⑲ 당신의 수업을 지원하고자 학급에서 당신이 이용하는 무용담을 말해주세요.
Tell me about the martials you use in the classroom to support your teaching.
⑳ 이상적인 교실의 모습은 무엇이라고 생각하십니까?
What do you consider to be the physical appearance of an ideal classroom?

02 전화

① 제가 그 사람인데요.
This is she/he speaking.
② 실례지만 누구시죠?
- Who am I speaking to?
- Who is this please?
③ 존을 바꿔주시겠습니까?
- May I speak to John?
- Is John there please?
④ 존과 통화하고 싶습니다.
I'd like to speak to John.
⑤ 잠깐만요.
Hold/Hang on, please!
⑥ 바꿔드릴게요.
I'll put you through.
⑦ 스피커폰으로 할게요.
I'll put you on speaker.
⑧ 그냥 끊긴 것 같습니다.
I think we just cut off.
⑨ 죄송합니다. 저는 지하주차장으로 걸어가고 있습니다.
Sorry, I was walking into underground parking lot.
⑩ 잠시 후에 다시 전화 드리겠습니다.
I'll get back to you little later.
⑪ 내가 당신에게 다시 전화를 걸었지만 받지 않더군요.
I tried calling you but there was no answer.
⑫ 전화가 꺼져 있었어요.
My phone was switched off.
⑬ 전화를 걸었더니 통화중이더군요.
I tried calling you but line was busy.
⑭ 메시지를 남겨주세요.
Please leave your message.
⑮ 그녀는 지금 부재중입니다.
She is not here now.
⑯ 그녀에게 존이 전화했었다고 알려주시겠어요?
Can you tell her that John called please?
⑰ 전하실 말씀이라도 있나요?
Can I take your message?
⑱ 전화 잘못 거셨습니다.
You've got the wrong number.
⑲ 나는 한국으로 수신자 부담 전화를 하고 싶습니다.
I'd like to collect call to Korea.
⑳ 전화가 혼선입니다.
The lines are crossed.

03 전화 상황별 정리

1 전화를 받을 때

① 여보세요.
   Hello.
② 안녕하세요. CW입니다.
   • Hello, CW.
   • CW. How can I help you?
   • CW. May I help you?

2 통화하고 싶은 사람 부탁할 때

① 존과 통화하고 싶습니다.
   • May(Can) I speak to John?
   • I'd like to talk to John, please.
② 테드 잭슨 씨에게 연결해주세요.
   • Could you connect me with Ted Jackson?
   • Could you put me through to Ted Jackson?
   • Could you transfer this line to Ted Jackson?
③ 236번 김선생님 부탁합니다.
   Could I have Mr. Kim on extension 236?
④ 제인 있어요?
   • Is Jane in?
   • Is Jane there?
   • Is Jane available?
   • Is Jane at her desk?
⑤ 인사부요.
   Personnel Department, please
⑥ 해외영업부요.
   Overseas Department, please.
⑦ 이 전화를 해외 영업부로 돌려주세요.
   Would you transfer this line to the Overseas Department?

3 상대방의 신원과 용건을 물을 때

① 누구세요?
   • Who's calling, please?
   • Who's speaking, please?
② 누구신지 여쭤 봐도 될까요?
   May I ask who's calling?
③ 성함을 알 수 있을까요?
   Could I have your name, please?
④ 무슨 용건이시죠?
   • May(Can) I ask what this is in regard to, sir?
   • May(Can) I ask what your call is regarding?

4 기다리라고 할 때

잠시만 기다려주세요.
• Hold the line, please.
• Just a minute, please.
• One moment, please.
• Hold on, please.
• Would you like to hold?(Will you hold?)

5 전화 연결해줄 때

① 연결해드리겠습니다.
   • I'll put you through now, sir.
   • I'll put you on the line.
   • I'll connect you.
   • Let me transfer your call.
② 계신지 알아보겠습니다.
   I'll see if she's in(free/available).

6 전화연결이 불가능할 때

① 통화중입니다.
- He's on another line
- His line is busy.
- He is on the phone

② 지금 안 계십니다.
- Jane is not in(here) at the moment.
- He is out now.
- He is not in.

③ 잠시 외출하셨습니다.
She stepped out for a while.

④ 죄송하지만 방금 나가셨습니다.
I'm afraid she's just left her office.

⑤ 지금 회의 중이십니다.
- He just went into a meeting.
- I'm sorry, she is attending a meeting.
- I'm sorry, but she is in a meeting (conference).

⑥ 죄송하지만 퇴근하셨습니다.
- I'm sorry, but she is out for the day.
- She's gone for the day.
- He has left for home.

⑦ 여름(주말) 휴가 떠났습니다.
He's out of town for the summer(week).

⑧ 죄송하지만 전화를 받지 않습니다.
I'm sorry, but he's not answering

⑨ 안 받아요.
There is no answer.

7 메시지 남길 것인지 문의할 때

메시지를 남기시겠습니까?
- Would you like to leave a message?
- May I take your message?
- Can I give her a message?
- Can I get her to call you back?

8 메시지 남길 때

① 메시지를 남겨도 될까요?
May I leave a message?

② 스미스 씨에게 메시지 좀 전해주실래요?
Would you please take a message for Mr. Smith?

③ 전화하라고 전해주세요.
- Would you please have her call me?
- Would you please get her to call me?
- Please tell her to call me.
- Could you ask him to call me back?

④ 미스터 김이 전화했다고 말해주세요.
Could you let him know Mr. Kim called?

⑤ 곧 가겠다고 전해주세요.
Could you tell him I'll be there in a minute?

9 메시지를 전해주겠다고 말할 때

① 메시지를 전달해드리겠습니다.
- I'll give him the message.
- I'll see that he gets your message.

② 돌아오시는 대로 전화 왔었다고 전해드리겠습니다.
I'll tell him you called as soon as he comes back

10 언제 연락하면 되는지 문의할 때

① 언제 연락드리면 될까요?
- Do you know when he will be back?
- When will she be in?
- When can I reach him?
- When is a good time to reach him?
- When do you expect him?
- When would be a convenient time to reach him?

② 토요일에 연락드리면 될까요?
　　Can I contact him on Saturday?
③ 곧 돌아오실 겁니다.
　　He should be back very soon.
④ 3시 경에 돌아오실 겁니다.
　　I expect him back about 3 o'clock.
⑤ 죄송하지만 아무 말씀이 없었습니다.
　　Sorry, but he didn't say anything.

11 어떻게 연락하면 되는지 문의할 때

① 어떻게 연락할 수 있을까요?
　　• How can I reach him?
　　• How can I get hold of you?
　　• How can I get in touch with you?
② 자동 전화 녹음이 됩니까?
　　Does he have an answering machine?
③ 호출기로 연락할 수 있을까요?
　　Can I reach him on the pager?
④ 핸드폰으로 연락할 수 있을까요?
　　Can I reach him on his cell phone?
⑤ 122-3692로 전화하세요.
　　I can be reached at 122-3692.

12 바쁠 때 전화 온 경우

① 바쁘신데 전화 드렸나요?
　　Am I calling you at bad time?
② 전화하기 참 힘드네요.
　　• It's really hard to get through to you by phone.
　　• You're so difficult to get through to.
③ 오전 내내 전화했어요.
　　I have been calling you all morning.
④ 계속 통화중이더군요.
　　I kept getting a busy signal!
⑤ 드디어 연결되었군요.
　　I'm finally caught you.

⑥ 기다리게 해서 죄송해요.
　　I'm sorry to have kept you waiting.
⑦ 이제 그만 끊어야겠어.
　　• I've got to go now.
　　• I'm sorry. I can't talk long.

13 "나중에 연락주세요."라고 부탁할 때

① 다음에 다시 연락주세요.
　　• Could you call me back later?
　　• Could you please try again later?
② 전화 부탁드립니다.
　　• I'd like you to call me back.
　　• Please return my call.
③ 일이 끝나는 대로 전화해도 되겠습니까?
　　Can I call you back as soon as I finish the work?

14 용건이 무엇인지 물을 때

용건이 무엇입니까?
• May I ask what your call is in regard to?
• May I ask what it's in regard to?
• May I ask what it's about(regarding)?
• What are you calling for?

15 용건을 말할 때

① 광고를 보고 전화 드리는데요.
　　I'm calling about an ad.
② 최근 주문과 관련하여 전화 드렸습니다.
　　I'm calling in connection with a recent order.
③ 비즈니스 미팅을 정하고 싶습니다.
　　I'm interested in setting up a business meeting.
④ 영어 프로그램에 관해 문의하고 싶습니다.
　　I wanted to ask you questions about the English Language Program.

16 상대방 회사의 이름을 물어볼 때

회사 이름이 무엇입니까?
- What's your company name, please?
- Which company are you calling from?
- What company is that?

17 상대방의 번호(전화번호 등)를 물어볼 때

① 전화번호가 어떻게 되시죠?
   What's your number?
② 사무실 번호가 어떻게 되시죠?
   What's your office number?
③ 내선번호가 어떻게 되시죠?
   What's your extension?
④ 국가번호가 어떻게 되시죠?
   What's your country code?
⑤ 팩스번호가 어떻게 되시죠?
   Could I have your fax number, please?
⑥ 이동전화 번호가 어떻게 되시죠?
   Do you have a mobile(cellular) phone?
⑦ 직통번호가 어떻게 되시죠?
   Do you have a direct line?
⑧ 전화번호를 남기시겠습니까?
   Why don't you leave your number?
⑨ 그가 어떻게 연락하면 될까요?
   How can he get in touch with you?
⑩ 번호를 남겨드릴까요?
   Do you want me to take your number?

18 인터넷 관련 사항을 문의할 때

① 이메일 주소가 어떻게 됩니까?
   What is your e-mail address?
② 홈페이지 주소는 어떻게 됩니까?
   - What's your U-R-L?
   - Can I have your web address?
   - Can I have your home-page address?

19 비밀사항일 때

① 그런 자세한 사항은 알려드릴 수 없도록 되어 있습니다.
   I'm sorry, it isn't our policy to give out such details.
② 알려드릴 수 없습니다.
   I'm afraid I'm not allowed to provide such information.
③ 그건 기밀사항입니다.
   I'm afraid to say that's confidential.

20 다시 말해달라고 부탁할 때

다시 한 번 말씀해 주시겠습니까?
- Could you repeat that, please?
- Pardon(Sorry)?
- I beg your pardon?
- Excuse me?
- Would you mind repeating that?
- This is a bad connection, can you say that again?

21 크게(천천히) 말해달라고 요청할 때

① 잘 안 들립니다.
   - Sorry, I can't hear you.
   - Sorry, I didn't catch that.
② 크게 말씀해주시겠습니까?
   - Would you speak up a little, please?
   - Will you speak a little louder?
③ 천천히 말씀해주시겠습니까?
   Could you speak more slowly?

22 철자를 모를 때

철자가 어떻게 되죠?
- Could you spell that (again), please?
- How do you spell that?

23 전화가 잘못 걸렸을 때

① 전화를 잘못 걸었습니다.
- You have the wrong number.
- You must have the wrong number.
- You must have dialed the wrong number.

② 그런 사람 없습니다.
There is no one here by that name.

③ 그 번호는 끊겼습니다.
The number is no longer in service.

④ 322-3692가 아닙니까?
Could I check the number? Isn't it 322-3692?

⑤ 몇 번에 거셨어요? 잘못 거셨습니다.
What number are you calling? This isn't the number you want.

24 전화기에 이상이 있을 때

① 신호는 가는데 안 받아요.
I kept ringing and ringing and no one is answered.

② 전화가 계속 끊기네요.
- The line keeps going dead.
- We kept getting cut off.

③ 이상한 소리가 납니다.
- The line is getting a funny sound.
- The lines are noisy.

④ 혼선이 되네요.
The lines are crossed.

⑤ 신호가 안 떨어집니다.
I don't get a dial tone.

25 기타(전화 왔어요)

① 전화 왔어요.
- You are wanted on the phone.
- It's for you.

② 전화 좀 받아요.
- Please answer the phone.
- Will you answer the phone?

③ 내가 받을게요.
I'll get it.

④ 전화를 가설해주십시오.
- I'd like to have a phone installed.
- I'd like to get telephone service.

⑤ 전화를 끊어주십시오.
I'd like to have my phone disconnected.

⑥ 접니다.
Speaking.

⑦ 제가 제인입니다.
This is Jane speaking.

04　이메일(E-mail)

① 당신은 매일매일 당신의 e-mail을 확인하십니까?
Do you check your e-mail everyday?

② 당신이 어제 보내주신 e-mail을 받았습니다.
I got the e-mail you sent yesterday.

③ 왜 당신은 저에게 e-mail을 보내지 않으시나요?
How come you never e-mail me?

④ 나는 당신에게 그 계획의 개요를 보내드리겠습니다.
I'll e-mail you the rough draft of the plan?

⑤ 나의 수첩에 당신의 e-mail 주소를 적어 두었습니다.
I jotted your e-mail address down in my daily planner.

⑥ 우리는 e-mail로 연락을 취할 것입니다.
We try to stay in touch through e-mail.

⑦ 우리는 10월 3일부터 10일까지 휴가를 갈 예정입니다. 그러니까 그 기간 동안에 연락이 안 될 것입니다.
We are going on vacation from 3 to 10 October, so we will not online during that time.

⑧ 우리의 컴퓨터가 오늘 오후부터 금주 중반까지 수리소에 맡겨질 것입니다. 그러므로 우리가 그것을 찾아올 때까지 우리의 e-mail을 사용할 수 없을 것입니다.
Our computer will be in the shop from this afternoon until midweek, so until we get it back we won't be able to access our e-mail.

05 메모

① reach out to~ ~에게 연락하다, ~와 접촉하다
  예 There is no point to reach out to those who cannot afford to buy.
  제품을 구매할 능력이 없는 사람들에게 접촉할 이유는 없다.

② 3rd party insurer : 3자 보험회사
  → K-SURE(Korea Trade Insurance Corporation : 한국 무역 보험 공사)

③ 대금 결제(Payments) / 대금 결제 기한(Payment due date) / 신용등급(credit rate) / 여신(credit limit)

④ 30일 외상거래 조건(OA 30 days : Open Account 30 days)

⑤ move up 공급 일정을 앞당기다
  (= expedite = speed up)
  예 moving the meeting up / ahead 미팅 일정을 앞당기다
    = advance/put the meeting forward ↔ push back/out

⑥ 첫 인사말 Opening sentence

⑦ 고객과 공식적인 미팅(face to face meeting or Conference call) / 임원들 간의 미팅(Executive meeting)

⑧ sync up with(on) : 최신정보를 공유하여 이해하는 내용이 같게 하다
  예 Let's sync up on Monday next week.
  다음 주 월요일로 맞추자.
  예 Let's sync up our watches.
  우리 시계를 같은 시각으로 맞추자.

⑨ bring + 사람 + up to date on(= with) + 정보 : 최신정보를 공유하다
  (= bring + 사람 + up to speed on(= with) + 정보)
  (= keep + 사람 + posted on +정보)
  (= keep + 사람 + updated on + 정보)

⑩ be on the same page 이해하는 내용이 같다
  예 I just want to make sure that we are all on the same page about this.
  나는 이 문제에 대해서 우리가 공감을 하고 있다는 것을 확실히 하고 싶습니다.

⑪ Please feel free to make additional comments that I might have missed.
  혹시라도 내가 누락한 안건이 있으면 자유롭게 추가 comments 해 주세요.

⑫ Relevant department or Corresponding department 유관부서

⑬ business manner 사업상 예의

⑭ 인사
  • Hope your week is going well.
  (주중 안부 인사)

- Happy Friday. The weekend is upon us.
  (금요일 안부 인사)
- Happy holidays.
  (고객의 나라가 휴일인 경우 인사)
- Hope you are having a great holiday season thus far.
  (지난번 통화 후 잘 지냈는지 안부 인사)
⑮ COB(= Close of Business) : 업무 종료
  [예] I will get back to you by the COB today.
  오늘 내가 일이 끝날 때쯤 네게로 갈게.
⑯ EOD(= End of Day) : 하루 일과의 끝
⑰ YoY(= Year on Year) : 전년 대비 증감률(수익률 또는 성장률)
⑱ MoM(= Month on Month) : 전월 대비 증감률
⑲ YTD(= Year To Date) : 연초 대비 현재 기준일 증감률
⑳ OoO(= out of office) : 부재 중일 때 자동 E-mail 답장으로 설정해 놓음
㉑ working level 실무진
㉒ reassess 재평가하다(= re-examine, reconsider, reappraise)
㉓ top management : 최고 경영층(CEO 및 주요 임원)
㉔ escalate : 상위부서(상사)에게 보고하다
㉕ VMI(Vendor Managed Inventory) : 공급자 주도형 재고 관리
㉖ elaborate on~ ~에 대하여 상세히 설명하다
㉗ game plan : (스포츠·정치·사업상의) 전략
㉘ Give somebody a heads up 미리 사전에 정보를 알려주다
㉙ Short notice 갑작스러운 통보
㉚ come up with : (생각, 해답을) 생각해 내다, 마련하다
㉛ a deal breaker : 계약 파기 / 거래 종료
㉜ in place : 준비가 다 되어 있는
㉝ step in : (문제 해결을 위해) 개입하다 = intervene
㉞ as a last resort : 최후의 수단으로 (= as a final resort) (resort 휴양지; 수단, 방법)
㉟ come down to : (한마디로) 요약되다
㊱ strategic partnership 전략적 제휴
㊲ lose out on something = miss out on ~을 놓치다, 손해를 보다
㊳ at one's own discretion of~ ~의 재량으로
㊴ a new member 새로운 담당자 / predecessor 전임자 / successor 후임자
㊵ push (it) out (그것을) 미루다, 연기하다

06   보고서

1 보고 자료 확인

① 회의록 작성을 방금 완료했습니다. 확인해 주십시오.
I have just finished writing the meeting minutes. Please check them.
[어휘] meeting minutes 회의록

② 오늘 회의 결과에 대한 보고서를 작성해서 보내드립니다.
I have drawn up and am sending the report on the results of today's meeting.

③ 어젯밤에 우리가 논의했던 사업 계획서를 작성해서 보내드립니다.
I have drawn up and am sending the business plan we discussed last night.

④ 지난번 회의의 회의록의 사본을 보내드립니다.
Let me give you a copy of the minutes from our last meeting.

⑤ 오늘 회의의 수정된 회의록을 모두에게 보내드리겠습니다.
Let me distribute the amended minutes from today's meeting to everyone.

⑥ 예산 보고서를 작성하고 있습니다.
  I am working on the budget report.
⑦ 판매 현황 보고서 작성을 방금 완료했습니다. 참조해주십시오.
  I have just finished writing the sales status report. Please refer to it.
  어휘 sales status report 판매 현황 보고서
⑧ 계약서 초안 작성을 방금 완료했습니다. 확인해주십시오.
  I have just finished preparing the first draft of the contract. Please check it.
⑨ 원하시는 어떠한 추가 정보든 제공해 드리겠습니다.
  I will provide you with any additional information you want.
⑩ 다음 자금 조성 계획에 대한 의견을 주시면 감사하겠습니다.
  Your feedback is appreciated on the following funding plan.
⑪ 요청하신 환경 문제 관련 보고서를 보냅니다.
  Here is the report you requested concerning environmental issues.
⑫ 자료를 수집해 주세요.
  Please compile the data.

2 보고 일정 안내

① 재무팀에서 '예산 및 경제 동향' 보고서를 준비하고 있습니다.
  The Finance Department is preparing a "Budget and Economics Outlook" report.
② 보고서를 제출할 준비가 되었습니다.
  We are ready to present the report.
③ 보고서를 완료하면 상관에게 직접 제출하십시오.
  When you finish your report, send it directly to your supervisor.
④ 현황 보고서를 제출할 준비가 거의 다 되었습니다.
  We are almost ready to present the status report.
⑤ 연차 보고서 제출 이전에 4사분기 보고서를 먼저 제출하셔야 합니다.
  You must submit the 4th quarter report prior to submitting the annual report.
⑥ 다음 주 월요일까지 3/4 분기 보고서를 제출하십시오.
  Please submit the 3rd quarter report by next Monday.

3 분석

① 저희 매출 규모가 꾸준히 늘고 있습니다.
  Our sales volumes are increasing steadily.
② 수출 판매 수익이 급상승했습니다.
  Exports sales revenues soared significantly.
  어휘 sales revenue 매출 금액, 판매 수입
③ 부정적인 결과로 다음과 같은 것을 예상할 수 있습니다.
  The following would be the negative consequences.
④ 우리는 현 지출 수준을 검토해야 합니다.
  We need to review our current expenditures.
  어휘 expenditure 비용, 지출, 경비
⑤ 사실, 신속한 해결 방안이 필요합니다.
  Indeed, we need an immediate solution.
⑥ 저희의 가죽 상품은 특히 유럽의 패션 리더들 사이에서 인기가 있습니다.
  Our leather goods are popular, especially among trend setters in Europe.
  어휘 trend setter 패션 리더
⑦ 중국 투자자들이 특히 저희의 AI 기술에 관해 관심을 갖고 있습니다.
  Our Chinese investors are particularly interested in our AI technology.

⑧ 특히, 국내 마케팅 전략에 관여할 것입니다.
In particular, we will be involved in domestic marketing strategies.
⑨ 사실, 우리 회사는 시장에서 아주 뒤처지고 있습니다.
In fact, we are way behind in the market.
어휘 way (부사·전치사를 강조하여) 훨씬, 아주
⑩ 사실, 저희 회사 상품의 모조품이 판을 치고 있습니다.
As a matter of fact, copy-cats of our products are rampant.
어휘 rampant 만연하는, 횡행하는

4 보고 내용 요약

① 이 보고서는 프로젝트에 관한 기본 정보를 제공할 것입니다.
This report will provide you with the basic information on the project.
② 회계 연도 2006년부터 2015년까지 해당되는 보고서입니다.
The report covers fiscal years 2006 to 2015.
어휘 fiscal year 회계연도

07 게시·공고

1 공항에서

① 당신의 여행 목적은 무엇입니까?
What is the purpose of your trip? business, study, or pleasure
② 이 가방을 직접 포장하셨습니까?
Did you pack this bag yourself?
③ 가방을 방치하지 마십시오.
Please do not leave any bags unattended.
④ 어린아이들을 혼자 내버려 둬서는 안 됩니다.
Small children should never be left unattended.
⑤ 자동차를 비워 둔 채 방치하지 마십시오.
Do not leave your car unattended.
⑥ 신고할 것이 있습니까?
Do you have anything to declare?
⑦ 현재 BA 333편이 탑승 중입니다.
Flight BA 333 is now boarding.
⑧ 항공편 UA 666편이 취소되었습니다.
Flight UA 666 has been canceled.
⑨ 항공편 SA 999편이 지연되었습니다.
Flight SA 999 has been delayed.

⑩ 이번이 BA 111편의 마지막 방송입니다.
This is the final call for Flight BA 111.
⑪ 미니애폴리스 행 220편의 마지막 방송입니다.
This is the final call for Flight 220 bound for Minneapolis.
⑫ 112편에 대한 마지막 탑승 안내 방송입니다.
This is the final boarding call for flight number 112.
⑬ 게이트 99번으로 가십시오.
Please make your way to Gate 99.
⑭ 안내 방송이 나오면 게이트 99번으로 가십시오.
When boarding is announced, please make your way to departure gate 22.
⑮ 가까운 출구 쪽으로 나가 주시기 바랍니다.
Please make your way to the exit nearest you.

2 사원모집

① 그레이스가 지난주에 사직서를 냈습니다. 그녀를 대신할 직원이 필요합니다.
Grace gave her notice last week. We need to replace her.

② 바로 업무를 시작할 수 있는 사람이 필요합니다.
We need someone able to hit the ground running.
③ 신입직입니다.
It's an entry-level position.
④ 지원자의 경력이 최소 2년인 사람을 원합니다.
I want someone with at least two years of experience.
⑤ 지원자는 융통성과 창의력이 있고, 팀 분위기에서 일을 잘 할 수 있어야 합니다.
The applicant should be flexible, creative and be able to work in a team atmosphere.
⑥ 지원서를 선별하고 나서, 10명의 지원자에게 면접 기회를 줄 겁니다.
After screening the applications, we are inviting 10 candidates to come for an interview.
⑦ 급여수준은 경력에 따라 5만 달러에서 7만 달러까지입니다.
The salary ranges from 50 to 70 grand depending on experience.
⑧ 이 업무는 경력이 최소 3년은 되어야 합니다.
The job requires at least three year's experience.
⑨ 우선, 사내에 공고해 봅시다.
First, let's post it internally.
⑩ 괜찮은 지원자들이 있나요?
Do we have any good candidates?
⑪ 우리는 국내와 해외 지원자 모두 받으려고 합니다.
We'll be accepting apps from both residents an foreigners.

어휘 apps = applicants

⑫ 우리는 외국인 직원의 자격 요건을 마련해야 합니다.
We'll need to list the eligibility requirements for foreign workers.

이성으로 비관해도 의지로써 낙관하라!

– 안토니오 그람시 –

제 5 편

생활영어 미니모의고사

미니모의고사 제1회
미니모의고사 제2회

할 수 있다고 믿는 사람은 그렇게 되고, 할 수 없다고 믿는 사람도 역시 그렇게 된다.

– 샤를 드골 –

보다 깊이 있는 학습을 원하는 수험생들을 위한
시대에듀의 동영상 강의가 준비되어 있습니다.
www.sdedu.co.kr ➔ 회원가입(로그인) ➔ 강의 살펴보기

제1회 미니모의고사 | 생활영어

01 대화를 읽고 빈칸에 가장 알맞은 것을 고르시오.

> Boss : I don't like this project proposal. I want you to make another one.
> Employee : You mean a whole month's hard work is _____?
> Boss : That's right. This proposal has no feasibility.

① out of sorts
② down the drain
③ all but perfect
④ against my will

해석 Boss : 나는 이 프로젝트 계획이 마음에 들지 않습니다. 다른 것을 만들기를 원합니다.
Employee : 한 달 동안 열심히 한 것이 헛수고라고 하시는 것입니까?
Boss : 맞습니다. 이 제안은 실행이 불가능합니다.

해설 ① out of sorts 기분이 언짢은, 화가 난
② down the drain 헛수고로 돌아간, 파산한
③ all but perfect 거의 완벽한
④ against my will 의지와는 반대로

정답 ②

02 다음 대화 중 어울리지 <u>않는</u> 것은?

① A : I need to come up with a better plan for this meeting.
   B : I think the plan you have is fine.
② A : I'd like to buy a ticket for the concert.
   B : I'm sorry, but they are all sold out for tonight.
③ A : Let me tell you about the way this company works.
   B : Sure, I'm all ears.
④ A : No one can break the ice with strangers like Minsoo.
   B : I hope the weather clears up by tomorrow.

해석 ① A : 나는 이번 회의를 위해 더 좋은 계획을 제안할 필요가 있습니다.
　　　　B : 나는 당신이 가지고 있는 계획이 좋다고 생각합니다.
　　② A : 나는 콘서트를 위한 티켓을 사고 싶습니다.
　　　　B : 죄송합니다만, 오늘 티켓은 모두 매진되었습니다.
　　③ A : 이 회사가 운영하는 방식에 관해 당신에게 말해 드리겠습니다.
　　　　B : 네, 잘 듣겠습니다.
　　④ A : 어느 누구도 민수와 같은 낯선 사람들과 화기애애하게 지낼 수는 없습니다.
　　　　B : 날씨가 내일까지 화창해지리라 희망합니다.
해설 대화의 문맥이 잘 어울리지 않는다.

 ④

03 다음 대화의 빈칸에 적절한 것을 고르시오.

> A : I don't think this is going to work. There is no hope.
> B : Why not? Look on the bright side.
> A : Well... my project was not good.
> B : Come on. _____.
> A : Thank you for saying that. I feel happy again.

① You cannot eat your cake and have it
② Every cloud has a silver lining
③ The pot calls the kettle black
④ Cut your coat according to your cloth

해석 A : 이것이 잘 될 거라고 생각하지 않아. 희망이 없어.
　　B : 안 될 거 뭐 있어. 긍정적으로 생각해.
　　A : 나의 계획이 좋지 못했어.
　　B : 힘내. 괴로움 뒤에는 기쁨이 있어.
　　A : 그렇게 말해줘서 고마워. 다시 행복한 것 같아.
해설 ① You cannot eat your cake and have it 꿩 먹고 알 먹을 수는 없다.
　　② Every cloud has a silver lining 괴로움 뒤에는 기쁨이 있어.
　　③ The pot calls the kettle black 똥 묻은 개가 겨 묻은 개 나무란다.
　　④ Cut your coat according to your cloth 분수에 맞는 생활을 하라.

 ②

04 다음 대화의 빈칸에 적절한 것을 고르시오.

> A : Well, I'm afraid I've taken up too much of your time.
>   I'd better be going now.
> B : Not at all. _____.

① Well, go straight ahead
② Mind your own business
③ Go away and leave me alone
④ Take your time. I'm in no rush

해석 A : 글쎄, 제가 시간을 너무 뺏은 것 같군요. 지금 가야할 것 같아요.
    B : 천만에요. 천천히 하세요. 저는 바쁘지 않아요.

해설 ② Mind your own business 네 알 바 아니다. 너의 일이나 신경 써라.

정답 ④

05 다음 대화의 빈칸에 적절한 것을 고르시오.

> A : How come the front door is open?
> B : I'm sure I closed it.
> A : Really? Why, it's strange.
> B : Frankly, _____.
> A : Me, too. We'd better call the police.

① I smell a rat
② I feel it in my bones
③ I have other fish to fry
④ I think I have to break the ice

해석 A : 왜 앞문이 열려있지?
    B : 틀림없이 닫았는데.
    A : 정말로? 아, 이상하다.
    B : 솔직히, 수상한 냄새가 나.
    A : 나도 그래. 경찰에 신고하는 게 좋겠다.

해설 ② I feel it in my bones 직감으로 확신해.
    ③ I have other fish to fry 해야 할 다른 문제를 가지고 있다.
    ④ I think I have to break the ice 화해해야 한다고 생각한다.

정답 ①

06 다음 대화 중 가장 적절한 것을 고르시오.

> W : So, how was your interview?
> M : I haven't gone to the interview yet. It's tomorrow. I'm so nervous.
> W : Don't worry. You should do fine. You have the necessary experience.
> M : I hope so.
> W : Remember, they want someone who works well with people.
> M : Yes.
> W : You have got to show them how outgoing and personal you are!
> M : _____

① I'm sure. Just do your best.
② I'll keep that in mind. Thanks.
③ There is nothing I can do about it.
④ I don't mind. I'll do it right away.

해석 W: 그래, 면접은 어떻게 됐어?
M: 아직 면접을 보지 않았어. 내일이야. 정말 초조해.
W: 걱정 마. 넌 잘 할 수 있을 거야. 넌 필요한 경험이 있잖아.
M: 그랬으면 좋겠다.
W: 명심할 것은 그들은 사람들과 같이 일을 잘 할 사람을 원한다는 거야.
M: 그래.
W: 그들에게 네가 얼마나 사교적이고 매력 있는 사람인지 보여줘야만 해!
M: 명심할게. 고마워.

해설 ① 확신해. 최선만 다해봐.
③ 내가 이것에 관해서 할 수 있는 것이 아무것도 없어.
④ 신경 안 써, 즉시 할 거야.

  ②

07 다음 대화의 흐름으로 보아 빈칸에 들어갈 가장 적절한 것을 고르시오.

> Paul : Thanks God It's Friday! How about going for a drive for a change?
> Kathy : Okay. But not right now. I have to get my car fixed.
> Paul : All right. After that, we can take turns driving.
> Kathy : Great. We won't get worn out that way.
> Paul : And I desperately hope we won't go through any traffic jam on the way. What do you think?
> Kathy : _____. You sure know what it is like on the road on weekends, don't you?
> Paul : Anyway, we can have hope, at least.

① Make yourself at home
② You can say that again
③ That was a close call
④ There's not the slightest chance

해석 Paul : 금요일인 것에 감사하자! 기분 전환으로 드라이브 가자?
Kathy : 좋아. 그러나 지금 당장은 안 돼. 차를 수리해야만 해.
Paul : 좋아. 그 후에 교대하면서 운전하자.
Kathy : 좋아. 그런 식으로 하면 우리는 지치지 않을 거야.
Paul : 나는 도중에 우리가 교통 혼잡을 겪지 않기를 정말 희망해. 너는 어떻게 생각하니?
Kathy : 그럴 가능성은 전혀 없어. 너도 확실히 주말마다 도로사정이 어떤지를 알고 있잖니?
Paul : 여하튼, 적어도 희망을 갖자.

해설 ① Make yourself at home 편히 쉬세요.
② You can say that again 당신 말이 맞고말고요.
③ That was a close call 위기일발이었다.
④ There's not the slightest chance 전혀 가능성이 없어요.

정답 ④

08 다음 대화의 흐름으로 보아 빈칸에 들어갈 가장 적절한 것을 고르시오.

> A : I didn't see you in class today. Are you OK?
> B : _____
> A : I hope it's not serious.
> B : I think it's just the flu.

① I kept it under my hat.
② I am taking my time off.
③ I'm snowed under with work.
④ I'm feeling a little under the weather.

해석 A : 오늘 수업 중에 당신을 보지 못했어요. 괜찮아요?
　　　B : 약간 건강이 좋지 못해요.
　　　A : 심각하지 않기를 바랍니다.
　　　B : 단지 유행성 감기라고 생각합니다.

해설 ① keep ~ under one's hat 비밀을 지키다
　　　② take off 쉬다, 벗다, 이륙하다
　　　③ be snowed under with ~에 파묻히다(여기서는 할 일이 많다)
　　　④ feel under the weather (기분이나 건강이) 별로 좋지 않다

정답 ④

09 다음 대화의 흐름으로 보아 빈칸에 들어갈 가장 적절한 것을 고르시오.

　　A : What do you think about the boss stepping down and his son taking over?
　　B : I don't think it will make much of a difference. They are both very similar.
　　A : You are right. They both have the same positive and negative characteristics.
　　B : _____

① Sounds like you have a lot on your mind.
② They are cut from the same cloth.
③ You must be working out or something.
④ I hope they can make it for dinner.

해설 A : 사장님이 퇴진하시고 아들이 맡게 되는 것 어떻게 생각하니?
　　　B : 난 크게 다를 것 없다고 생각해. 너무 닮았잖아.
　　　A : 맞아. 둘 다 장단점이 똑같아.
　　　B : 판박이야.

해설 ① Sounds like you have a lot on your mind (당신이) 무지 심란하게 들린다.
　　　② They are cut from the same cloth 매우 똑같다. 판박이다.
　　　③ You must be working out or something 운동 같은 거 하나봐.
　　　④ I hope they can make it for dinner 그들이 저녁시간에 맞춰 왔으면 좋겠다.

 ②

10 A, B의 대화의 연결이 <u>부자연스러운</u> 것은?

① A : I'm really too tired to work any more.
　　B : OK. let's call it a day.

② A : What would you do if you were in my shoes?
　　B : We are talking the same language.

③ A : You don't look yourself today.
　　B : I've got a headache.

④ A : I can't thank you enough.
　　B : You're welcome.

해석 ① A : 너무 피곤해서 더 이상 일을 할 수 없습니다.
　　　　B : 좋아요. 그만합시다.
　　② A : 당신이 나의 입장이라면 무엇을 하실 건가요?
　　　　B : 우리는 서로 말이 통하는군요.
　　③ A : 오늘 안색이 좋아 보이지 않습니다.
　　　　B : 두통이 있어요.
　　④ A : 너무도 감사합니다.
　　　　B : 별 말씀을요.

해설 입장을 물어보고 의견이 같다는 대답이 맞지 않는다.

정답 ②

주관식 표현연습

A

01 "낯이 많이 익습니다." → You look very (f　　).

02 "제가 어떻게 당신의 주소를 알죠?" → How should I (a　　) you?

03 "가족이 몇 명입니까" → How many are (t　　) in your family?

04 "다른 얘기야." → That's another (p　　) of shoes.

05 "몇 살 정도로 보이십니까?" → How (o　　) do I look?

06 "한국의 첫인상이 어떠세요?" → What's your first (i　　) of Korea?

07 "동행하겠다." → I'll keep you (c　　).

08 "어디 사세요?" → Where do you (l　　)?

09 "나는 정신없이 잠만 잤어!" → I slept like a (d　　).

10 "당신에 대해서 얘기 많이 들었어요." → I've heard a great (d　　) about you.

정답 01 familiar 02 address 03 there 04 pair 05 old 06 impression 07 company 08 live 09 dog 10 deal

B

01 "그는 아직 풋내기다." → He has milk on his (c   ).

02 "당신 가족께 제 안부를 전해주세요." → Please give my (r   ) to your family.

03 "정치라면 아는 게 없다." → I don't know the (A   ) of politics.

04 "나는 어쩔 수가 없다." → I can't (h   ) it.

05 "저 지금 가야겠어요." → I'm (a   ) I've got to go now.

06 "계속 연락합시다!" → Keep in (t   ).

07 "태워다 드릴까요?" → Can I give you a (r   )?

08 "너에게 속이는 것은 아무것도 없다." → I keep (n   ) from you.

09 "너무 고마워서 어떻게 감사드려야할지 모르겠네요." → I can (n   ) thank you enough.

10 "이보다 더 좋을 수는 없어!" → (C   ) be better.

정답 01 chin 02 regards 03 ABC's 04 help 05 afraid 06 touch 07 ride 08 nothing 09 never 10 Couldn't

제2회 미니모의고사 | 생활영어

01 다음 대화의 흐름으로 보아 빈칸에 들어갈 가장 적절한 것을 고르시오.

> A : What can I do for you, ma'am?
> B : I'd like to reserve a table for dinner.
> A : Certainly, ma'am. How large is your party?
> B : _____

① Four. Two adults and two children.
② That sounds like a good idea.
③ Yes, the party was fantastic.
④ We're preparing a great party this weekend.

해석 A : 무엇을 도와 드릴까요?
B : 저녁 예약을 하고 싶습니다.
A : 예. 일행이 몇 분인가요?
B : 4명입니다. 어른 둘 아이 둘.

해설 How large is your party?는 "일행이 몇 분인가요?"라는 표현이다.
② 좋은 생각입니다.
③ 파티가 멋졌어요.
④ 이번 주말에 대단한 파티를 준비 중입니다.

정답 ①

02 다음 대화 내용 중 가장 어색한 것은?

① A : Send me an E-mail when you're settled down in Canada.
   B : Sure, we'll keep in touch.
② A : Shall we continue or stop here?
   B : Let's call it a day.
③ A : It's very kind of you to show me around the city.
   B : Not at all, give me a break.
④ A : I can't stand soap operas these days.
   B : Neither can I.

해석 ① A : 캐나다에 정착하면 E-mail 보내요.
　　　 B : 네, 계속 연락하시죠.
　　 ② A : 우리 계속할까요, 여기서 그만둘까요?
　　　 B : 이제 그만합시다.
　　 ③ A : 도시를 안내해줘서 고맙습니다.
　　　 B : 아닙니다, 한번 기회를 주세요.
　　 ④ A : 나는 요즘 연속극이 지긋지긋합니다.
　　　 B : 저도 마찬가지입니다.

해설 give me a break는 "한번 봐주세요", "한번 기회를 주세요."라는 표현이다. 이런 경우는 It's my pleasure가 좋다.

 ③

03 다음 대화의 빈칸에 가장 알맞은 것을 고르시오.

A : Are you busy on Sunday?
B : I don't think so. Why?
A : We are supposed to volunteer at an orphanage and I don't know how many people will show up.
B : I will come and help you. _____ when you need help.

① You'll get the hang of it
② I will keep my fingers crossed for you
③ You can always count on me
④ Let's look on the bright side

해석 A : 일요일에 바쁘세요?
　　 B : 아니오, 괜찮을 것 같은데요. 왜요?
　　 A : 우리가 고아원에 가서 자원봉사를 하기로 했는데 몇 명이나 올지 모르겠어요.
　　 B : 내가 가서 도와줄게요. 앞으로도 도움이 필요하면 언제든지 말씀하세요.

해설 ① You'll get the hang of it 곧 익숙해질 겁니다.
　　 ② I will keep my fingers crossed for you 행운이 깃들기를 빕니다.
　　 ③ You can always count on me 나를 믿으세요(언제든지 말씀하세요).
　　 ④ Let's look on the bright side 긍정적으로 생각합시다.

 ③

04 다음 대화 내용 중 가장 어색한 것은?

① A : When do these books need to be returned?
   B : They're due tomorrow by 10 p.m.

② A : How's your work going these days?
   B : Couldn't be better.

③ A : Will you carry this item here?
   B : Yes, I will. My hands are full.

④ A : Can I pay by cash or by credit card?
   B : Either is all right.

해석 ① A : 이 책들을 언제 반납해야 합니까?
       B : 내일 10시까지 만기입니다(반납하시면 됩니다).
   ② A : 요즈음 당신의 일이 어떻게 되고 있나요?
       B : 더할 나위 없이 좋습니다.
   ③ A : 이 물건을 여기로 옮겨줄 수 있나요?
       B : 네 그럴 수 있습니다. 너무 바쁩니다.
   ④ A : 현금이나 신용카드로 계산할 수 있나요?
       B : 둘 중에 아무거나 좋습니다.
해설 긍정의 대답에 부정의 해명은 불가능하다.

정답 ③

05 다음 대화의 내용으로 보아 빈칸에 알맞은 것을 고르시오.

A : You are speaking way too fast now.
B : Am I?
A : _____, okay?
B : Yeah, I need to take it easy.
A : What made you so angry?
B : Hear me out.

① Way to go
② Keep your shirt on
③ I will pick up the tab
④ I'm at my wit's end

[해석] A : 너는 지금 너무 말이 빨라.
B : 내가?
A : 침착해, ok?
B : 그래, 난 진정할 필요가 있어.
A : 왜 그렇게 화가 났니?
B : 내 말 좀 잘 들어봐.

[해설] ① Way to go 잘했어
② Keep your shirt on 침착해
③ I will pick up the tab 내가 지불할게
④ I'm at my wit's end 속수무책입니다

 ②

06 다음 대화 중 어울리지 <u>않는</u> 것은?

① A : Do you have a date for this weekend?
B : I'm not a hundred percent sure.

② A : What do you mean? I know you have a boyfriend.
B : I broke up with him last week.

③ A : You mean someone with a sense of humor?
B : That's what I'm saying. My perfect date should have a good sense of humor.

④ A : What does he look like?
B : He has all your preferences. I'm positive that you two have a lot in common.

[해석] ① A : 당신 이번 주에 데이트 약속 있지요?
B : 확실하지는 않습니다.
② A : 무슨 말이지요? 당신은 남자친구가 있잖아요?
B : 지난주에 그와 헤어졌어요.
③ A : 당신은 유머 감각이 있는 누군가를 말하는 거지요.
B : 네. 맞습니다. 저의 완벽한 데이트 상대는 유머 감각이 있어야 합니다.
④ A : 그가 어떻게 생겼나요?
B : 그는 당신이 좋아할 점을 모두 가지고 있어요. 나는 당신들 둘 다 공통점이 있다고 확신합니다.

[해설] ② break up with 헤어지다, 결별하다
③ That's what I'm saying 바로 그것입니다 = That's it / date 여기서는 데이트 상대를 의미함 / What does he look like? 그는 어떻게 생겼습니까?(외모) / He has all your preferences 그는 당신이 좋아할 점을 모두 갖추고 있습니다. / I'm positive that you two have a lot in common 나는 두 분이 많은 공통점을 가지고 있다고 확신합니다.

 ④

07 다음 대화의 흐름으로 보아 빈칸에 들어갈 가장 적절한 것을 고르시오.

> A : We really should plan a party for Lori's birthday.
> B : Sounds like a plan to me. I tell you what, why don't I call everyone and invite them? I will tell them it's a surprise party and ask them to bring something to eat.
> A : Yeah, that will _____ _____.
> B : You are right. We'd go broke if we bought all those things.

① fit like a glove
② be so much fun
③ cost a fortune
④ cut down on the cost

해설 A : 우리는 정말 Lori의 생일 파티를 준비해야 할 것 같아.
B : 그거 좋은 생각이야. 내게 좋은 생각이 있어. 내가 모두를 전화로 초대하면 어떨까? 내가 사람들에게 깜짝 파티가 있을 거니까 먹을 것을 각자 들고 오라고 할게.
A : 그래, 그러면 비용을 줄일 수 있을 거야.
B : 맞아. 우리가 몽땅 사면 우린 빈털터리가 될 거야.

해설 ① 안성맞춤이다 ② 매우 재밌을 것이다 ③ (톡톡히) 비싼 값을 치루다 ④ 비용을 줄이다
Sounds like a plan 좋은 생각이다 / I tell you what 좋은 생각이 있다 / go broke 파산하다, 빈털터리가 되다

정답 ④

08 다음 대화의 흐름상 빈칸에 들어갈 표현으로 가장 적절한 것은?

> A : Did you find your trip exciting?
> B : Exciting? It was incredible. I went bungee jumping.
> A : You did what?
> B : I went bungee jumping. It was the most exciting thing I have ever done. You have to try it if you get the chance.
> A : _____. Me, go bungee jumping? I don't like doing that kind of stuff.
> B : Why not? It's really exciting.

① You must be kidding
② That will be really fine
③ It really doesn't matter at all
④ I'm looking forward to making the chance

해석 A : 당신의 여행이 흥미 있었나요?
B : 흥미요? 엄청났어요. 번지점프를 했어요.
A : 뭐 하셨다고요?
B : 번지점프를 했어요. 내가 해본 것 중에 최고였어요. 기회가 되시면 꼭 해보세요.
A : 농담하시는 거죠. 제가 번지점프를요? 저는 그런 종류의 일을 하는 것을 좋아하지 않아요.
B : 왜 좋아하지 않으세요? 정말 흥미로워요.

해설 ③ It really doesn't matter at all. 전혀 중요하지 않다.

 ①

09 다음 대화의 흐름으로 보아 빈칸에 들어갈 가장 적절한 것을 고르시오.

> A : Your new job starts soon, doesn't it?
> B : Uh-huh, but the problem is, I'm getting cold feet and thinking that I should call them and tell them to look for someone else.
> A : You really wanted that job. Why do you _____?
> B : Well, they want someone who knows a lot about computers, and I know some, but not a lot.

① stay up

② bend over backwards

③ have second thoughts

④ break the ice

해석 A : 당신의 새로운 일이 곧 시작해요, 그렇죠?
B : 어-어, 그렇지만 문제는, 내가 겁이 나기 시작했다는 거예요. 그리고 내가 그들에게 전화해서 다른 사람을 찾아보라고 말해야한다고 생각하고 있어요.
A : 당신은 정말로 그 일을 원했잖아요. 왜 재고를 하는 거죠?
B : 그게… 그들은 컴퓨터에 대해 많이 아는 사람을 원하는데, 저는 좀 알긴 하지만, 많이는 아니거든요.

해설 ① 잠자지 않고 깨어 있다
② 뒤쪽으로 몸을 접다 → 고생하다
③ 재고하다.
④ 어색한 분위기를 편하게 하다

 ③

10 다음 대화의 빈칸에 가장 알맞은 것을 고르시오.

> A : I am kind of busy these days.
> B : I know. What do you want to talk about?
> A : Well, I'm busy and I have a lot of things to do this week. And I feel all the time tired.
> B : So what? _____
> A : Sorry. To tell you the truth, I can't go to see a movie with you this weekend. I'm really sorry.

① Don't get me wrong!
② You are talking my language.
③ Let's get the point.
④ keep your chin up.

해석 A : 나 요즘 바쁘긴 해.
　　　B : 알아. 무슨 얘길 하고 싶은 거야?
　　　A : 음, 나 바쁘기도 하고, 할 일도 많고, 항상 피곤한 것 같기도 하고.
　　　B : 그래서? 요점만 말해봐.
　　　A : 미안해. 솔직히 말하면, 이번 주말에 너랑 같이 영화 못 볼 것 같아. 미안해.

해설 ① Don't get me wrong! 오해하지 마세요(날 잘못 받아들이지 마세요).
　　　② You are talking my language 당신과는 말이 통하는군.
　　　③ Let's get the point 본론으로 들어갑시다(요점만 말해봐).
　　　④ keep your chin up 기죽지 마, 용기를 내.

정답 ③

주관식 표현연습

A

01 "아무 요점이 없다." → We're getting (n   ).

02 "괜찮아요, 별일 아닌데요." → No problem, No big (d   ).

03 "당신을 오래 기다리게 해서 죄송합니다." → I'm sorry to have (k   ) you waiting so long.

04 "내가 일을 망쳤어요." → I messed it. I'm sorry I (s   ) it up.

05 "깜박했어요!" → It (s   ) my mind.

06 "사과드릴 게 있습니다." → I (o   ) you an apology.

07 "이야기 중 끼어들어서 죄송합니다." → Pardon me for (c   ) in.

08 "난 그냥 할 거야." → I'll just go (f   ) it.

09 "진심이에요." → I'm (s   ).

10 "일리가 있어!" → You've got a (p   ).

정답 01 nowhere 02 deal 03 kept 04 screwed 05 slipped 06 owe 07 cutting 08 for 09 serious 10 point

B

01 "부전자전" → Like father, (l   ) son.

02 "나는 그것을 처리할 수 있어." → I can (h   ) it.

03 "비밀을 지키겠어!" → My lips are (s   ).

04 "완전히 차려입으셨네요." → You're all (d   ) up.

05 "패션에 대한 감각이 있으시군요." → You have an (e   ) for fashion.

06 "완전히 착각하고 계시군요." → You've got it all (w   ).

07 "그는 수학에 있어서는 최고에요." → He is (s   ) to none in math.

08 "당신 새 차를 구입하셨군요." → You have a (b   ) car.

09 "내 말 이해되시나요?" → Do you (f   ) me?

10 "나를 믿으세요." → You can (c   ) on me.

정답 01 like 02 handle 03 sealed 04 dressed 05 eye 06 wrong 07 second 08 brand-new 09 follow 10 count

합격의 공식 시대에듀

비관론자는 어떤 기회가 찾아와도 어려움만을 보고,
낙관론자는 어떤 난관이 찾아와도 기회를 바라본다.

- 윈스턴 처칠 -

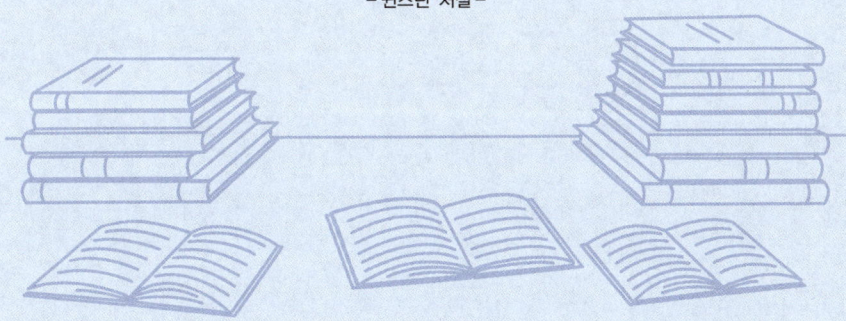

국가평생교육진흥원 평가영역 완벽 반영!

최적의 도서, 최고의 강의로
학위취득을 위한 가장 빠른 길을 안내합니다.

독학사 시리즈 누적판매 35만 부!
(2010~2024년 상반기까지 본사 독학사 시리즈 전체 판매량 기준)

학위취득을 위한 최적의 수험서
시대에듀 독학학위연구소에서 철저히 분석하여 교재에 담았습니다.

검증된 강의력!
과목별 최고 교수진의 합격 전략 강의

학사학위를 취득하기로 결정하셨다면
지금 바로 시대에듀 독학사와
함께하세요!

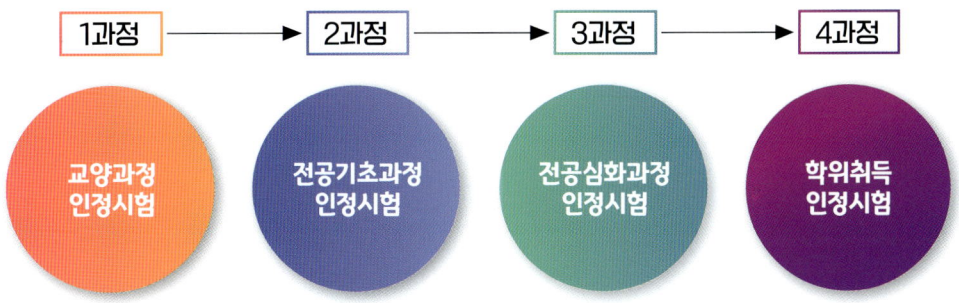

www.sdedu.co.kr

독학사 4단계 교양공통
실용영어 핵심요약집
한번에 Pass!

독학사 시리즈 17년 연속 베스트셀러 1위

<YES24> '08년 4월(1·3주차), 5월(5주차), 7월(3주차), 9월(3주차), 10월(3-4주차) | '09년 2월(4주차), 3월(1-2주차) | '10년 2월(4주차) | '12년 12월(1주차) | '13년 5월 | '14년 5월 | '15년 4-5월, 11-12월 | '16년 1-2월 | '17년 1-2월, 4-5월 | '18년 1-2월 | '19년 1-5월, 11-12월 | '20년 1-2월, 4-5월, 11-12월 | '21년 1월 | '22년 1월, 10월 | '23년 9-12월 | '24년 1-2월, 9월

<알라딘> '08년 11월(4주차) | '09년 3월(3주차) | '10년 10월(5주차) | '11년 9월(2주차), 12월 | '12년 3월(3주차), 4월(2주차) | '13년 2-3월, 12월 | '14년 1월 | '16년 1-2월, 4월, 11-12월 | '17년 1-2월, 4월 | '18년 1-2월 | '19년 1-5월 | '20년 1-5월, 9-12월 | '21년 1월 | '22년 9월 | '23년 2월, 9-12월 | '24년 1-2월, 8-9월

(※ 공개 데이터 기준. 일부 생략)

컴퓨터공학과 2·3·4단계

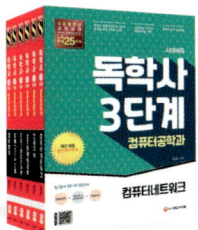

2단계 기본서 [6종]
논리회로 / C프로그래밍 / 자료구조 /
컴퓨터구조 / 운영체제 / 이산수학

3단계 기본서 [6종]
인공지능 / 컴퓨터네트워크 / 임베디드시스템 /
소프트웨어공학 / 프로그래밍언어론 / 정보보호

4단계 기본서 [4종]
알고리즘 / 통합컴퓨터시스템 /
통합프로그래밍 / 데이터베이스

간호학과 4단계

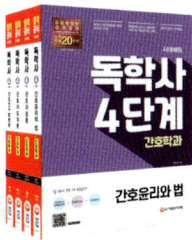

4단계 기본서 [4종]
간호연구방법론 / 간호과정론 / 간호지도자론 /
간호윤리와 법

4단계 적중예상문제집 [1종]

4단계 4과목 벼락치기 [1종]

국어국문학과 2·3단계

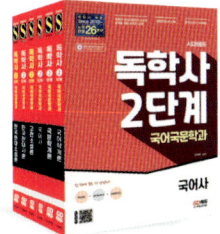

2단계 기본서 [6종]
국어학개론 / 국문학개론 / 국어사 /
고전소설론 / 한국현대시론 /
한국현대소설론

3단계 기본서 [6종]
국어음운론 / 고전시가론 /
문학비평론 / 국어정서법 /
국어의미론 / 한국문학사(근간)

※ 4단계는 2·3단계에서 동일 과목의 교재로 겸용

영어영문학과 2·3단계

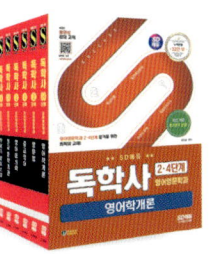

2단계 기본서 [6종]
영어학개론 / 영문법 / 영어음성학 /
영국문학개관(근간) / 중급영어(근간) /
19세기 영미소설(근간)

3단계 기본서 [6종]
영어발달사 / 고급영문법(근간) /
영어통사론(근간) / 미국문학개관(근간) /
20세기 영미소설(근간) / 고급영어(근간)

※ 4단계는 2·3단계에서 동일 과목의 교재로 겸용
  영미소설(19세기 영미소설+20세기 영미소설), 영미문학개관(영국문학개관+미국문학개관)

※ 본 도서의 이미지 및 구성은 변동될 수 있습니다.

나는 이렇게 합격했다

당신의 합격 스토리를 들려주세요
추첨을 통해 선물을 드립니다

베스트 리뷰
갤럭시탭/ 버즈 2

상/하반기 추천 리뷰
상품권/ 스벅커피

인터뷰 참여
백화점 상품권

이벤트 참여방법

합격수기

시대에듀와 함께한 도서 or 강의 **선택** ▶ 나만의 합격 노하우 정성껏 **작성** ▶ 상반기/하반기 추첨을 통해 선물 증정

인터뷰

시대에듀와 함께한 강의 **선택** ▶ 합격증명서 or 자격증 사본 **첨부**, 간단한 소개 작성 ▶ 인터뷰 완료 후 백화점 상품권 증정

이벤트 참여방법
다음 합격의 주인공은 바로 여러분입니다!

QR코드 스캔하고 ▷▷▶
이벤트 참여하여 푸짐한 경품받자!

합격의 공식